"十三五"高职高专规划教材·精品系列

实用企业财税基础

SHIYONG QIYE CAISHUI JICHU

◎主　编　冯　强　杜　君　高晓倩
◎副主编　付晓亮　向　炜　董　娅
◎主　审　吴　玲

中国铁道出版社有限公司
CHINA RAILWAY PUBLISHING HOUSE CO., LTD.

内容简介

本书坚持就业导向、学用一致原则，依据经管类非财税专业人才培养目标要求，基于企业实务中财税“不分家”的特点，从财务与税收的关联性和融合性视角，坚持实务需求导向，以税务基础知识为起点，由三大项目十五个任务专题系统地集合组成了全书内容。

通过项目一“明税制，会计算：掌握纳税义务的基本内容”，可以满足读者正确理解现行增值税、消费税、企业所得税、个人所得税以及若干常用小税种的制度规定和计算应纳税额的实际需要；通过项目二“识会计，懂账务：熟悉报表信息的来龙去脉”，可以帮助读者系统理解会计核算的基本流程及方法，从而促成顺利阅读财务报表的基本内容；通过项目三“读报表，知内涵：理解报表数据的经济意义”，有助于读者学会如何进行财务报表的基本分析，进而科学把握和利用报表信息，为后续实施有效决策提供基础。

本书适合作为高职高专经管类非财税专业和其他相关专业的教材，也可满足社会人士自学企业财税基础知识之用。

图书在版编目（CIP）数据

实用企业财税基础/冯强，杜君，高晓倩主编．—2版．—北京：中国铁道出版社有限公司，2020.1（2024.1重印）
“十三五”高职高专规划教材．精品系列
ISBN 978-7-113-26602-8

Ⅰ．①实…　Ⅱ．①冯…　②杜…　③高…　Ⅲ．①企业管理—财务管理—高等职业教育—教材②企业管理—税收管理—高等职业教育—教材　Ⅳ．①F275②F810.423

中国版本图书馆CIP数据核字（2019）第298970号

书　　名：“十三五”高职高专规划教材·精品系列
实用企业财税基础
作　　者：冯强　杜君　高晓倩

策　　划：王文欢　　**编辑部电话：**（010）63549501
责任编辑：田银香
封面设计：刘　颖
责任校对：张玉华
责任印制：樊启鹏

出版发行：中国铁道出版社有限公司（100054，北京市西城区右安门西街8号）
网　　址：http://www.tdpress.com/51eds/
印　　刷：三河市兴博印务有限公司
版　　次：2016年8月第1版　2020年1月第2版　2024年1月第5次印刷
开　　本：787 mm×1 092 mm　1/16　印张：18.5　字数：441千
书　　号：ISBN 978-7-113-26602-8
定　　价：45.00元

序

Foreword

当收到《实用企业财税基础》编写组邀请为本书作序时，我感到非常惶恐，唯恐表达不清，描述不当。同时又倍感惊喜，想把自己20年来对财税理论的理解与研究及实践运用中的体会分享给读者，愿大家少走弯路，在今后的职场中更胜一筹。回首20年的职业道路，职务从车间核算员到财务会计，再到财务处长、经理、部长、总监；职称从初级、中级到高级，服务过大大小小数家民营、国有及混合所有制企业。同时，作为一名中国注册会计师，长期服务于一家会计师事务所。经历很多，感触也颇深，有成功的喜悦，也有失败的沮丧，还有面对各种困难时的无助，个中滋味冷暖自知。在此，就有关问题谈点体会，希望与大家分享。不妥之处，敬请指正。

当今社会，一切以经济建设为中心，以改善民生、促进社会发展和进步为出发点和落脚点。十一届三中全会以后实行的分权制改革，使得财税关系由原来的高度合一型，走向一种财税适当分离的趋势。近年来，随着“三证合一”以及“营改增”的全面实施，企业更加着眼于财税管理、税收筹划的过程。同时，因国家税收政策在地区、行业之间的差异，要求管理人员不仅要熟知《中华人民共和国会计法》《企业会计准则》和《企业会计制度》，还要熟知各项税收法规。

企业作为以盈利为目的的社会经济组织，通过贯穿其中的财务管理、税务管理、业务管理，使企业的人流、物流、资金流、信息流有机组合和循环往复地运作。作为企业管理重要组成部分的财税管理，不仅要保证对资金流的有效监管，而且必须就“依法纳税”“合理节税”“不多交税”进行综合筹划，从而有效服务于企业对生产要素的业务管理，实现企业的终极目标。

税务管理是企业不可避免的敏感话题，贯穿于一切管理工作的始终。商业模式、经济合同、交易流程等均影响和决定着税收。纳税不再仅仅是会计人员的事情。社会不断发展进步，法制日趋健全，税控手段运用更加现代化，企业各级管理人员必须认识到大数据信息共享机制促使依法纳税必然成为社会发展的大趋势，同时纳税风险也将成为企业和个人的共同风险。

我见证过很多企业因财务管理不善，资源、资产极度浪费，造成企业抱着“金饭碗”讨饭；或是不注重财税筹划，成本无竞争优势；也因资金规划能力弱而造成资金周转紧张，最后导致企业倒闭;经历过因涉税问题给企业负责人和财务人员带来各种压力和烦恼。这其中有企业会计人员知识面窄、综合能力差的原因;也有企业负责人法律意识淡薄、不懂财税知识、不重视财务工作的原因;更多的还是因为各级业务部门管理人员财税知识匮乏。工作中不但不能主动事前预见、事中发现、事后及时处理,而且难以接受"财税筹划方案",无法主动避免损失和风险的产生,更不能为经营决策进行科学的谋划,最终除了给企业造成名和利的损失外,也使自身缺乏成长和发展的空间。

因此,企业经营管理中对人才的财税知识要求已显得尤为重要。我国财税政策变化之快,规范性之强,要求我们终身坚持学习,更新知识,并学会综合运用,才不至于落后,才能做好本职工作,实现自我价值。一切工作的进步和能力的提升均源于扎实的基础知识,通过个体能力的提高,进而带动企业整体素质与能力的提升。

对非会计、审计、税收、财务管理类的经管专业人才的培养,依照《实用企业财税基础》进行学习是十分重要的。在学习过程中单纯讲解财务基础知识往往收效甚微,只有在一定的财务基础知识学习中辅以相关实用性税收基础知识,才能更有助于培养适合现代企业管理的综合适用性人才。只有切合市场需求实际培养的人才,才能更好地实现职业价值,体现现实性价值。

财税管理涉及的知识面广,以上仅浅显地谈一下自己的工作体会。而本书才是真才实学,她凝聚了编者太多的心血。她从财务与税收的关联性和融合性视角,坚持实务需求导向,以税务基础知识为起点,从增值税、消费税、所得税等几个主要税种切入开展阐释,编写中逻辑思维较强,不但全面而全新,且结合实际案例解读,在理解上更直观更明了,把原本枯燥乏味的业务书写得更具灵活性和可读性,体现了财与税知识的相关性和共通性,对读者学习财税知识和提升能力起着至关重要的引导作用。希望读者细致和全面学习掌握,为实现人生梦想和价值而努力奋斗,更希望新一代经营管理人通过学习更好地服务于企业,青出于蓝而胜于蓝!

吴　玲

二〇一六年六月十八日

第2版前言

Preface

在经管类非财税专业的商科知识与技能培养方面,《会计基础》(或称《基础会计》)长期以来作为必修的专业基础课程,起到了重要作用,取得了显著成效。但客观地讲,该课程往往局限于系统的会计基础理论与知识、会计核算基本流程及基础核算技能等;而这样的内容和教学实施却忽略了非财税类专业学生学习此类课程的相关性和适用性。因此,本着经管类非财税专业应"不以账务处理能力培养为目标,而以能够简单了解账务处理流程、基本看懂账务资料、读懂财务报表数据为目的;不以纳税会计处理和纳税申报为重点,而以明确税制内容、正确计算应纳税额为终点"的教学目标,我们编写了《实用企业财税基础》。

本书自2016年8月出版以来,获得了若干院校及读者的好评,被多个院校的多个非财税类专业选为教材。为了更好地服务于经管类或其他类非财税专业人才培养,更有益于学生商科知识的完善与提升,我们结合几年来的教学实践和读者反馈,根据国家在税收与财会领域的有关新政要求,对本书进行了全面的修订和完善,以落实立德树人根本任务。主要内容包括:

第一,根据全国人大常委会2018年以来制定或修正的《中华人民共和国企业所得税法》《中华人民共和国个人所得税法》《中华人民共和国车辆购置税法》《中华人民共和国耕地占用税法》等法律,2017年11月国务院关于修正《增值税暂行条例》及废止《营业税暂行条例》的决定,以及财政部、国家税务总局2016年12月以来关于增值税、消费税、企业所得税、个人所得税等等诸税种税制内容改革新政,重点对书中的增值税、企业所得税、个人所得税三大税种内容进行了充分的修订。

第二,吸收了会计研究与会计教学实践的最新成果,兼顾调研获取的一些最新信息,替换了原书中的一些略显陈旧的事例与数据。同时,进行了一些文字校正。

第三,根据教学实践反馈信息,为更加突出课程教学目标要求,进行了全书内容的结构性调整,删除了原来的项目四"析活动,明联系:了解财务管理的决策指示",全书变为三大项目、十五个任务。

第四，对各任务专题后的技能训练项目内容进行了修订与完善。

本书第2版由冯强、杜君、高晓倩任主编，吴玲主审。参加修订工作的人员如下：

成都农业科技职业学院：冯强（主编）、董娅（副主编）、刘雯（副主编）、付晓亮（参编）、陈佳丽（参编）；

四川工商职业技术学院：高晓倩（主编）、向炜（副主编）；

四川信息职业技术学院：杜君（主编）、李春华（参编）、杨鹏（参编）；

青海交通职业技术学院：甄小明（副主编）；

泉州经贸职业技术学院：杨舟（参编）。

虽然我们是以高度负责的态度、严谨求实的精神、平和细致的心境开展本书的修订与校正工作，但由于编者水平所限，加之时间仓促，难免仍存疏漏与不足之处，恳请专家和广大读者批评指正。

编　者

二〇二三年八月

第1版前言

一、关于非会计、审计、税收、财务管理类的经管专业开设"企业财税基础"的思考

据我们所掌握的情况来讲，一直以来，经管类专业，不论是否为会计、税收、审计、财务管理类的经管专业，一般均开设了"会计基础"（亦称"基础会计""会计学原理"）课程。对于会计、审计、税收、财务管理类专业而言，"会计基础"是核心性专业基础课；对于非会计、税收、审计、财务管理类的经管专业而言，"会计基础"则是作为一般性的专业基础课，是为了使学生了解会计核算流程和一般核算方法，形成基本的核算能力。但是，在开展人才需求调研过程中，通过对毕业生的就业、创业以及实际从业活动情况和部分企业管理层对人才需求内容的分析，我们发现：非会计、审计、税收、财务管理类经管专业毕业生，将来不论处于何种事业发展层次，一般主要还是从事营销服务活动或者经营管理活动。这样的实务，要求我们的毕业生除了应当具备基本的会计核算知识与能力外，至少还必需以下两方面的通用知识与基本能力：一是具有正确的纳税意识，了解国家税收制度基本内容，能够正确计算应纳税额；二是能够释读财务报表，基本理解报表数据蕴含的经济意义。有鉴于此，我们认为，非会计、审计、税务、财务管理类经管专业现有的"会计基础"课程已经难以满足这样的要求，必须适时地予以调整和改革，将"会计基础"课程变革为"企业财税基础"。

本书即是我们思考与探索的初步成果。抛砖引玉，希望促成变革的涟漪。

二、"企业财税基础"课程的教学目标及内容架构

坚持就业导向、学用一致原则，是当代职业技术教育的基本方针。非会计、审计、税收、财务管理类的经管专业，不以账务处理能力培养为目标，而以能够了解账务处理流程、看懂账务资料、读懂财务报表数据为目的；不以纳税会计处理和纳税申报为重点，而以明确税制内容、正确计算应纳税额为终点。因此，以讲解会计核算过程及方法为内容、以掌握会计核算流程和培养扎实的会计核算能力为目的的"基础会计"是不能适合非会计、审计、税收、财务管理类专业人才培养要求的，需要也应当按照学用一致原则加以改革，合理精简原有会计核算过程与方法内容，适当拓展补充纳税义务知识与报表信息释读等内容。

基于课程目标的分析与判断，我们认为，《企业财税基础》的课程内容应当包含以下三方面的基本内容：一是"明税制，会计算　掌握纳税义务的基本内容"；二是"识会计，懂账

务　熟悉报表信息的来龙去脉”；三是“读报表，知内涵　理解报表数据的经济意义”，并以其中的一、三方面为主要内容，第二方面的内容最终是服务于第三方面。

在这里，需要特别说明的是：为什么我们要把税收知识放在第一部分的位置上呢？有人说：“财税基础”当然应当体现先“财”后“税”呀！确实，我们也曾经纠结过这个问题。但是，我们咨询了企业专家，专家认为，应当将税收知识放在最前面，因为只有了解、把握、合理运用好税收政策、法规，才能更好地服务于企业会计核算；社会对税收的关注度远远大于会计，税收既是合理化经营行为的经济结果，其政策又是会计核算必须遵守的规则。可以说，税收政策的规定影响甚至制约着会计确认、计量、记录与报告的方法和内容。

三、内容组织与阐释特点

1. 指导思想和目标定位

第一，始终坚持高职人才培养目标和培养模式的基本原则与要求，彰显“高等性”“职业性”“技术性”特征，切实注重并体现“应用性”，突出应用能力培养，并恰当处理基础性与延伸性之间的关系。

第二，始终坚守适用于非会计、审计、税收、财务管理类经管专业这个基本立足点。

2. 内容组织与阐释原则

第一，围绕培养目标要求，以正确计算应纳税额和释读财务报表为重点，本着“适用、实用、够用”的原则，采用“项目驱动，任务支撑”的体例进行内容构架。

第二，充分考虑到“企业财税基础”作为非会计、审计、税收、财务管理类的经管相关专业的专业基础性课程，同时也充分尊重财税实务的高度规范性以及税收制度的相对动态性特征，注意选择经营活动中非专职财税人员一般均可能涉及的知识、制度、方法（选择应用面相对广泛、实用性相对较强的内容）。

第三，在内容质量要求方面，着力于规范、新颖、实用。所谓“规范”，就是必须遵循现行税收和会计核算法律法规及行政规章的强制性规定，在表述上也尽可能直引或转述相关规定，充分尊重和体现文件原文规定内容。所谓“新颖”，就是必须依据最新的有关制度、政策规定和业务操作规范进行阐释，所举事例信息尽可能选用近期事项。所谓“实用”，既要面向现实工作和生活的实际需要选取和阐释有关内容，更要注意针对非会计、税收、审计、财务管理类经管专业人才目标要求，还适当注意选用一些学生生活中发生或易见之“身边事”，促进学生形成所学财税知识与所需培养之能力是“我的生活和工作的需要”，产生相应的学习兴趣，激发应有的学习主动性和积极性，即：身边实际→实用性→激发兴趣→主动学习→提升实效→实现教学目标任务。

3. 充分体现能力培养为核心

职业教育必须坚持应用为根本、能力培养为核心的基本准则。在编写中，不仅尽可能体现“应用事例为中心”，以事例阐释规范和方法；而且，各相关部分均设置了“基本技能训练”素材，促进配套实训活动开展。通过这样的设计和安排，着力强化学生基本应用能力的有效养成。

全书内容由四大项目、十七个任务系统地集成，由成都农业科技职业学院冯强、四川信息职业技术学院杜君、四川工商职业技术学院高晓倩主编，由冯强、杜君具体进行筹划与设计，最后由冯强负责统稿工作。

中国注册会计师、高级会计师、四川省政府采购评审专家、四川天信石业股份有限公司财务总监吴玲女士受邀担任主审，百忙之中为本书内容的设计和写作提出了若干具体而准确的指导意见，并仔细审读了全稿。在此，编写组对她给予的悉心帮助深表谢意！

其他具体参加编写工作的人员还有：

成都农业科技职业学院　付晓亮（副主编）　董娅（副主编）　陈佳丽（参编）刘雯（参编）

四川工商职业技术学院　向　炜（副主编）

四川信息职业技术学院　李春华（参编）　杨鹏（参编）

泉州经贸职业技术学院　杨　舟（参编）

本书适用于高职高专非会计、审计、税收、财务管理类经管专业和其他相关专业教学，也可满足社会人士自学企业财税基础知识之用。

编写过程中，我们不仅认真以国务院、财政部、国家税务总局颁布的有关税收、会计工作的规范性文件为准绳，而且还广泛学习和借鉴了近年来企业财税领域的理论与实践成果，参阅了大量专家的著述。在此，谨对这些成果的创造者表示衷心的感谢！

由于时间仓促，编者水平有限，书中疏漏之处在所难免，诚请专家和广大读者批评指正。不胜感谢！

编　者

二〇一六年六月

目录

实用企业财税基础 Contents

项目一　明税制，会计算：掌握纳税义务的基本内容

任务一　认识税收与生活，树立正确的纳税意识

任务目标

依法纳税不仅是公民的基本义务，也是包括事业发展在内的生活之必需。本任务通过对日常生活中的涉税现象的解析以及关于税收的本质、职能、特征、税制要素、税收法律关系等内容的介绍，使学习者能够在正确认识税收的基础上，初步树立起正确的纳税意识。

导入信息

现实中，不论企业还是个体工商户或一般个人，可能通常都希望少缴甚至不缴税款，从而相对“增加”实际的可支配收入。当人们听说某某企业因税收违法被处罚时，或者听说某某单位偷漏税时，有时会说“不关我的事，又不是我的钱”；当政府花费公共资金时，有的人又会说“不关我的事，我又没交税”；等等。另外，笔者在网上见到过“企业做外账的技巧”“财务上 N 种偷税漏税行为”之类的内容介绍。

在税收征管工作实务中，通过税务稽查更是揭露并查处了若干大大小小规模和程度的税收违法案件。例如国家税务总局网站公开的如下案件：

1. 常州市××服装有限公司“偷税”案

经江苏省常州市武进区国家税务局稽查局检查，发现其在 2010 年 05 月至 2012 年 06 月期间，主要存在以下问题：①采取偷税手段，不缴或者少缴应纳税款 938.54 万元；②其他涉税违法问题，涉及税款 53 万元。依照《中华人民共和国税收征收管理法》等相关法律法规的有关规定，对其处以追缴税款 938.54 万元的行政处理、处以罚款 938.54 万元的行政处罚，没收非法所得 43.33 万元。

2. 武汉××汽车贸易有限公司“偷税”案

经武汉市国家税务局第三稽查局检查，发现其在 2010 年 01 月 01 日至 2013 年 12 月 31 日期间，主要存在以下问题：采取偷税手段，不缴或者少缴应纳税款 973.35 万元。依照《中华

人民共和国税收征收管理法》等相关法律法规的有关规定，对其处以追缴税款 973.35 万元的行政处理、处以罚款 486.68 万元的行政处罚。

3. 广元市××药业有限公司“虚开增值税专用发票或者虚开用于骗取出口退税、抵扣税款的其他发票”案

经四川省国家税务局稽查局检查，发现其在 2011 年 11 月 01 日至 2012 年 05 月 31 日期间，主要存在以下问题：①非法取得增值税进项发票 1 392 份，金额 1 252.00 万元；②对外虚开增值税销项发票 120 份，金额 1 173.00 万元，税额 199.00 万元。依照《中华人民共和国税收征收管理法》等相关法律法规的有关规定，对其处以追缴税款 361.00 万元的行政处理、处以罚款 50.00 万元的行政处罚，并依法移送司法机关。

内容阐释

《中华人民共和国宪法》第五十六条规定：“中华人民共和国公民有依法纳税的义务。”而前述程度不同的税收违法现象说明，确实还有不少组织和个人其实存在着不恰当的税收认识甚至是错误的纳税思想或者侥幸意识，不能正确理解税收的价值，不能正确处理个人利益、少数人利益与国家税收利益之间的关系，进而间接或直接违反了宪法规定的纳税义务要求。

那么，应当怎样看待税呢？正确的纳税意识和行为又应当是怎样的呢？下面将就该等问题一一道来。

一、税收与生活

事实上，可以说我们每个人、每个企业等都是负税人，同时也都受益于国家的税收。本杰明·富兰克林说：“世界上只有两种事是不可避免的，那就是税收和死亡。”可以说，税收与我们始终相伴、无处不在。

(一)日常生活中的税收

● 一袋价格为 2 元的盐，包含大约 0.06 元的增值税。

● 去餐馆吃饭，100 元餐费中包含约 3.2 元增值税及城建税、教育费附加等。

● 100 元一件的衣服，其中包含 14.53 元的增值税和 1.45 元的城建税、教育费附加等。

● 100 元一瓶的化妆品，其中包含 11.50 元的增值税和 1.15 元的城建税、教育费附加等。

● 外出旅游住宿宾馆，假设一晚花费 350 元，其中含增值税 19.81 元和城建税及教育费附加约 1.98～2.38 元。

● 如果你利用工作之余的时间为他人做一项设计获得 2 000 元的报酬，那么你将实际只能拿到 1 760 元。

……

上述事实说明，其实我们几乎每一个人、每一个家庭在日常生活事项中都在承担着一定的税负，发生着一定税费性支出，在为税收目标的实现贡献着绵薄之力。

(二)得益于税收的日常生活

● 国家投资举办的大量幼儿园、小学校、中学校、高等院校，为社会主义事业培养了庞大的建设人才；同时，这些教育机构和相应的教育设施条件又为每一个受教育者的成才、成就事业奠定了坚实的基础。

● 国家推行的九年义务教育阶段免除学费等举措，为每一个家庭减轻了相应的负担。

●"五险一金"政策为每一个公民或家庭的有关医疗、失业救济、养老、购买住房等方面获得良好的改善提供了有益的帮助；而"五险一金"中有相当部分资金来源于公共资金。

● 我们外出所行的宽阔、平稳、四通八达的普通公路、高速公路建设以及乘坐快速、舒适的铁路动车及其基础设施建设等，无一不涉及公共资金的投入；便利、快捷、通畅的城市公交服务建设，没有公共资金投入显然不可能那么的便宜。

● 孤寡老人或者困难群体，如果没有公共资金做坚强的物质后盾，很可能陷入严重的困境。

● 技术先进、功效强大的国防装备、设施建设以及高素质、高技能军事人才（包括普通军人）培养，需要大规模的公共资金做保障。这样才能形成坚强有力的国防，我们才可以获得一个和平、安宁、祥和的生活与发展的宏观环境。

● 三峡工程举世闻名，成为我国长江流域主要的防汛、运输、经济发展与生活（生态）环境改善的调节阀与资源。但是，如果没有雄厚公共资金的支出，建设三峡工程本身以及大规模移民安置等可能成为现实吗?

……

由上不难发现，因为有了税收，国家取得了必要的财政收入，形成了越来越雄厚的公共资金积累，才有可能为我们每一个人的生存和发展、为每一个家庭生活条件和生活品质的不断改善创造日益良好的基础。

总之，现代生活，离不开税收。每一个人、每一个家庭、每一个经济组织等，都在为税收贡献着；同时，每一个人、每一个家庭、每一个经济组织，也在不断地受益于税收。

而且，随着我国经济的不断发展，随着经济体量规模的日益增大，我国税收收入规模也会随之增加。同时，也正因为我国以税收收入为主体的财政收入的增长，国家用于公用建设事业和教育、医疗卫生、道路与交通、环境改善与保护、促进科技进步等与每一位公民生活密切相关方面的支出已经并将继续不断增长。

也许有人会说：我的生活条件的改善是靠自己劳动获得的，我的事业成功是与自己辛勤的付出直接相关的。诚然，这样的看法和言论不无正确性，但是，如果没有国家在教育、技术研究、社会环境、自然环境、市场环境、道路与交通、秩序建设、对外经济技术合作与交流甚至国防等领域的资金投入或资金支持，以及其他方面的公共服务，单靠一个或者几个"我自己"能行吗?

二、税收的职能与本质

(一)税收的含义

税收，是国家为了实现其职能，凭借政治权力，按照法律规定的标准，强制地、无偿地参与社会剩余产品分配，以取得财政收入的一种形式。它是人类社会发展到一定历史阶段的产物。

税收的概念可以从以下四个方面来理解：

1. 国家征税的目的是为了向社会提供公共服务

税收是为了实现国家的职能和任务服务的。国家是一个以履行公共职能为基础的公共权力机构，在履行社会公共职能、满足社会公共需要的过程中，国家必然要有相应的财力、物力消耗。而税收就是这些财力、物力的来源之一，即满足国家提供公共商品的财政需要是国家征税的目的。

或者说，国家的使命和职能就是为社会公众提供公共服务（也称公共产品），而这又必须借助于必要的物质条件；但是，国家及其政府却不是物质生产部门，无法直接创造出所需的相应物质条件。解决这一矛盾的正确选择，主要就是税收。

2. 税收是国家取得财政收入的最主要形式

公共服务一般必须由国家通过财政支出的形式来提供，因此，税收首先体现为国家为提供公共服务而取得的一种财政收入形式。

从古到今，国家取得财政收入的形式多种多样，但使用时间最长、运用范围最广、积累财政资金最为有效的，就是税收形式，当今世界上绝大多数国家财政收入的80%以上都来自各种税收。

3. 税收借助于法律形式进行征收

法律是体现国家意志、强制性地调整人们行为的社会规范，它适用于社会生活的方方面面。与其他社会规范调整相比较，法律调整具有强制性、公正性和普遍适用性的特点。

由于政府征税涉及社会各阶级、阶层、集团的经济利益，税收负担轻重关系着社会经济发展乃至社会安定，因而决定了税收的征收与调节必须借助于法律形式进行。

4. 税收是对国民收入的再分配

税收课征的对象是社会产品，但不是全部社会产品，而只是社会产品扣除补偿生产过程中消耗掉的价值部分的余额，即社会新创造的国民收入。这是因为税收参与国民收入分配，是各种生产要素凭借其所有权在经济领域对国民收入进行初次分配基础上进行的，因此，税收具有国民收入再分配的性质。

（二）税收的基本职能

税收职能是指在国家经济活动中，税收作用充分发挥所能够达到的客观效果，即税收的功能。税收的职能源于、决定于税收的本质，又反过来反映着税收的本质。

税收的职能是一种客观存在，从其诞生起就已具备这种功能，既不能被创造，也不随着人们的主观意志而转移。税收的职能经历了一个漫长的历史过程，逐渐被人们所认识，并随着社会的进步不断发展。我们赞同这样的观点：税收的职能主要包括组织财政收入、调节经济、保障和监督经营管理、稳定社会。

1. 组织财政收入的职能

组织财政收入的职能也称“税收的财政职能”，是指通过税收征收活动，形成一定规模的财政收入，用以满足社会公共需要。组织财政收入是税收最基本的职能。

筹集国家财政收入是税收的首要职能。由于税收分配是一种无偿分配，税收收入又具有及时、充裕、稳定、可靠的特点，因此，税收一直都是政府财政收入的主要来源。

2. 调节经济的职能

税收的经济调节职能是指税收分配过程和分配对经济所产生的影响。

税收活动可以影响个人和经济组织的收入、行为以及社会经济运行。从宏观上讲，税收作为国家经济政策和财政政策的重要组成部分，对社会生产、分配、交换和消费的每个环节都起着杠杆调节作用；从微观效应上分析，税收征税结果可以对具体纳税人的劳动投入、个人消费、个人储蓄、生产、投资等产生相应的影响。

3. 保障和监督经营管理的职能

税收与企业的生产经营、财务管理、成本核算等各个方面都有密切联系。国家通过对纳税人依法征税,并加强税务稽核管理,监督和保障企业生产经营、财务管理、成本核算等方面的管理工作。

4. 稳定社会的职能

"稳定社会的职能"为税收的社会职能。实质上有两个方面的含义:首先其基本的含义是,通过税收调节社会成员之间的收入格局,以达到相对公平收入,适当缩小收入差距,实现共同富裕,缓解因收入过于悬殊而造成社会矛盾,促进社会稳定;其次,通过税收形成公共资金积累,并进而以转移支付以及"低保"、义务教育阶段免学杂费、改善交通条件、保护生态环境等具体惠民措施,使公民全面享受改革与发展红利,不断缩小城乡之间、不同的财富拥有量的群体之间的生存、生活与发展差距,促进社会稳定。

(三)税收的本质

我国社会主义税收的本质是"取之于民,用之于民"。

一方面,税收来源于每一个人、家庭以及经济组织等负税人或纳税人,税收确实是"取之于民"的。同时,在日常生活中,我们能处处感受到税收带来的益处。我们游玩的公园、美丽的校园、行走的道路、一排排的路灯、一处处的广场、头顶的蓝天白云、令人心旷神怡的青山绿水等,这些公共设施或环境大多数都是用税收来建设成的,还有我们享受的义务教育等若干其他方面,也是税收的功劳。所以,不胜枚举的身边事实和过往历史无不证明并将继续证明:税收"用之于民"。特别在社会主义条件下,税收正如马克思所指出的那样:从一个处于私人地位的生产者身上扣除的一切,又会直接或间接地用来为处于私人地位的生产者谋福利。这实即"取之于民、用之于民"。当然,就某一具体纳税人来说,他所缴纳的税款与他从公共产品的消费中所得到的利益并不一定是对称的。

三、税收的基本特征

税收是国家取得财政收入的一种形式,与其他财政收入形式相比较,税收具有三个基本特征,即强制性、无偿性、固定性。其中强制性是基本保障,无偿性是核心。

(一)强制性

税收的强制性,是指国家凭借政治权力,通过法律形式来确定国家作为征税人和社会成员作为纳税人之间的权利和义务关系。在直接的角度和短期效用上看,税收因其属于收入的再分配,且"缴了"却"无偿",会影响到纳税人甚至每一个负税人的"钱袋子",故而使人们会产生一定的抵触心理和行为。所以,为了确保税收目标和使命的达成,国家必然也必须采取强制措施,不能用税收的"人民性"去否定社会主义税收的"强制性"。

对于纳税人来说,税收是一种非自愿的,或称为强制的缴纳形式,在国家税法规定的范围内,任何单位和个人都必须依法纳税,否则,就要受到法律的制裁。

强制性在税收若干特征中处于基础的地位。强制性是国家权力在税收上的法律体现,是国家无偿取得财政收入的可靠保证。正因为税收具有无偿性,才需要通过税收法律的形式规范征纳双方的权利和义务。依法纳税,既是一种权利,更是一种义务。

(二)无偿性

税收的无偿性,是指国家征税以后对具体纳税人既不需要直接偿还,也不需要付出任何直接形式的报酬。税收的无偿性也是由国家凭借政治权力而建立起来的分配关系这一性质所决定的。

由“取之于民，用之于民”的本质决定，我国税收的无偿性实质上是“非直接偿还性”。

正确理解税收的“无偿性”，应当把握两方面的含义：

第一，税收中的“付出”不像市场交易中那样有现时的、直接的回报，税收对具体纳税人不存在直观意义上的直接偿还性。

第二，税收的无偿只是没有交易中那种具体、特定的物质或者精神上的回报，不具有类似“一对一”的付出与回报关系。从相对意义上讲，税收对具体纳税人还是有偿还性的，但这种偿还是非直接的、非特定的，纳税人纳税和享受公共服务在量上没有直接的对等关系。

税收的无偿性使税收成为调节经济和矫正社会分配不公的有力工具。

(三)固定性

税收的固定性，是指国家在征税前，通过法律法规形式预先规定了纳税人、征税范围、计税标准、优惠政策、征管机关与征管方式等要素准则，并按照设定标准征收。即使税制要素的具体内容会因经济发展水平、国家经济政策的变化而进行必要的改革和调整，但这种改革和调整也要通过立法形式事先规定，而且改革调整后要保持一定时期的相对稳定。简单讲，税收的固定性是指课税对象及每一单位课税对象的征收比例或征收数额是相对固定的，而且是以法律形式事先规定的，只能按预定标准征收，而不能无限度地或者人为地、随意地征收。

税收的固定性的具体含义有两个方面的内容：一是对什么征税、征多少税、由谁纳税必须是事先明确的，而不是任意确定的；二是税收活动的标准必须是统一的，即税收征纳及其他一切税收关系的处理，以及其标准是预先以法律形式规定的，具有相对稳定性。

对国家来说，税收的相对固定可以保证财政收入的及时、稳定和可靠实现，可以防止国家不顾客观经济条件和纳税人的负担能力，滥用税法权力。对于纳税人来说，税收的相对固定可以保护其合法权益不受非法侵犯，增强其依法纳税的税收意识。

总之，税收的三个基本特征是互相联系、缺一不可的，同时具备这三个特征的才叫税收。税收的强制性决定了征收的无偿性，而无偿性同纳税人的经济利益关系极大，因而要求征收的固定性，这样对纳税人来说比较容易接受，对国家来说可以保证收入的稳定。税收的特征是税收区别于其他财政收入形式，如上缴利润、国债收入、规费收入、罚没收入等的基本标志。税收的“三性”集中体现了税收的权威性。维护和强化税收的权威性，是税收征管中一个极为重要的问题。

四、我国现行税收制度概述

税收制度简称“税制”，是国家各项税收法规和征收管理制度的总称，是国家向纳税人征税的法律制度依据和纳税人向国家纳税的法定准则。税收制度的核心是税法。制定税收制度，一方面是为了制约纳税人，即规定纳税人必须履行纳税义务；另一方面是为了制约征税机关，即规定征税必须贯彻国家的经济政策和税收政策。

在现代社会中，世界各国一般都采用多种税并存的复税制税收制度。一个国家为了取得财政收入或调节社会经济活动，必须设置一定数量的税种，并规定每种税的征收和缴纳办法，包括对什么征税、向谁征税、征多少税以及何时纳税、何地纳税、按什么手续纳税、不纳税如何处理等。因此，税收制度的内容主要有两个层次：一是税种构成制度；二是同一税种的税收制度内容构成要素(即通常所说的“税制要素”)。

(一)我国的税种构成制度

我国现行税种主要包括企业所得税、个人所得税、增值税、消费税、关税、资源税、城镇土地使用税、房产税、契税、车船税、印花税、城市维护建设税、土地增值税、耕地占用税、车辆购置税、船舶吨税、烟叶税十七种。

(1)按征税对象的性质和作用不同,税收可分为流转税、所得税、资源税、行为税和财产税五大类。

①流转税是以商品交换和提供劳务为前提,对销售商品或提供劳务的流转额征收的一类税。我国的流转税主要有增值税、消费税、关税等,流转税是我国税制体系中的主体税种。这类税的特点是与商品的生产、流通、消费有密切联系,易于发挥对经济的宏观调控作用。

②所得税是对纳税人在一定期间获取的应纳税所得额(收益)征收的一类税。我国的所得税主要有企业所得税和个人所得税。这类税在国民收入形成后,可以直接调节生产经营者的利润和个人的纯收入,发挥其公平税负、调整分配关系的作用。

③资源税是对开发和利用各种自然资源获取的收入征收的一类税。我国现行对资源征收的税主要有资源税、城镇土地使用税、土地增值税和耕地占用税等。这类税主要是为保护和合理使用国家自然资源,对因开发和利用自然资源差异而形成的级差收入发挥调节作用。

④行为税是对纳税人的某些特定行为征收的一类税。我国现行税收中属于行为税的主要有印花税、车辆购置税、城市维护建设税及教育费附加等。

⑤财产税是对纳税人所有或属其支配的财产数量或价值额征收的一类税。我国现行税收中属于财产税的主要有房产税、车船税和契税等。

(2)按照计税价格中是否包含税款,从价计征的税种可分为价内税和价外税。

价内税是指税金是价格的组成部分,即征税对象的价格之中包含税款的税;价外税是指税金是价格的一个附加或附加比例,即税款独立于征税对象的价格之外的税。

价外税的计税依据为不含税价格,增值税和关税是典型的价外税;其他从价计征或从量计征的税种均属于价内税,价内税的计税依据为含税价格。

(3)按照计税依据的不同,可分为从价税和从量税。

从价税是指以征税对象的价值为计税依据征收的各种税,其应纳税额随商品价格的变化而变化,如增值税、关税等大部分税种均属于从价税。

从量税是以征收对象的自然实物量(重量、数量、面积、体积等)为计税依据的各种税,其课税数额与征税对象数量相关而与价格无关,如资源税、车船税以及部分应税消费品的消费税等。

(4)按照税负能否转嫁,可分为直接税和间接税。

直接税是由纳税人直接负担,不易转嫁的税种,是直接向个人或企业对其所得、劳动报酬和利润的征税。直接税的纳税人,不仅在表面上有纳税义务,而且也是实际上的税负承担者,即纳税人与负税人一致,如企业所得税、个人所得税。

间接税是纳税人能将税负转嫁给他人负担的税种,是对商品和服务的征税。一般情况下,对各种商品或劳务的课税均属于间接税,如增值税、关税、消费税等,间接税的征税对象广,税基宽泛,其税收收入随经济的发展而不断增加。

(二)我国的税制要素

这就是某一税种的税收制度内容构成要素,即一般所谓的“狭义的税收制度”,是指国家设置某一具体税种的课征制度。

根据我国开征的各有关税种的课征制度内容分析与归纳,构成某一税种制度内容的要素主要包括:纳税义务人、征税范围(包括征税对象和税目)、税率、纳税环节、纳税期限、纳税地点、税收减免、违章处理等八个要素。纳税义务人、征税范围、税率是税制的三个基本和核心的要素。

1. 纳税义务人

纳税义务人简称纳税人，是税法规定的直接负有纳税义务的法人和自然人，是纳税主体。

作为纳税人的法人，一般是指经企业登记管理机关核准和登记、具备必要的生产手段和经营条件、实行独立经济核算并能承担经济责任、能够依法行使权利、承担义务的单位和团体。作为纳税义务人的自然人，是指负有纳税义务的个人，如从事工商营利经营的个人、有应税收入或有应税财产的个人等。

在认识纳税人时，还应当注意正确理解“负税人”和“代扣代缴义务人”这两个概念，把握其与“纳税人”之间的关系。

一般情况下，国家税务机关和纳税人是直接发生征纳关系的主体。但在某些特殊情况，如收入零星、税源分散的情况下，为加强对税收源泉的控制，简化征税手续，减少税款流失，需要由和纳税人发生经济关系的单位和个人代国家扣缴税款，即代扣代缴义务人（扣缴义务人）。代扣代缴义务人也是纳税人。

纳税人和负税人是两个既有联系又有区别的概念。如果说纳税人是法律上的纳税主体，负税人则是经济上的纳税主体。纳税人是直接向税务机关交纳税款的单位和个人，负税人是指税款的最终承担者或实际负担者。纳税人并不一定就是税款的实际负担者，即负税人。纳税人和负税人是否一致，以税负能否转嫁为依据进行划分，当纳税人缴纳的税款无法实现转嫁时，纳税人就是负税人。例如：个人所得税和企业所得税，由于不存在税负转嫁的可能，纳税人就是负税人。而大部分税种，如消费税、增值税等，由于税负可转嫁给他人负担，其纳税人与负税人往往不是同一人。例如：小张（个体）在早餐店购面包 3.5 元，其中所包含的约 0.10 元增值税，纳税人为早餐店，实际负税人为小张。

2. 征税对象

征税对象又称课税对象，是税法规定的征税的标的物，即征税的客体，是税法规定征纳双方权利义务所指向的目的物或行为，指明对什么征税。征税对象是税收制度最基本的要素之一。它是一种税区别于另一种税的主要标志。

征税对象可以从质和量两方面来进行具体化。其质的具体化是征税范围和税目，量的具体化是计税依据。

税目是各个税种所规定的具体征税项目，它是征税对象的具体化，反映具体的征税范围，体现了征税的广度，凡列入税目的都征税，未列入的不征税。

计税依据又称税基，它是计算应纳税额的依据。不同税种的计税依据是不同的。计税依据在表现形态上有两种：一种是价值形态，即以征税对象的价值作为计税依据；另一种是实物形态，即以征税对象的数量、面积、重量等作为计税依据。

3. 税率

税率是税法规定的对征税对象的征收比率或征收额度，是计算应纳税额的尺度，体现着征税的深度。税率的高低是衡量税负轻重与否的重要标志，在征税对象确定的前提下，税率形式的选择和设计的高低，决定着国家税收收入的规模和纳税人的负担水平；同时，税率的设计，直接反映着国家的有关经济政策，直接关系着国家的财政收入的多少。因此，税率是税收制度的中心环节之一。

我国现行税率的基本形式有比例税率、定额税率、累进税率，具体内容如下：

(1)比例税率，是指对同一征税对象不分数额大小，规定相同的征收比例的税率，按同一比例征税。它是一种应用最广、最常见的税率。

(2)定额税率，又称固定税额，是指对征税对象的计量单位直接规定固定的征税税额。它是税率的一种特殊形式，一般适用于从量计征的税种。我国现行的城镇土地使用税、资源税等采用的是定额税率。

(3)累进税率，是指对同一征税对象随着数量的增加，征收比例也随之增高的税率。即按征税对象数额的大小，划分若干等级，每个等级由低到高规定相应的税率，征税对象数额越大税率越高，数额越小税率越低。累进税率可以更有效地调节纳税人的收入，正确处理税收负担的纵向公平问题。累进税率因计算方法和依据的不同，又分全额累进税率、超额累进税率、超率累进税率三种。

4. 纳税环节

纳税环节是商品在运动过程中缴纳税款的环节。任何税种都要确定纳税环节，有的比较明确、固定，有的则需要在许多流转环节中选择确定。如对一种产品，在生产、批发、零售诸环节中，可以选择只在生产环节征税，称为一次课征制；也可以选择在两个环节征税，称为两次课征制；还可以实行在所有流转环节都征税，称为多次课征制。

确定纳税环节，是流转课税的一个重要问题。它关系到税制结构和税种的布局，关系到税款能否及时足额入库，关系到地区间税收收入的分配，同时关系到企业的经济核算和是否便利纳税人缴纳税款等问题。所以，选择确定纳税环节，必须和价格制度、企业财务核算制度相适应，同纯收入在各个环节的分布情况相适应，以利于经济发展和控制税源。

5. 纳税期限

纳税期限是负有纳税义务的纳税人向国家缴纳税款的最后时间限制。它是税收强制性、固定性在时间上的体现。

确定纳税期限，要根据课税对象和国民经济各部门生产经营的不同特点来决定。例如：增值税、消费税，当纳税人取得收入后就应将税款缴入国库，但为了简化手续，便于纳税人经营管理和缴纳税款(降低税收征收成本和纳税成本)，可以根据情况将纳税期限确定为1天、3天、5天、10天、15天、1个月或者1个季度；企业所得税纳税期限为一个年度。

6. 纳税地点

纳税地点是指纳税人的具体申报纳税地点。规定纳税人申报纳税的地点，既有利于税务机关实施税源征管，防止税收流失，又便利纳税人缴纳税款。一般纳税的具体地点有：就地纳税、口岸纳税、集中纳税、营业行为所在地纳税等形式。

7. 减税、免税

减税是对应纳税额少征一部分税款；免税是对应纳税额全部免征。减税免税是对某些纳税人和征税对象给予鼓励和照顾的一种措施。减税免税的类型有：一次性减税免税、一定期限内减税免税、困难照顾型减税免税、扶持发展型减税免税等。

把减税免税作为税制构成要素之一，是因为国家的税收制度是根据一般情况制定的，具有普遍性，不能照顾不同地区、部门、单位的特殊情况。设置减税免税，可以把税收的严肃性和必要的灵活性结合起来，体现因地制宜和因事制宜的原则，更好地贯彻税收政策。

与减免税有直接关系的还有起征点和免征额两个要素。其中，起征点是指开始计征税款的界限。课税对象数额没达到起征点的不征税，达到起征点的就全部数额征税。免征额是指在课税对象全部数额中免予征税的数额。它是按照一定标准从课税对象全部数额中预先扣除的数额，免征额部分不征税，只对超过免征额部分征税。起征点和免征额具有不同的作用。起征点的设置前提主要是纳税人的纳税能力，是对纳税能力小的纳税人给予的照顾。免征额的设置虽然也有照顾纳税能力弱者的意思，但其他因素却是考虑的关键因素，如个人所得税的赡养老人税前扣除免征额、子女教育费用税前扣除免征额等，考虑的一是社会效应，一是公平原则。

8. **违章处理**

违章处理是对有违反税法行为的纳税人采取的惩罚措施，包括加收滞纳金、处理罚款、送交人民法院依法处理等。违章处理是税收强制性在税收制度中的体现，纳税人必须按期足额的缴纳税款，凡有拖欠税款、逾期不缴税、偷税逃税等违反税法行为的，都应受到制裁（包括法律制裁和行政处罚制裁等）。

五、纳税人的权利和义务

纳税人是税收法律关系的一方主体，不仅依法承担着纳税的义务，同时也享有相应的权利。为了规范税收征收管理工作，尊重和维护纳税人应有的纳税权利，依据《中华人民共和国税收征收管理法》及其实施细则、《中华人民共和国行政处罚法》等相关法律和行政法规的规定，国家税务总局发布了“关于纳税人权利与义务的公告”，规定了纳税人的十四项权利和十项义务，国家税务总局办公厅后于 2011 年 1 月发布了“《纳税人权利与义务公告》解读”。

纳税人的十四项权利是：知情权；保密权；税收监督权；纳税申报方式选择权；申请延期申报权；申请延期缴纳税款权；申请退还多缴税款权；依法享受税收优惠权；委托税务代理权；陈述与申辩权；对未出示税务检查证和税务检查通知书的拒绝检查权；税收法律救济权；依法要求听证的权利；索取有关税收凭证的权利。

纳税人的十项义务是：依法进行税务登记的义务；依法设置账簿、保管账簿和有关资料以及依法开具、使用、取得和保管发票的义务；财务会计制度和会计核算软件备案的义务；按照规定安装、使用税控装置的义务；按时、如实申报的义务；按时缴纳税款的义务；代扣、代收税款的义务；接受依法检查的义务；及时提供信息的义务；报告其他涉税信息的义务。

基本技能训练

一、项目名称

案例分析。

二、训练目的

通过案例分析训练，使学习者深化对税收内涵、税收基本职能与特征、税收本质、税收制度要素以及税收征管要求等有关内容的理解，帮助学生初步形成正确的税收意识。

三、经济业务资料

2018 年 6 月，某特区市国税局稽查分局对××电气公司（一般纳税人，简称××公司）2016 年度、2017 年度的纳税情况进行检查时发现：

(1)××公司 2016 年全年仅 11 月份申报 1 次，抵扣进项发票 4 张，抵扣税额 3 万元，其余 43 张进项发票累计 76 万元的进项税款因未申报而未抵扣（文件规定：不按时填报专用发票存根联或抵扣联的，不予抵扣税款）。2017 年 1 月，××公司申报当月增值税时，将上述 43 张发票的进项税款于当月抵扣。

(2)××公司 2017 年实际总销售收入为 215 万元（含一般销售收入和免税销售收入），但该公司采取调增免税销售收入、隐瞒一般销售收入等手段，少缴税款共计 49 万元。针对该公司上述行为，稽查分局认定：××公司的 43 张发票的进项税款不予抵扣；瞒报收入、调增免税销售收入行为违反税收征管法的规定，决定追缴税款 125 万元并加征滞纳金 13 万元。××公司不服该处理决定，在缴清上述款项后，与 2018 年 10 月 4 日向特区市国税局申请复议。

市国税局审查复议申请后，于 2019 年 1 月 2 日做出复议决定：①依据市局文件，稽查分局对该公司 2016 年取得的 43 张发票不予抵扣进项税款的处理应予维持；②该公司调增免税销售收入、隐瞒一般销售收入，少缴税款的行为构成偷税，决定处以所偷税款 0.2 倍的罚款。××公司对复议决定不服，向市中级人民法院提起诉讼。

四、训练要求

请根据税收知识，对于案件中税收征纳双方的有关行为加以评析。

任务二　把握增值税制度基本内容，正确计算应纳税额

任务目标

增值税是我国的第一大税种，也是涉及面最为广泛的税种。本任务通过对增值税特点以及增值税纳税人、征税范围、税率、应纳税额计算方法等内容的介绍，使学习者对我国现行增值税制度形成正确且基本完整的理解，初步形成正确计算增值税应纳税额的能力。

导入信息

据上海税务局网站消息，4 月 27 日上午，上海市税务局会同财政、物价、旅游局及财政部驻上海专员办，就近期部分酒店借口“营改增”涨价，联合约谈沪上部分知名酒店集团。

《第一财经日报》率先报道的凯悦、洲际、万豪、希尔顿等国际酒店集团借“营改增”涨价事件，独家披露上述酒店在“营改增”之后，在保留原有的营业税基础上，再加收增值税(6%)，这使得 5 月 1 日“营改增”之前上述酒店房价附加 15%的服务费（含税），5 月 1 日后均提高至 21.9%，而增长的 6.9 个百分点均归结于 5 月 1 日全面推开的“营改增”。

该报记者了解到，此次被约谈的知名酒店集团，正是上述四家借“营改增”涨价的国际酒店集团。

会上，财税部门指出，增值税是全球各国普遍推行的、相对成熟的税种，是对商品（含应税劳务）流转过程中产生的增值额征税。经测算，酒店业“营改增”后，小规模纳税人实际税负比原营业税下降 40%，减负效应明显；一般纳税人实际税负与原营业税相比基本持平或略有下降。财税部门同时强调，本次酒店业实施“营改增”，主要是计税方法发生变化，对这些酒店集团来说，销售价格不应该发生变化，更不应借此机会提价。

上海市旅游局表示，酒店行业属于高度竞争市场，主要定价依据是市场需求，由于经营成本上涨，合理范围内的提价无可厚非，但以“营改增”为借口实行涨价，甚至是联手涨价，不仅涉嫌垄断等不规范经营行为，更对市场产生了不良导向。希望各酒店集团珍惜品牌信誉，合法、诚信、规范经营，以实际行动积极支持国家重大税制改革。

上海市物价局向这些酒店集团提出价格提醒，认为部分酒店集团借“营改增”提价，涉嫌违反价格诚信、价格欺诈、串通涨价等违法违规行为，要求各酒店集团立即开展自查自纠，进一步规范价格行为，消除不利的社会影响。下一步，物价部门将组织开展市场巡查和重点检查，对经提醒仍不整改或整改不到位的企业，依据相关法律法规严肃处理。

与会知名酒店集团有关人士表示，将严格遵守国家有关法律法规，在吃透“营改增”政策内涵基础上，研究定价策略，与有关部门密切沟通协作，积极支持改革，不会给消费者增加额外负担。

此前，上述国际酒店借“营改增”涨价引起中央部门回应。财政部部长接受《人民日报》记者采访时称：“我注意到近期有些酒店调价，价格调整本来是酒店的经营行为，但把涨价扣在‘营改增’头上，是一点道理都没有的。”

【资料来源：2016 年 04 月 27 日 16:26 一财网　转自：新浪财经】

内容阐释

确实，在 2016 年 5 月 1 日之前，鉴于即将全面推开“营改增”，引发了若干方面关于“营改增”是否会引起经营成本增加、是否会引起消费成本上涨、是否会导致经营利润减少等的担忧和热议，社会上曾经出现了诸如前述酒店借“营改增”之名提价、诸如有人宣扬要买房抢在“5·1”实施“营改增”之前等现象。

但是，“营改增”政策真的会造成经营成本增加、导致经营利润减少、引起房价上涨吗？答案是否定的。

实际上，全面推开“营改增”不仅对企业有着深远的影响，也会影响到老百姓的日常生活。例如，周先生的餐馆月营业收入大约在 20 万元，“营改增”前需要缴纳 5%的营业税，也就是 10 000元。但营改增后，在征收率为 3%的情况下，只需要缴纳 200 000÷(1+3%)×3%＝5 825.24(元)。按照这一比例，“营改增”将为周先生降低税负 41.7%。周先生说：“少缴的税负，可以增加到对餐馆的投入中，也能为顾客提供更精细化的服务。”再如，以个人进行二手房交易为例，过去征营业税 5%时，如果房价是 100 万元的话，要交 5 万元的营业税；在房价 100 万元不变的情况下，营改增以后的税收负担是 4.76%，少交税 2 400 元。

那么，增值税到底是一种什么样的税收？其基本制度内容又是怎样的呢？我们该如何去面对 2016 年 5 月 1 日起全面推开的“营改增”政策呢？下面，将就增值税基本内容做全面介绍。

一、增值税简识

(一)增值税的概念

增值税是对在我国境内销售货物，提供加工、修理修配劳务，进口货物，以及销售服务、无形资产或者不动产的单位和个人，就其取得的货物或应税劳务的销售额、应税行为销售额以及进口货物的金额计算税款的一种流转税。

或者说:增值税是对在我国境内销售货物,提供加工、修理修配劳务,进口货物,以及销售服务、无形资产、不动产的单位和个人取得的增值额为课税对象征收的一种税。

目前,我国的增值税基本规范具体包括两个部分:一是根据 2017 年 11 月 19 日《国务院关于废止〈中华人民共和国营业税暂行条例〉和修改〈中华人民共和国增值税暂行条例〉的决定》第二次修订发布的《中华人民共和国增值税暂行条例》;二是以《财政部 国家税务总局关于全面推开营业税改征增值税试点的通知》(财税〔2016〕36 号)(以下简称《营改增通知》)为核心的“营改增”试点规范。但是,二者之间的实质性政策取向、目标与意义以及基本原则与方法是高度一致的。

从计税原理上说,增值税是对商品生产和流通中各环节的新增价值或商品附加值进行征税,所以称为“增值税”。然而,由于新增价值或商品附加值在商品流通过程中是一个难以逐一地具体、准确计算的数据,因此,在增值税的实际计税操作上,一般采用间接计算办法,即从事货物销售以及提供应税劳务、应税行为的纳税人,要根据货物、应税劳务、服务、无形资产、不动产的销售额,按照规定税率计算税款,然后从中扣除上一道环节(即购进环节)已经缴纳的增值税款,其余额即是纳税人应缴纳的增值税税款。

(二)增值税的类型

增值税分为生产型增值税、收入型增值税和消费型增值税。

1. 生产型增值税

生产型增值税,是指计算增值税时,不允许扣除任何外购固定资产的价款,作为课税基数的法定增值额除包括纳税人新创造价值外,还包括当期计入成本的外购固定资产价款部分,即法定增值额相当于当期工资、利息、租金、利润等理论增值额和折旧额之和。从整个国民经济来看,这一课税基数大体相当于国民生产总值的统计口径,故称为生产型增值税。这种类型的增值税虽然不利于鼓励投资,但可以保证财政收入。

2. 收入型增值税

收入型增值税,是指计算增值税时,对外购固定资产价款只允许扣除当期计入产品价值的折旧费部分,作为课税基数的法定增值额相当于当期工资、利息、租金和利润等各增值项目之和。从整个国民经济来看,这一课税基数相当于国民收入部分,故称为收入型增值税。

此种类型的增值税从理论上讲是一种标准的增值税,但由于外购固定资产价款是以计提折旧的方式分期转入产品价值的,且转入部分没有逐笔对应的外购凭证,故给凭发票扣税的计算方法带来困难,从而影响了这种方法的广泛采用。

3. 消费型增值税

消费型增值税,是指计算增值税时,允许将当期购入的固定资产价款一次全部扣除,作为课税基数的法定增值额相当于纳税人当期的全部销售额扣除外购的全部生产资料价款后的余额。也就是说,消费型增值税是以销售收入减去投入生产的中间性产品价值和同期购入固定资产后的余额为计税依据的一种增值税。这种类型的增值税准许扣除购入的全部固定资产的已纳税款,即对所有外购项目价值(非本企业新创造的价值)都实施彻底的购进扣税法。因此,它最能体现增值税的计税原理,是最典型的增值税。

消费型增值税最宜规范凭发票扣税的计算方法,因为凭固定资产外购或者建设中发生的有关购进取得的符合抵扣要求的发票,可以一次性地或者分期地将其已纳税款(即进项税额)全部扣除,既便于操作,也便于管理,所以是三种类型中最简便、最能体现增值税优越性的一种。

(三)现行增值税的特点

1. 普遍征收和多环节征收

现行增值税除农业生产环节(农业生产者销售自产的农产品免征增值税),在货物的生产、批发、零售和进口环节以及不动产的生产、销售等环节普遍征税;还延伸到提供加工、修理修配劳务;全面推开"营改增"试点后,进一步扩展到了销售服务、无形资产、不动产等。每经过一个环节,只要有增值额就征税,而且只对增值额征税。

2. 实行价外税,消费者是税款的最终负担者

规范化的增值税均属于由生产经营者或者销售者缴纳,而由购买者或者消费者负担,是税款可以转嫁的间接税。

我国现行增值税采用价外税办法,即增值税税金不包含在销售价格内,将税款和价款明确划开,好处是更鲜明地体现增值税的转嫁性质,明确企业只是税款的缴纳者,消费者是税款的最终负担者,增强国家和企业之间分配关系的透明度。

3. 同种产品或服务,只要其售价相同,则其税负相同,体现了公平税负原则

在增值税征纳方面,同一种产品或服务,不论经过多少流转环节,只要其最终售价相同,其总体税负就相同。

4. 实行规范化的购进扣税法

现行增值税在计税方法上实行规范化的购进扣税法,即凭增值税专用发票注明的税款或者凭其他符合政策要求的规范化凭证计算的税款进行抵扣的办法。凭增值税专用发票注明的税款进行抵扣时,要求销售方在开出的增值税专用发票上,不仅要注明价款,还要注明税款;这样,对购进方来说,进项税额是发票上注明的,而非自己计算的,从而大大减轻了纳税人计算进项税额的工作量,而且使抵扣税额更加准确。这也体现了增值税在征收上的普遍性和连续性。

二、增值税的纳税人

(一)基本规定

《中华人民共和国增值税暂行条例》第一条规定:"在中华人民共和国境内销售货物或者加工、修理修配劳务(以下简称劳务),销售服务、无形资产、不动产以及进口货物的单位和个人,为增值税的纳税人,应当依照本条例缴纳增值税。"可见,凡是在中华人民共和国境内销售货物,提供加工、修理修配劳务,销售服务、无形资产、不动产,以及进口货物的单位和个人,为增值税的纳税人,应当缴纳增值税。

此处所称"单位"是指国有企业、集体企业、私有企业、外商投资企业、外国企业、股份制企业、其他企业和行政单位、事业单位、军事单位、社会团体及其他单位;此处所称"个人"是指个体经营者和其他个人,包括中国公民和外国公民。

另外,还需要注意的是:

第一,根据《营改增通知》"附件一"第二条,单位以承包、承租、挂靠方式经营的,承包人、承租人、挂靠人(以下统称承包人)以发包人、出租人、被挂靠人(以下统称发包人)名义对外经营并由发包人承担相关法律责任的,以该发包人为纳税人。否则,以承包人为纳税人。

第二,《增值税暂行条例》第十八条的规定:"中华人民共和国境外的单位或者个人在境内销售劳务,在境内未设有经营机构的,以其境内代理人为扣缴义务人;在境内没有代理人的,以购买方为扣缴义务人。"扣缴义务人是指负有代扣代缴增值税义务的单位和个人。

(二)增值税一般纳税人和小规模纳税人的认定标准

我国增值税纳税人分为“一般纳税人”和“小规模纳税人”两类。纳税人的身份不同，所享受的政策待遇是有差异的，例如：前者实行抵扣计税法（也称“一般计税方法”），而后者只能采用简易计税方法。

根据现行制度的规定，增值税“一般纳税人”和“小规模纳税人”的区分与认定，以年度应征增值税销售额为基本标准，并兼顾纳税人的会计核算水平。

1. 年度销售额标准

年度应税销售额是划分“一般纳税人”和“小规模纳税人”的基本标准。

根据《财政部 国家税务总局关于统一增值税小规模纳税人标准的通知》（财税〔2018〕33号）规定，增值税小规模纳税人标准为年应征增值税销售额500万元及以下。

2017年12月29日国家税务总局令第43号发布的《增值税一般纳税人登记管理办法》第二条规定：

“增值税纳税人（以下简称‘纳税人’），年应税销售额超过财政部、国家税务总局规定的小规模纳税人标准（以下简称‘规定标准’）的，除本办法第四条规定外，应当向主管税务机关办理一般纳税人登记。

“本办法所称年应税销售额，是指纳税人在连续不超过12个月或四个季度的经营期内累计应征增值税销售额，包括纳税申报销售额、稽查查补销售额、纳税评估调整销售额。

“销售服务、无形资产或者不动产（以下简称‘应税行为’）有扣除项目的纳税人，其应税行为年应税销售额按未扣除之前的销售额计算。纳税人偶然发生的销售无形资产、转让不动产的销售额，不计入应税行为年应税销售额。”

2. 会计核算水平

《增值税暂行条例》第十三条第二款规定：“小规模纳税人会计核算健全，能够提供准确税务资料的，可以向主管税务机关申请资格认定，不作为小规模纳税人，依照本条例有关规定计算应纳税额。”《营改增通知》“附件一”第四条第一款的规定：“年应税销售额未超过规定标准的纳税人，会计核算健全，能够提供准确税务资料的，可以向主管税务机关办理一般纳税人资格登记，成为一般纳税人。”《增值税一般纳税人登记管理办法》第三条规定：“年应税销售额未超过规定标准的纳税人，会计核算健全，能够提供准确税务资料的，可以向主管税务机关办理一般纳税人登记。”此处的所谓会计核算健全，是指能够按照国家统一的会计制度规定设置账簿，根据合法的、有效的凭证核算，能够提供准确税务资料。

符合一般纳税人条件的纳税人应当向主管税务机关办理一般纳税人资格登记；而且，除国家税务总局另有规定外，一经登记为一般纳税人后，不得转为小规模纳税人。

主管税务机关应当在一般纳税人《税务登记证》副本“资格认定”栏内加盖由国家税务总局制定印模的“增值税一般纳税人”红色戳记。纳税人自认定机关认定为一般纳税人的次月起（新开业纳税人自主管税务机关受理申请的当月起），按照规定计算应纳税额，并按照规定领购、使用增值税专用发票。

但是，非企业性单位、不经常发生加工服务和修理修配劳务的企业，以及年应税销售额超过规定标准但不经常发生销售服务、无形资产、不动产的单位和个体工商户，可以选择按小规模纳税人纳税。对于个体工商户以外的其他个人，不论年度销售额达到何种量化规模的，一律只能作为小规模纳税人，不可以认定为一般纳税人。

提示关注：《中华人民共和国增值税法》(征求意见稿)第五条第二款、第三款规定，“增值税起征点为季销售额三十万元”；“销售额未达到增值税起征点的单位和个人，不是本法规定的纳税人；销售额未达到增值税起征点的单位和个人，可以自愿选择依照本法规定缴纳增值税”。

三、增值税的征税范围

我国现行《增值税暂行条例》和《营改增通知》“附件一”规定，在中华人民共和国境内销售货物，或者提供加工、修理修配劳务，进口货物，以及销售服务、无形资产或者不动产的单位和个人，为增值税的纳税人，应当依照规定缴纳增值税。也就是说，我国增值税的征税范围总体上包括四大类有偿行为：销售货物；提供加工、修理修配劳务；进口货物；销售服务、无形资产或者不动产。

上述“在中华人民共和国境内(以下简称境内)”，是指销售货物的起运地或者所在地在境内；或者提供的应税劳务发生在境内；或者服务(租赁不动产除外)或者无形资产(自然资源使用权除外)的销售方或者购买方在境内；或者所销售或者租赁的不动产在境内；或者所销售自然资源使用权的自然资源在境内；或者是财政部和国家税务总局规定的其他情形。但下列情形不属于在境内销售服务或者无形资产：境外单位或者个人向境内单位或者个人销售完全在境外发生的服务；境外单位或者个人向境内单位或者个人销售完全在境外使用的无形资产；境外单位或者个人向境内单位或者个人出租完全在境外使用的有形动产；财政部和国家税务总局规定的其他情形。所谓“有偿”，是指从购买方取得货币、货物或者其他经济利益。

另外，根据《营业税改征增值税试点有关事项的规定》(财税〔2016〕36 号附件二)第一条第二项的规定，下列内容属于不征收增值税项目：第一，根据国家指令无偿提供的铁路运输服务、航空运输服务，属于《试点实施办法》第十四条规定的用于公益事业的服务；第二，存款利息；第三，被保险人获得的保险赔付；第四，房地产主管部门或者其指定机构、公积金管理中心、开发企业以及物业管理单位代收的住宅专项维修资金；第五，在资产重组过程中，通过合并、分立、出售、置换等方式，将全部或者部分实物资产以及与其相关联的债权、负债和劳动力一并转让给其他单位和个人，其中涉及的不动产、土地使用权转让行为。

(一)销售货物或者进口货物

货物，是指有形动产，包括电力、热力、气体在内。

销售货物，是指有偿转让货物的所有权。

(二)提供的加工、修理修配劳务

加工，是指受托加工货物，即委托方提供原料及主要材料，受托方按照委托方的要求，制造货物并收取加工费的业务。修理修配，是指受托对损伤和丧失功能的货物进行修复，使其恢复原状和功能的业务。

提供加工、修理修配劳务(以下称应税劳务)，是指有偿提供加工、修理修配劳务。单位或者个体工商户聘用的员工为本单位或者雇主提供加工、修理修配劳务，不包括在内。

(三)销售服务、无形资产或者不动产

1. 销售服务

销售服务，是指提供交通运输服务、邮政服务、电信服务、建筑服务、金融服务、现代服务、生活服务。

(1)交通运输服务，是指利用运输工具将货物或者旅客送达目的地，使其空间位置得到转移的业务活动，包括陆路运输服务、水路运输服务、航空运输服务和管道运输服务。

(2)邮政服务，是指中国邮政集团公司及其所属邮政企业提供邮件寄递、邮政汇兑和机要通信等邮政基本服务的业务活动，包括邮政普遍服务、邮政特殊服务和其他邮政服务。

(3)电信服务，是指利用有线、无线的电磁系统或者光电系统等各种通信网络资源，提供语音通话服务，传送、发射、接收或者应用图像、短信等电子数据和信息的业务活动，包括基础电信服务和增值电信服务。

(4)建筑服务，是指各类建筑物、构筑物及其附属设施的建造、修缮、装饰，线路、管道、设备、设施等的安装以及其他工程作业的业务活动，包括工程服务、安装服务、修缮服务、装饰服务和其他建筑服务。

(5)金融服务，是指经营金融保险的业务活动，包括贷款服务、直接收费金融服务、保险服务和金融商品转让。

(6)现代服务，是指围绕制造业、文化产业、现代物流产业等提供技术性、知识性服务的业务活动，包括研发和技术服务、信息技术服务、文化创意服务、物流辅助服务、租赁服务、鉴证咨询服务、广播影视服务、商务辅助服务和其他现代服务。

(7)生活服务，是指为满足城乡居民日常生活需求提供的各类服务活动，包括文化体育服务、教育医疗服务、旅游娱乐服务、餐饮住宿服务、居民日常服务和其他生活服务。

2. 销售无形资产

销售无形资产，是指转让无形资产所有权或者使用权的业务活动。无形资产，是指不具实物形态，但能带来经济利益的资产，包括技术、商标、著作权、商誉、自然资源使用权和其他权益性无形资产。其中，技术，包括专利技术和非专利技术；自然资源使用权，包括土地使用权、海域使用权、探矿权、采矿权、取水权和其他自然资源使用权；其他权益性无形资产，包括基础设施资产经营权、公共事业特许权、配额、经营权(包括特许经营权、连锁经营权、其他经营权)、经销权、分销权、代理权、会员权、席位权、网络游戏虚拟道具、域名、名称权、肖像权、冠名权、转会费等。

3. 销售不动产

销售不动产，是指转让不动产所有权的业务活动。不动产，是指不能移动或者移动后会引起性质、形状改变的财产，包括建筑物、构筑物等。

建筑物，包括住宅、商业营业用房、办公楼等可供居住、工作或者进行其他活动的建造物。

构筑物，包括道路、桥梁、隧道、水坝等建造物。

转让建筑物有限产权或者永久使用权的，转让在建的建筑物或者构筑物所有权的，以及在转让建筑物或者构筑物时一并转让其所占土地的使用权的，按照销售不动产缴纳增值税。

另外，需要指出的是，在《中华人民共和国增值税法》(征求意见稿)中，增值税征税范围被表述为：“增值税的征税范围为，在境内销售货物、服务、无形资产、不动产和金融商品，以及进口货物。”(“提供的加工、修理修配劳务”并入了“服务”，“销售金融商品”从“服务”中单列。)

(四)视同销售货物行为

《增值税暂行条例实施细则》第四条和《营改增通知》第十四条的规定，下列行为视同销售货物：

(1)将货物交付其他单位或者个人代销。

(2)销售代销货物。

(3)设有两个以上机构并实行统一核算的纳税人,将货物从一个机构移送其他机构用于销售,但相关机构设在同一县(市)的除外。

(4)将自产、委托加工的货物用于集体福利或者个人消费。

(5)将自产、委托加工或者购进的货物作为投资,提供给其他单位或者个体工商户。

(6)将自产、委托加工或者购进的货物分配给股东或者投资者。

(7)自产、委托加工或者购进的货物无偿赠送其他单位或者个人。

(8)单位或者个体工商户向其他单位或者个人无偿提供服务,但用于公益事业或者以社会公众为对象的除外。

(9)单位或者个人向其他单位或者个人无偿转让无形资产或者不动产,但用于公益事业或者以社会公众为对象的除外。

(10)不动产用于对外投资、抵债的。

(11)财政部和国家税务总局规定的其他情形。

(五)关于"混合销售"和"兼营销售"

混合销售行为,是指一项销售行为同时既涉及货物又涉及应税行为。混合销售行为应同时符合两个条件:一是所涉内容必须既有货物又有应税行为;二是该项销售行为是一个销售行为,而非多个行为。混合销售行为人销售货物与提供非应税劳务的价款是同时从一个购买方取得的。

纳税人兼营应税行为的,应分别核算货物或者应税行为的销售额;未分别核算的,由主管税务机关核定销售额。

(六)关于增值税征税范围的几个特殊情形

(1)销售废品、下脚料。对工业企业生产中的废品以及工业企业(含非工业企业)、商业企业的下脚料和废旧包装物等进行销售时,应一律按照销售货物补缴增值税。

(2)纳税人在资产重组过程中,通过合并、分立、出售、置换等方式,将全部或者部分实物资产以及与其相关的债权、负债和劳动力一并转让给其他单位和个人,不属于增值税的征税范围,其中涉及货物转让的,不征收增值税。

(3)修理费和"三包"收入。货物的生产企业为搞好售后服务,支付给经销企业的修理费用,作为经销企业为用户提供售后服务的费用支出。对经销企业从货物生产企业取得的"三包"收入,应按"修理修配"缴纳增值税。

四、增值税税率或征收率

全面推开"营改增"后,涉及征收增值税的行业众多、情形复杂,因而,使得增值税税率或者征收率呈现出多样性特点。总体上看,税率包括了13%、9%、6%、零税率四种,征收率包括3%、5%两种。其中:

(一)13%税率的适用

13%的税率适用于销售货物、进口货物(适用9%的货物除外)、提供有形动产租赁服务。

(二)9%税率的适用

9%税率适用于以下货物的销售或进口:人工种植和天然生长的各种植物的初级产品;人工养殖和天然生长的各种动物的初级产品;自来水、暖气、冷气、热水、煤气、石油液化气、天然气、沼气、居民用煤炭制品;图书、报纸、杂志;饲料、化肥、农药、农机、农膜;国务院规定的其他货物。

纳税人提供交通运输、邮政、基础电信、建筑、不动产租赁服务,销售不动产,转让土地使用权的,适用9%税率。

(三)6%税率的适用

6%税率适用于以下五种应税行为:金融服务、增值电信服务、现代服务(不含租赁服务)、生活服务、销售无形资产(转让土地使用权除外)。

(四)零税率的适用

(1)纳税人出口货物(国务院另有规定的除外)。

(2)根据《营改增通知》"附件四"(《跨境应税行为适用增值税零税率和免税政策的规定》),"营改增"的零税率适用于境内单位和个人发生的跨境应税行为,具体包括:国际运输服务;航天运输服务;向境外单位提供的完全在境外消费的有关服务(研发服务、合同能源管理服务、设计服务、广播影视节目或作品的制作和发行服务、软件服务、电路设计及测试服务、信息系统服务、业务流程管理服务、离岸服务外包业务、转让技术);财政部和国家税务总局规定的其他服务。

需要注意的是,按照《营改增通知》的规定,纳税人发生应税行为同时适用免税和零税率规定的,纳税人可以选择适用免税或者零税率;但一旦选择,36个月不得更改。实际上,零税率的优惠力度是大于免税的。

(五)3%征收率的适用

增值税的征收率统一为3%,适用于按简易计税方法计税的情形;但财政部、国家税务总局另有规定的除外(适用5%的情形即属于除外情形)。

(六)5%征收率的适用

现阶段,5%的征收率主要适用于"营改增"中特定类型的业务,具体包括以下情形:

第一,一般纳税人转让其2016年4月30日前取得或者自建的不动产,可以选择适用简易计税方法计税,按照5%的征收率计算应纳税额。

第二,小规模纳税人除个人转让其购买的住房外,转让其取得或者自建的不动产,按照5%的征收率计算应纳税额。

第三,房地产企业中的一般纳税人,销售自行开发的房地产老项目,可以选择适用简易计税方法,按照5%的征收率计税。

第四,房地产企业中的小规模纳税人,销售自行开发的房地产项目,按照5%的征收率计算当期应纳税额。

第五,个人转让其购买的住房,按照5%的征收率计算应纳税额。

第六,一般纳税人出租其2016年4月30日前取得的不动产,可以选择适用简易计税方法,按照5%的征收率计算应纳税额。

第七,小规模纳税人出租不动产(不含个体工商户出租住房),按5%的征收率计算应纳税额。

第八,其他个人出租不动产(不含住房),按照5%的征收率计算应纳税额。

第九,个体工商户和其他个人出租住房,按照5%的征收率减按1.5%计算应纳税额。

第十,中外合作生产石油、天然气,适用5%的征收率。

第十一,住房租赁企业中的增值税一般纳税人向个人出租住房取得的全部出租收入,可以选择适用简易计税方法,按照5%的征收率减按1.5%计算缴纳增值税,或适用一般计税方法计算缴纳增值税。

第十二,住房租赁企业中的增值税小规模纳税人向个人出租住房,按照5%的征收率减按

1.5%计算缴纳增值税。

第十三，住房租赁企业向个人出租住房适用简易计税方法并进行预缴的，减按 1.5%预征率预缴增值税。

另外，针对“混合销售”和“兼营销售”，本着“混合销售”从主、“兼营”分别核算纳税的理念，混合销售应从主适用税率或者征收率；兼营应当分别核算适用不同税率或者征收率的销售额，未分别核算的，从高适用税率。

五、增值税减免的基本政策

(一)增值税减免税权利行使

纳税人发生应税行为适用免税、减税规定的，可以放弃免税、减税，依照有关规定缴纳增值税。放弃免税、减税后，36 个月内不得再申请免税、减税。纳税人兼营免税、减税项目的，应当分别核算免税、减税项目的销售额；未分别核算销售额的，不得免税、减税。

纳税人发生应税行为同时适用免税和零税率规定的，纳税人可以选择适用免税或者零税率。

(二)增值税的起征点

纳税人销售额货物或应税劳务的，未达到国务院财政、税务主管部门规定的增值税起征点的，免征增值税；达到起征点的，全额计算缴纳增值税。小规模纳税人和个人发生销售服务、无形资产、不动产行为的，销售额未达到增值税起征点的，免征增值税；达到起征点的，全额计算缴纳增值税。

增值税起征点幅度如下：按期纳税的，为月销售额 5 000～20 000 元(含本数)；按次纳税的，为每次(日)销售额 300～500 元(含本数)。

需要强调的是，增值税起征点不适用于一般纳税人，包括登记为一般纳税人的个体工商户。

提示关注：关于起征点政策，《中华人民共和国增值税法》(征求意见稿)第二章第五条第二款规定：“增值税起征点为季销售额三十万元。”

(三)增值税的免征

根据现行增值税有关免税政策的规定，下列项目免征增值税(部分项目)：

(1)农业生产者销售的自产农产品。此处所称农业，是指种植业、养殖业、林业、牧业、水产业。农业生产者，包括从事农业生产的单位和个人。农产品，是指初级农产品，具体范围由财政部、国家税务总局确定。

(2)根据《财政部 税务总局关于明确增值税小规模纳税人减免增值税等政策的公告》(财政部 税务总局公告 2023 年第 1 号)和《财政部 税务总局关于增值税小规模纳税人减免增值税政策的公告》(财政部 税务总局公告 2023 年第 19 号)的规定：

第一，自 2023 年 1 月 1 日至 2027 年 12 月 31 日，增值税小规模纳税人(以下简称小规模纳税人)发生增值税应税销售行为，合计月销售额未超过 10 万元(以 1 个季度为 1 个纳税期的，季度销售额未超过 30 万元，下同)的，免征增值税；小规模纳税人发生增值税应税销售行为，合计月销售额超过 10 万元，但扣除本期发生的销售不动产的销售额后未超过 10 万元的，其销售货物、劳务、服务、无形资产取得的销售额免征增值税；适用增值税差额征税政策的小规模纳税人，差额后的销售额月未超过 10 万元(以 1 个季度为 1 个纳税期的，季度销售额未超过 30 万元，下同)的，免征增值税。

第二，自 2023 年 1 月 1 日至 2027 年 12 月 31 日，增值税小规模纳税人适用 3%征收率的应税销售收入，减按1%征收率征收增值税；适用3%预征率的预缴增值税项目，减按1%预征率预缴增值税。

第三，《中华人民共和国增值税暂行条例实施细则》第九条所称的其他个人，采取一次性收取租金形式出租不动产取得的租金收入，可在对应的租赁期内平均分摊，分摊后的月租金收入未超过10万元的，免征增值税。

第四，增值税小规模纳税人适用减按1%征收率征收增值税政策的，应按照1%征收率开具增值税发票。纳税人可就该笔销售收入选择放弃减税并开具增值税专用发票。

第五，增值税小规模纳税人适用3%征收率应税销售收入免征增值税的，应按规定开具免税普通发票。纳税人选择放弃免税并开具增值税专用发票的，应开具征收率为3%的增值税专用发票。

(3)扶贫货物捐赠免征增值税。《财政部 税务总局 国务院扶贫办关于扶贫货物捐赠免征增值税政策的公告》(财政部 税务总局 国务院扶贫办公告2019年第55号)规定，自2019年1月1日至2022年12月31日，对单位或者个体工商户将自产、委托加工或购买的货物通过公益性社会组织、县级及以上人民政府及其组成部门和直属机构，或直接无偿捐赠给目标脱贫地区的单位和个人，免征增值税。在政策执行期限内，目标脱贫地区实现脱贫的，可继续适用上述政策。所谓"目标脱贫地区"，包括832个国家扶贫开发工作重点县、集中连片特困地区县(新疆阿克苏地区6县1市享受片区政策)和建档立卡贫困村。

(4)避孕药品和用具。

(5)古旧图书。此处所称古旧图书，是指向社会收购的古书和旧书。

(6)直接用于科学研究、科学试验和教学的进口仪器、设备。

(7)外国政府、国际组织无偿援助的进口物资和设备。

(8)由残疾人的组织直接进口供残疾人专用的物品。

(9)销售自己使用过的物品。此处所称自己使用过的物品，是指其他个人自己使用过的物品。

(10)对于以下自产货物或者劳务免征增值税：再生水、以废轮胎为原料生产的胶粉、以旧轮胎为原料生产的翻新轮胎、以掺兑废渣比例不低于30%的原料生产的特定建材产品、将污水加工为达标水的劳务。

(11)除北京市、上海市、广州市和深圳市之外的地区，个人将购买2年以上(含2年)的住房对外销售的，免征增值税；而在北京市、上海市、广州市和深圳市，个人将购买2年以上(含2年)的普通住房对外销售的，免征增值税。

(12)境内的单位和个人销售的下列服务和无形资产免征增值税，但财政部和国家税务总局规定适用增值税零税率的除外：

①服务：第一，工程项目在境外的建筑服务；第二，工程项目在境外的工程监理服务；第三，工程、矿产资源在境外的工程勘察勘探服务；第四，会议展览地点在境外的会议展览服务；第五，存储地点在境外的仓储服务；第六，标的物在境外使用的有形动产租赁服务；第七，在境外提供的广播影视节目(作品)的播映服务；第八，在境外提供的文化体育服务、教育医疗服务、旅游服务。

②为出口货物提供的邮政服务、收派服务、保险服务；为出口货物提供的保险服务，包括出口货物保险和出口信用保险。

③向境外单位提供的完全在境外消费的下列服务和无形资产：第一，电信服务；第二，知识产权服务；第三，物流辅助服务(仓储服务、收派服务除外)；第四，鉴证咨询服务；第五，专业技

术服务；第六，商务辅助服务；第七，广告投放地在境外的广告服务；第八，无形资产。

④以无运输工具承运方式提供的国际运输服务。

⑤为境外单位之间的货币资金融通及其他金融业务提供的直接收费金融服务，且该服务与境内的货物、无形资产和不动产无关。

⑥财政部和国家税务总局规定的其他服务。

(13)未取得相关资质的纳税人从事按照国家有关规定应取得相关资质的国际运输服务项目。

(14)境内的单位和个人提供适用增值税零税率的服务或者无形资产，如果属于适用简易计税方法的，实行免征增值税办法。

(15)“营改增”试点期间免征增值税的项目。根据《营改增通知》“附件三”(《营业税改征增值税试点过渡政策的规定》)等规定，有多达近四十种情形在营改增试点期间免征增值税。常见的主要有下列二十五种情形：

①托儿所、幼儿园提供的保育和教育服务。

②养老机构提供的养老服务。

③残疾人福利机构提供的育养服务。

④婚姻介绍服务。

⑤殡葬服务。

⑥残疾人员本人为社会提供的服务。

⑦医疗机构提供的医疗服务。

⑧从事学历教育的学校提供的教育服务。

⑨学生勤工俭学提供的服务。

⑩农业机耕、排灌、病虫害防治、植物保护、农牧保险以及相关技术培训业务，家禽、牲畜、水生动物的配种和疾病防治。

⑪纪念馆、博物馆、文化馆、文物保护单位管理机构、美术馆、展览馆、书画院、图书馆在自己的场所提供文化体育服务取得的第一道门票收入。

⑫寺院、宫观、清真寺和教堂举办文化、宗教活动的门票收入。

⑬个人转让著作权。

⑭个人销售自建自用住房。

⑮纳税人提供的直接或者间接国际货物运输代理服务。

⑯被撤销金融机构以货物、不动产、无形资产、有价证券、票据等财产清偿债务。

⑰保险公司开办的一年期以上人身保险产品取得的保费收入。

⑱纳税人提供技术转让、技术开发和与之相关的技术咨询、技术服务。

⑲政府举办的从事学历教育的高等、中等和初等学校(不含下属单位)，举办进修班、培训班取得的全部归该学校所有的收入。

⑳提供城市社区和农村社区家政服务的机构取得的家政收入。

㉑将土地使用权转让给农业生产者用于农业生产。

㉒涉及家庭财产分割的个人无偿转让不动产、土地使用权。

㉓土地所有者出让土地使用权和土地使用者将土地使用权归还给土地所有者。

㉔符合特定条件的担保机构从事中小企业信用担保或者再担保业务取得的收入(不含信用评级、咨询、培训等收入)3年内免征增值税。

㉕下列利息收入：国家助学贷款；国债和地方政府债；人民银行对金融机构的贷款；住房公积金管理中心用住房公积金在指定的委托银行发放的个人住房贷款；金融机构农户小额贷款；外汇管理部门在从事国家外汇储备经营过程中，委托金融机构发放的外汇贷款；统借统还业务中企业集团或企业集团中的核心企业以及集团所属财务公司按不高于支付给金融机构的借款利率水平或者支付的债券票面利率水平向企业集团或者集团内下属单位收取的利息。

另外，按照《财政部 国家税务总局关于全面推开营业税改征增值税试点的通知》（财税〔2016〕36 号）的规定，纳税人发生应税行为同时适用免税和零税率规定的，纳税人可以选择适用免税或者零税率。

六、增值税纳税义务发生时间

纳税义务的承担，必须以纳税义务发生为条件。因此，从纳税人关于是否应当实际承担增值税纳税义务的判断、核算和税收征管机关依法确认纳税人是否正确履行纳税义务两个方面，无不以纳税义务发生时间为前提。

《增值税暂行条例》第十九条规定："增值税纳税义务发生时间：(1)发生应税销售行为，为收讫销售款项或者取得索取销售款项凭据的当天；先开具发票的，为开具发票的当天。(2)进口货物，为报关进口的当天。""增值税扣缴义务发生时间为纳税人增值税纳税义务发生的当天。"

《营业税改征增值税试点实施办法》第四十五条规定："增值税纳税义务、扣缴义务发生时间为：(1)纳税人发生应税行为并收讫销售款项或者取得索取销售款项凭据的当天；先开具发票的，为开具发票的当天。收讫销售款项，是指纳税人销售服务、无形资产、不动产过程中或者完成后收到款项。取得索取销售款项凭据的当天，是指书面合同确定的付款日期；未签订书面合同或者书面合同未确定付款日期的，为服务、无形资产转让完成的当天或者不动产权属变更的当天。(2)纳税人提供租赁服务采取预收款方式的，其纳税义务发生时间为收到预收款的当天。【作者注：根据'财税〔2017〕58 号'修改】(3)纳税人从事金融商品转让的，为金融商品所有权转移的当天。(4)纳税人发生本办法第十四条规定情形的，其纳税义务发生时间为服务、无形资产转让完成的当天或者不动产权属变更的当天。(5)增值税扣缴义务发生时间为纳税人增值税纳税义务发生的当天。"前述所谓"本办法第十四条规定情形"就是视同销售服务、无形资产或者不动产的情形。

纳税人发生视同销售情形的，其纳税义务发生时间为货物移送当天(代销除外)或者服务、无形资产转让完成的当天或者不动产权属变更的当天。

七、增值税应纳税额的计算方法

(一)增值税应纳税额的计税方法及其适用

根据现行《增值税暂行条例》及其实施细则和《营改增通知》"附件一"的规定，我国目前的增值税应纳税额计算方法有两种："一般计税方法"（即"抵扣法"）和"简易计税方法"。具体适用规定如下：

(1)一般纳税人销售货物或提供加工、修理修配劳务时，除了税法规定采用简易征收办法计算增值税的以外，一般采用"抵扣法"计算应纳增值税税额的办法。

(2)"营改增"试点的一般纳税人发生销售服务、无形资产、不动产行为适用一般计税方法计税。但一般纳税人发生财政部和国家税务总局规定的特定应税行为，可以选择适用简易计税方法计税，但一经选择，36 个月内不得变更。

(3)小规模纳税人和其他个人，不论其发生何种增值税应税销售行为，均只能适用简易计税方法。

(二)一般计税方法下应纳税额的计算

采用一般计税方法计算的应纳税额，是指当期销项税额抵扣当期进项税额后的余额。计算公式为：

应纳税额＝当期销项税额－当期进项税额

当期销项税额小于当期进项税额不足抵扣时，其不足部分可以结转下期继续抵扣。

上述计算公式直观地反映了我国增值税的计算方法为间接计算法，即不直接计算货物流转过程产生的增值额，而是首先计算货物的整体税负，然后从整体税负中扣除外购货物已经缴纳的税额。这一计算方法体现了增值税只对货物或者应税劳务、应税行为价值中新增部分征税的基本原则。

因此，要计算一般纳税人增值税应纳税额，首先必须明确三个要素："当期""销项税额"和"进项税额"。

1. 销项税额的计算

销项税额，是指纳税人发生销售货物、应税劳务或者销售服务、无形资产、不动产等行为时，按照销售额和增值税税率计算并向购买方收取的增值税额。销项税额计算公式为：

销项税额＝销售额×税率

一般计税方法下的销售额不包括销项税额。如果纳税人采用销售额和销项税额合并定价方法的，应按照下列公式计算出不含税的销售额：

销售额＝含税销售额÷(1＋税率)

作为一般纳税人的出口企业出口国家不予退、免税货物的销项税额的计算，按照下述计算公式进行：

销项税额＝(出口货物离岸价×外汇人民币牌价)÷(1＋增值税税率)×增值税税率

另外，一般纳税人因销货退回或者折让而退还给购买方的增值税税额，应从发生销货退回或者折让当期的销项税额中扣减。

2. 进项税额的计算

进项税额与销项税额是一个相对应的概念，是指纳税人购进货物、加工修理修配劳务、服务、无形资产或者不动产，支付或者负担的增值税额。进项税额计算公式为：

进项税额＝不含税购进额×税率

在开具增值税专用发票的情况下，销售方收取的销项税额同时就是购买方所支付的进项税额。(提示：关于"销售额"和"进项税额抵扣"后面作专题介绍，此处从略。)

(三)简易计税方法下应纳税额的计算

简易计税方法计算应纳税额，是指按照销售额和增值税征收率计算的增值税额。采用简易计税法的项目购进产生的进项税额不得抵扣。应纳税额计算公式：

应纳税额＝销售额×征收率

简易计税方法的销售额不包括应纳税额。如果纳税人采用销售额和应纳税额合并定价方法的，按照下列公式计算转换为不含增值税的销售额：

销售额＝含税销售额÷(1＋征收率)

纳税人适用简易计税方法计税的，因销售折让、中止或者退回而退还给购买方的销售额，应当从当期销售额中扣减。扣减当期销售额后仍有余额造成多缴的税款，可以从以后的应纳税额中扣减。

【例 1-2-1】 某增值税小规模纳税人 2018 年 11 月购进货物 20 000 元，销售货物25 000元。

要求：计算该企业当月应纳增值税额。

解析：

当期不含税销售额＝25 000÷(1＋3％)＝24 271.84(元)

当期应纳税额＝24 271.84×3％＝728.16(元)

(四)进口环节增值税应纳税额的计算方法

凡是申报进入我国海关境内的货物，均应缴纳增值税。进口环节应纳增值税按照组成计税价格和适用的税率计算应纳税额，不得抵扣任何进项税额。计算公式为：

应纳税额＝组成计税价格×税率

组成计税价格的计算公式是：

组成计税价格＝关税完税价格＋关税

＝关税完税价格＋关税完税价格×关税税率

一般贸易下的进口货物以海关审定的成交价格为基础的到岸价作为关税完税价格。

如果进口货物属于应税消费品，则组成计税价格公式中还应加上消费税额。

组成计税价格＝关税完税价格＋关税＋消费税

＝(关税完税价格＋关税)÷(1－消费税税率)

＝关税完税价格 ×(1＋关税税率)÷(1－消费税税率)

【例 1-2-2】 华天公司 2019 年 6 月 18 日从国外进口一批原材料，关税完税价格为500 000元，应缴纳的进口关税为 50 000 元，消费税为 27 500 元；增值税税率为 13％。

要求：计算华天公司该批原材料进口环节应纳增值税税额。

解析：

组成计税价格＝500 000＋50 000＋27 500＝577 500(元)

增值税进项税额＝577 500×13％＝75 075(元)

【例 1-2-3】 华天公司 2019 年 10 月 27 日从外国进口另一批原材料(已验收入库)，海关审定的关税完税价格为 1 000 000 元，应纳关税 150 000，消费税 50 000。该批材料适用13％的增值税税率。

要求：计算华天公司该批原材料进口环节应纳增值税税额。

解析：增值税税额＝(1 000 000＋150 000＋50 000)×13％＝156 000(元)

八、增值税计税依据——“销售额”的确认与计算

根据前述关于一般计税方法和简易计税方法可知，销售额是直接关系确认纳税人应纳税额多少的关键因素之一。虽然在进项税额计算时按照“购进额”决定，但“购进额”与“销售额”本身就是一个相对概念，只是同一内容的金额分别站在购进方和销售方角度形成的两种表达

而已。所以，不论采用一般计税方法还是采用简易计税方法，在税率或征收率一定的条件下，直接决定应纳税额多少的因素就是“销售额”。“销售额”是增值税的计税依据。

需要强调的是，作为增值税计税依据的销售额，应当是不含增值税的销售额；如果是含税销售额的，应当转换为不含税销售额。

(一)关于“销售额”的基本规定

1. 销售额的基本内容构成

《增值税暂行条例》第六条规定：“销售额为纳税人销售货物或者应税劳务向购买方收取的全部价款和价外费用，但是不包括收取的销项税额。”《营业税改征增值税试点实施办法》第三十七条规定：“销售额，是指纳税人发生应税行为取得的全部价款和价外费用，财政部和国家税务总局另有规定的除外。”

上述规定中的“价外费用”是指价外收取的各种性质的收费。包括价外向购买方收取的手续费、补贴、基金、集资费、返还利润、奖励费、违约金、滞纳金、延期付款利息、赔偿金、代收款项、代垫款项、包装费、包装物租金、储备费、优质费、装卸费以及其他各种性质的价外收费。但下列情形不包括在内：

(1)受托加工应征消费税的消费品所代收代缴的消费税。

(2)同时符合以下条件的代垫运输费用：第一，承运部门的运输费用发票开具给购买方的；第二，纳税人将该项发票转交给购买方的。

(3)同时符合以下条件代为收取的政府性基金或者行政事业性收费：第一，由国务院或者财政部批准设立的政府性基金，由国务院或者省级人民政府及其财政、价格主管部门批准设立的行政事业性收费；第二，收取时开具省级以上(含省级)财政部门监(印)制的财政票据；第三，所收款项全额上缴财政。

(4)员工为本单位或者雇主提供取得工资的服务，或者单位或者雇主为员工提供的服务。

(5)其他以委托方名义开具发票代委托方收取的款项。例如，销售货物的同时代办保险等而向购买方收取的保险费，以及向购买方收取的代购买方缴纳的车辆购置税、车辆牌照费。

(6)财政部和国家税务总局规定的其他情形。

需要注意的是，税法规定各种性质的价外费用都要并入销售额计算征税，目的是防止以各种名目的收费减少销售额逃避纳税的现象。但根据国家税务总局规定：对增值税一般纳税人(包括纳税人自己或代其他部门)向购买方收取的价外费用和逾期包装物押金，应视为含税收入，在征税时换算成不含税收入再并入销售额。

【例 1-2-4】 鸿远公司(一般纳税人)当月销售货物取得不含税收入 100 000 元，销售时向购买方收取手续费、包装费 1 130 元，代购货方支付运输费 1 000 元。

要求：计算鸿远公司当月的计税销售额。

解析：当期计税销售额＝100 000＋1 130÷(1＋13%)＝101 000(元)

小规模纳税人的销售额不包括其应纳税额。小规模纳税人发生增值税行为采用销售额和应纳税额合并定价方法的，按下列公式计算销售额：

销售额＝含税销售额÷(1＋征收率)

2. 混合销售、兼营行为销售额的确认原则

(1)混合销售。一项销售行为如果既涉及服务又涉及货物，为混合销售。从事货物的生

产、批发或者零售的单位和个体工商户的混合销售行为，按照销售货物缴纳增值税；其他单位和个体工商户的混合销售行为，按照销售服务缴纳增值税。这里，所谓从事货物的生产、批发或者零售的单位和个体工商户，包括以从事货物的生产、批发或者零售为主，并兼营销售服务的单位和个体工商户在内。

(2)兼营。纳税人兼营销售货物、劳务、服务、无形资产或者不动产，适用不同税率或者征收率的，应当分别核算适用不同税率或者征收率的销售额(未分别核算的，从高适用税率)。

纳税人兼营免税、减税项目的，应当分别核算免税、减税项目的销售额；未分别核算的，不得免税、减税。

3. 增值税专用发票开票有误或者销售折让、中止、退回等情形销售额的处理原则

纳税人发生应税行为，开具增值税专用发票后，发生开票有误或者销售折让、中止、退回等情形的，应当按照国家税务总局的规定开具红字增值税专用发票；未按照规定开具红字增值税专用发票的，不得扣减销项税额或者销售额。

4. 应税销售额的计量货币

销售额以人民币计算。如果纳税人按照人民币以外的货币结算销售额的，应当折合成人民币计算，折合率可以选择销售额发生的当天或者当月 1 日的人民币汇率中间价。纳税人应当在事先确定采用何种折合率，确定后 12 个月内不得变更。

(二)销售货物或者提供加工、修理修配劳务“销售额”的一般确定规则

销售货物或者提供加工、修理修配劳务，销售额为纳税人销售货物或者提供应税劳务向购买方收取的全部价款和价外费用，但是不包括收取的销项税额。

如果属于委托加工行为，那么，销售额只能包括不含税的加工费以及受托方代垫的辅助材料费用。如果是由受托方提供主要材料，则不属于税法规定的“委托加工”行为，而只能认定为一般的销售行为，只能按照销售货物确认销售额并计税。

(三)部分销售服务业务“计税销售额”的一般确定规则

《营改增通知》“附件二”《营业税改征增值税试点有关事项的规定》对下列销售服务、不动产的计税销售额的确认办法进行了明确的规定。

(1)贷款服务，以提供贷款服务取得的全部利息及利息性质的收入为销售额。在此需要说明的是，自结息日起，90 天内发生的应收未收利息应按现行规定缴纳增值税(一般纳税人 6%，小规模 3%)；自结息日起 90 天后的发生的应收未收利息暂不缴纳增值税，待实际收到利息时，按规定缴纳增值税。

(2)直接收费金融服务，以提供直接收费金融服务收取的手续费、佣金、酬金、管理费、服务费、经手费、开户费、过户费、结算费、转托管费等各类费用为销售额。

(3)金融商品转让，按照卖出价扣除买入价后的余额为销售额。

转让金融商品出现的正负差，按盈亏相抵后的余额为销售额。若相抵后出现负差，可结转下一纳税期与下期转让金融商品销售额相抵，但年末时仍出现负差的，不得转入下一个会计年度。

金融商品的买入价，可以选择按照加权平均法或者移动加权平均法进行核算，选择后 36 个月内不得变更。

金融商品转让，不得开具增值税专用发票。

(4)经纪代理服务，以取得的全部价款和价外费用，扣除向委托方收取并代为支付的政府性基金或者行政事业性收费后的余额为销售额。向委托方收取的政府性基金或者行政事业性

收费，不得开具增值税专用发票。

(5)融资租赁和融资性售后回租业务。

①经人民银行、银监会或者商务部批准从事融资租赁业务的试点纳税人，提供融资租赁服务，以取得的全部价款和价外费用，扣除支付的借款利息(包括外汇借款和人民币借款利息)、发行债券利息和车辆购置税后的余额为销售额。

②经人民银行、银监会或者商务部批准从事融资租赁业务的试点纳税人，提供融资性售后回租服务，以取得的全部价款和价外费用(不含本金)，扣除对外支付的借款利息(包括外汇借款和人民币借款利息)、发行债券利息后的余额作为销售额。

③试点纳税人根据2016年4月30日前签订的有形动产融资性售后回租合同，在合同到期前提供的有形动产融资性售后回租服务，可继续按照有形动产融资租赁服务缴纳增值税。

④经商务部授权的省级商务主管部门和国家经济技术开发区批准的从事融资租赁业务的试点纳税人，2016年5月1日后实收资本达到1.7亿元的，从达到标准的当月起按照上述第①②③点规定执行；2016年5月1日后实收资本未达到1.7亿元但注册资本达到1.7亿元的，在2016年7月31日前仍可按照上述第①②③点规定执行，2016年8月1日后开展的融资租赁业务和融资性售后回租业务不得按照上述第①②③点规定执行。

(6)航空运输企业的销售额，不包括代收的机场建设费和代售其他航空运输企业客票而代收转付的价款。

(7)试点纳税人中的一般纳税人(以下称一般纳税人)提供客运场站服务，以其取得的全部价款和价外费用，扣除支付给承运方运费后的余额为销售额。

(8)试点纳税人提供旅游服务，可以选择以取得的全部价款和价外费用，扣除向旅游服务购买方收取并支付给其他单位或者个人的住宿费、餐饮费、交通费、签证费、门票费和支付给其他接团旅游企业的旅游费用后的余额为销售额。但选择此种办法计算销售额的试点纳税人，向旅游服务购买方收取并支付的上述费用，不得开具增值税专用发票，可以开具普通发票。

(9)试点纳税人提供建筑服务适用简易计税方法的，以取得的全部价款和价外费用扣除支付的分包款后的余额为销售额。

(10)试点纳税人按照上述(4)～(9)种情形的规定从全部价款和价外费用中扣除的价款，应当取得符合法律、行政法规和国家税务总局规定的有效凭证；否则，不得扣除。

这里所说的“有效凭证”是指下列五种凭证：

①支付给境内单位或者个人的款项，以发票为合法有效凭证。

②支付给境外单位或者个人的款项，以该单位或者个人的签收单据为合法有效凭证，税务机关对签收单据有疑义的，可以要求其提供境外公证机构的确认证明。

③缴纳的税款，以完税凭证为合法有效凭证。

④扣除的政府性基金、行政事业性收费或者向政府支付的土地价款，以省级以上(含省级)财政部门监(印)制的财政票据为合法有效凭证。

⑤国家税务总局规定的其他凭证。

(四)售价明显偏低或者偏高且不具有合理商业目的的，或者发生视同销售行为而无销售额时销售额的确定

根据《增值税暂行条例》第七条、《增值税暂行条例实施细则》第十六条以及《营业税改征增值税试点实施办法》第四十四条等规定，纳税人发生应税行为价格明显偏低或者偏高且不具有

合理商业目的的，或者发生视同销售行为而无销售额的，主管税务机关有权按照有关规定进行销售额的核定。这里的所谓“不具有合理商业目的”，是指以谋取税收利益为主要目的，通过人为安排，减少、免除、推迟缴纳增值税税款，或者增加退还增值税税款。

主管税务机关应当按照下列顺序确定纳税人的销售额：

(1)按纳税人当月同类货物的平均销售价格确定。

(2)按纳税人最近时期同类货物的平均销售价格确定。

(3)按组成计税价格确定。组成计税价格的公式为

$$组成计税价格=成本\times(1+成本利润率)$$

属于应征消费税的货物，其组成计税价格中应加计消费税税额，即

$$组成计税价格=成本\times(1+成本利润率)+消费税税额$$

或

$$组成计税价格=成本\times(1+成本利润率)\div(1-消费税税率)$$

公式中的成本是指：销售自产货物的为实际生产成本，销售外购货物的为实际采购成本。

公式中的成本利润率：按照1993年12月28日根据国家税务总局颁发的《增值税若干具体问题的规定》，确定为10%；属于应征消费税的货物，其成本利润率为《消费税若干具体问题的规定》中所规定的成本利润率；属于“营改增”试点内容的服务、无形资产、不动产，按相应规定执行。

【例1-2-5】 某商场情人节前夕，将上月外购的2 000块特制手表赠送给顾客，成本共计80 000元，无同类产品销售价格；该产品的成本利润率为10%。

请问：该批赠送手表应否计征增值税？如果应当，那么计税销售额是多少？

解析：该批赠送手表应定性为视同销售行为计征增值税。其计税销售额应按“组成计税价格”执行。

$$组成计税价格=成本\times(1+成本利润率)=80\ 000\times(1+10\%)=88\ 000(元)$$

【例1-2-6】 某化妆品生产企业为增值税一般纳税人，2018年7月将自产的未投放市场的新型高级保湿水作为福利发给职工，该化妆品无销售价；已知生产总成本为21万元，化妆品适用消费税税率为30%。

请问：该批作为福利发给职工的保湿水的增值税计税销售额为多少？

解析：该批作为福利发给职工的保湿水根据增值税制度规定，应当以“视同销售”处理，属于增值税应征税的范围。但是，该批作为福利发给职工的保湿水又是尚未投放市场的新型产品，无符合规定的参照价格。因此，应当按照制度规定，由主管税务机关按照组成计税价格确认规定进行销售额的核定。同时，该批保湿水既属增值税征税范围，又是消费税应税消费品，因而，还必须根据“消费税应税消费品全国平均成本利润率”中的规定确定成本利润率。

$$\begin{aligned}组成计税价格&=成本\times(1+成本利润率)\div(1-消费税税率)\\&=210\ 000\times(1+5\%)\div(1-30\%)\\&=154\ 350(元)\end{aligned}$$

(五)特殊销售方式下的销售额的确定

除了遵循关于“销售额的基本规定”外，需要注意特殊的销售方式下的销售额的确定规则：

1. 采取折扣方式销售

在现实生活中，纳税人采取的折扣方式一般可以分为折扣销售、销售折扣、销售折让三种。

(1)折扣销售,又称“商业折扣”,是指销售方在销售货物、应税劳务或者服务、无形资产、不动产等时,因购买方购货数量较大等原因而给予购买方的价格优惠。例如:单价 20 元,如购买 10 件以上可以享受 10%的折扣,购买 20 件以上可以享受 20%折扣。在这种情况下,由于折扣是在销售方实现销售时同时发生的。因此,税法规定,如果价款和折扣额在同一张发票上分别注明,可以按折扣后的余额作为销售额计算增值税;同时,为了防止购买方通过多抵扣进项税额来偷逃税收,税法还规定了如果纳税人将折扣另开发票,不论其在财务上如何处理,均不得从销售额中减除折扣额,应当全额计税。

这里需要注意的是:如果销售方将自产、委托加工和购买的货物用于实物折扣的,则该实物款额不能从货物销售额中减除,且该实物应按照《增值税暂行条例》“视同销售货物”中的“无偿赠与”计算征收增值税。

【例 1-2-7】 某时装公司销售给爱慕时装公司 10 000 件服装,每件不含税价格为 20 元。由于爱慕时装公司购买数量多,该时装公司按原价的 8 折优惠销售。爱慕时装公司 10 日内付款。该时装公司将折扣部分与销售额同开在一张发票上。

请问:该时装公司该笔业务的销售额是多少?

解析:计税销售额=20×10 000×80%=160 000(元)

(2)销售折扣,又称“现金折扣”,是指销售方在发生增值税应税销售后,为了鼓励购买方及早偿还货物而协议许诺给予购买方的一种折扣优待。例如,销售方在货物销售后,为了及早地回笼资金,向购买方提出的信用条件为:2/10,1/20,*n*/30,即 10 天内付款,可享受 2%的折扣;20 天内付款,可享受 1%的折扣;30 天内全价付款。由于销售折扣发生在销货之后,是一种融资性质的理财费用。因此,销售折扣不得从销售额中减除。

【例 1-2-8】 某时装公司销售给爱慕时装公司 10 000 件服装,每件不含税价格为 20 元。由于爱慕时装公司购买数量多,该时装公司按原价的 8 折优惠销售,并提供 2/10,n/20 的销售折扣。爱慕时装公司 10 日内付款。该时装公司将折扣部分与销售额同开在一张发票上。

请问:该时装公司该笔业务的计税销售额是多少?

解析:计税销售额=20×10 000×80%=160 000(元);2%的销售折扣额不得从销售额中减除。

(3)销售折让,是指销售货物、不动产等之后,由于其质量等原因,销售方需给予购买方的一种价格折让。因为销售折让是由于交易标的的质量引起销售额的减少,因此,对销售折让可以以折让后的货款为销售额,但必须具备税法规定的程序和凭证。

2. 采取以旧换新方式销售货物

以旧换新,是指纳税人在销售自己的货物时,以折价方式收回旧货物,并以折价款冲抵货物价款的一种销售行为。由于销售货物与收购货物是两个不同的业务活动,销售额与收购额不能相互抵减。因此,税法规定,采取以旧换新销售货物的,应按新货物的同期销售价格确定销售额,不得扣减旧货的收购价格。

值得注意的是,考虑到金银首饰以旧换新业务的特殊情况,对金银首饰以旧换新业务,可以按照销售方实际收取的不含增值税的全部价款征收增值税。

【例 1-2-9】 某家电生产厂家“国庆”期间开展促销活动，购买某新款高级电风扇时，旧款风扇可折价 80 元；活动期间以旧换新出售某新款高级电风扇 400 台，单价 480 元。

请问：该生产厂家本次促销活动业务产生的应税销售额是多少？

解析：计税销售额＝400×480÷(1＋13%)＝169 911.50(元)

【例 1-2-10】 A 商场采取以旧换新方式销售热水器，每台零售价 2 260 元，3 月份售出热水器 200 台，回收旧热水器 150 台，旧热水器折价 120 元/台，取得现金净收入为450 000元。

请问：A 商场本月销售热水器的计税销售额是多少？

解析：计税销售额＝2 260÷(1＋13%)×200＝400 000(元)

3. 采取还本销售方式销售货物

还本销售，是指纳税人在销售货物后，到一定期限由销售方一次或者分次退还给购买方全部或者部分的价款。这种方式实际上是一种具有融资性质的理财行为。因此，税法规定，采取还本销售方式销售货物，其销售额就是货物的销售价格，不得从销售额中减除还本支出。

4. 采取以物易物方式销售

以物易物，是一种较为特殊的购销活动，是指购销双方不是以货币结算，而是以同等价款的货物相互结算，实现货物购销的一种方式。以物易物销售，销售方取得了实物收入，应作为销售处理。税法明确规定，以物易物双方都应作购销处理，以各自发出的货物核算销售额并计算销项税额；以各自收到的货物按规定核算购货额并计算进项税额。

应当注意的是，在以物易物活动中，应当分别开具合法的票据，如收到的货物不能取得相应的增值税专用发票或者其他合法票据的，则不得抵扣进项税额。

【例 1-2-11】 某卷烟厂销售卷烟 400 箱给各专卖店，取得不含税销售收入 800 万元；以卷烟 40 箱换回巨华建材公司价值 80 万元(不含税)的装饰材料，用于本厂办公楼建设。

请问：应当怎样计算确定该卷烟厂的销项税额？

解析：销项税额＝(800＋80)×13%＝114.4(万元)

(六)包装物押金收入的处理

在实务中，纳税人在销售货物时为了促使购买方及早退回包装物以便周转使用，在收取货款的同时还收取包装物押金。因此，税法规定，纳税人为销售货物而出租出借包装物收取的押金，单独记账核算的，不并入销售额征税；但对于因逾期未收回包装物不再退还的押金，应当按所包装货物的适用税率计算销项税额。这里的“逾期”，是指按合同约定实际逾期或以 1 年为期限。对于收取 1 年以上(不含 1 年)的押金，无论是否退还，均应并入销售额征税。同时需注意的是，从 1995 年 6 月 1 日起，对销售除啤酒、黄酒以外的其他酒类产品而收取的包装物押金，无论是否返还以及会计上如何核算，均应当并入当期销售额征税。

【例 1-2-12】 A 酿酒厂为一般纳税人，某月销售散装白酒 10 吨，出厂价格为 3 000 元/吨(不含税)。同时收取包装物押金 2 260 元，押金单独设账核算。

要求：计算该业务产生的销项税额。

解析：销项税额＝[3 000×10＋2 260÷(1＋13%)]×13%＝4 160(元)

【例 1-2-13】 2019 年 3 月，金元酒厂销售粮食白酒和啤酒给小百花副食品公司，其中白酒开具增值税专用发票，收取不含税价款 50 000 元，另外收取包装物押金 3 000 元；啤酒开具普通发票，收取的价税合计款 22 600 元，另外收取包装物押金 1 500 元。小百花副食品公司按合同约定，于同年 12 月将白酒、啤酒包装物全部退还给金元酒厂，并收回全部押金。

请问：2019 年 3 月，金元酒厂的增值税销项税额是多少？

解析：销售额＝50 000＋3 000÷(1＋13%)＋22 600÷(1＋13%)＝72 654.87(元)

销项税额＝72 654.87×13%＝9 445.13(元)

需要指出的是，包装物押金不应混同于包装物租金。因为包装物租金在销售货物时作为价外费用已经并入销售额计算销项税额。

九、进项税额的抵扣

对于任何一般纳税人，由于其在经营活动中，既会发生销售货物或提供应税劳务、应税行为的行为，又会发生购进货物或接受应税劳务、应税行为的行为。因此，每一个一般纳税人都会有收取销项税额、支付进项税额的业务。增值税的核心就是用纳税人收取的销项税额抵扣其支付的进项税额，其余额为纳税人实际应缴的增值税额。

由于进项税额是一般纳税人计算应纳税额时可以抵扣的税额(非简易计税法项目)，对于纳税人应纳税额的多少起着重要作用，并直接关乎国家财政收入。因此，税法对于能够抵扣的进项税额做出了明确且严格的规定，这就意味着并不是所有支付的进项税额都是可以抵扣的。

因此，增值税征纳双方都必须依法正确确定进项税额哪些是准予抵扣的、哪些是不得抵扣的。

(一)准予抵扣的进项税额

1. 准予抵扣范围的基本规定

《中华人民共和国增值税暂行条例》第八条规定，纳税人购进货物、劳务、服务、无形资产、不动产支付或者负担的增值税额，为进项税额。

下列进项税额准予从销项税额中抵扣：

(1)从销售方取得的增值税专用发票上注明的增值税额。

(2)从海关取得的海关进口增值税专用缴款书上注明的增值税额。

(3)购进农产品，除取得增值税专用发票或者海关进口增值税专用缴款书外，按照农产品收购发票或者销售发票上注明的农产品买价和 9%或者 10%的扣除率计算的进项税额，国务院另有规定的除外。进项税额计算公式如下：

进项税额＝买价×扣除率(9%或 10%)

(4)自境外单位或者个人购进劳务、服务、无形资产或者境内的不动产，从税务机关或者扣缴义务人取得的代扣代缴税款的完税凭证上注明的增值税额。

准予抵扣的项目和扣除率的调整，由国务院决定。

2. 几个具体政策

(1)根据《财政部 税务总局关于租入固定资产进项税额抵扣等增值税政策的通知》(财税〔2017〕90 号)规定，纳税人租入固定资产、不动产，既用于一般计税方法计税项目，又用于简易计税方法计税项目、免征增值税项目、集体福利或者个人消费的，其进项税额准予从销项税额中全额抵扣。

(2)纳税人购进国内旅客运输服务进项税额的抵扣。

《关于深化增值税改革有关政策的公告》(财政部 税务总局 海关总署公告 2019 年第 39 号)第六条规定，纳税人购进国内旅客运输服务，其进项税额允许从销项税额中抵扣。同时明确，纳税人购进国内旅客运输服务未取得增值税专用发票的，暂按照以下规定确定进项税额：

第一，取得增值税电子普通发票的，为发票上注明的税额；

第二，取得注明旅客身份信息的航空运输电子客票行程单的：

航空旅客运输进项税额＝(票价＋燃油附加费)÷(1＋9%)×9%

第三，取得注明旅客身份信息的铁路车票的：

铁路旅客运输进项税额＝票面金额÷(1＋9%)×9%

第四，取得注明旅客身份信息的公路、水路等其他客票的：

公路、水路等其他旅客运输进项税额＝票面金额÷(1＋3%)×3%

《国家税务总局关于国内旅客运输服务进项税抵扣等增值税征管问题的公告》(国家税务总局公告 2019 年第 31 号，2019 年 9 月 16 日发布)第一条进一步具体规定：

第一，所称"国内旅客运输服务"，限于与本单位签订了劳动合同的员工，以及本单位作为用工单位接受的劳务派遣员工发生的国内旅客运输服务。

第二，纳税人购进国内旅客运输服务，以取得的增值税电子普通发票上注明的税额为进项税额的，增值税电子普通发票上注明的购买方"名称""纳税人识别号"等信息，应当与实际抵扣税款的纳税人一致，否则不予抵扣。

第三，纳税人允许抵扣的国内旅客运输服务进项税额，是指纳税人 2019 年 4 月 1 日及以后实际发生，并取得合法有效增值税扣税凭证注明的或依据其计算的增值税税额。以增值税专用发票或增值税电子普通发票为增值税扣税凭证的，为 2019 年 4 月 1 日及以后开具的增值税专用发票或增值税电子普通发票。

(3)纳税人支付的道路、桥、闸通行费进项税额的抵扣政策。

《财政部 国家税务总局关于租入固定资产进项税额抵扣等增值税政策的通知》(财税〔2017〕90 号 2017 年 12 月 25 日发布)规定，自 2018 年 1 月 1 日起，纳税人支付的道路、桥、闸通行费，按照以下规定抵扣进项税额：

第一，纳税人支付的道路通行费，按照收费公路通行费增值税电子普通发票上注明的增值税额抵扣进项税额。

第二，纳税人支付的桥、闸通行费，暂凭取得的通行费发票上注明的收费金额按照下列公式计算可抵扣的进项税额：

桥、闸通行费可抵扣进项税额＝桥、闸通行费发票上注明的金额÷(1＋5%)×5%

(4)关于保险服务进项税抵扣。

根据《国家税务总局 关于国内旅客运输服务进项税抵扣等增值税征管问题的公告》(国家税务总局公告 2019 年第 31 号)第十一条规定，自 2019 年 10 月 1 日起，提供保险服务的纳税人以实物赔付方式承担机动车辆保险责任的，自行向车辆修理劳务提供方购进的车辆修理劳务，其进项税额可以按规定从保险公司销项税额中抵扣；提供保险服务的纳税人以现金赔付方式承担机动车辆保险责任的，将应付给被保险人的赔偿金直接支付给车辆修理劳务提供方，不属于保险公司购进车辆修理劳务，其进项税额不得从保险公司销项税额中抵扣；纳税人提供的其他财产保险服务，比照上述规定执行。

(5)生产、生活性服务业纳税人进项税额的加计抵减。

①加计抵减的条件。根据《财政部 税务总局关于明确增值税小规模纳税人减免增值税等政策的公告》(财政部 税务总局公告2023年第1号)规定：

第一，允许生产性服务业纳税人按照当期可抵扣进项税额加计5%抵减确认应纳税额。此处所说的生产、生活性服务业纳税人，是指提供邮政服务、电信服务、现代服务、生活服务取得销售额占全部销售额的比重超过50%的增值税一般纳税人。

第二，允许生活性服务业纳税人按照当期可抵扣进项税额加计10%抵减确认应纳税额。纳税人适用加计抵减政策的其他有关事项，仍然适用之前的相关规定。此处所称生活性服务业纳税人，是指提供生活服务取得的销售额占全部销售额的比重超过50%的纳税人。生活服务的具体范围按照《销售服务、无形资产、不动产注释》(财税〔2016〕36号印发)执行。

上列所谓“销售额”，包括纳税申报销售额、稽查查补销售额、纳税评估调整销售额。其中，纳税申报销售额包括一般计税方法销售额，简易计税方法销售额，免税销售额，税务机关代开发票销售额，免、抵、退办法出口销售额，即征即退项目销售额。稽查查补销售额和纳税评估调整销售额，计入查补或评估调整当期销售额确定适用加计抵减政策；适用增值税差额征收政策的，以差额后的销售额确定适用加计抵减政策。

另外，对于经财政部和国家税务总局或者其授权的财政和税务机关批准，实行汇总缴纳增值税的总机构及其分支机构，以总机构本级及其分支机构的合计销售额，确定总机构及其分支机构适用加计抵减政策。

②抵减适用时间。2019年3月31日前设立的纳税人，自2018年4月至2019年3月期间的销售额(经营期不满12个月的，按照实际经营期的销售额)符合上述规定条件的，自2019年4月1日起适用加计抵减政策。2019年4月1日后设立的纳税人，自设立之日起3个月的销售额符合上述规定条件的，自登记为一般纳税人之日起适用加计抵减政策。

适用调整：纳税人确定适用加计抵减政策后，当年内不再调整，以后年度是否适用，根据上年度销售额计算确定。

纳税人可计提但未计提的加计抵减额，可在确定适用加计抵减政策当期一并计提。

③当期具体抵减额的计算方法：

当期计提加计抵减额＝当期可抵扣进项税额×5%(或10%)

当期可抵减加计抵减额＝上期末加计抵减额余额＋当期计提加计抵减额－当期调减加计抵减额

④实际抵减的处理。纳税人应按照现行规定计算一般计税方法下的应纳税额(即抵减前的应纳税额)后，区分以下情形加计抵减：

第一，抵减前的应纳税额等于零的，当期可抵减加计抵减额全部结转下期抵减。

第二，抵减前的应纳税额大于零，且大于当期可抵减加计抵减额的，当期可抵减加计抵减额全额从抵减前的应纳税额中抵减。

第三，抵减前的应纳税额大于零，且小于或等于当期可抵减加计抵减额的，以当期可抵减加计抵减额抵减应纳税额至零。未抵减完的当期可抵减加计抵减额，结转下期继续抵减。

特别提示：加计抵减政策执行到期后，纳税人不再计提加计抵减额，结余的加计抵减额停止抵减。

(6)关于先进制造业企业增值税进项税额加计抵减税额。

根据2023年9月3日《财政部 税务总局关于先进制造业企业增值税加计抵减政策的公告》(财政部 税务总局公告2023年第43号)的规定：自2023年1月1日至2027年12月31日，允许先进制造业企业按照当期可抵扣进项税额加计5%抵减应纳增值税税额。

(二)不得抵扣的进项税额

下列情形不得抵扣进项税额：

第一，纳税人取得的增值税扣税凭证不符合法律、行政法规或者国家税务总局有关规定的，其进项税额不得从销项税额中抵扣。

增值税扣税凭证，是指增值税专用发票、海关进口增值税专用缴款书、农产品收购发票、农产品销售发票和完税凭证。纳税人凭完税凭证抵扣进项税额的，应当具备书面合同、付款证明和境外单位的对账单或者发票。资料不全的，其进项税额不得从销项税额中抵扣。

第二，用于简易计税方法计税项目、免征增值税项目、集体福利或者个人消费的购进货物、加工修理修配劳务、服务、无形资产和不动产。其中涉及的固定资产、无形资产、不动产，仅指专用于上述项目的固定资产、无形资产(不包括其他权益性无形资产)、不动产。纳税人的交际应酬消费属于个人消费。

第三，非正常损失的购进货物，以及相关的加工修理修配劳务和交通运输服务。

第四，非正常损失的在产品、产成品所耗用的购进货物(不包括固定资产)、加工修理修配劳务和交通运输服务。

第五，非正常损失的不动产，以及该不动产所耗用的购进货物、设计服务和建筑服务。

第六，非正常损失的不动产在建工程所耗用的购进货物、设计服务和建筑服务。纳税人新建、改建、扩建、修缮、装饰不动产，均属于不动产在建工程。

第七，购进的国际旅客运输服务、贷款服务、餐饮服务、居民日常服务和娱乐服务。

第八，纳税人接受贷款服务向贷款方支付的与该笔贷款直接相关的投融资顾问费、手续费、咨询费等费用，其进项税额不得从销项税额中抵扣。

第九，财政部和国家税务总局规定的其他情形。

上述第五、第六种情形中所称货物，是指构成不动产实体的材料和设备，包括建筑装饰材料和给排水、采暖、卫生、通风、照明、通讯、煤气、消防、中央空调、电梯、电气、智能化楼宇设备及配套设施。第三至第六种情形中所称“非正常损失”，是指因管理不善造成货物被盗、丢失、霉烂变质，以及因违反法律法规造成货物或者不动产被依法没收、销毁、拆除的情形。

(三)进项税额抵扣中若干特殊情况的处理

第一，一般计税方法的纳税人，兼营简易计税方法计税项目、免征增值税项目而无法划分不得抵扣的进项税额，按照下列公式计算不得抵扣的进项税额：

不得抵扣的进项税额＝当期无法划分的全部进项税额×(当期简易计税方法计税项目销售额＋免征增值税项目销售额)÷当期全部销售额

主管税务机关可以按照上述公式依据年度数据对不得抵扣的进项税额进行清算。

第二，已抵扣进项税额的购进货物(不含固定资产)、劳务、服务，发生不得抵扣情形(简易计税方法计税项目、免征增值税项目除外)的，应当将该进项税额从当期进项税额中扣减；无法确定该进项税额的，按照当期实际成本计算应扣减的进项税额。

第三，已抵扣进项税额的固定资产、无形资产或者不动产，发生不得抵扣情形的，按照下列公式计算不得抵扣的进项税额：

不得抵扣的进项税额＝固定资产、无形资产或者不动产净值×适用税率

固定资产、无形资产或不动产净值，是指纳税人根据财务会计制度计提折旧或摊销后的余额。

第四，属于不得抵扣且未抵扣进项税额的固定资产、无形资产、不动产，发生用途改变，用于允许抵扣进项税额的应税项目，在取得合法有效的增值税扣税凭证的条件下，可在用途改变的次月按照下列公式计算可以抵扣的进项税额：

可以抵扣的进项税额＝固定资产、无形资产、不动产净值÷(1＋适用税率)×适用税率

第五，房地产开发企业中的一般纳税人，销售自行开发的房地产项目，兼有一般计税方法计税、简易计税方法计税、免征增值税的房地产项目而无法划分不得抵扣的进项税额的，应以《建筑工程施工许可证》注明的“建设规模”为依据进行划分。

不得抵扣的进项税额＝当期无法划分的全部进项税额×
(简易计税、免税房地产项目建设规模÷房地产项目总建设规模)

第六，纳税人适用一般计税方法计税的，因销售折让、中止或者退回而收回的增值税额，应当从当期的进项税额中扣减。

【例 1-2-14】 环球公司为增值税一般纳税人， 2019 年 7 月有关生产经营业务如下：

(1)销售甲产品给某公司，开具增值税专用发票，取得不含税销售额 100 万元；另外，开具普通发票，取得相应的送货运费收入 6.78 万元。

(2)将试制的一批应税新产品投资给 B 企业，成本价为 50 万元，成本利润率为 10%，这批新产品暂无同类产品市场销售价格。

(3)购进 A 材料取得增值税专用发票，注明支付的货价款 30 万元、进项税额 3.9 万元；另外支付购货的不含税运输费用 2 万元，取得运输公司开具的增值税专用发票。

(4)购进生产用的设备 1 台，取得增值税专用发票，注明支付的价款 30 万元、进项税额 3.9 万元。

(5)销售乙产品，开具普通发票，取得含税销售额 45.2 万元。

(提示：假设上述业务中涉税凭证皆为合规。)

要求：计算该企业 2019 年 7 月应缴纳的增值税税额。

解析：

该企业 7 月份应纳增值税税额计算如下：

(1)销售甲产品的销项税额＝100×13%＋6.78÷(1＋13%)×13%＝13.78(万元)

(2)非货币性投资的销项税额＝50×(1＋10%)×13%＝7.15(万元)

(3)外购 A 材料应抵扣的进项税额＝3.9＋2×9%＝4.08(万元)

(4)购进设备应抵扣的进项税额＝3.9(万元)

(5)销售乙产品的销项税额＝45.2÷(1＋13%)×13%＝5.2(万元)

(6)当期销项税额＝13.78＋7.15＋5.2＝26.13(万元)

(7)当期进项税额＝4.08＋3.9＝7.98(万元)

2019 年 7 月应缴纳的增值税税额＝26.13－7.98＝18.15(万元)

基本技能训练

【基本技能训练 1】

一、项目名称

计算增值税一般纳税人应纳税额。

二、训练目的

通过模拟操作,正确理解税法关于销售额、销项税额、进项税额的有关政策及计算规则,帮助学生形成初步的增值税一般计税法下应纳税额有关事项的确认与计算能力。

三、训练要求

(1)根据增值税制度规定,分别进行每一经济业务的涉税事项简单分析。

(2)计算每一经济业务事项发生的销项税额或者进项税额(同时判断进项税额可否抵扣)。

(3)计算当期发生的增值税应纳税额。

四、操作方法举例

业务信息:某商业企业为增值税一般纳税人,采取以旧换新方式销售家用计算机 50 台,零售价为 6 328 元/台,旧计算机收购价格为每台 500 元,实际收到零售收入 291 400 元;采取以旧换新方式销售金项链 36 条,新项链零售单价为 4 520 元,旧项链每条作价 1 017 元,实际收到零售收入 126 108 元。

(1)分析:

以旧换新方式销售家用计算机,应以新计算机的价格计算销项税额;以旧换新方式销售项链,应以实际收到的零售收入计算销项税额;零售收入应转换为不含税收入计算。

(2)销项税额计算:

销售额=(50×6 328+36×3 503)÷(1+13%)=391 600(元)

销项税额=391 600×13%=50 908(元)

五、经济业务资料

某公司为增值税一般纳税人,2019 年 6 月增值税纳税申报时经查阅有关账簿和凭证,获得如下资料:

(1)销售家用电器一批,取得价税合计销售额 22.6 万元。

(2)促销推出电冰箱以旧换新业务,每台冰箱正常销售含税价为 3 390 元,回收一台旧冰箱抵付 500 元,当月共销售 800 台。

(3)从某增值税一般纳税人处购进原材料 100 吨,取得增值税专用发票,不含税价 3 000 元/吨。

(4)采取支票结算方式向 A 公司销售产品 100 件,不含税售价 400 元/件。开具增值税专用发票,票面注明价款 40 000 元,增值税 5 200 元,收到 A 公司的转账支票一张。

(5)将库存的产成品 500 件对外投资,该产品单位生产成本 200 元,不含税单位售价 300 元,未发生其他相关费用,开具出增值税专用发票。

(6)从某小规模纳税人处购进包装物一批,取得增值税普通发票,票面记载的金额为 16 000 元。

(7)当月 30 日将自产的产品 150 台用于集体福利和个人消费(其中 30 台用于职工俱乐部,其余用于个人消费),该种产品单位成本 1 000 元,不含税市场售价 1 500 元/台。

(8)材料采购员李某出差取得火车客运票 2 张,票面金额为 588.6 元。

(9)为公司某重要客户报销往来机票 2 张,航空旅客行程单记载的金额为合计 2 248 元。

(10)从某增值税小规模纳税人处购进办公用品一批，取得增值税专用发票，票载价款为840元、税额为25.2元。

【基本技能训练2】

一、项目名称

计算增值税小规模纳税人应纳税额。

二、训练目的

通过模拟操作，正确理解税法关于增值税小规模纳税人采用简易计税方法计税的基本规则，并进而形成初步的确认与计算能力；同时，促进对两种纳税人政策待遇差别的进一步理解和掌握。

三、训练要求

(1)根据增值税制度规定分别进行每一经济业务的涉税事项简单分析。

(2)计算各笔相关业务产生的计税销售额。

(3)根据现行政策计算并确认该纳税人当期(季度)应纳增值税额。

四、操作方法举例

业务信息：某商业企业为增值税小规模纳税人，2019年1月采取以旧换新方式销售家用电视机20台，零售价为5 150元/台，旧电视机收购价格为每台800元，实际收到零售收入87 000元。

(1)分析：

第一，以旧换新方式销售家用电视机，应以新电视机的价格计算销售额；

第二，以旧换新一般作零售业务，而零售收入额一般为含税销售额，应转换为不含税销售额计税。

(2)计税销售额及应纳税额计算：

$$(计税)销售额=(20\times5\ 150)\div(1+3\%)=100\ 000(元)$$

$$应纳税额=100\ 000\times3\%=3\ 000(元)$$

五、经济业务资料

某商业企业为增值税小规模纳税人(采用按季纳税)，2019年第3季度发生了如下增值税业务：

(1)向某宾馆(增值税小规模纳税人)销售电视机30台，售价为1 545元/台，开具增值税普通发票，收到对方支付的价税合计销售款4.635万元。

(2)促销推出电冰箱以旧换新业务，每台冰箱正常销售含税价为3 090元，回收一台旧冰箱抵付500元，当月共销售100台。

(3)从某增值税一般纳税人处购进洗衣机15台，取得增值税专用发票，不含税价格为1 000元/台。

(4)向增值税一般纳税人A公司销售某品牌电风扇20台(不含税价格为400元/台)，开具增值税专用发票，票面注明价款8 000元、增值税240元，收到A公司的转账支票一张。

(5)从某小规模纳税人处购进包装物一批，取得增值税普通发票，票面记载的金额为6 000元。

(6)材料采购员李某出差取得火车客运票2张，票面金额为588.6元。

(7)销售某品牌白酒10箱(12瓶/箱)，不含税价格为150元/瓶；销售某品牌红葡萄酒50瓶，不含税价格为120元/瓶。

(8)为公司某重要客户报销往来高速公路汽车客票2张，票面记载的金额为合计206元。

(9)因为一笔债务逾期，不得已将一批购进商品用于抵偿，给对方开具增值税普通发票一份，票载金额为82 400元。

任务三 把握消费税基本制度,正确计算应纳税额

任务目标

消费税是流转税的一种,和生活联系紧密。本任务通过对消费税特点以及消费税纳税人、征税范围、税率、应纳税额计算方法等内容的介绍,使学习者对我国现行消费税制度形成正确且基本完整的理解,初步形成正确计算消费税应纳税额的能力。

导入信息

某日用化妆品公司,将生产的化妆品、护肤护发品、小工艺品等组成成套消费品销售。每套消费品由下列产品组成:化妆品包括一瓶香水120元、一瓶指甲油40元、一支口红60元;护肤护发品包括两瓶浴液100元、一瓶摩丝32元;化妆工具及小工艺品10元、塑料包装盒5元。化妆品消费税税率为30%,上述价格均不含税。

请思考:该日用化妆品公司将生产的上述化妆品、护肤护发品、小工艺品等组成成套消费品销售是否有利?

【资料来源:豆丁网】

内容阐释

随着人们生活水平和消费水平的提高,"成套"消费品的市场需求日益扩大。销售成套消费品,不仅可以扩大生产企业产品的市场需求,而且能增强企业在市场中的竞争优势。税法规定,纳税人兼营非应征消费税货物,应当分别核算不同货物的销售额或销售数量,未分别核算的,非应征消费税货物一并计缴消费税。习惯上,工业企业销售产品,都采取"先包装后销售"的方式进行,如果改成"先销售后包装"方式,不仅可以大大降低消费税税负,而且增值税税负仍然保持不变。

为什么会出现这样的情况呢?在学习了本部分内容后,将有一个明确的答案。

一、消费税的含义及特点

消费税是对我国境内从事生产、委托加工和进口应税消费品的单位和个人,就其销售额或销售数量,在特定环节征收的一种流转税。

消费税具有以下一些特点:

1. 课税对象具有针对性

消费税的课税对象并不是所有消费品,只选择了部分消费品,目前有15类,主要包括特殊消费品、奢侈品、高能耗产品、不可再生的稀缺资源消费品以及一些税基宽广、消费普遍、征收消费税不影响人民生活水平、具有一定财政意义的普通消费品。因此,消费税的课税对象具有较强的针对性。

2. 征税环节具有单一性

消费税实行单环节征收，即一次课征制。其纳税环节主要是生产经营过程中的某一特定环节(香烟除外)。除金银首饰和钻石饰品外，其他应税消费品的纳税环节主要确定在生产环节或进口环节，之后的流通、消费环节不再征收消费税。这样可以防止重复征税，提高征管效率。

3. 征收方法具有多样性

消费税按照产品不同来设置税目，分别制定高低不同的税率或税额，征收时可以采取对消费品的数量实行从量定额的征收方法，也可以采取对消费品的价格实行从价定率的征收方法，对烟酒实行从价从量复合征收。因此，消费税的征收方法呈多样性。

4. 税负具有转嫁性

消费税是对消费应税消费品的课税，因此税负归宿应为消费者。但为了简化征收管理，

我国消费税直接以应税消费品的生产经营者为纳税人，于生产销售环节、进口环节或零售环节缴纳税款，并成为商品价格的一个组成部分向购买者收取。消费者为税负的最终负担者。

想一想：从消费税征税范围、纳税环节、计税依据和收入归属等方面分析增值税和消费税的差异。

二、消费税的纳税人

消费税的纳税人为在中华人民共和国境内从事生产、委托加工和进口应税消费品的单位和个人。单位是指各种所有制企业和行政单位、事业单位、军事单位、社会团体及其他单位。个人是指个体工商户和其他个人。

“在中华人民共和国境内”是指生产、委托加工和进口应税消费品的起运地或者所在地在我国境内。

委托加工(委托方为个体工商户除外)、委托代销金银首饰、钻石及钻石饰品的，以受托方为纳税人。

金银首饰、钻石及钻石饰品消费税的纳税人为在我国境内从事商业零售金银首饰、钻石及钻石饰品的单位和个人。

三、消费税的征税范围和税率

(一)消费税的征税范围

消费税的征税范围为在我国境内生产、委托加工及进口应税消费品。这些应税消费品大体上可分为四大类，即：第一类，一些过度消费会对人体健康、社会秩序和生态环境等方面造成危害的特殊消费品，如烟、酒、鞭炮、焰火等；第二类，非生活必需品，如高档化妆品、高尔夫球及球具、高档手表、游艇、贵重首饰及珠宝玉石等；第三类，高能耗及高档消费品，如摩托车、小汽车、游艇等；第四类，不可再生和替代的稀缺资源消费品，如汽油、柴油、实木地板，木制一次性筷子等。

目前，我国消费税的税目较多(有 15 类)，包括：烟；酒；化妆品；贵重首饰及珠宝玉石；鞭炮、焰火；成品油；摩托车；小汽车；高尔夫球及球具；高档手表；游艇；木制一次性筷子；实木地板；电池；涂料。在一些税目下，还设置有若干子目。

1. 烟

凡是以烟叶为原料加工生产的产品，不论使用何种辅料，均属于本税目的征收范围。本税目下设卷烟（进口卷烟、白包卷烟、手工卷烟和未经国务院批准纳入计划的企业及个人生产的卷烟）、雪茄烟、烟丝三个子目。其中，卷烟既在生产环节征收，也在批发环节征收，雪茄烟和烟丝只在生产环节征收。不同征收环节的计税基础和税率也有所不同。

2. 酒

酒是酒精度在1°以上的各种酒类饮料。酒类包括粮食白酒、薯类白酒、黄酒、啤酒、果酒和其他酒。

关于酒的征收范围的确定：第一，以外购白酒加浆降度或外购散酒装瓶出售，以及外购白酒以曲香、香精进行调香、调味生产的白酒，按照外购白酒所用原料确定适用税率。凡白酒所用原料无法确定的，一律按照粮食白酒的税率征税；第二，以外购不同品种白酒勾兑的白酒，一律按照粮食白酒的税率征税；第三，对用粮食和薯类、糠等多种原料混合生产的白酒，以粮食白酒为酒基的配置酒、泡制酒，以白酒或酒精为酒基，凡酒基所用原料无法确定的配置酒、泡制酒，一律按照粮食白酒的税率征税；第四，对用薯类和粮食以外的其他原料混合生产的白酒，一律按薯类白酒的税率征税。

对饮食业、商业、娱乐业举办的啤酒屋（啤酒坊）利用啤酒生产设备生产的啤酒，应当征收消费税。

3. 高档化妆品

本税目征收范围包括各类美容、修饰类化妆品、护肤类化妆品和成套化妆品。

美容、修饰类化妆品是指香水、香水精、香粉、口红、指甲油、胭脂、眉笔、唇笔、蓝眼油、眼睫毛以及成套化妆品。但是舞台、戏剧、影视演员化妆用的上妆油、卸妆油、油彩不属于本税目征收范围。

4. 贵重首饰及珠宝玉石

本税目征收的范围包括以金、银、白金、宝石、珍珠、钻石、翡翠、珊瑚、玛瑙等高贵稀有物质以及其他金属、人造宝石等制作的各种纯金银首饰及镶嵌首饰和经采掘、打磨、加工的各种珠宝玉石。对出国人员免税商店销售的金银首饰征收消费税。

5. 鞭炮、焰火

本税目包括各种鞭炮、焰火。体育比赛中使用的发令纸，鞭炮药引线，不按本税目征收。

6. 成品油

本税目包括汽油、柴油、石脑油、溶剂油、航空煤油、润滑油、燃料油7个子目。

7. 小汽车

小汽车是指由动力驱动，具有四个和四个以上车轮的非轨道承载的车辆。电动汽车、山滩车、雪地车、卡丁车、高尔夫车不属于消费税征收范围，不征收消费税。

车身长度大于7米（含），并且座位在10～23座（含）以下的商用客车，不属于中轻型商用客车征税范围，不征收消费税。

8. 摩托车

该税目包括轻便摩托车和摩托车两个子目。

9. 高尔夫球及球具

高尔夫球具是指从事高尔夫运动所需的各种专用装备，包括高尔夫球、高尔夫球杆及高尔夫球包(袋)等。高尔夫球杆的杆头、杆身和握把属于本税目的征收范围。

10. 高档手表

高档手表是指销售价格(不含增值税)每只在10 000元(含)以上的各类手表。

本税目征收范围包括符合以上标准的各类手表。

11. 游艇

游艇是指长度大于8米小于90米,船体由玻璃、钢、铝合金、塑料等多种材料制作,可以在水上移动的水上浮载体。按照动力划分,游艇分为无动力艇、帆艇和机动艇。

本税目征收范围包括艇身长度大于8米(含)小于90米(含),内置发动机,可以在水上移动,一般为私人或团体购置,主要用于水上运动和休闲娱乐等非牟利活动的各类机动艇。

12. 木制一次性筷子

木制一次性筷子又称卫生筷子,是指以木材为原料经过锯断、浸泡、旋切、刨切、烘干、筛选、打磨、倒角、包装等环节加工而成的各类一次性使用的筷子。

本税目征收范围包括各种规格的木制一次性筷子。未经打磨、倒角的木制一次性筷子属于本税目征收范围。

13. 实木地板

实木地板是指以木材为原料,经锯割、干燥、刨光、截断、涂漆等工序加工而成的块状或条状的地面装饰材料。实木地板按生产工艺不同,可分为独板(块)实木地板、实木指接地板、实木复合地板三类;按表面处理状态不同,可分为未涂饰地板(白胚板、素板)和漆饰板两类。

14. 电池

电池是一种将化学能、光能等直接转换为电能的装置,一般由电极、电解质、容器、极端,通常还有隔离层组成的基本功能单元,以及用一个或多个基本功能单元装配成的电池组。范围包括:原电池、蓄电池、燃料电池、太阳能电池和其他电池。

原电池,又称一次电池,是按不可以充电设计的电池。按照电极所含的活性物质分类,原电池包括锌原电池、锂原电池和其他原电池。

蓄电池,又称二次电池,是按可充电、重复使用设计的电池。包括酸性蓄电池、碱性或其他非酸性蓄电池、氧化还原液流蓄电池和其他蓄电池。

燃料电池,指通过一个电化学过程,将连续供应的反应物和氧化剂的化学能直接转换为电能的电化学发电装置。

太阳能电池,是将太阳光能转换成电能的装置,包括晶体硅太阳能电池、薄膜太阳能电池、化合物半导体太阳能电池等,但不包括用于太阳能发电储能用的蓄电池。

其他蓄电池,指除原电池、蓄电池、燃料电池、太阳能电池以外的电池。

15. 涂料

涂料是指涂于物体表面能形成具有保护、装饰或特殊性能的固态涂膜的一类液体或固体材料之总称。

涂料由主要成膜物质、次要成膜物质等构成。按主要成膜物质涂料可分为油脂类、天然树脂类、酚醛树脂类、沥青类、醇酸树脂类、氨基树脂类、硝基类、过滤乙烯树脂类、烯类树脂类、丙烯酸酯类树脂类、聚酯树脂类、环氧树脂类、聚氨酯树脂类、元素有机类、橡胶类、纤维素类、其他成膜物类等。

(二)消费税的税率

消费税有比例税率和定额税率两种，以适用不同应税消费品的实际情况。

消费税根据不同的税目或子目确定相应的税率或单位税额。例如，化妆品税率为30%，摩托车税率为3%等；黄酒、啤酒、汽油、柴油等分别按单位重量或单位体积确定单位税额。

表1-3-1为消费税税目、税率(税额)表。

表1-3-1　消费税税目、税率(税额)表

税目			从价	从量计征	
			税率	标准	单位税额
一、烟	卷烟：生产环节	Ⅰ.每标准条(200支)对外调拨价格在70元以上(含70元)的	56%	支	0.003元
		Ⅱ.每标准条(200支)对外调拨价格在70元以下的	36%	支	0.003元
	卷烟：批发环节		11%	支	0.005元
	雪茄烟		36%		
	烟丝		30%		
	电子烟	生产(进口)环节	36%		
		批发环节	11%		
二、酒	白酒		20%	500克或500毫升	0.5元
	黄酒			吨	240元
	啤酒	每吨出厂价格(含包装物及包装物押金)在3 000元(不含增值税)以上的		吨	250元
		每吨出厂价格(含包装物及包装物押金)在3 000元(不含增值税)以下的		吨	220元
	其他酒		10%		
三、高档化妆品			15%		
四、贵重首饰及珠宝玉石	金银首饰、铂金首饰和钻石及钻石饰品		5%		
	其他贵重首饰和珠宝玉石		10%		
五、鞭炮、焰火			15%		
六、成品油	汽油			升	1.52元
	无铅汽油			升	1.52元
	柴油			升	1.2元
	航空煤油			升	1.2元
	石脑油			升	1.52元
	溶剂油			升	1.52元
	润滑油			升	1.52元
	燃料油			升	1.2元

续表

税目			从价税率	从量计征	
				标准	单位税额
七、摩托车	汽缸容量(排气量,下同)在250毫升的		3%		
	汽缸容量在250毫升以上的		10%		
八、小汽车	乘用车	(1)汽缸容量(排气量,下同)在1.0升以下的	1%		
		(2)汽缸容量在1.0升以上至1.5升(含1.5升)的	3%		
		(3)汽缸容量在1.5升以上至2.0升(含2.0升)的	5%		
		(4)汽缸容量在2.0升以上至2.5升(含2.5升)的	9%		
		(5)汽缸容量在2.5升以上至3.0升(含3.0升)的	12%		
		(6)汽缸容量在3.0升以上至4.0升(含4.0升)的	25%		
		(7)汽缸容量在4.0升以上的	40%		
	中轻型商用客车		5%		
	超豪华小汽车零售环节加征		10%		
九、高尔夫球及球具			10%		
十、高档手表			20%		
十一、游艇			10%		
十二、木制一次性筷子			5%		
十三、实木地板			5%		
十四、电池			4%		
十五、涂料			4%		

需要指出的是,卷烟批发环节加征从价、从量税。纳税人兼营批发和零售业务的,应当分别核算批发和零售环节的销售额、销售数量;未分别核算批发和零售环节销售额、销售数量的,按照全部销售额、销售数量计征批发环节消费税。另外,纳税人销售给纳税人以外的单位和个人的卷烟于销售时纳税。纳税人之间销售的卷烟不缴纳消费税。卷烟批发企业在计算纳税时不得扣除已含的生产环节的消费税税款。

四、消费税的纳税环节

消费税的纳税环节是指税法规定的应税消费品在从生产到消费的流转过程中应当缴纳税款的环节。消费税纳税环节基本规定如下:

(一)生产环节

大多数应税消费品的纳税环节确定在工业生产销售环节。

纳税人生产的应税消费品,于纳税人销售时纳税。

纳税人自产自用的应税消费品,用于连续生产应税消费品的,不纳税;用于其他方面的,于移送使用时纳税。

(二)委托加工环节

委托加工的应税消费品,由受托方在向委托方交货时代收代缴税款;但委托个体经营者加工的,一律于委托方收回后,在委托方所在地纳税。

(三)进口环节

进口的应税消费品，由进口报关者于报关进口时纳税。

(四)零售环节

消费税的征收也可以在零售环节进行。例如金银首饰、钻石及钻石饰品在零售环节征收消费税，在生产、批发和进口环节均不征收消费税。金银首饰的征收范围仅限于金基、银基合金首饰以及金、银和金基、银基合金的镶嵌首饰。零售环节使用税率为5%。不属于上述征收范围的应征消费税的首饰，如镀金(银)、包金(银)首饰，以及镀金(银)、包金(银)的镶嵌首饰，仍在生产销售环节征收消费税。生产环节适用税率为10%。

(五)批发环节

从2009年5月1日开始，经国务院批准，财政部、国家税务总局对烟产品消费税政策做了重大调整——在卷烟批发环节加征了一道复合税，即卷烟消费税在生产和批发两个环节征收。

五、消费税税收优惠政策

消费税是对特定消费品或消费行为征税，不须调节的消费品不列为课税对象。凡作为课税对象的消费品就不应再给予减、免税，否则会违背设立消费税的初衷。但是，为了体现产业政策，鼓励出口，提倡环保和科技进步，现行消费税也规定了少量的减免税政策。主要有以下几种：

(1)对企业生产销售达到低污染排放值(相当于“欧洲Ⅱ号标准”)的小轿车、越野车和小客车减征30%的消费税。其计算公式为：

减征税额＝按法定税率计算的消费税额×30%

应征税额＝按法定税率计算的消费税额－减征税额

(2)自2013年11月1日至2018年10月31日，对以收回的废矿物油为原料生产的润滑油基础油、汽油、柴油等工业油料免征消费税。

(3)航空煤油继续暂缓征收消费税。

六、消费税应纳税额的计算

按照现行消费税法的基本规定，消费税应纳税额的计算方法主要分为从价计征、从量计征和从价从量复合计征3种。

(一)从价定率计算方法

1. 基本计算方法

实行从价定率办法计算消费税应纳税额的计算公式为：

应纳税额＝应税消费品计税金额×比例税率

应纳税额的多少取决于应税消费品的计税金额和税率两个因素。其中，正确计算计税金额是计算消费税的关键。

想一想：在生产、自产自用、委托加工、进口等纳税环节，应税消费品计税金额的具体规定是什么？

2. 生产应税消费品应纳税额的计算

纳税人生产的应税消费品，于纳税人销售时纳税，计税依据为销售额。因此销售额是计算生产应税消费品应纳税额的关键。

1)销售额的确定

生产应税消费品的销售额，是纳税人销售自己生产的应税消费品时，向购买方收取的全部价款和价外费用，但不包括增值税。

价外费用是指价外向购买方收取的手续费、补贴、基金、集资费、返还利润、奖励费、违约金、滞纳金、延期付款利息、赔偿金、代收款项、代垫款项、包装费、包装物租金、储备费、优质费、运输装卸费以及其他各种性质的价外收费。承运部门的运输费用发票开具给购买方的，纳税人将该项发票转交给购买方。代垫运输费用，以及符合一定条件代为收取的政府性基金或者行政事业性收费不包括在内。

(1)包装物押金的处理。应税消费品连同包装销售，无论包装是否单独计价或在会计上如何核算，均应并入应税消费品的销售额中征收消费税。

如果包装物不作价随同产品销售，而是收取押金，则此项押金不应并入应税消费品的销售额中征税。但对因逾期未收回的包装物押金不再退还的或者已收取的超过 1 年的押金，则应并入应税消费品的销售额，按照应税消费品的使用税率缴纳消费税。

对作价随同应税消费品销售，以及另外收取的包装物押金，但纳税人在规定的期限内没有退还的，均应并入应税消费品的销售额，按照应税消费品的适用税率缴纳消费税。

对销售除啤酒、黄酒外的其他酒类产品收取的包装物押金，无论押金是否返还及会计上如何核算，均应并入酒类产品销售额中征收消费税。

包装物押金一般为含增值税收入，在将包装物押金并入销售额征税时，应将押金换算为不含增值税收入。

想一想：对于包装物押金的处理，增值税和消费税有何异同点？

(2)含增值税销售额的换算。如果销售额中含有增值税税额，应换算为不含增值税的销售额。其换算公式为：

应税消费品销售额＝含增值税销售额(以及价外费用)÷(1＋增值税的税率或征收率)

【例 1-3-1】 陈某向红星摩托车制造厂(增值税一般纳税人)订购自用摩托车(气缸容量 250 毫升以上的)10 辆，支付货款(含税)250 800 元，另支付设计、组装费 30 000 元。

要求：计算该批摩托车计征消费税的销售额。

解析：计征消费税的销售额包括向购买方收取的全部价款和价外费用，但不包括收取的增值税销项税额。

应纳销售额＝(250 800＋30 000)÷(1＋13%)＝248 495.58(元)

(3)销售额的其他规定。纳税人通过非独立核算门市部销售的自产应税消费品，应按门市部对外销售额或销售数量征收消费税。

【例 1-3-2】 长江摩托车厂下设一非独立核算的门市部，该厂将一批汽车交门市部出售，计价 600 万元，门市部取得含税的销售收入 795.6 万元。

要求：计算该厂的销售额。

解析：销售额(不含增值税)＝795.6÷(1＋13%)＝704.070 796(万元)

提示：增值税是价外税，消费税是价内税，我们通常所说的“含税价”与“不含税价”是指是否含增值税。

纳税人用于换取生产资料、消费资料、投资入股和抵偿债务等方面的应税消费品，应当以纳税人同类应税消费品的最高销售价格作为计税依据计算消费税。

【例 1-3-3】 2018 年 9 月，万佳卷烟厂用自产的一批烟丝对外投资。该批烟丝成本为 300 000 元，当月该批烟丝的最高售价为 350 000 元，平均销售价格为 330 000 元。

请问：该批烟丝计税价格应该为多少？

解析：万佳卷烟厂该批烟丝计税价格按照烟丝的最高售价 350 000 元计征消费税。

将不同税率的应税消费品组成成套消费品销售，应从高适用税率计征消费税。

想一想：自产的应税消费品用于换取生产资料、消费资料、投资入股和抵偿债务等方面，在计算消费税和增值税时对销售额的规定有何不同？

2)应纳税额的计算

生产应税消费品应纳税额的计算公式为：

$$应纳税额=应税消费品的销售额\times 比例税率$$

【例 1-3-4】 星美日化厂为增值税一般纳税人，2018 年 8 月发生下列经济业务：

(1)本月对外销售一批香水，取得不含税价款为 200 万元，货款已经收到并存入银行，货物已发出。3 个月前因销售一批化妆品收取包装物租金 46 800 元，押金 23 400 元，购销双方约定，3 个月返还包装物并退还押金，但购买方违约，逾期未归还包装物，该日化厂没收押金。

(2)一批高档护肤品与基础护肤品一起组成化妆品套装，对外销售，每套销售价格为 1 000元(不含税)，其中包含的高档化妆品的市场价格为 800 元，基础护肤品的市场价格为 200 元，当月共销售 100 套。

(3)其生产的 600 件 M 品牌的化妆品用于本厂一非独立核算门市销售，该化妆品的成本价格为 200 元，门市对外销售时的不含税价为 400 元。

要求：计算星美日化厂 2018 年 8 月应纳的消费税税额。

解析：

(1)销售化妆品时应纳的消费税税额=2 000 000×30%=600 000(元)

3 个月前收取的包装物租金已在销售实现当月作为价外费用并入销售额计征消费税，本月不再缴纳消费税。

应纳的消费税税额=46 800÷(1+13%)×30%=12 424.778 761(元)

(2)须纳税的化妆品与无须纳税的护肤品组成成套化妆品出售，销售额均应按照化妆品计征消费税。

成套化妆品应纳的消费税税额=1 000×100×30%=30 000(元)

(3)非独立核算的门市销售化妆品，应按照对外销售的价格和数量计征消费税。

应纳的消费税税额=400×600×30%=72 000(元)

该厂本月应纳的消费税税额=600 000+12 000+30 000+72 000=714 000(元)

3. 自产自用应税消费品应纳税额的计算

1)自产自用的含义及应税规定

自产自用，是指纳税人生产的应税消费品，不是用于直接对外销售，而是用于自己连续生产应税消费品或其他方面。

第一，用于连续生产的应税消费品，是指作为生产最终应税消费品的直接材料并构成最终产品实体的应税消费品。例如，卷烟厂生产出的烟丝用于本厂连续生产卷烟，就不缴纳消费税，只对生产销售的卷烟征收消费税。用于连续生产应税消费品的，不纳税。

第二，用于其他方面的应税消费品，是指纳税人用于生产非应税消费品、在建工程、管理部门、非生产机构、提供劳务，以及用于馈赠、赞助、集资、广告、样品、职工福利、奖励等方面的应税消费品。用于其他方面的，于移送使用时纳税。

2)用于其他方面计税依据的确定

纳税人自产自用的应税消费品，用于其他方面，应当缴纳消费税的，应当按照如下顺序计算应纳税额。

第一，按照纳税人当月同类消费品的销售价格计算纳税。如果当月同类消费品各期销售价格高低不同，应按销售数量加权平均计算，但销售价格明显偏低又无正当理由的，或无销售价格的，不得列入加权平均计算；如果当月无销售或者当月未完结，应按照同类消费品上月或者最近月份的销售价格计算纳税。

第二，当月没有同类消费品销售价格的，按照近期消费品的销售价格计算纳税。其计算方法和规定同当月同类消费品销售价格。

第三，当月和近期都没有同类消费品销售价额的，按照组成计税价格计算纳税。其计算公式为：

组成计税价格=(成本+利润)÷(1-消费税税率)

应纳税额=组成计税价格×消费税税率

上式中，“成本”是指应税消费品的产品生产成本，“利润”是指根据应税消费品的全国平均成本利润率计算的利润。全国平均成本利润率如表 1-3-2 所示。

表 1-3-2　应税消费品的成本利润率

序号	品　　名	成本利润率	序号	品　　名	成本利润率
1	甲类卷烟	10%	11	摩托车	6%
2	乙类卷烟	5%	12	高尔夫及球具	10%
3	雪茄烟	5%	13	高档手表	20%
4	烟丝	5%	14	游艇	10%
5	粮食白酒	10%	15	木制一次性筷子	5%
6	薯类白酒	5%	16	实木地板	5%
7	其他酒	5%	17	乘用车	8%
8	化妆品	5%	18	中轻型商用客车	5%
9	鞭炮、焰火	5%	19	电池	4%
10	贵重首饰及珠宝玉石	6%	20	涂料	7%

3)应纳税额的计算

应税消费品应纳税额的计算公式为：

应纳税额=生产同类消费品的销售额×比例税率

或　　应纳税额=组成计税价格×比例税率

【例 1-3-5】　黄河汽车制造厂将 1 辆自产的小汽车（乘用车）奖励性发给优秀职工，其成本为 150 000 元，成本利润率为 8%，适用消费税税率为 12%。计算该汽车厂应缴纳的消费税税额。

解析：

该小汽车（乘用车）的组成计税价格＝150 000×（1＋8%）÷（1－12%）＝184 090.91（元）

应纳的消费税税额＝184 090.91×12%＝22 090.91（元）

4. 委托加工应税消费品应纳税额的计算

1）委托加工的含义及应税规定

委托加工应税消费品，是指由委托方提供原料和主要材料，受托方只收取加工费和代垫部分辅助材料加工的应税消费品。

对于由受托方提供原材料生产的应税消费品，或者受托方先将原材料卖给委托方，然后再接受加工的应税消费品，以及由受托方以委托方名义购进原材料生产的应税消费品，不论纳税人在财务上是否做销售处理，都不得作为委托加工应税消费品，而应当按照销售自制应税消费品缴纳消费税。

2）委托加工应税消费品应纳税额的计算

委托加工的应税消费品，按照受托方的同类应税消费品的销售价格计算纳税（同类消费品的销售价格的含义及确定方法，与自产自用中所述相同）；没有同类消费品销售价格的，按照组成计税价格计算纳税。

第一，同类消费品销售价格的，其应纳税额的计算公式为：

应纳税额＝同类消费品销售单价×委托加工数量×使用税率

第二，没有同类消费品销售价格的，按照组成计税价格计算纳税。其计算公式为：

组成计税价格＝（材料成本＋加工费）÷（1－消费税税率）

材料成本是指委托方所提供加工材料的实际成本。委托加工应税消费品的纳税人，必须在委托加工合同上如实注明（或以其他方式提供）材料成本；未提供材料成本的，受托方所在地主管税务机关有权核定其材料成本。

加工费是指受托方加工应税消费品向委托方收取的全部费用（包括代垫辅助材料的实际成本，不包括增值税税金。

3）应代收代缴消费税的计算

应代收代缴消费税的计算公式为：

代收代缴消费税＝生产同类消费品销售额×消费税税率

或　　代收代缴消费税＝组成计税价格×消费税税率

【例 1-3-6】　2018 年 6 月，正阳酒厂委托十里香酒厂生产某特种酒（属于其他酒）20 吨，一次性支付加工费及辅助材料费用合计 10 000 元（不含税）。已知正阳酒厂提供原材料的成本为 53 000 元，十里香酒厂无同类产品销售价格，该特种酒适用的消费税税率为 10%。请计算十里香酒厂应代扣代缴的消费税。

解析：因为十里香酒厂无同类产品销售价格，所以应用组成计税价格计算缴纳消费税。

组成计税价格＝（53 000 ＋10 000）÷（1－10%）＝70 000（元）

代收代缴的消费税税额＝70 000×10%＝7 000（元）

想一想:【例 1-3-6】中,正阳酒厂应缴纳的增值税税额又是多少?

5. 进口应税消费品应纳税额的计算

进口应税消费品于报关时缴纳消费税,由海关代征。纳税人进口应税消费品,按照组成计税价格和规定的税率计算应纳税额。其计算公式为:

组成计税价格=(海关完税价格+关税)÷(1-消费税税率)

关税=海关完税价格×关税税率

应纳税额=组成计税价格×消费税税率

式中,海关完税价格是指海关的关税计税价格。

【例 1-3-7】 嘉华有限公司为增值税一般纳税人,并具有进出口经营权。2018 年 5 月,该公司从国外进口小汽车一辆,海关完税价格为 500 000 元,关税税率为 20%,小汽车消费税税率为 12%。计算嘉华有限公司进口环节应缴纳的消费税为多少?

解析:关税=500 000 × 20%=100 000(元)

组成计税价格=(500 000+100 000)÷(1-12%)=681 818.18(元)

应纳消费税税额=681 818.18 × 12%=81 818.18(元)

(二)从量定额计算方法

1. 基本计算公式

在从量定额计算方法下,应纳税额的基本计算公式为:

应纳税额=应税消费品销售数量×定额税率(单位税额)

应纳税额的多少取决于应税消费品的计税数量和定额税率两个因素。其中,正确计算计税数量是计算消费税的关键。

从量计征的计算方法相对于从价计征要简单一些,而且从量计征涉及的税目比较少,只包括黄酒、啤酒和成品油等税目。

(1)计税数量的确定。计税数量是指纳税人生产、自产自用、委托加工和进口应税消费品的数量。其具体规定如下:

第一,销售应税消费品的,为应税消费品的销售数量。

第二,自产自用应税消费品的,为应税消费品的移送使用数量。

第三,委托加工应税消费品的,为纳税人收回的应税消费品数量。

第四,进口的应税消费品,为海关核定的应税消费品进口征税数量。

(2)计量单位的换算

《消费税暂行条例》规定:黄酒、啤酒以“吨”为税额单位;汽油、柴油以“升”为税额单位。但是,考虑到在实际销售过程中,一些纳税人会把“吨”或“升”这两个计量单位混用。为了规范不同产品的计量单位,以准确计算应纳税额,“吨”或“升”两个计量单位可以换算,其换算标准如表 1-3-3 所示。

表 1-3-3 吨、升换算标准

序号	名 称	计量单位的换算标准
1	黄酒	1 吨=962 升
2	啤酒	1 吨=988 升
3	汽油	1 吨=1 388 升
4	柴油	1 吨=1 176 升
5	航空煤油	1 吨=1 246 升
6	石脑油	1 吨=1 385 升
7	溶剂油	1 吨=1 282 升
8	润滑油	1 吨=1 126 升
9	燃料油	1 吨=1 015 升

2. 应纳税额的计算

(1)生产应税消费品应纳税额的计算。在从量定额计算方法下，生产应税消费品的计算公式为：

应纳税额＝应税消费品的计税数量×定额税率

【例 1-3-8】 2018 年 10 月华夏石油公司生产销售汽油 80 吨、柴油 60 吨。汽油的销售价格为 8 元/升，柴油的销售价格为 10 元/升。计算该石油公司当月应纳的消费税税额。

解析：

柴油的消费税应纳税额＝60×1 176×1.2＝84 672(元)

汽油的消费税应纳税额＝80×1 388×1.52＝168 780.8(元)

该石油公司应纳的消费税税额＝84 672＋168 780.8＝253 452.8(元)

(2)自产自用应税消费品应纳税额的计算。自产自用应税消费品用于其他方面的，应税消费品的计算公式为：

应纳税额＝移送使用数量×定额税率(单位税额)

【例 1-3-9】 2018 年 6 月，冰爽啤酒厂以自产的啤酒 40 吨作为夏季福利发给本厂职工，该啤酒的不含税价格为 3 300 元/吨。计算当月该啤酒厂应纳的消费税税额。

解析：该批啤酒的不含税价 3 300 元＞3 000 元，所以该批啤酒属于甲类啤酒，使用定额税率 250 元。

消费税应纳税额＝40×250＝10 000(元)

(3)委托加工应税消费品应纳税额的计算。委托加工应税消费品，应纳税额的计算公式为：

应纳税额＝收回的应税消费品数量×定额税率(单位税额)

【例 1-3-10】 冰爽啤酒厂将一批粮食交给长江啤酒厂，委托其加工生产啤酒 300 吨。2018 年 11 月 2 日，冰爽啤酒长将粮食运送至长江啤酒厂。2018 年 12 月 5 日，长江啤酒厂将已经加工完成的啤酒 300 吨运送至冰爽啤酒厂。长江啤酒厂同类啤酒的市场价格为 2 800元/吨。计算 2018 年 12 月份冰爽啤酒厂应纳的消费税税额。

解析：长江啤酒厂同类啤酒的市场价格为 2 800 元/吨，适用的消费税税率为 220 元/吨。

应纳消费税税额＝300×220＝66 000 (元)

(4)进口应税消费品应纳税额的计算。在从量定额计算方法中，进口应税消费品应纳税额的计算公式为：

应纳税额＝海关核定的应税消费品进口数量×消费税定额税率

【例 1-3-11】 海天公司进口黄酒 10 吨，支付价款为 800 万元，2018 年 12 月 18 日，该批黄酒报关进入我国境内，海关核定黄酒的进口数量为 10 吨。计算该批黄酒应纳的消费税税额。

解析：海关核定的进口征税量＝10(吨)

消费税应纳税额＝10×240＝24 000(元)

(三)从价从量复合计税计算方法

1. 一般计算公式

从价从量复合计税，是指从价定率与从量定额相结合，复合计算应纳税额的一种计税方法。目前实行复合计税方法的税目只有卷烟和白酒。

(1)生产环节应纳税额的计算方法。生产环节应纳税额的计算公式为：

消费税应纳税额＝计税数量×定额税率＋计税金额×比例税率

(2)自产自用、委托加工环节应纳税额的特殊计算方法。在自产自用、委托加工等纳税环节，确认计税金额和计税数量的方法同从价和从量计征的规定，但是如果自产自用或委托加工无同类应税消费品价格，在使用组成计税价格时，应采用如下公式：

自产自用组成计税价格＝(成本＋利润＋自用数量×定额税率)÷(1－比例税率)

委托加工组成计税价格＝(材料成本＋加工费＋加工数量×定额税率)÷(1－比例税率)

应纳税额＝组成计税价格×比例税率＋自用或委托加工收回数量×定额税率

【例 1-3-12】 2018 年 10 月青山白酒厂受委托为白玉酒厂加工白酒 2 万斤(1 斤＝500 克)，由白玉酒厂提供的原材料金额为 40 万元，收取白玉酒厂不含增值税的加工费 6 万元，青山白酒厂当地无加工此类白酒的同类产品市场价格。计算青山白酒厂应代收代缴的消费税税额为多少？

解析：白酒适用从价税率 20%，从量税率每斤 0.5 元。

组成计税价格＝(400 000＋60 000＋20 000×0.5)÷(1－20%)＝587 500(元)

应代收代缴消费税税额＝587 500×20%＋20 000×0.5＝127 500(元)

(3)进口环节应纳税额的计算。进口环节消费税应纳税额的计算公式为：

组成计税价格＝(海关完税价格 ＋ 关税 ＋ 进口数量×定额税率)÷ (1 －比例税率)

消费税应纳税额＝组成计税价格×比例税率 ＋ 进口数量×定额税率

(4)卷烟批发环节应纳税额的计算。为了适当增加财政收入，完善烟产品消费税制度，我国在卷烟批发环节加征一道复合税。其计算公式为：

应纳税额＝批发卷烟的销售额×比例税率＋计税数量×定额税率

2. 有关白酒的特殊规定

(1)白酒生产企业向商业销售单位收取的“品牌使用费”，不论采取何种方式或以何种名义收取，均应并入白酒的销售额缴纳消费税。

(2)对白酒消费税实行最低计税价格核定管理办法。白酒生产企业销售给销售单位的白酒，生产企业消费税计税价格低于销售单位对外销售价格(不含增值税)70%以下的，税务机关应核定消费税最低计税价格。

白酒生产企业销售给销售单位的白酒，生产企业消费税计税价格高于销售单位对外销售价格(不含增值税)70%(含)以上的，税务机关暂不核定消费税最低计税价格。

3. 进口卷烟应纳消费税的计算

进口卷烟消费税从价从量复合计税的计算步骤和方法如下：

(1)推算出每标准条进口卷烟(200 支，下同)用来确定消费税适用比例税率的价格，其计算公式为：

每标准条进口卷烟确定消费税适用比例税率的价格
=（海关完税价格+关税+消费税定额税率）÷（1−消费税税率）

式中，“海关完税价格”和“关税”为每标准条的关税完税价格及关税税额；“消费税定额税率”为每标准条0.6元（依据现行消费税定额税率折算而成）；“消费税税率”为36%或56%。

（2）用推算出的每标准条进口卷烟确定的消费税适用比例税率的价格，判断进口卷烟适用的比例税率。方法如下：

每标准条进口卷烟确定消费税适合比例税率的价格≥70元人民币的，适用比例税率为56%；每标准条进口卷烟确定消费税使用税率的价格<70元人民币的，适用比例税率为36%。

（3）依据上述确定的消费税适用比例税率，计算进口卷烟消费税组成计税价格和应纳消费税税额。

进口卷烟消费税组成计税价格=（海关完税价格+关税+进口数量×消费税定额税率）÷（1−进口卷烟消费税适用比例税率）

消费税应纳税额=进口卷烟消费税组成计税价格×进口卷烟消费税适用比例税率+消费税定额税

其中：消费税定额税=海关核定的进口卷烟数量×消费税定额税率

【例1-3-13】 金石烟草进出口公司从国外进口卷烟50 000条（每条200支），支付买价1 500 000元，支付到达我国海关前的运输费用120 000元、保险费用80 000元。海关完税价格1 700 000元。假定进口卷烟关税税率为20%。计算该批进口卷烟应纳的消费税税额。

解析：

（1）进口卷烟应纳关税税额=1 700 000×20%=340 000（元）

（2）进口卷烟消费税的计算如下：

定额消费税=50 000×0.6=30 000（元）

标准条确定消费税适用比例税率的价格=（1 700 000+340 000+30 000）÷（1−36%）÷50 000=64.69（元）

每条价格小于70元，所以适用36%的税率。

进口卷烟消费税组成计税价格=（1 700 000+340 000+30 000）÷（1−36%）=3 234 375（元）

进口卷烟应纳消费税税额=从价应纳消费税+从量应纳消费税
=3 234 375×36%+30 000=1 194 375（元）

（四）外购或委托加工应税消费品已纳税款扣除的计算方法

为了避免重复征税，现行消费税规定，外购应税消费品或委托加工收回的应税消费品，用于连续生产应税消费品的，准予从消费税应纳税额中扣除原料已纳的消费税税款。准予扣除的已纳消费税税款须按当期生产领用数量计算。

1. 扣除范围的规定

（1）外购、委托加工收回已税烟丝生产的卷烟。

（2）外购、委托加工收回已税高档化妆品原料生产的高档化妆品。

(3)外购、委托加工收回已税珠宝玉石原料生产的贵重首饰及珠宝玉石。

(4)外购、委托加工收回鞭炮烟火原料生产的鞭炮烟火。

(5)外购、委托加工收回已税摩托车零件生产的摩托车。

(6)外购、委托加工收回已税杆头、杆身和握把为原料生产的高尔夫球杆。

(7)外购、委托加工收回已税木制一次性筷子为原料生产的木制一次性筷子。

(8)外购、委托加工收回已税实木地板原料生产的实木地板。

(9)外购、委托加工收回已税石脑油、燃料油为原料生产的应税消费品。

(10)外购、委托加工收回已税润滑油原料生产的润滑油。

(11)外购、委托加工收回已税汽油、柴油为原料连续生产的汽油、柴油。

2. 计算方法

上述当期助于扣除外购、委托加工收回应税消费品已纳消费税税款的计算公式如下：

(1)购应税消费品连续生产应税消费品，准予抵扣税额的计算公式：

当期准予扣除的外购应税消费品已纳税款＝当期准予扣除的外购应税消费品买价或数量×外购应税消费品适用税率或税额

其中：

当期准予扣除的外购应税消费品买价或数量＝期初库存的外购应税消费品的买价或数量＋当期购进的应税消费品的买价或数量－期末库存的外购应税消费品的买价或数量

式中："外购应税消费品的买价"是指购货发票上注明的销售额(不包括增值税税款)。

(2)委托加工收回的应税消费品连续生产应税消费品，准予抵扣税额的计算公式为：

当期准予扣除额的委托加工应税消费品已纳税款＝期初库存的委托加工应税消费品已纳税款＋当期收回的委托加工应税消费品已纳税款－期末库存的委托加工应税消费品已纳税款

(3)进口应税消费品连续生产应税消费品，应纳税额的计算公式为：

当期准予扣除的进口应税消费品已纳税款＝期初库存的进口应税消费品已纳税款＋当期进口应税消费品已纳税款－期末库存的进口应税消费品已纳税款

【例 1-3-14】 2018 年 10 月雪儿日化厂(增值税一般纳税人)为化妆品生产企业，购入化工原料 4 吨，增值税专用发票上注明货款和税金分别是 40 000 元、6 800 元，同时支付运费 1 000 元并取得运输部门开具的专用发票，购入香水精 120 千克，增值税专用发票上注明的价款和税金分别是：50 000 元、8 500 元。当月，该企业将上述材料的 50%投入生产化妆品，取得不含增值税销售收入 250 000 元。假定上述发票符合我国增值税抵扣规定，计算当月应纳的消费税税额。

解析：

可抵扣的消费税按当期生产领用数量计算＝50 000×30%×50%＝7 500(元)

消费税应纳税额＝250 000×30%－7 500＝67 500(元)

3. 其他规定

(1)纳税人用外购和委托加工收回的已税珠宝玉石生产的改在零售环节征收消费税的金银首饰，在计税时一律不得扣除外购或委托加工收回珠宝玉石的已纳税款。

(2)对自己不生产应税消费品，而只是购进后再销售应税消费品的工业企业，其销售的化妆品、鞭炮、焰火、珠宝和玉石，凡不能构成最终消费品直接进入消费品市场而须进一步生产加工的，应当征收消费税，同时允许扣除上述外购应税消费品的已纳税款。

基本技能训练

一、项目名称

计算消费税应纳税额。

二、训练目的

通过模拟操作，在正确理解消费税制度基本内容的基础上，熟悉消费税应纳税额的计算规则，并进而形成初步的消费税应纳税义务确认与应纳税额计算的能力。同时，检测学习者对增值税有关内容的熟悉和记忆情况。

三、训练要求

(1)根据消费税或增值税制度规定分别进行每一经济业务的涉税事项简单分析。

(2)计算每一项经济业务发生后产生的消费税事项金额(以及增值税事项金额)。

(3)计算当期纳税人应实际缴纳的消费税或增值税金额。

四、经济业务资料

甲酒厂为增值税一般纳税人，2018 年 7 月发生以下业务：

(1)从农业生产者手中收购粮食 30 吨，每吨收购价 2 000 元，共计支付收购价款 60 000 元。

(2)甲酒厂将收购的粮食从收购地直接运往异地的乙酒厂生产加工白酒，白酒加工完毕，企业收回白酒 8 吨，取得乙酒厂开具防伪税控的增值税专用发票，注明加工费 25 000 元，代垫辅料价值 15 000 元，加工的白酒当地无同类产品市场价格。

(3)本月内甲酒厂将收回的白酒批发售出 7 吨，每吨不含税销售额 16 000 元。

(4)另外支付给运输单位(“营改增”试点单位)的销货运输费用 12 000 元，取得增值税普通发票。

(5)销售自产粮食白酒 10 吨，开具增值税专用发票注明价款 50 万元，但由于运输问题，月末仍未发货。

(6)100 千克高档白酒被盗，每千克成本 100 元(材料成本占 70%)。

(7)收到购货方支付的包装物押金 1 万元。

(8)购进各种原材料，取得增值税专用发票价款 70 万元，税款 11.9 万元；支付购进原材料运输费 4 万元并取得运输公司(“营改增”试点单位)开具的增值税专用发票。

要求：(1)计算乙酒厂应代收代缴的消费税和应纳增值税。

(2)计算甲酒厂应纳的消费税税额和应纳的增值税税额。

任务四　把握企业所得税基本制度，正确计算应纳税额

任务目标

企业所得税是我国的主体税种之一。本任务通过对企业所得税的概念、特点以及企业所得税的纳税人、征税范围、税率、现行主要优惠政策、应纳税所得额确认、应纳税额计算方法等

内容的介绍,使学习者对我国现行企业所得税制度形成正确且基本完整的理解,初步形成正确计算企业所得税应纳税所得额和应纳税额的能力。

导入信息

据"今日头条→财经"载,中国网龙城视窗2016年4月23日信息(中国网中国视窗焦作讯),2015年,焦作市国家税务局、焦作市地方税务局充分发挥税收稽查职能作用,进一步加大了对涉税违法案件的打击力度,查处了一批偷税数额较大、违法情节恶劣的大案要案,并曝光了部分案件,在净化税收经济环境,规范税收秩序方面取得明显成效。

在曝光的案件中涉及企业所得税违法的有以下案件:

河南某实业投资有限公司偷税案

河南某实业投资有限公司,经营范围:对城市公益事业设施项目投资、房地产投资、房地产开发。经查,该纳税人在2011年01月至2013年12月期间,采取虚假发票多列支出、不合规票据列支成本等手段,少缴企业所得税12 737 881.75元。主管国税部门依法对该纳税人少缴税款2 111 654.84元的行为定性为偷税,对该纳税人做出追缴所偷税款2 111 654.84元,追缴少缴税款10 626 226.91元,依法加收滞纳金、并对所偷税款处罚款1 055 827.42元的决定。2015年4月21日对企业送达了《税务处理决定书》(焦国税稽处〔2015〕25号)、《税务行政处罚决定书》(焦国税稽罚〔2015〕20号),目前本案正在执行中。

焦作市某房地产开发有限公司偷税案

焦作市某房地产开发有限公司,经营范围:房地产开发与经营。该公司于2003年7月开始开发焦作市建设东路汽配城沿街改造楼工程,于2005年12月进行了竣工决算。经查,该公司在2006年售房过程中,采取少记、未记售房收入方式,隐瞒销售收入4 938 853.38元,隐瞒利润2 618 374.37元,少缴企业所得税818 178.42元。国税部门依法对该企业少缴税款818 178.42元的行为定性为偷税。对该纳税人做出追缴税款818 178.42元,依法加收滞纳金并对该公司所偷企业所得税818 178.42元处于二倍的罚款计1 636 356.84元的决定。《税务处理决定书》焦国税稽处〔2009〕6号、《税务行政处罚决定书》焦国税稽罚〔2009〕6号已于2009年2月27日送达企业,企业已缴纳增值税520 383.11元,其余税款、罚款、滞纳金均一直未按期缴纳,焦作市稽查局又于2015年8月26日对该单位送达了《税务事项通知书》焦国税稽事通〔2015〕3012号进行催缴,该企业至今仍未全部缴纳税款、罚款、滞纳金。该案件已移送公安机关。

内容阐释

上述涉及企业所得税违法的案件可能只是被查处的相关税收违法行为的一个缩影而已。

不仅如此,其实,在现实中,我们还会时不时地听到这样的议论:企业在不同目的之下,为了满足不同要求,对同一个会计主体编制了两套账,甚至多套账,即内账和外账。其中一种重要的目的就是为了既达成隐蔽偷漏税,又可以通过税务机关查账。因而形成了所谓的反映企业实际经营情况的内账(管理账)和为了应付税务机关检查的外账(税务账)。

那么,企业所得税违法行为是如何被核查发现的呢?有关纳税人又是通过什么样的方式和手段来尽可能"达成"偷漏税的呢?主管税务机关又是根据什么规则、采用什么方法来核定有关纳税人偷漏税金额的呢？纳税人应当如何才能够确保合法、正确核算企业所得税应纳金额并及时足额缴纳税款呢？下面，我们将带着这样一些问题进行企业所得税内容的相关学习，以期获得正确的解答。

一、企业所得税简识

企业所得税是指对我国境内的企业和其他取得收入的组织就其生产经营所得和其他所得征收的一种税。它是我国的主体税种之一。

我国的企业所得税具有以下六个明显的特点：

一是征税范围广。从范围上看，来源于中国境内和境外的所得；从内容上看，来源于生产经营所得额和其他所得。因此，企业所得税具有征收上的广泛性。

二是税负公平。企业所得税对企业，不分所有制，不分地区、行业和层次，实行统一的比例税率，“所得多的多征，所得少的少征，无所得的不征”。因此企业所得税是能够较好体现公平税负和税收中性的一个良性税种。

三是税基约束力强。企业所得税的税基是应纳税所得额，即以纳税人每一纳税年度的收入总额减去准予扣除项目金额后的余额。为了保护税基，企业所得税法明确了收入总额、扣除项目金额的确定以及资产的税务处理等内容，使得应税所得额的计算相对独立于企业的会计核算，体现了税法的强制性与统一性。

四是纳税人与负税人一致。纳税人缴纳的企业所得税一般不易转嫁，而由纳税人自己负担。

五是实行按年计征、分期预缴、年终汇算清缴的征收管理办法。

六是通常以纯所得为征税对象，其计税依据是经过计算得出的应纳税所得额。

企业所得税的基本作用有三个：促进改善经营管理活动，提升企业的盈利能力；调整产业结构，促进经济发展；增加财政收入。

二、企业所得税的纳税人和源泉扣缴义务人

在中华人民共和国境内，企业和其他取得收入的组织（以下统称企业）为企业所得税的纳税人。个人独资企业不适用《中华人民共和国企业所得税法》（以下简称《企业所得税法》），而适用《中华人民共和国个人所得税法》（以下简称《个人所得税法》），合伙企业的合伙人是自然人的，缴纳个人所得税；合伙人是法人和其他组织的，缴纳企业所得税。

《企业所得税法》第二条规定：“企业分为居民企业和非居民企业。”“本法所称居民企业，是指依法在中国境内成立，或者依照外国（地区）法律成立但实际管理机构在中国境内的企业。”“本法所称非居民企业，是指依照外国（地区）法律成立且实际管理机构不在中国境内，但在中国境内设立机构、场所的，或者在中国境内未设立机构、场所，但有来源于中国境内所得的企业。”

因此，我国的企业所得税纳税人分为“居民企业纳税人”和“非居民企业纳税人”两类。

（一）居民企业纳税人

居民企业是指依法在中国境内成立，或者依照外国（地区）法律成立但实际管理机构在中国境内的企业。所谓实际管理机构，是指对企业的生产经营、人员、账务、财产等实施实质性全面管理和控制的机构。

也就是说，居民企业实际上包括两类：一类是依照中国法律、行政法规在中国境内成立的企业、事业单位、社会团体以及其他取得收入的组织；另一类是依照外国（地区）法律成立的企

业，但实际管理机构在中国境内的企业和其他取得收入的组织。

（二）非居民企业纳税人

非居民企业，是指依照外国（地区）法律成立且实际管理机构不在中国境内，但在中国境内设立机构、场所的，或者在中国境内未设立机构、场所，但有来源于中国境内所得的企业。

这里的机构、场所指在中国境内从事生产经营活动的机构、场所，包括：第一，管理机构、营业机构、办事机构；第二，工厂、农场、开采自然资源的场所；第三，提供劳务的场所；第四，从事建筑、安装、装配、修理、勘探等工程作业的场所；第五，其他从事生产经营活动的机构、场所。

另外，非居民企业委托营业代理人在中国境内从事生产经营活动的，包括委托单位或者个人经常代其签订合同，或者储存、交付货物等，该营业代理人视为非居民企业在中国境内设立的机构、场所。

（三）源泉扣缴义务人

源泉扣缴是指依照有关法律规定或者合同约定对非居民企业直接负有支付相关款项义务的单位或个人，依照《企业所得税法》规定的相关规定对其应缴纳的企业所得税进行扣缴管理的一种征收方法。

1. 扣缴义务人

对非居民企业在中国境内未设立机构、场所的，或者虽设立机构、场所但取得的所得与其所设机构、场所没有实际联系的所得应缴纳的所得税，实行源泉扣缴，以支付人为扣缴义务人。税款由扣缴义务人在每次支付或者到期应支付时，从支付或者到期应支付的款项中扣缴。

对非居民企业在中国境内取得工程作业和劳务所得应缴纳的所得税，当出现以下情形时，县级以上税务机关可以指定工程价款或者劳务费的支付人为扣缴义务人，并同时告知扣缴义务人所扣税款的计税依据、计算方法、扣缴期限和扣缴方式：

（1）预计工程作业或者提供劳务期限不足一个纳税年度，且有证据表明不履行纳税义务的。

（2）没有办理税务登记或者临时税务登记，且未委托中国境内的代理人履行纳税义务的。

（3）未按照规定期限办理企业所得税纳税申报或者预缴申报的。

2. 扣缴方法

对非居民企业应当缴纳的企业所得税实行源泉扣缴的，应依照前述计算方法计算应纳所得税额。

应当扣缴的所得税，扣缴义务人未依法扣缴或者无法履行扣缴义务的，由企业在所得发生地缴纳。企业未依法缴纳的，税务机关可以从该企业在中国境内其他收入项目的支付人应付的税款中，追缴该企业的应纳税款。税务机关在追缴该企业应纳税款时，应当将追缴理由、追缴数额、缴纳期限和缴纳方式等告知该企业。

扣缴义务人每次代扣的税款，应当自代扣之日起 7 日内缴入国库，并向所在地的税务机关报送扣缴企业所得税报告表。

三、企业所得税的征税范围和税率

（一）企业所得税的征税范围

1. 应税所得的空间来源范围

《企业所得税法》第三条规定："居民企业应当就其来源于中国境内、境外的所得缴纳企业所得税。""非居民企业在中国境内设立机构、场所的，应当就其所设机构、场所取得的来源于中国境内的所得，以及发生在中国境外但与其所设机构、场所有实际联系的所得，缴纳企业所得税。""非居民企业在中国境内未设立机构、场所的，或者虽设立机构、场所但取得的所得与其所设机构、场所没有实际联系的，应当就其来源于中国境内的所得缴纳企业所得税。"

根据《企业所得税法》第三条的规定可知，企业所得税的征税对象为居民企业和非居民企业中有关"生产经营所得和其他所得"。具体讲，可以包括三种情形的所得：

第一，居民企业来源于我国境内、境外的所得。

第二，在境内设有机构、场所的非居民企业从我国境内、境外取得的与该机构场所有实际联系的所得。此处，税法规定的所谓"实际联系"，是指非居民企业在中国境内设立的机构、场所拥有据以取得所得的股权、债权，以及拥有、管理、控制据以取得所得的财产等。

第三，未在中国境内设立机构、场所的，或者虽设立机构、场所但取得的所得与该机构、场所没有实际联系的非居民企业来源于中国境内的所得。

关于所得来源于境内或境外的判断，按照以下原则确定：(1)销售货物所得，按照交易活动发生地确定；(2)提供劳务所得，按照劳务发生地确定；(3)转让财产所得，不动产转让所得按照不动产所在地确定，动产转让所得按照转让动产的企业或者机构、场所所在地确定，权益性投资资产转让所得按照被投资企业所在地确定；(4)股息、红利等权益性投资所得，按照分配所得的企业所在地确定；(5)利息所得、租金所得、特许权使用费所得，按照负担、支付所得的企业或者机构、场所所在地确定，或者按照负担、支付所得的个人的住所地确定；(6)其他所得，由国务院财政、税务主管部门确定。

2. 应税所得的经济内容构成范围

企业所得税的征税对象为企业的生产经营所得和其他所得。具体包括九种所得：销售货物所得、提供劳务所得、转让财产所得、股息红利等权益性投资所得、利息所得、租金所得、特许权使用费所得、接受捐赠所得和其他所得。

(二)企业所得税的税率

企业所得税的税率是指对纳税人应纳税所得额征税比例，即企业应纳税额与应纳税所得额的比率。比例税率简便易行，透明度高，不会因征税而改变企业间收入分配比例。

《企业所得税法》第四条规定："企业所得税的税率为25%。""非居民企业取得本法第三条第三款规定的所得，适用税率为20%。"

1. 基本税率25%

适用于居民企业取得的各项所得；非居民企业在中国境内设立的机构、场所，从我国境内、境外取得的与该机构、场所有实际联系的所得。

2. 低税率20%

适用于非居民企业在中国境内未设立机构、场所的，或者虽设立机构、场所但取得与其所设机构、场所没有实际联系的所得。但《企业所得税法实施条例》中同时规定，该所得实际征收中减按10%税率执行。

3. 优惠税率(20%、15%)

第一，符合条件的小型微利企业，减按20%的税率征收企业所得税。

《关于实施小微企业普惠性税收减免政策的通知》(财税〔2019〕13号)规定：小型微利企业是指从事国家非限制和禁止行业，并同时符合下列条件的企业：年度应纳税所得额不超过300万元，从业人数不超过300人，资产总额不超过5 000万元。

第二，国家需要重点扶持的高新技术企业、技术先进型服务企业，减按15%的税率征收企业所得税。

根据《财政部 税务总局 商务部 科技部 国家发展改革委关于将技术先进型服务企业所得税政策推广至全国实施的通知》(财税〔2017〕79 号 2017 年 11 月 2 日发布)规定，技术先进型服务企业所涉及的“技术先进型服务业务”包括三类：第一类，信息技术外包服务(ITO)，包括软件研发及外包(含软件研发及开发服务、软件技术服务)、信息技术研发服务外包(含集成电路和电子电路设计、测试平台)、信息系统运营维护外包(含信息系统运营和维护服务、基础信息技术服务)；第二类，技术性业务流程外包服务(BPO)，包括企业业务流程设计服务、企业内部管理服务、企业运营服务、企业供应链管理服务；第三类，技术性知识流程外包服务(KPO)。

四、企业所得税的主要优惠政策

根据《企业所得税法》第二十五～三十六条及《企业所得税法实施条例》的相应规定，我国企业所得税的税收优惠方式主要包括：免税、减税、税率优惠、减计应纳税所得额、抵扣应纳税所得额、加计扣除、加速折旧、减计收入、税额抵免等。

(一)免征与减征优惠

企业的下列所得，可以免征、减征企业所得税：

(1)从事农、林、牧、渔业项目的所得。花卉、茶以及其他饮料作物、香料作物的种植、海水养殖、内陆养殖减半征收，其他农、林、牧、渔业项目免征企业所得税。

(2)从事国家重点扶持的公共基础设施项目投资经营的所得。但企业从事承包经营、承包建设和内部自建自用，不得享受规定的企业所得税优惠。

(3)从事符合条件的环境保护、节能节水项目的所得。

(4)符合条件的技术转让所得。

(5)非居民企业未设机构、场所或与机构、场所无实际联系的境内所得。

(6)民族自治地方的自治机关对本民族自治地方的企业应缴纳的企业所得税中属于地方分享的部分，可以决定减征或者免征。自治州、自治县决定减征或者免征的，须报省、自治区、直辖市人民政府批准。

(二)减计小型微利企业应纳税所得额

根据《财政部 税务总局关于进一步实施小微企业所得税优惠政策的公告》(财政部 税务总局公告 2022 年第 13 号)和《财政部 税务总局关于进一步支持小微企业和个体工商户发展有关税费政策的公告》(财政部 税务总局公告 2023 年第 12 号)的规定，从 2023 年 1 月 1 日起到 2027 年 12 月 31 日，对小型微利企业的应纳税所得额，减按 25%予以计税。

(三)抵扣应纳税所得额

创业投资企业采取股权投资方式投资于未上市的中小高新技术企业 2 年以上的，可以按照其投资额的 70%在股权持有满 2 年的当年抵扣该创业投资企业的应纳税所得额；当年不足抵扣的，可以在以后纳税年度结转抵扣。例如：甲创业投资企业 2017 年 1 月 1 日向乙企业(未上市的中小高新技术企业)投资 100 万元，股权持有到 2018 年 12 月 31 日。甲创业投资企业 2018 年度可抵扣的应纳税所得额为 70 万元。

(四)加计扣除

(1)企业新产品、新技术、新工艺研究开发费用的加计扣除。为了进一步鼓励企业积极开展“三新”研究开发，在过去《财政部 国家税务总局 科技部关于完善研究开发费用税前加计扣除政策的通知》(财税〔2015〕119 号)、据《财政部 税务总局 科技部关于提高研究开发费用税前加计扣除比例的通知》(财税〔2018〕99 号)、《财政部 税务总局关于进一步完善研发费用税前加计扣除政策的公告》(财政部 税务总局公告 2021 年第 13 号)、《财政部 税务总局 科技部关于进一步提高科技型中小企业研发费用税前加计扣除比例的公告》(财政部 税务总局 科技部公告 2022 年第 16 号)等文件规定的基础上，根据国务院常务会议精神，2023 年 3 月 26 日财政部和国家税务总局发布了《财政部 税务总局关于进一步完善研发费用税前加计扣除政策的公告》(财政部 税务总局公告 2023 年第 7 号)，明确规定："企业开展研发活动中实际发生的研发费用，未形成无形资产计入当期损益的，在按规定据实扣除的基础上，自 2023 年 1 月 1 日起，再按照实际发生额的 100%在税前加计扣除；形成无形资产的，自 2023 年 1 月 1 日起，按照无形资产成本的 200%在税前摊销。"

(2)企业支持基础研究的加计抵扣。

对企业出资给非营利性科学技术研究开发机构(科学技术研究开发机构简称科研机构)、高等学校和政府性自然科学基金用于基础研究的支出，在计算应纳税所得额时可按实际发生额在税前扣除，并可按 100%在税前加计扣除。

(3)安置残疾人员及国家鼓励安置的其他就业人员所支付的工资。企业安置残疾人员的，在按照支付给残疾职工工资据实扣除的基础上，按照支付给残疾职工工资的 100%加计扣除。企业安置国家鼓励安置的其他就业人员所支付的工资的加计扣除办法，由国务院另行规定。

(五)加速折旧

企业由于技术进步，产品更新换代较快的固定资产和常年处于强震动、高腐蚀状态的固定资产，可以按《企业所得税法》规定最短折旧年限的 60%缩短折旧年限；也可采取双倍余额递减法或年数总和法等加速折旧方法。

根据《财政部 国家税务总局关于设备、器具扣除有关企业所得税政策的通知》(财税〔2018〕54 号 2018 年 5 月 7 日发布)和《财政部 税务总局关于设备、器具扣除有关企业所得税政策的公告》(财政部 税务总局公告 2023 年第 37 号)等有关规定，企业在 2018 年 1 月 1 日至 2020 年 12 月 31 日期间新购进的设备、器具，单位价值不超过 500 万元的，允许一次性计入当期成本费用在计算应纳税所得额时扣除，不再分年度计算折旧；单位价值超过 500 万元的，仍按企业所得税法实施条例、《财政部 国家税务总局关于完善固定资产加速折旧企业所得税政策的通知》(财税〔2014〕75 号)、《财政部 国家税务总局关于进一步完善固定资产加速折旧企业所得税政策的通知》(财税〔2015〕106 号)等相关规定执行。

《财政部 国家税务总局关于扩大固定资产加速折旧优惠政策适用范围的公告》(财政部 税务总局公告 2019 年第 66 号)进一步明确规定，自 2019 年 1 月 1 日起，适用《财政部 国家税务总局关于完善固定资产加速折旧企业所得税政策的通知》(财税〔2014〕75 号)和《财政部 国家税务总局关于进一步完善固定资产加速折旧企业所得税政策的通知》(财税〔2015〕106 号)规定固定资产加速折旧优惠的行业范围，扩大至全部制造业领域。

(六)减计收入

企业综合利用资源，以《资源综合利用企业所得税优惠目录》规定的资源作为主要原材料，生产国家非限制和禁止并符合国家和行业相关标准的产品取得的收入，减按 90%计入收入总额。

提供城市社区和农村社区养老、托育、家政服务取得的收入，在计算应纳税所得额时，减按 90%计入收入总额。

(七)税额抵免

税额抵免主要包括两种情形：

第一，企业购置并实际使用环境保护、节能节水、安全生产等专用设备的，该专用设备的投资额的10%可以从企业当年的应纳税额中抵免；当年不足抵免的，可以在以后5个纳税年度结转抵免。企业购置上述专用设备在5年内转让、出租的，停止享受企业所得税优惠，并补缴已经抵免的企业所得税税款。

第二，境外所得已在境外缴纳的所得税税额的抵免。根据《企业所得税法》第二十三和二十四条以及《企业所得税法实施条例》七十八和七十九条的规定，居民企业纳税人来源于中国境外的应税所得已在境外缴纳的所得税税额，以及在中国境内设立了机构、场所的非居民企业取得的发生在中国境外且与该机构、场所有实际联系的应税所得已在境外缴纳的所得税税额，不超过抵免限额部分，可以从当年应纳税额中抵免；超过抵免限额的部分，可以在以后5个年度内，用每年度抵免限额抵免当年应抵税额后的余额进行抵补。

另外，需要指出的是，根据规定，企业同时从事适用不同企业所得税待遇的项目的，其优惠项目应当单独计算所得，并合理分摊企业的期间费用；没有单独计算的，不得享受企业所得税优惠。

五、企业所得税应纳税额计算的基本内容

(一)企业所得税应纳税额的基本计算方法

《企业所得税法》第二十二条规定："企业的应纳税所得额乘以适用税率，减除依照本法关于税收优惠的规定减免和抵免的税额后的余额，为应纳税额。"对此，《企业所得税法实施条例》进一步明确，《企业所得税法》第二十二条规定的应纳税额的计算公式为：

应纳税额＝应纳税所得额×适用税率－减免税额－抵免税额

公式中的减免税额和抵免税额，是指依照企业所得税法和国务院的税收优惠规定减征、免征和抵免的应纳税额。

不难发现，正确计算企业所得税应纳税额的核心就是正确确认企业所得税的计税依据——应纳税所得额。

企业所得税应纳税所得额的计算，在实际工作中，一般有两种确认方法：一种称为"直接计算法"，另一种称为"间接计算法"。

1. 直接计算法

《企业所得税法》第五条规定："企业每一纳税年度的收入总额，减除不征税收入、免税收入、各项扣除以及允许弥补的以前年度亏损后的余额，为应纳税所得额。"

所谓"直接计算法"就是直接依据税法的规定，首先确认纳税人的收入总额，并从中减除掉依法不征税和免税的收入以及减记的收入，形成"计税收入额"；然后，再从"计税收入额"中扣除符合税法规定的范围和标准的有关成本、费用、税金、损失以及其他有关支出；如果存在允许税前弥补的亏损，则再减除允许弥补的以前年度亏损；最后计算形成"应纳税所得额"。

在直接计算法下，应纳税所得额的计算公式为：

应纳税所得额＝收入总额－不征税收入－免税收入－各项扣除－允许弥补的以前年度亏损

简单讲：

应纳税所得额＝计税收入总额－各项允许扣除－允许弥补的以前年度亏损

2. 间接计算法

所谓"间接计算法"，实则是以会计核算形成的"利润总额"为基础，结合税收政策与会计政策的差异，以税法规定为标准，以二者的差异额为内容，对会计利润进行相应的调加或者调减，从而确认企业所得税应纳税所得额的一种方法。

在间接计算法下，应纳税所得额的计算公式为：

应纳税所得额＝会计利润总额±纳税调整项目金额

公式中，调整增加项目一般包括两类情形：一是财务会计处理中不符合企业所得税法规定超标准扣除的成本、费用、损失以及其他有关支出；二是财务会计中由于种种原因而漏记或少计的应税收入。而公式中的调整减少项目一般也包括两类情形：一是财务会计处理中据实记入收益而依企业所得税法规定属于不征税收入或者免税收入或者减记收入的项目；二是财务会计中据实扣除而依企业所得税法属于加计扣除的项目，以及依企业所得税法应当计算扣除而财务会计中未予扣除的成本费用类项目（如应计提而未计提的折旧费等）。

量化应纳税所得的间接计算法下，之所产生"调加"或"调减"内容，实质上是由于财务会计处理与企业所得税法规定之间的差异造成的。以会计利润（纳税调整前所得）为基础"调加"或"调减"有关项目内容，实质上就是对所得税法规和财务会计处理之间所产生的差异进行处理，以确保应纳税所得额的处理结果完全符合税法规定。

从实质上看，不论是采用直接法还是间接法计算确认应纳税所得额，均须依照企业所得税法的规定正确判定三项内容：一是计税收入；二是各项允许扣除；三是是否涉及以前年度亏损以及允许弥补的亏损。

（二）企业所得税计税收入的确认

根据《企业所得税法》第五条规定，计税收入＝收入总额－不征税收入－免税收入。

1. 收入总额

《企业所得税法》第六条规定，企业以货币形式和非货币形式从各种来源取得的收入，为收入总额，包括九项：销售货物收入；提供劳务收入；转让财产收入；股息、红利等权益性投资收益；利息收入；租金收入；特许权使用费收入；接受捐赠收入；其他收入。企业取得收入的货币形式，包括现金、存款、应收账款、应收票据、准备持有至到期的债券投资以及债务的豁免等。企业取得收入的非货币形式，包括固定资产、生物资产、无形资产、股权投资、存货、不准备持有至到期的债券投资、劳务以及有关权益等。企业以非货币形式取得的收入，应当按照公允价值确定收入额。

（1）销售货物收入，是指企业销售商品、产品、原材料、包装物、低值易耗品以及其他存货取得的收入。

（2）提供劳务收入，是指企业从事建筑安装、修理修配、交通运输、仓储租赁、金融保险、邮电通信、咨询经纪、文化体育、科学研究、技术服务、教育培训、餐饮住宿、中介代理、卫生保健、社区服务、旅游、娱乐、加工以及其他劳务服务活动取得的收入。长期为客户提供重复的劳务收取的劳务费，在相关劳务活动发生时确认收入。

（3）转让财产收入，是指企业转让固定资产、生物资产、无形资产、股权、债权等财产取得的收入。

（4）股息、红利等权益性投资收益，是指企业因权益性投资从被投资方取得的收入。股息、红利等权益性投资收益，除国务院财政、税务主管部门另有规定外，按照被投资方作出利润分配决定的日期确认收入的实现。

(5)利息收入，是指企业将资金提供他人使用但不构成权益性投资，或者因他人占用本企业资金取得的收入，包括存款利息、贷款利息、债券利息、欠款利息等收入。利息收入，按照合同约定的债务人应付利息的日期确认收入的实现。

(6)租金收入，是指企业提供固定资产、包装物或者其他有形资产的使用权取得的收入。租金收入，按照合同约定的承租人应付租金的日期确认收入的实现。其中，如果交易合同或协议中规定租赁期限跨年度，且租金提前一次性支付的，根据《实施条例》第九条规定的收入与费用配比原则，出租人可对上述已确认的收入，在租赁期内，分期均匀计入相关年度收入。

(7)特许权使用费收入，是指企业提供专利权、非专利技术、商标权、著作权以及其他特许权的使用权取得的收入。特许权使用费收入，按照合同约定的特许权使用人应付特许权使用费的日期确认收入的实现。其中，属于提供设备和其他有形资产的特许权费，在交付资产或转移资产所有权时确认收入；属于提供初始及后续服务的特许权费，在提供服务时确认收入。

(8)接受捐赠收入，是指企业接受的来自其他企业、组织或者个人无偿给予的货币性资产、非货币性资产。接受捐赠收入，按照实际收到捐赠资产的日期确认收入的实现。如果接受捐赠的是物，则接受时不计税，处理或清理时计税。

(9)其他收入，主要是指除上述各项收入之外的一切收入。包括企业资产溢余收入、逾期未退包装物押金收入、确实无法偿付的应付款项、已作坏账损失处理后又收回的应收款项、债务重组收入、补贴收入、违约金收入、汇兑收益等。此外，依税法规定，企业已经作为损失处理的资产，在以后纳税年度又全部收回或部分收回时，应计入当期收入。

2. 不征税收入

《企业所得税法》第七条规定，收入总额中的下列收入为不征税收入：

(1)财政拨款。

(2)依法收取并纳入财政管理的行政事业性收费、政府性基金。

(3)国务院规定的其他不征税收入。

3. 免税收入

根据《企业所得税法》第二十六条的规定，免税收入包括以下四种情形：

(1)国债利息收入。

(2)符合条件的居民企业之间的股息、红利等权益性投资收益，即居民企业直接投资于其他居民企业取得的投资收益。

(3)在中国境内设立机构、场所的非居民企业从居民企业取得与该机构、场所有实际联系的股息、红利等权益性投资收益。所称股息、红利等权益性投资收益，不包括连续持有居民企业公开发行并上市流通的股票不足12个月取得的投资收益。

(4)符合条件的非营利组织的收入。

(三)企业所得税税前扣除内容的确认

1. 企业所得税税前扣除内容的基本规定

《企业所得税法》第八条规定："企业实际发生的与取得收入有关的、合理的支出，包括成本、费用、税金、损失和其他支出，准予在计算应纳税所得额时扣除。"这里"有关的支出"，是指与取得收入直接相关的支出；"合理的支出"，是指符合生产经营活动常规，应当计入当期损益或者有关资产成本的必要和正常的支出。

企业发生的支出应当区分收益性支出和资本性支出。收益性支出在发生当期直接扣除;资本性支出应当分期扣除或者计入有关资产成本,不得在发生当期直接扣除。

准予在计算应纳税所得额时扣除的项目中:

(1)成本,是指企业在生产经营活动中发生的销售成本、销货成本、业务支出以及其他耗费。

(2)费用,是指企业在生产经营活动中发生的销售费用、管理费用和财务费用,已经计入成本的有关费用除外。

(3)税金,是指企业发生的除企业所得税和允许抵扣的增值税以外的各项税金及其附加。

(4)损失,是指企业在生产经营活动中发生的固定资产和存货的盘亏、毁损、报废损失,转让财产损失,呆账损失,坏账损失,自然灾害等不可抗力因素造成的损失以及其他损失;企业发生的损失,减除责任人赔偿和保险赔款后的余额,依照国务院财政、税务主管部门的规定扣除。

(5)其他支出,是指除成本、费用、税金、损失外,企业在生产经营活动中发生的与生产经营活动有关的、合理的支出。

2. 不得税前扣除的项目

《企业所得税法》第十条明确规定,在计算应纳税所得额时,下列支出不得扣除:

(1)向投资者支付的股息、红利等权益性投资收益款项;

(2)企业所得税税款;

(3)税收滞纳金;

(4)罚金、罚款和被没收财物的损失;

(5)本法第九条规定以外的捐赠支出;

(6)赞助支出;

(7)未经核定的准备金支出;

(8)与取得收入无关的其他支出。

上述“未经核定的准备金支出”,是指不符合国务院财政、税务主管部门规定的各项资产减值准备、风险准备等准备金支出。“赞助支出”是指企业发生的与生产经营活动无关的各种非广告性质支出。

此外,根据有关专门规定,下列情形的有关项目支出,也不得在税前扣除:

第一,以非转账方式支付的手续费及佣金。《财政部 国家税务总局关于企业手续费及佣金支出税前扣除政策的通知》(财税〔2009〕29 号)明确,除委托个人代理外,企业以现金等非转账方式支付的手续费及佣金不得在税前扣除。也就是说,如果不是以转账形式支付,即使业务真实,并取得中介服务机构的发票,也不能够在税前扣除。所以,要求必须通过银行转账,只有符合这些规定才能扣除。

第二,作为管理费列支的雇主为雇员负担的个人所得税。《国家税务总局关于雇主为雇员承担全年一次性奖金部分税款有关个人所得税计算方法问题的公告》(国家税务总局公告 2011 年第 28 号)第四条规定,雇主为雇员负担的个人所得税款,应属于个人工资薪金的一部分,按照工资薪金支出的扣除标准进行税务处理。凡单独作为企业管理费列支的,在计算企业所得税时不得税前扣除。

第三，烟草企业的烟草广告费和业务宣传费。根据《财政部 国家税务总局关于部分行业广告费和业务宣传费税前扣除政策的通知》(财税〔2009〕72 号)、《财政部 国家税务总局关于广告费和业务宣传费支出税前扣除政策的通知》(财税〔2012〕48 号)第三条、《国家税务总局办公厅关于强化部分总局定点联系企业共性税收风险问题整改工作的通知》(税总办函〔2014〕652 号)第五条等规定，烟草企业的烟草广告费和业务宣传费支出，即使取得有效扣除凭证，一律不得在计算应纳税所得额时扣除。

第四，未经申报的资产损失。企业发生的资产损失，应按规定的程序和要求向主管税务机关申报后方能在税前扣除。未经申报的损失，不得在税前扣除。

第五，发行权益性证券支付的手续费及佣金。《财政部 国家税务总局关于企业手续费及佣金支出税前扣除政策的通知》(财税〔2009〕29 号)规定，企业为发行权益性证券，支付给有关证券承销机构的手续费及佣金，不得在税前扣除。

第六，发放工资薪金未代扣代缴个税。根据《国家税务总局关于企业工资薪金及职工福利费扣除问题的通知》(国税函〔2009〕3 号)文件规定，是否已经代扣代缴了个人所得税，是税务机关判断税前列支工资薪金是否合理的衡量标准之一，因此企业发放的工资薪金如果没有代扣代缴个人所得税，存在不允许在企业所得税税前扣除的风险。

第七，《国家税务总局关于企业向境外关联方支付费用有关企业所得税问题的公告》(国家税务总局公告 2015 年第 16 号)第四条规定的向境外关联方支付费用的四类情形。

3. 税前扣除项目的具体范围与标准

1)工资、薪金支出

《企业所得税法实施条例》规定:“企业发生的合理的工资薪金支出，准予扣除。”

合理工资薪金，指企业按照股东大会、董事会、薪酬委员会或相关管理机构制订的工资薪金制度规定实际发放给员工的工资薪金。

税务机关在对工资薪金进行合理性确认时，可按照以下原则掌握:第一，企业制订了较为规范的员工工资薪金制度;第二，企业所制订的工资薪金制度符合行业及地区水平;第三，企业在一定时期所发放的工资薪金是相对固定的，工资薪金的调整是有序进行的;第四，企业对实际发放的工资薪金，已依法履行了代扣代缴个人所得税义务;第五，有关工资薪金的安排，不以减少或逃避税款为目的。

2)职工福利经费、工会经费、职工教育经费

《企业所得税法实施条例》第四十条规定:“企业发生的职工福利费支出，不超过工资薪金总额 14%的部分，准予扣除。”企业职工福利费，包括以下内容:

(1)尚未实行分离办社会职能的企业，其内设福利部门所发生的设备、设施和人员费用，包括职工食堂、职工浴室、理发室、医务所、托儿所、疗养院等集体福利部门的设备、设施及维修保养费用和福利部门工作人员的工资薪金、社会保险费、住房公积金、劳务费等。

(2)为职工卫生保健、生活、住房、交通等所发放的各项补贴和非货币性福利，包括企业向职工发放的因公外地就医费用、未实行医疗统筹企业职工医疗费用、职工供养直系亲属医疗补贴、供暖费补贴、职工防暑降温费、职工困难补贴、救济费、职工食堂经费补贴、职工交通补贴等。

(3)按照其他规定发生的其他职工福利费，包括丧葬补助费、抚恤费、安家费、探亲假路费等。

《企业所得税法实施条例》第四十一条规定:“企业拨缴的工会经费，不超过工资薪金总额 2%的部分，准予扣除。”

《企业所得税法实施条例》第四十二条规定："除国务院财政、税务主管部门另有规定外，企业发生的职工教育经费支出，不超过工资薪金总额8%的部分，准予扣除；超过部分，准予在以后纳税年度结转扣除。"

3)社会保险费和商业保险费

《企业所得税法实施条例》第三十五条规定："企业依照国务院有关主管部门或者省级人民政府规定的范围和标准为职工缴纳的基本养老保险费、基本医疗保险费、失业保险费、工伤保险费、生育保险费等基本社会保险费和住房公积金，准予扣除。""企业为投资者或者职工支付的补充养老保险费、补充医疗保险费，在国务院财政、税务主管部门规定的范围和标准内，准予扣除。"

《企业所得税法实施条例》第三十六条规定："除企业依照国家有关规定为特殊工种职工支付的人身安全保险费和国务院财政、税务主管部门规定可以扣除的其他商业保险费外，企业为投资者或者职工支付的商业保险费，不得扣除。"

4)借款费用

《企业所得税法实施条例》第三十七条规定："企业在生产经营活动中发生的合理的不需要资本化的借款费用，准予扣除。""企业为购置、建造固定资产、无形资产和经过12个月以上的建造才能达到预定可销售状态的存货发生借款的，在有关资产购置、建造期间发生的合理的借款费用，应当作为资本性支出计入有关资产的成本，并依照本条例的规定扣除。"

《企业所得税法实施条例》第三十八条规定："企业在生产经营活动中发生的下列利息支出，准予扣除：(1)非金融企业向金融企业借款的利息支出、金融企业的各项存款利息支出和同业拆借利息支出、企业经批准发行债券的利息支出；(2)非金融企业向非金融企业借款的利息支出，不超过按照金融企业同期同类贷款利率计算的数额的部分。"

【例1-4-1】 2018年度，某股份公司财务费用累计30万元，其中因扩建厂房向银行借款而发生的利息10万元；扩建厂房工程2018年底尚未完工。

要求：分析该企业2018年允许扣除的财务费用金额。

解析：税法规定，企业为购置、建造固定资产、无形资产和经过12个月以上的建造才能达到预定可销售状态的存货发生借款的，在有关资产购建、建造期间发生的合理的借款费用，应作为资本性支出计入有关资产的成本，不得在发生当期直接扣除；有关资产交付使用后发生的借款费用，在发生当期准予扣除。

准予扣除的财务费用＝30－10＝20(万元)

【例1-4-2】 某企业2017年向银行借款200万元人民币，利率3.75%，同期又向非金融机构借款400万元人民币，利率8%，利息均列支。

要求：计算该企业2017年不得税前扣除的利息金额。

解析：

准予扣除利息支出＝(200＋400)×3.75%＝22.5(万元)

多列利息支出＝200×3.75%＋400×8%－22.5＝17(万元)

因此，该企业2017年不得税前扣除的利息金额为17万元。

5)汇兑损失

根据《企业所得税法实施条例》第三十九条的规定，企业在货币交易中，以及纳税年度终了将人民币以外的货币性资产、负债按照期末即期人民币汇率中间价折算为人民币时产生的汇兑损失，除已经计入有关资产成本以及与向所有者进行利润分配相关的部分外，准予扣除。

6）业务招待费支出

企业发生的与生产经营活动有关的业务招待费支出，按照发生额的60%扣除，但最高不得超过当年销售（营业）收入的5‰，也就是两者中较低者。

【例1-4-3】 A企业2018年度销售收入总额为2 000万元，实际发生业务招待费20万元。

要求：计算准予税前扣除的业务招待费金额。

解析：企业发生的业务招待费，按照发生额的60%扣除，如果60%的部分大于年销售收入5‰，则只能扣除当年销售收入的5‰。

业务招待费实际发生额的60%的金额＝20×60%＝12（万元）

当年销售收入的5‰的金额＝2000× 5‰＝10（万元）

因此，2018年度A企业税前扣除的业务招待费金额为10万元。

7）广告费和业务宣传费支出

企业发生的符合条件的广告费和业务宣传费支出，除国务院财政、税务主管部门另有规定外，不超过当年销售（营业）收入15%的部分，准予扣除；超过部分，准予在以后纳税年度结转扣除。

但是，根据《财政部 税务总局关于广告费和业务宣传费支出税前扣除政策的通知》（财税〔2017〕41号）规定，自2016年1月1日起至2020年12月31日，对化妆品制造或销售、医药制造和饮料制造（不含酒类制造）企业发生的广告费和业务宣传费支出，不超过当年销售（营业）收入30%的部分，准予扣除；超过部分，准予在以后纳税年度结转扣除。

【例1-4-4】 大成公司2018年的年度销售收入为1 500万元，实际发生的符合条件的广告支出和业务宣传费支出为300万元。

要求：计算大成公司可以税前扣除的广告和业务宣传费金额。

解析：该公司2018年度销售收入为1 500万元，因此，根据税法规定，当年允许税前扣除的广告和业务宣传支出的扣除限额应为：1 500×15%＝225（万元）。

因此，该公司2018年度实际发生的300万元广告和业务宣传费支出中的225万元可以在2018年度扣除，其余75万元可以结转到以后年度予以扣除。

【例1-4-5】 某家电企业年销售收入1 000万元，全年列支的广告费支出为200万元，其他业务宣传费支出10万元。

要求：计算当年准予扣除的广告费和业务宣传费。

解析：

当年准予扣除的广告费和业务宣传费限额＝1 000×15%＝150（万元）

多列支广告费和业务宣传费＝（200＋10）－150＝60（万元）

多列支的60万元广告费可以结转以后年度扣除。

8）环境保护专项资金

《企业所得税法实施条例》第四十五条规定：“企业依照法律、行政法规有关规定提取的用于环境保护、生态恢复等方面的专项资金，准予扣除。上述专项资金提取后改变用途的，不得扣除。”

9）固定资产租赁费

企业根据生产经营活动的需要租入固定资产支付的租赁费，按照以下方法扣除：

第一，以经营租赁方式租入固定资产发生的租赁费支出，按照租赁期限均匀扣除。

第二，以融资租赁方式租入固定资产发生的租赁费支出，按照规定构成融资租入固定资产价值的部分应当提取折旧费用，分期扣除。但承租方支付的手续费，以及固定资产安装交付使用后的利息等，可在支付时直接扣除。

10）公益性捐赠支出

《企业所得税法》第九条规定：“企业发生的公益性捐赠支出，在年度利润总额12%以内的部分，准予在计算应纳税所得额时扣除；超过年度利润总额12%的部分，准予结转以后三年内在计算应纳税所得额时扣除。”

“公益性捐赠”，是指企业通过公益性社会团体或者县级以上人民政府及其部门，适用于《中华人民共和国公益事业捐赠法》规定的公益事业的捐赠。

此处所说的“年度利润总额”，是指企业依照国家统一会计制度的规定计算的年度会计利润。

【例1-4-6】 某企业2018年度会计利润为100万元，通过红十字会向地震灾区捐赠15万元。

要求：计算该公司当年可以在税前扣除的公益性捐赠额。

解析：当年可以在税前扣除的公益性捐赠额＝100×12%＝12（万元）

实际捐赠额为15万元，大于12万元，因此该公司可税前扣除的公益性捐赠额为12万元，超出部分3万元不得在2018年税前扣除，应当依法结转至2019—2021年期间税前扣除。

11）劳保费、财产保险费、差旅费中人身意外保险费支出

企业发生的合理的劳动保护支出，准予扣除。

企业参加财产保险，按照规定缴纳的保险费，准予扣除。

企业职工因公出差乘坐交通工具发生的人身意外保险费支出，准予企业在计算应纳税所得额时扣除。（国家税务总局公告2016年第80号）

12）与总机构发生的管理费用

《企业所得税法实施条例》第四十九条规定：“企业之间支付的管理费、企业内营业机构之间支付的租金和特许权使用费，以及非银行企业内营业机构之间支付的利息，不得扣除。”

《企业所得税法实施条例》第五十条规定：“非居民企业在中国境内设立的机构、场所，就其中国境外总机构发生的与该机构、场所生产经营有关的费用，能够提供总机构出具的费用汇集范围、定额、分配依据和方法等证明文件，并合理分摊的，准予扣除。”

13）有关资产的费用

（1）固定资产折旧。《企业所得税法》规定，在计算应纳税所得额时，企业按照规定计算的固定资产折旧，准予扣除。但下列固定资产不得计算折旧扣除：第一，房屋、建筑物以外未投入使用的固定资产；第二，以经营租赁方式租入的固定资产；第三，以融资租赁方式租出的固定资产；第四，已足额提取折旧仍继续使用的固定资产；第五，与经营活动无关的固定资产；第六，单独估价作为固定资产入账的土地；第七，其他不得计算折旧扣除的固定资产。

固定资产按照直线法计算的折旧，准予扣除。但是，企业的固定资产由于技术进步等原因，确需加速折旧的，可以缩短折旧年限或者采取加速折旧的方法。而且，企业在2018年1月1日至2020年12月31日期间新购进的设备、器具，单位价值不超过500万元的，允许一次性计入当期成本费用在计算应纳税所得额时扣除，不再分年度计算折旧。

同时，税法还规定，企业应当根据固定资产的性质和使用情况，合理确定固定资产的预计净残值。固定资产的预计净残值一经确定，不得变更。

此外，税法对固定资产的折旧年限和折旧计提期间等均做出了明确规定。

【例1-4-7】 宏达商贸公司2018年10月投入普通经营设备一台，价值120万元，残值率5%。为加速折旧，企业将折旧年限定为6年，而税法规定为10年。

要求：分析该公司的做法是否符合税法。

解析：

准许扣除的折旧＝120×(1－5%)÷10＝11.4(万元)

实际提取折旧＝120×(1－5%)÷6＝19(万元)

应调增应纳税所得额＝19－11.4＝7.6(万元)

(2)生产性生物资产的折旧。生产性生物资产，是指企业为生产农产品、提供劳务或者出租等而持有的生物资产，包括经济林、薪炭林、产畜和役畜等。

《企业所得税法实施条例》第六十三条规定，生产性生物资产按照直线法计算的折旧，准予扣除。企业应当自生产性生物资产投入使用月份的次月起计算折旧；停止使用的生产性生物资产，应当自停止使用月份的次月起停止计算折旧。企业应当根据生产性生物资产的性质和使用情况，合理确定生产性生物资产的预计净残值。生产性生物资产的预计净残值一经确定，不得变更。

《企业所得税法实施条例》第六十四条规定，生产性生物资产计算折旧的最低年限如下：林木类生产性生物资产，为10年；畜类生产性生物资产，为3年。

(3)无形资产的摊销费用。《企业所得税法实施条例》第六十七条规定，无形资产按照直线法计算的摊销费用，准予扣除；而且，无形资产的摊销年限不得低于10年。作为投资或者受让的无形资产，有关法律规定或者合同约定了使用年限的，可以按照规定或者约定的使用年限分期摊销。外购商誉的支出，在企业整体转让或者清算时，准予扣除。

(4)使用或销售的存货成本。存货，是指企业持有以备出售的产品或者商品、处在生产过程中的在产品、在生产或者提供劳务过程中耗用的材料和物料等。

《企业所得税法》第十五条规定，企业使用或者销售存货，按照规定计算的存货成本，准予在计算应纳税所得额时扣除。

企业使用或者销售的存货的成本计算方法，可以在先进先出法、加权平均法、个别计价法中选用一种；但是，计价方法一经选用，不得随意变更。

(5)投资资产。投资资产指企业对外进行权益性投资和债权性投资形成的资产。

企业对外投资期间，投资资产的成本在计算应纳税所得额时不得扣除。但企业在转让或者处置投资资产时，投资资产的成本，准予扣除。

14)资产损失

企业当期发生的固定资产和流动资产盘亏、毁损净损失，由其提供清查盘存资料经主管税

务机关审核后，准予扣除。同时需要注意的是，企业因存货盘亏、毁损、报废等原因不得从销项税金中抵扣的进项税金，应视同企业财产损失，准予与存货损失一起在所得税前按规定扣除。

15）其他准予扣除的项目

依照有关法律、行政法规和国家有关税法规定准予扣除的其他项目应当在税前扣除。

（四）弥补亏损的规则

《企业所得税法》第十八条规定："企业纳税年度发生的亏损，准予向以后年度结转，用以后年度的所得弥补，但结转年限最长不得超过五年。"根据《财政部 税务总局关于延长高新技术企业和科技型中小企业亏损结转年限的通知》（财税〔2018〕76 号）规定，自 2018 年 1 月 1 日起，当年具备高新技术企业或科技型中小企业资格（以下统称"资格"）的企业，其具备资格年度之前 5 个年度发生的尚未弥补完的亏损，准予结转以后年度弥补，最长结转年限由 5 年延长至 10 年。《国家税务总局关于延长高新技术企业和科技型中小企业亏损结转弥补年限有关企业所得税处理问题的公告》（国家税务总局公告 2018 年第 45 号）进一步具体规定，2018 年具备资格的企业，无论 2013 年至 2017 年是否具备资格，其 2013 年至 2017 年发生的尚未弥补完的亏损，均准予结转以后年度弥补，最长结转年限为 10 年。2018 年以后年度具备资格的企业，依此类推，进行亏损结转弥补税务处理。

根据《企业所得税法实施条例》，企业所得税法所称亏损，是指企业依照《企业所得税法》和本条例的规定将每一纳税年度的收入总额减除不征税收入、免税收入和各项扣除后小于零的数额。

企业所得税法中关于以前年度"亏损"的弥补问题，应当明确并注意以下几点内容：

第一，必须正确理解税法所称"亏损"的含义，明确"报表亏损 ≠'税法'亏损"。

第二，《企业所得税法》所称亏损额，是指经主管税务机关按税法规定核实调整后的亏损金额。

第三，自亏损次年起，不论是盈利或亏损，都连续 5 年不间断地计算。连续发生年度亏损时，也必须从第一个亏损年度算起，先亏先补。

第四，根据《企业所得税法》第十七条规定，企业在汇总计算缴纳企业所得税时，企业境外业务同一国家之间的业务的盈亏可以互相弥补，但企业境内、外之间的盈亏不得相互弥补。

【例 1-4-8】 某企业 2013 年亏损 80 万元，2014 年盈利 15 万元，2015 年盈利 30 万元，2016 年盈利 10 万元，2017 年盈利 15 万元，2018 年盈利 50 万元。

（注：以上所称亏损额、盈利额均为税法上的含义）

要求：计算该企业 2014—2018 年各年度的应纳税所得额。

解析：根据企业所得税法关于亏损弥补的相关规定，2009 年的亏损额可以从次年起连续 5 年内用税前利润弥补，因此，该企业 2013 年的亏损税前弥补期限为 2014 年到 2018 年。据此，该企业 2014—2018 年各年度的应纳税所得额为：

2014 年盈利 15 万元用于弥补 2009 年亏损，所以，2010 年度无实际的应纳税所得额；

2015 年盈利 30 万元用于弥补 2009 年亏损，所以，2011 年度无实际的应纳税所得额；

2016 年盈利 10 万元用于弥补 2009 年亏损，所以，2012 年度无实际的应纳税所得额；

2017 年盈利 15 万元用于弥补 2009 年亏损，所以，2013 年度无实际的应纳税所得额；

2018 年盈利 50 万元，使用其中的 10 万元弥补 2009 年尚未弥补完的 10 万元亏损后，剩余税前利润 40 万元，因此，2018 年的应纳税所得额即为 40 万元。

【例 1-4-9】 恒达公司 2012 年至 2018 年度的盈亏情况如表 1-4-1 所示。

表 1-4-1 恒达公司 2012—2018 年度盈亏情况表

年 度	2012	2013	2014	2015	2016	2017	2018
应税所得额(万元)	−160	−70	20	30	40	60	90

要求:试分析企业亏损弥补的方法。

解析:该企业 2012 年度亏损额 160 万元,按照税法规定,可以申请用 2013—2017 年度的应税所得予以弥补。

虽然该企业 2013 年也发生了亏损,但仍应作为计算 2012 年度亏损弥补的第一年。所以,2012 年度的亏损实际上是用 2013—2017 年度的应税所得 150 万元来弥补,尚未弥补完的 10 万元亏损不能再用以后年度的税前利润弥补,只能用 2018 年及其以后年度的税后利润来弥补。

2013 年的亏损额 70 万元按税法可申请用 2014—2018 年度的应税所得弥补,但 2014—2017 年度的所得已用于弥补 2012 年的亏损,所以 2013 年度的亏损只能用 2018 年度的所得予以弥补。

2018 年的应税所得 90 万元,其中 70 万元用于弥补税前弥补 2013 年度的亏损,剩余的 20 万元应按税法规定缴纳企业所得税。

假设该企业适用的企业所得税税率为 25%,那么,该企业 2018 年的应纳税额为 5 万元,税后利润为 15 万元;该 15 万元的税后利润中,应当首先用 10 万元弥补规定期限内用税前利润未弥补完的 2012 年度的 10 万元亏损。

六、企业所得税应纳税所得额的量化确认方法举例

正确确定“应纳税所得额”,不仅仅要准确把握应纳税所得的内容构成,而且更应当落实到通过运用科学的量化方法,计算出具体的应纳税所得额。

(一)“直接法”下应纳税所得额的量化确认方法举例

应纳税所得额=收入总额−不征税收入−免税收入−各项扣除−允许弥补的以前年度亏损

【例 1-4-10】 飞虹公司 2018 年度有关损益类账户累计发生额如表 1-4-2 所示。

表 1-4-2 飞虹公司 2018 年度有关损益类账户累计发生额信息

科 目	金额(万元)	备 注
主营业务收入	180	
其他业务收入	62	
营业外收入	4	
投资收益	7	其中:从被投资方分得的符合免税条件的税后利润 6 万元;国库券利息收入 1 万元
主营业务成本	88	符合税法规定
其他业务成本	44	符合税法规定
营业外支出	13	其中:违法罚款 1 万元;符合规定的捐赠 5 万元
税金及附加	14	
销售费用	24	其中:广告费 8 万元
管理费用	6	其中:业务招待费 2.5 万元
财务费用	4	其中:超标准利息支出 1 万元

要求：采用"直接法"计算飞虹公司 2018 年度应纳税所得额。

解析：

(1)2018 年的计税收入：

收入总额＝180＋62＋4＋7＝253(万元)

免税收入＝从被投资方分得的符合免税条件的税后利润＋国库券利息收入

　　　　＝6＋1＝7(万元)

计税收入＝253－7＝246(万元)

(2)2018 年的各项扣除分析：

① 违法罚款。营业外支出中的违法罚款 1 万元属于不得扣除项目。

② 捐赠支出。符合规定的捐赠按不超过企业 2018 年度利润总额 12％的部分扣除：

允许扣除额＝(253－88－44－13－14－24－6－4)×12％＝7.2(万元)

企业实际发生捐赠 5 万元，没有超过允许扣除额，可据实扣除。

③ 广告费。企业发生的符合条件的广告费和业务宣传费支出，除国务院财政、税务主管部门另有规定外，不超过当年销售(营业)收入 15％的部分，准予扣除；超过部分，准予在以后纳税年度结转扣除。

可扣除额＝(180＋62)×15％＝36.3(万元)

企业实际发生广告费 8 万元，没有超过可扣除额，可据实扣除。

④ 业务招待费。企业发生的与生产经营活动有关的业务招待费支出，按照发生额的 60％扣除，但最高不得超过当年销售(营业)收入的 5‰。

拟扣除额＝2.5×60％＝1.5(万元)

最高可扣除额＝(180＋62)×5‰＝1.21(万元)

当年度可允许的实际扣除额为 1.21 万元，不得扣除额为 1.29 万元(2.5 万元－1.21 万元)。

⑤ 利息支出。利息支出中超出税法规定标准的 1 万元，不得扣除。

各项扣除合计额＝88＋44＋(13－1)＋14＋24＋(6－1.29)＋(4－1)＝189.71(万元)

(3)2018 年的应纳税所得额：

应纳税所得额＝收入总额－免税收入－各项扣除

　　　　　　＝253－7－189.71

　　　　　　＝56.29(万元)

(二)"间接法"下应纳税所得额的量化确认方法举例

对于应纳税所得额的计算，还可以利用会计核算的结果，以会计利润(纳税调整前所得)为基础，按照税法规定去调增和调减某些项目金额，最终得到与税法规定一致的"计税利润"，即应纳税所得额。计算公式为：

应纳税所得额＝会计利润总额±调整项目金额

【例 1-4-11】 仍以前一个示例中飞虹公司 2018 年度有关损益类账户累计发生额数据为例。

要求：(1)采用间接法计算确认飞虹公司 2018 年度应纳税所得额。

(2)请计算 2018 年度应纳企业所得税税额(设飞虹公司企业所得税税率为 25％)。

解析：

(1)飞虹公司2018年度税前会计利润的计算：

税前会计利润总额＝收入总额－成本费用总额

＝(180＋62＋4＋7)－(88＋44＋13＋14＋24＋6＋4)

＝60(万元)

(2)调整项目增加额：

调整项目增加额＝违法罚款＋超标准业务招待费＋超标利息支出

＝1＋1.29＋1＝3.29(万元)

(3)调整项目减少额：

调整项目减少额＝免税利润＋免税利息

＝6＋1＝7(万元)

(4)飞虹公司2018年度应纳税所得额的计算：

应纳税所得额＝60＋3.29－7＝56.29(万元)

(5)飞虹公司2018年度应纳所得税税额的计算：

应纳所得税税额＝56.29×25％＝14.07(万元)

【例1-4-12】 某企业适用的所得税税率为25％，2018年度实现利润总额为2 000万元，其中：

(1)采用权益法核算确认的投资收益300万元(被投资单位适用的所得税税率为25％，被投资单位实现的净利润未分配给投资者)。

(2)国债利息收入50万元。

(3)计提无形资产减值准备300万元。

(4)计提存货跌价准备200万元。

要求：分析计算该企业2018年度应纳税所得额和应纳所得税税额。

解析：

(1)税前会计利润总额的计算：

税前会计利润＝2 000(万元)

(2)调整项目增加额：

调整项目增加额＝不得扣除的无形资产减值准备＋不得扣除的存货跌价准备

＝300＋200＝500(万元)

(3)调整项目减少额：

调整项目减少额＝未实现的投资收益＋免税的国债利息收入

＝300＋50＝350(万元)

(4)应纳税所得额：

应纳税所得额＝2 000＋500－350＝2 150(万元)

(5)应纳所得税税额：

应纳所得税税额＝2 150×25％＝537.5(万元)

【例1-4-13】 某国有企业2017年亏损100万元，2018年实现利润300万元；经查实，该企业购买国债利息收入20万元列入投资收益，被工商部门罚款5万元列入营业外支出，擅自多提折旧30万元。已知企业所得税税率为25％。

另外，该国有企业的企业所得税实行查账征收，其 2018 年 1—12 月已预缴企业所得税款 28 万元。

要求：计算该企业 2018 年度企业所得税的应纳税所得额、应纳税额以及年终汇算清缴时应补交的企业所得税税款金额。

解析：

(1)2018 年会计利润＝300(万元)

(2)纳税调整增加额＝不得扣除的罚款＋多计提的折旧

＝5＋30＝35(万元)

(3)纳税调整减少额＝免税的国债利息收入＋税前利润弥补 2017 年度亏损

＝20＋100＝120(万元)

(4)2018 年度应纳税所得额＝300＋35－120＝215(万元)

(5)2018 年全年应纳税额＝215×25%＝53.75(万元)

(6)2018 年终汇算清缴时应补交所得税税额＝53.75－28＝25.75(万元)

【例 1-4-14】 某科技型中型企业适用的企业所得税税率为 25%。2018 年，该企业经营情况如下：

(1)销售收入 5 000 万元，销售成本 3 000 万元，缴纳增值税 700 万元，缴纳消费税、城建税、教育附加费共 100 万元。

(2)销售费用 500 万元，其中含广告费 400 万元。

(3)管理费用 500 万元，其中研发费用 100 万元。

(4)财务费用 100 万元，其中含向非金融机构短期借款 50 万元产生的利息 2.5 万元(年息为 5%，同期银行贷款利率为 3.75%)。

(5)营业外支出 200 万元，其中公益性捐赠 100 万元。

要求：计算该企业 2018 年应纳税所得额、应纳所得税税额。

解析：

(1)2018 年该企业会计利润总额＝5 000－3 000－100－500－500－200－100

＝600(万元)

(2)可能调整增加的项目处理。

第一，广告费用的调整处理如下：

①税前扣除限额的计算

广告扣除限额＝5 000×15%＝750(万元)

②实际发生额与扣除限额的比较

会计实际发生额 400 万元＜允许扣除限额 750 万元

所以，允许当年全额税前扣除，不需要调整

第二，财务费用的调整处理如下：

①税前扣除限额的计算

财务费用扣除限额＝50×3.75%＝1.875(万元)

②实际发生额与扣除限额的比较

会计实际发生额 2.5 万元＞允许扣除限额 1.875 万元

③调整增加金额计算

2.5－1.875＝0.625(万元)

所以，应当调整增加0.625(万元)。

第三，公益性捐赠款项的调整处理如下：

①税前扣除限额的计算

捐赠扣除限额＝600×12%＝72(万元)

②实际发生额与扣除限额的比较

会计实际发生额100万元＞允许扣除限额72万元

③调整增加金额计算

100－72＝28(万元)

所以，应当调整增加28万元。

(3)可能调整减少项目的处理。

研发费加计扣除额＝100×75%＝75(万元)

所以，应当调整减少75万元。

(4)2019年该企业应纳税所得额＝600－75＋0.625＋28＝553.625(万元)

(5)2019年该企业应纳所得税额＝553.625×25%＝138.406 25(万元)

拓展：居民企业纳税人核定征收方式下应纳税所得、应纳税额的确认规则

根据“国家税务总局关于印发《企业所得税核定征收办法》(试行)的通知”(国税发〔2008〕30号，2008年3月6日发布)的规定，居民企业纳税人具有下列情形之一的，核定征收企业所得税：

(1)依照法律、行政法规的规定可以不设置账簿的。

(2)依照法律、行政法规的规定应当设置但未设置账簿的。

(3)擅自销毁账簿或者拒不提供纳税资料的。

(4)虽设置账簿，但账目混乱或者成本资料、收入凭证、费用凭证残缺不全，难以查账的。

(5)发生纳税义务，未按照规定的期限办理纳税申报，经税务机关责令限期申报，逾期仍不申报的。

(6)申报的计税依据明显偏低，又无正当理由的。

税务机关应根据纳税人具体情况，对核定征收企业所得税的纳税人，核定应税所得率或者核定应纳所得税额(见表1-4-3)。

具有下列情形之一的，核定其应税所得率：第一，能正确核算(查实)收入总额，但不能正确核算(查实)成本费用总额的；第二，能正确核算(查实)成本费用总额，但不能正确核算(查实)收入总额的；第三，通过合理方法，能计算和推定纳税人收入总额或成本费用总额的。

采用应税所得率方式核定征收企业所得税的，应纳所得税额计算公式如下：

应纳所得税额＝应纳税所得额×适用税率

应纳税所得额＝应税收入额×应税所得率

或者　　应纳税所得额＝成本(费用)支出额÷(1－应税所得率)×应税所得率

表 1-4-3 应税所得率表

行业	应税所得率(%)
农、林、牧、渔业	3～10
制造业	5～15
批发和零售贸易业	4～15
交通运输业	7～15
建筑业	8～20
饮食业	8～25
娱乐业	15～30
其他行业	10～30

注：纳税人的生产经营范围、主营业务发生重大变化，或者应纳税所得额或应纳税额增减变化达到20%的，应及时向税务机关申报调整已确定的应纳税额或应税所得率。

【例 1-4-15】 云海餐饮公司 2019 年向税务机关申报 2018 年度取得收入总额 500 万元，成本费用 430 万元，全年应纳企业所得税 17.5 万元，税款已经入库。后经过税务机关检查，其成本、费用无误，但是收入总额不能准确核算。假定应税所得率为 20%。

要求：按照核定征收企业所得税的办法，计算该企业 2018 年度还应补缴的企业所得税税额。

解析：

因为收入不能准确核算，因此按成本费用核定税额。

应纳税所得额＝430÷(1－20%)×20%＝107.5(万元)

应纳所得税额＝107.5×25%＝26.875(万元)

应补缴企业所得税税额＝26.875－17.5＝9.375(万元)

基本技能训练

一、项目名称

计算企业所得税应纳税所得额和应纳税额。

二、训练目的

通过模拟操作，正确理解税法关于应纳企业所得税税额的计算方法与规则，特别是税前扣除范围与标准的确认规则，进而形成初步的确认与计算能力。

三、训练资料

大成公司为居民企业，从事建筑材料生产业务，适用所得税税率 25%，递延所得税资产及递延所得税负债不存在期初余额。经所得税汇算确认，公司 2018 年度有关经营信息如下：

(1)营业收入 9 000 万元，营业成本 4 000 万元，税金及附加 150 万元。

(2)销售费用 1 200 万元，其中广告费 1 100 万元。

(3)管理费用 300 万元，其中业务招待费 50 万元，新产品研究开发费用 80 万元。

(4)财务费用 130 万元。

(5)投资收益200万元,其中国债利息收入40万元。

(6)营业外支出190万元,其中:公益性捐赠支出180万元,增值税滞纳金0.5万元。

(7)合理的工资薪金支出300万元,计提职工福利费48万元,拨缴的工会经费9万元,计提职工教育经费11万元。

四、训练要求

(1)根据所得税制度对上述各有关涉税信息进行相关分析。

(2)采用直接法计算出2018年度大成公司应纳税所得额。

(3)采用间接法计算出2018年度大成公司应纳税所得额。

(4)计算大成公司2018年度应纳企业所得税税额。

任务五　把握个人所得税基本制度,正确计算应纳税额

任务目标

个人所得税是和我们生活联系最为紧密的税种,直接影响我们的实际收入。本任务通过对个人所得税特点以及个人所得税的纳税人、征税范围、税率、应纳税额计算方法等内容的介绍,使学习者对我国现行个人所得税制度形成正确且基本完整的理解,初步形成正确计算个人所得税应纳税额的能力。

导入信息

2013年,河北省衡水市地税局稽查局在对某县工业企业近3年的税收进行检查时,成功查处个人所得税及罚款904 065.69元。根据检查计划,该局对该企业进行日常检查。通过对稽查决策支持系统的数据分析发现,该企业个人所得税纳税存在异常,检查年度纳税数额差异较大。检查人员通过检查发现,差异是由于企业在2011年缴纳了一笔利息个人所得税。经询问财务人员得知,该企业2010年进行企业改制,经济性质由有限责任公司变更为股份有限责任公司。在改制过程中,企业对以前年度的个人集资进行清退,同时返还利息,并代扣代缴个人所得税。财务人员的解释让检查人员暂时放下了疑问。在其后的检查中,检查人员对数据进行了归纳汇总。企业2010年发放利息支出3 621 981.89元,应代扣代缴个人所得税724 396.38元,企业当期未代扣代缴,2011年没有利息支出。2011年2月,补缴了利息个人所得税121 685.92元,还有602 710.46元没有缴纳。6月缴纳了个人所得税款746 200元,多缴143 489.54元。数额不符,带着问题,检查人员询问了财务人员。面对具体数据,财务人员开始含糊其词,解释说会计人员业务不熟悉,把其他项目应代扣代缴的个人所得税计算在一起了,没有按税目区分。随后又说,企业的账簿都是经审计人员审计过的,纳税没有问题。这里面有没有其他问题?回想财务人员的表情,当初财务人员信心满满,对检查人员不屑一顾;在检查人员询问数据时,却显得有些慌张、信心不足,甚至与检查人员拉关系。这里面肯定有问题。

通过仔细翻看企业的账簿,排除了企业其他项目涉及的个人所得税,还是不能解开疑点。

改制会不会有隐性收入?检查人员突然灵机一动,如此大数额税款,涉及的收入应该较大。回想起账簿中一组组数据,企业改制增资涉及的数额带动了检查人员的眼球。

企业增资扩股,除实收资本转换股本外,还用资本公积和留存收益转增股本。企业原股本14 313 800元,转股后股本56 000 000元,增股41 686 200元,除去企业用资本公积37 955 200元转股,企业增加的其他股本用留存收益转股3 731 000元。这里面会不会有涉税问题?有没有隐性收入?

检查人员翻阅了大量政策法规,查找相关依据。根据《国家税务总局关于进一步加强高收入者个人所得税征收管理的通知》(国税发〔2010〕54号)的相关规定,加强企业转增注册资本和股本管理,对以未分配利润、盈余公积扣除股票溢价发行外的其他资本公积转增注册资本和股本的,要按"利息、股息、红利所得"依据现行政策规定计征个人所得税。该企业的股东为自然人,被投资企业的留存收益转增股本实质是先进行分配后投资处理,应缴纳个人所得税746 200元。这一数额与企业6月缴纳的个人所得税相符,难道仅仅是巧合?财务人员明显在说谎。面对证据,财务人员败下阵来,不得不承认没有代扣代缴集资利息个人所得税,以股息应缴纳的个人所得税混淆了个人集资利息缴纳的个人所得税,达到个人少缴税的目的。

(资料来源:2014年6月10日中国税网 转自:神州财税网-税务稽查-税务稽查案例)

内容阐释

个人所得税因其和居民收入关系的密切性,历来都是社会关注的热点和焦点问题,尽管党和政府也多次对个人所得税的征收进行改革,但是仍然存在各种争议。连续多年的全国"两会"上都有代表提交改革个人所得税的提案,可见国民对个人所得税改革的关注度之高。

那么,个人所得税到底是一种什么样的税收?其基本制度内容又是怎样的呢?我们将就相关的一些内容为大家做一全面介绍。

一、个人所得税的征税对象

个人所得税是世界各国普遍开征的一个税种,最早于1799年在英国创立,我国开征得比较晚。1980年9月10日,第五届全国人民代表大会第三次会议审议通过了《中华人民共和国个人所得税法》,适用于在中国境内居住和不在中国境内居住但在中国取得所得的个人。《中华人民共和国个人所得税法》根据2018年8月31日第十三届全国人民代表大会常务委员会第五次会议《关于修改〈中华人民共和国个人所得税法〉的决定》进行了第七次修正,并于2019年1月1日起实施。

个人所得税是国家以个人(自然人)取得的各项应税所得为征税对象所征收的一种直接税,体现了国家与个人的分配关系,是国家筹集资金、调节个人收入、缩小贫富差距、维护社会稳定的重要手段。

作为个人所得税征税对象的个人所得,有狭义和广义之分。狭义的个人所得,仅限于每年经常、反复发生的所得。广义的个人所得,是指个人在一定期间内,通过各种方式所获得的一切利益,而不论这种利益是偶然的,还是临时的;是货币、有价证券的,还是实物的。《个人所得税法实施条例》第八条规定:“个人所得的形式,包括现金、实物、有价证券和其他形式的经济利益;所得为实物的,应当按照取得的凭证上所注明的价格计算应纳税所得额,无凭证的实物或者凭证上所注明的价格明显偏低的,参照市场价格核定应纳税所得额;所得为有价证券的,根据票面价格和市场价格核定应纳税所得额;所得为其他形式的经济利益的,参照市场价格核定应纳税所得额。”

目前,包括我国在内的世界各国所实行的个人所得税,大多以广义解释的个人所得概念为基础。

根据 2018 年 8 月 31 日全国人大常委会最新修正的《中华人民共和国个人所得税法》及其实施条例的规定,我国的个人所得税制度主要呈现以下五个特点:一是综合所得税制和分类所得税制相结合,二是实行定额定率相结合的费用扣除方法,三是超额累进税率与比例税率并用,四是计算简便,五是采取源泉扣缴和自行申报的征收方法。

二、个人所得税纳税人及扣缴义务人

(一)个人所得税纳税人

个人所得税以取得应税所得的自然人为纳税人,包括中国公民、个体工商户业主、个人独资企业和合伙企业的自然人投资人、企事业单位的承包承租经营人(自然人)、外籍人员(包括无国籍人员)及香港、澳门、台湾同胞等。

按住所和居住时间两个标准,个人所得税的纳税人可分为居民纳税人和非居民纳税人,他们分别承担不同的纳税义务。

《中华人民共和国个人所得税法》第一条规定:“在中国境内有住所,或者无住所而一个纳税年度内在中国境内居住累计满一百八十三天的个人,为居民个人。居民个人从中国境内和境外取得的所得,依照本法规定缴纳个人所得税。”“在中国境内无住所又不居住,或者无住所而一个纳税年度内在中国境内居住累计不满一百八十三天的个人,为非居民个人。非居民个人从中国境内取得的所得,依照本法规定缴纳个人所得税。”

上述规定中所谓“纳税年度”,自公历一月一日起至十二月三十一日止。

所谓在中国境内有住所,是指因户籍、家庭、经济利益关系而在中国境内习惯性居住。这个住所是个人因学习、工作、探亲、旅游等原因消除后,没有理由在其他地方继续居留时,所要回到的地方。

居民纳税人负有无限纳税义务。其所取得的应纳税所得,无论是来源于中国境内还是中国境外任何地方,都要在中国缴纳个人所得税。

非居民纳税人承担有限的纳税义务,只就其来源于中国境内的所得向中国政府缴纳个人所得税。

在中国境内无住所的个人,在中国境内居住累计满 183 天的年度连续不满六年的,经向主管税务机关备案,其来源于中国境外且由境外单位或者个人支付的所得,免予缴纳个人所得税;在中国境内居住累计满 183 天的任一年度中有一次离境超过 30 天的,其在中国境内居住累计满 183 天的年度的连续年限重新起算。

在中国境内无住所的个人,在一个纳税年度内在中国境内居住累计不超过 90 天的,其来源于中国境内的所得,由境外雇主支付并且不由该雇主在中国境内的机构、场所负担的部分,免予缴纳个人所得税。

想一想：

布莱恩、杰克和彼得3位先生均为英国人，而且都是英国GM科技公司的高级雇员。因工作需要，杰克和彼得于2018年12月9日被英国总公司派往中国的深圳分公司工作。紧接着，在2019年3月2日布莱恩也被派到了中国的上海分公司工作。其间，各自因工作需要，均回国述职一段时间。布莱恩于2019年7—8月回国2个月，杰克和彼得于2019年9月回国20天。请问，布莱恩、杰克和彼得2018年、2019年分别是居民纳税人还是非居民纳税人？

（二）扣缴义务人

个人所得税，以所得人为纳税义务人，以支付所得的单位或者个人为扣缴义务人。

我国个人所得税实行源泉扣缴和个人申报纳税相结合的征收办法。除个人独资企业投资人、合伙企业的个人投资者、个体工商户业主、对企事业单位的承包承租经营人、独立劳动者等无扣缴义务的独立纳税人，以及税法规定的其他需要自行申报纳税的情形外，其他纳税人的各项应税所得应缴的个人所得税，均应以支付所得的单位或个人为扣缴义务人。

三、个人所得税的征税范围及所得来源地确定

（一）征税范围

个人所得税的征税对象是纳税人的各项应税个人所得。

现行《中华人民共和国个人所得税法》第二条第一款规定，下列各项个人所得，应当缴纳个人所得税：(1)工资、薪金所得；(2)劳务报酬所得；(3)稿酬所得；(4)特许权使用费所得；(5)经营所得；(6)利息、股息、红利所得；(7)财产租赁所得；(8)财产转让所得；(9)偶然所得。

居民个人取得前述(1)至(4)项所得构成综合所得，按纳税年度合并计算个人所得税；非居民个人取得前述(1)至(4)项所得，按月或者按次分项计算个人所得税。纳税人取得前述(5)至(9)项所得，依照税法规定分别计算个人所得税。

个人所得税法规定的各项个人所得的具体范围是：

1. 工资、薪金所得

工资、薪金所得，是指个人因任职或者受雇取得的工资、薪金、奖金、年终加薪、劳动分红、津贴、补贴以及与任职或者受雇有关的其他所得。

2. 劳务报酬所得

劳务报酬所得，是指个人从事劳务取得的所得，包括从事设计、装潢、安装、制图、化验、测试、医疗、法律、会计、咨询、讲学、翻译、审稿、书画、雕刻、影视、录音、录像、演出、表演、广告、展览、技术服务、介绍服务、经纪服务、代办服务以及其他劳务取得的所得(属于独立个人劳动所得)。

3. 稿酬所得

稿酬所得，是指个人因其作品以图书、报刊等形式出版、发表而取得的所得。这里所说的作品，包括文学作品、书画作品、摄影作品以及其他作品。作者去世后，财产继承人取得的遗作稿酬，亦应征收个人所得税。

4. 特许权使用费所得

特许权使用费所得，是指个人提供专利权、商标权、著作权、非专利技术以及其他特许权的使用权取得的所得。提供著作权的使用权取得的所得，不包括稿酬所得。

作者将自己的文字作品手稿原件或复印件公开拍卖(竞价)的所得，属于提供著作权的使

用所得，故应按特许权使用费所得项目征收个人所得税。

个人取得特许权的经济赔偿收入，应按特许权使用费所得缴纳个人所得税。

5. 经营所得

经营所得具体是指以下四方面的所得：

(1)个体工商户从事生产、经营活动取得的所得，个人独资企业投资人、合伙企业的个人合伙人来源于境内注册的个人独资企业、合伙企业生产、经营的所得。

(2)个人依法从事办学、医疗、咨询以及其他有偿服务活动取得的所得。

(3)个人对企业、事业单位承包经营、承租经营以及转包、转租取得的所得。

(4)个人从事其他生产、经营活动取得的所得。

6. 利息、股息、红利所得

利息、股息、红利所得，是指个人拥有债权、股权等而取得的利息、股息、红利所得。利息还包括银行结算账户利息。

7. 财产租赁所得

财产租赁所得，是指个人出租不动产、机器设备、车船以及其他财产取得的所得。

注意，个人取得的财产转租收入，属于“财产租赁所得”的征税范围，由财产转租人缴纳个人所得税。

8. 财产转让所得

财产转让所得，是指个人转让有价证券、股权、合伙企业中的财产份额、不动产、机器设备、车船以及其他财产取得的所得。

9. 偶然所得

偶然所得，是指个人得奖、中奖、中彩以及其他偶然性质的所得。

(二)所得来源的确定

所得来源地与支付地是不同的两个概念，有时二者是一致的。对纳税人尤其是非居民纳税人来说，判断其所得来源地，对正确履行纳税义务影响很大。

下列所得不论支付地点是否在中国境内，均为来源于中国境内的所得：

(1)在中国境内任职、受雇的工资、薪金所得。

(2)在中国境内从事生产、经营活动的生产经营所得。

(3)因任职、受雇、履约而在中国境内提供各种劳务的劳务报酬所得。

(4)将财产出租给承租人在中国境内使用的所得。

(5)转让中国境内的建筑物、土地使用权等财产，以及在中国境内转让其他财产的所得。

(6)提供专利权、非专利技术、商标权、著作权，以及其他特许权在中国境内使用的所得。

(7)因持有中国的各种债券、股票、股权而从中国境内的公司、企业或者其他经济组织及个人取得的利息、股息、红利所得。

四、个人所得税税率

个人所得税针对不同个人所得项目，规定了超额累进税率和比例税率两种形式。

(一)居民纳税人综合所得税率

居民纳税人综合所得采用超额累进税率，分为七档(见表 1-5-1)。

表 1-5-1　居民纳税人综合所得个人所得税税率

级　数	全年应纳税所得额	税率(%)
1	不超过 36 000 元的部分	3
2	超过 36 000 元至 144 000 元的部分	10
3	超过 144 000 元至 300 000 元的部分	20
4	超过 300 000 元至 420 000 元的部分	25
5	超过 420 000 元至 660 000 元的部分	30
6	超过 660 000 元至 960 000 元的部分	35
7	超过 960 000 元的部分	45

(二)经营所得税率

经营所得采用超额累进税率，分为五档(见表 1-5-2)。

表 1-5-2　经营所得个人所得税税率

级　数	全年应纳税所得额	税率(%)
1	不超过 30 000 元的部分	5
2	超过 30 000 元至 90 000 元的部分	10
3	超过 90 000 元至 300 000 元的部分	20
4	超过 300 000 元至 500 000 元的部分	30
5	超过 500 000 元的部分	35

(三)非居民纳税人应税所得税率

非居民纳税人取得的工薪所得、劳务报酬所得、稿酬所得、特许权使用费所得由扣缴义务人向非居民纳税人支付所得时，应对按月或按次代扣代缴，其适用税率采用超额累进税率，分为七档(见表 1-5-3)。

表 1-5-3　非居民纳税人工资、薪金所得，劳务报酬所得，稿酬所得，特许权使用费所得税率表

级　数	应纳税所得额	税率(%)	速算扣除数(元)
1	不超过 3 000 元	3	0
2	超过 3 000 元至 12 000 元的部分	10	210
3	超过 12 000 元至 25 000 元的部分	20	1 410
4	超过 25 000 元至 35 000 元的部分	25	2 660
5	超过 35 000 元至 55 000 元的部分	30	4 410
6	超过 55 000 元至 80 000 元的部分	35	7 160
7	超过 80 000 元的部分	45	15 160

(四)劳务报酬所得税率

居民纳税人劳务报酬所得预扣预缴税额计税适用 20%的比例税率。但对劳务报酬所得一次收入畸高的，在适用 20%税率征税的基础上，实行加成征收办法。所谓“劳务报酬所得一次收入畸高的”，是指个人一次取得劳务报酬，其应税所得额超过 20 000 元。对应纳税所得额超过 20 000 元至 50 000 元的部分，依税法计算应纳税额后，再按应纳税额加征五成；超过

50 000元的部分,加征十成。因此,劳务报酬所得实际上适用20%、30%、40%的三级超额累进税率(见表1-5-4)。

表1-5-4 劳务报酬所得个人所得税税率

级 数	每次应纳税所得额	税率(%)	速算扣除数(元)
1	不超过20 000元的部分	20	0
2	超过20 000 至50 000元的部分	30	2 000
3	超过50 000元的部分	40	7 000

(五)其他所得适用税率

居民纳税人和非居民纳税人的财产租赁所得,财产转让所得,利息、股息、红利所得,偶然所得等四类所得适用20%的比例税率。

对于居民纳税人取得的特许权使用费所得、稿酬所得,按20%的比例税率执行预扣预缴。

五、个人所得税税收优惠

(一)免税项目

(1)省级以上人民政府、国务院部委和中国人民解放军军以上的单位,以及外国组织、国际组织颁发的科学、教育、技术、文化、卫生、体育、环境保护等方面的奖金。

(2)国债和国家发行的金融债券利息。

(3)按照国家统一规定发给的补贴、津贴。是指按照国务院规定发给的政府特殊津贴、院士津贴、资深院士津贴和国务院规定免纳个人所得税的补贴、津贴。

(4)福利费、抚恤金、救济金。

(5)保险赔款。

(6)军人的转业安置费、复员费。

(7)按照国家统一规定发给干部、职工的安家费、退职费、退休工资、离休工资、离休生活补助费。离休人员按规定领取离退休工资或养老金外,另从原任职单位取得的各类补贴、奖金、实物,不属于个人所得税法规定可以免税的退休工资、离休工资、离休生活补助费,应按"工资、薪金所得"应税项目的规定缴纳个人所得税。

(8)按照国家有关城镇房屋拆迁管理办法规定的标准,被拆迁人取得的拆迁补偿款,免征个人所得税。

(9)对工伤职工及近亲家属按规定取得的工伤保险待遇,免征个人所得税。

(10)依照我国有关法律规定应予免税的各国驻华使馆、领事馆的外交代表、领事官员和其他人员的所得。

(11)中国政府参加的国际公约、签订的协议中规定免税的所得。

(二)减征项目

有下列情形之一的,经批准可以减征个人所得税。

(1)残疾、孤老人员和烈属所得。

(2)因严重自然灾害造成重大损失的。

(3)其他经国务院财政部门批准减税的。

(三)暂免征税项目

(1)外籍个人以非现金形式或实报实销形式取得的住房补贴、伙食补贴、搬迁费、洗衣费。

(2)外籍个人按合理标准取得的境内、境外出差补贴。

(3)外籍个人取得的语言训练费、子女教育费，经当地税务机关审核批准为合理的部分。

(4)外籍个人从外商投资企业取得的股息、红利。

(5)个人举报、协查各种违法、犯罪行为而获得的奖金。

(6)个人办理代扣代缴手续，按规定取得的扣缴手续费。

(7)个人转让自用达 5 年以上，并且是唯一的家庭生活用房的所得。

(8)达到离休、退休年龄，但确因工作需要，适当延长离休、退休年龄的高级专家，其在延长离休、退休期间的工资、薪金所得，视同离休、退休工资免征个人所得税。

(9)企业和个人按省级以上人民政府规定的标准，以个人工资缴纳社会保险的部分。

(10)个人领取原提存的住房公积金、医疗保险金、基本养老保险金时，以及具备《失业保险条例》规定条件的失业人员领取的失业保险金，免予征收个人所得税。

六、个人所得税应纳税所得额的确认规则

个人所得税的计税依据是纳税人取得的应纳税所得额。应纳税所得额是个人取得的各项收入减去税法规定的扣除项目或扣除金额之后的余额。在计算确定应纳税所得额时，应根据税法规定区分不同应税所得项目分别进行费用扣除。

(一)应纳税所得额的基本确认规则

1. 居民个人的综合所得

居民个人的综合所得，以每一纳税年度的收入额减除费用六万元以及专项扣除、专项附加扣除和依法确定的其他扣除后的余额，为应纳税所得额。

此处所谓“减除费用六万元”即纳税人 12 个月的基本生活费用(5 000 元/月)；所谓“专项扣除”即个人承担的“三险一金”；所谓“专项附加扣除”是指依法确认的税前扣除的子女教育、继续教育、住房贷款利息或住房租金、大病医疗、赡养老人等专项附加扣除额(后面专题介绍，此处从略)；所谓“依法确定的其他扣除”，包括个人缴付符合国家规定的企业年金、职业年金，个人购买符合国家规定的商业健康保险、税收递延型商业养老保险的支出，以及国务院规定可以扣除的其他项目。

应纳税所得额＝计税收入额－60 000－专项扣除额－专项附加扣除额－依法确定的其他扣除额

计税收入额＝工资、薪金所得＋劳务报酬所得×80%＋稿酬所得×80%×70%＋特许权使用费所得×80%

2. 非居民个人的工资、薪金所得

非居民个人的工资、薪金所得，以每月收入额减除费用五千元后的余额为应纳税所得额。

每月应纳税所得额＝计税收入额－5 000

3. 非居民纳税人的劳务报酬所得、稿酬所得、特许权使用费所得

非居民纳税人的劳务报酬所得、稿酬所得、特许权使用费所得，以每次收入减除 20%的费用后的余额为收入额。稿酬所得的收入额减按 70%计算。劳务报酬所得、稿酬所得、特许权使用费所得，以每次收入额为应纳税所得额。

居民纳税人平时取得劳务报酬所得、稿酬所得、特许权使用费所得时，计算预扣预缴税额的应纳税所得额确认规则与非居民纳税人相同。

具体执行时，居民纳税人取得的劳务报酬所得、稿酬所得、特许权使用费所得，每次收入未超过 4 000 元的，减除费用 800 元，余额为（预扣预缴）应纳税所得额；4 000 元以上的，定率减除 20%的费用，余额为（预扣预缴）应纳税所得额。

每次收入不超过 4 000 元的：

（预扣预缴）应纳税所得额＝每次收入额－800 元

每次收入不超过 4 000 元的：

（预扣预缴）应纳税所得额＝每次收入额×（1－20%）

4. 经营所得

经营所得，以每一纳税年度的收入总额减除成本、费用以及损失后的余额，为应纳税所得额。此处成本、费用，是指生产、经营活动中发生的各项直接支出和分配计入成本的间接费用以及销售费用、管理费用、财务费用；损失，是指生产、经营活动中发生的固定资产和存货的盘亏、毁损、报废损失，转让财产损失，坏账损失，自然灾害等不可抗力因素造成的损失以及其他损失。

需要注意的是，取得经营所得的个人，没有综合所得的，计算其每一纳税年度的应纳税所得额时，应当减除费用 6 万元、专项扣除、专项附加扣除以及依法确定的其他扣除。

5. 财产租赁所得

财产租赁所得，每次收入不超过 4 000 元的，减除费用 800 元；4 000 元以上的，减除 20%的费用，其余额为应纳税所得额。

在确定财产租赁的应纳税所得额时，还准予税前扣除能够提供有效、准确凭证，证明由纳税人负担的该出租财产实际开支的修缮费用。允许扣除的修缮费用，以每次 800 元为限。一次扣除不完的，准予在下一次继续扣除，直到扣完为止。

每次（月）收入不超过 4 000 元的：

应纳税所得额＝每次收入额－修缮费用（800 元/次为限）－800 元

每次（月）收入超过 4 000 元的：

应纳税所得额＝[每次收入额－修缮费用（800 元/次为限）]×（1－20%）

6. 财产转让所得

财产转让所得，以转让财产的收入额减除财产原值和合理费用后的余额，为应纳税所得额。即：

应纳税所得额＝收入额－财产原值－合理费用

这里的财产原值，按照下列方法确定：有价证券，为买入价以及买入时按照规定交纳的有关费用；建筑物，为建造费或者购进价格以及其他有关费用；土地使用权，为取得土地使用权所支付的金额、开发土地的费用以及其他有关费用；机器设备、车船，为购进价格、运输费、安装费以及其他有关费用。其他财产，参照前述规定的方法确定财产原值。

所谓合理费用，指卖出财产时按照规定支付的有关税费，但应经税务机关认定方可减除。

7. 利息、股息、红利所得和偶然所得

利息、股息、红利所得和偶然所得，以每次收入额为应纳税所得额，一般无费用扣除。计算公式为：

应纳税所得额＝每次收入额

（二）计税依据特殊规定

1. 个人公益捐赠

个人将其所得对教育、扶贫、济困等公益慈善事业进行捐赠，捐赠额未超过纳税人申报的应纳税所得额 30％的部分，可以从其应纳税所得额中扣除；国务院规定对公益慈善事业捐赠实行全额税前扣除的，从其规定。

2. 个人资助

个人的所得（不含偶然所得和经国务院财政部门确定征税的其他所得）用于资助非关联的科研机构和高等学校研究开发新产品、新技术、新工艺所发生的研究开发经费，可以全额在下月或下次或当年计征个人所得税时，从应纳税所得额中扣除。

3. 个人取得的应纳税所得

个人取得的应纳税所得包括现金、实物和有价证券。

（三）“每次”收入的确定

个人所得税法及其实施条例在各项所得的应纳税所得额确认规则中，若干项目中出现了“每次收入”的概念。正确确定每次收入，是准确计算每项所得应纳税所得额的关键。为了避免一些纳税义务人在扣缴税款时发生错误，税法对各项所得的每次收入作了严格的界定。具体如下：

1. 劳务报酬所得

劳务报酬所得只有一次性收入的，以取得该项收入为一次；属于同一事项连续取得收入的，以一个月内取得的收入为一次。

2. 稿酬所得

稿酬所得以每次出版、发表取得的收入为一次。具体规定如下：

（1）同一作品再版的所得，应视为另一次稿酬所得计征个人所得税。

（2）同一作品先在报刊上连载，然后再出版，或者先出版，再在报刊上连载的，应视为两次稿酬所得征税，即连载作为一次，出版作为另一次。

（3）同一作品在报刊上连载取得收入，以连载完成后取得所有收入合并为一次。

（4）同一作品在出版和发表时，以预付稿酬或分次支付稿酬等形式取得的稿酬收入，应合并计算为一次。

（5）同一作品出版、发表后，因添加印数而追加稿酬的，应与以前出版、发表时取得的稿酬合并计算为一次。

3. 特许权使用费所得

特许权使用费所得以某项使用权的一次转让所取得的收入为一次。如果该次转让取得的收入是分笔支付的，则应将各笔收入相加为一次的收入，计征个人所得税。

4. 财产租赁所得

财产租赁所得以一个月内取得的收入为一次。

5. 利息、股息、红利所得

利息、股息、红利所得以支付利息、股息、红利时取得收入为一次。

6. 偶然所得

偶然所得以每次取得该项收入为一次。

七、个人所得税专项附加扣除

个人所得税专项附加扣除，是指个人所得税法遵循公平合理、利于民生、简便易行的原则规定的子女教育、继续教育、大病医疗、住房贷款利息或者住房租金、赡养老人等六项专项附加扣除。

为贯彻落实新修改的《中华人民共和国个人所得税法》相关规定，2018 年 12 月 13 日国务院颁发了《关于印发个人所得税专项附加扣除暂行办法的通知》(国发〔2018〕41 号)；2018 年 12 月 21 日国家税务总局发布了《个人所得税专项附加扣除操作办法(试行)》，自 2019 年 1 月 1 日起施行。

根据 2022 年 3 月 19 日《国务院关于设立 3 岁以下婴幼儿照护个人所得税专项附加扣除的通知》(国发〔2022〕8 号)规定，自 2022 年 1 月 1 日起设立 3 岁以下婴幼儿照护个人所得税专项附加扣除项目；根据 2023 年 8 月 28 日《国务院关于提高个人所得税有关专项附加扣除标准的通知》(国发〔2023〕13 号)的规定，自 2023 年 1 月 1 日起，提高 3 岁以下婴幼儿照护、子女教育、赡养老人等三项个人所得税专项附加扣除标准。

上述政策规定的七个专项附加扣除项目的有关内容，具体分述如下：

(一)子女教育

纳税人的子女接受全日制学历教育的相关支出，按照每个子女每月 1 000 元的标准定额扣除。

学历教育包括义务教育(小学、初中教育)、高中阶段教育(普通高中、中等职业、技工教育)、高等教育(大学专科、大学本科、硕士研究生、博士研究生教育)。年满 3 岁至小学入学前处于学前教育阶段的子女，比照学历教育执行。

父母可以选择由其中一方按扣除标准的 100%扣除，也可以选择由双方分别按扣除标准的 50%扣除，具体扣除方式在一个纳税年度内不能变更。

纳税人子女在中国境外接受教育的，纳税人应当留存境外学校录取通知书、留学签证等相关教育的证明资料备查。

(二)继续教育

纳税人在中国境内接受学历(学位)继续教育的支出，在学历(学位)教育期间按照每月 400 元定额扣除。同一学历(学位)继续教育的扣除期限不超过 48 个月。

纳税人接受技能人员、专业技术人员职业资格继续教育的支出，在取得相关证书当年按 3 600元定额扣除。

个人接受本科及以下学历(学位)继续教育，符合本办法规定扣除条件的，可以选择由其父母扣除，也可以选择由本人扣除。

纳税人接受技能人员职业资格继续教育、专业技术人员职业资格继续教育的，应当留存相关证书等资料备查。

(三)大病医疗

在一个纳税年度内，纳税人发生的与基本医保相关的医药费用支出，扣除医保报销后个人负担(指医保目录范围内的自付部分)累计超过 15 000 元的部分，由纳税人在办理年度汇算清缴时，在 80 000 元限额内据实扣除。

纳税人发生的医药费用支出可选择由本人或其配偶扣除；未成年子女发生的医药费用支出可选择由其父母一方扣除。

纳税人及其配偶、未成年子女发生的医药费用支出，按前述规定分别计算扣除额。

纳税人应留存医药服务收费及医保报销相关票据原件（或复印件）等资料备查。医保部门应向患者提供在医保信息系统记录的本人年度医药费用信息查询服务。

（四）住房贷款利息

纳税人本人或配偶单独或共同使用商业银行或住房公积金个人住房贷款为本人或其配偶购买中国境内住房，发生的享受首套住房贷款利率的首套住房贷款利息支出，在实际发生贷款利息的年度，按每月 1 000 元的标准定额扣除，扣除期限最长不超过 240 个月。纳税人只能享受一次首套住房贷款的利息扣除。

经夫妻双方约定，可以选择由其中一方扣除，具体扣除方式在一个纳税年度内不能变更。

夫妻双方婚前分别购买住房发生的首套住房贷款，其贷款利息支出，婚后可选择其中一套购买的住房，由购买方按扣除标准的 100％扣除，也可由夫妻双方对各自购买的住房分别按扣除标准的 50％扣除，具体扣除方式在一个纳税年度内不能变更。

纳税人应当留存住房贷款合同、贷款还款支出凭证备查。

（五）住房租金

纳税人在主要工作城市没有自有住房而发生的住房租金支出，可以按以下标准定额扣除：

（1）直辖市、省会（首府）城市、计划单列市以及国务院确定的其他城市，扣除标准为每月 1 500元。

（2）在其他城市的，以国家统计局公布的数据为准，市辖区户籍人口超过 100 万的，扣除标准为每月 1 100 元；市辖区户籍人口不超过 100 万的，扣除标准为每月 800 元。

夫妻双方主要工作城市相同的，只能由一方扣除住房租金支出；纳税人的配偶在纳税人的主要工作城市有自有住房的，视同纳税人在主要工作城市有自有住房。所谓“主要工作城市”，是指纳税人任职受雇的直辖市、计划单列市、副省级城市、地级市（地区、州、盟）全部行政区域范围；纳税人无任职受雇单位的，为受理其综合所得汇算清缴的税务机关所在城市。

一个纳税年度内不能同时分别享受住房贷款利息和住房租金专项附加扣除。

（六）赡养老人

纳税人赡养一位及以上被赡养人的赡养支出，统一按照以下标准定额扣除：

（1）纳税人为独生子女的，按每月 1 000 元标准定额扣除；

（2）纳税人为非独生子女的，由其与兄弟姐妹分摊每月 1 000 元的扣除额度，每人分摊的额度不超过每月 1 500 元。

非独生子女的扣除额度分摊方式可以由赡养人均摊或约定分摊，也可以由被赡养人指定分摊。约定或者指定分摊的须签订书面分摊协议，指定分摊优先于约定分摊。具体分摊方式和额度在一个纳税年度内不能变更。

所谓被赡养人是指年满 60 岁的父母，以及子女均已去世的年满 60 岁的祖父母、外祖父母。

（七）婴幼儿照护

纳税人享受 3 岁以下婴幼儿照护专项附加扣除的时间为婴幼儿出生的当月至年满 3 周岁的前一个月。

基本政策要求是：纳税人照护 3 岁以下婴幼儿子女的相关支出，按照每个婴幼儿每月 2 000元的标准定额扣除；父母可以选择由其中一方按扣除标准的 100％扣除，也可以选择由双方分别按扣除标准的 50％扣除，具体扣除方式在一个纳税年度内不能变更。

八、个人所得税应纳税额的计算方法

由于个人所得实行分税制，所以，应纳税所得项目不同，其适用税率、费用扣除标准及应纳税额的计算方法均有所不同。

(一)居民纳税人综合所得应纳税额的计算(年终汇算)

根据应纳税所得额按照前述表 1-5-1 计算应纳税额。

应纳税额＝应纳税所得额×全额累进税率－速算扣除数

应纳税所得额＝计税收入额－60 000－专项扣除额－专项附加扣除额－依法确定的其他扣除额

计税收入额＝工资、薪金所得＋劳务报酬所得×80%＋稿酬所得×80%×70%＋特许权使用费所得×80%

(二)居民纳税人工资、薪金所得应预缴税额的累计预扣法(平时预扣预缴)

累计预扣法，是指扣缴义务人在一个纳税年度内预扣预缴税款时，以纳税人在本单位截至当前月份工资、薪金所得累计收入减除累计免税收入、累计减除费用、累计专项扣除、累计专项附加扣除和累计依法确定的其他扣除后的余额为累计预扣预缴应纳税所得额，适用个人所得税预扣率计算累计应预扣预缴税额，再减除累计减免税额和累计已预扣预缴税额，其余额为本期应预扣预缴税额。余额为负值时，暂不退税。纳税年度终了后余额仍为负值时，由纳税人通过办理综合所得年度汇算清缴，税款多退少补。

累计预扣法计算公式如下：

本期应预扣预缴税额＝(累计预扣预缴应纳税所得额×预扣率－速算扣除数)－累计减免税额－累计已预扣预缴税额

累计预扣预缴应纳税所得额＝累计收入－累计免税收入－累计减除费用－累计专项扣除－累计专项附加扣除－累计依法确定的其他扣除

其中：累计减除费用，按照 5 000 元/月乘以纳税人当年截至本月在本单位的任职受雇月份数计算；预扣率，即计算预扣预缴税额时适用的税率(见表 1-5-1)。

【例 1-5-1】 小张，女，单身，就职于成都市某公司，2019 年 1—6 月的月平均工资 23 000 元。同时：

(1)小张按揭购买了位于成都市金牛区的住房一套，月还贷金额 5 000 元；

(2)家中独生子女，父亲已年满 60 周岁；

(3)小张因所购住房尚未交付，故暂居住于承租的住房，月租金 2 500 元；

(4)小张攻读在职研究生，尚有 1 年才毕业；

(5)根据 2018 年的月平均工资，小张 2019 年每月应承担的三险一金为 4 500 元。

要求：采用累计预扣法计算小张 2019 年 1—6 月各月应实际预扣预缴的所得税税额。

解析：

1. 小张每月税前扣除金额计算

生活费＝5 000(元)

专项扣除金额＝4 500(元)

专项附加扣除金额＝租金 1 500＋赡养 2 000＋继教 400＝3 900(元)

2. 小张 2019 年 1—6 月各月末累计预缴税额及各月补缴税额计算

(1)2019 年 1 月：

累计预扣预缴应纳税所得额＝累计收入－累计减除费用－累计专项扣除－累计专项附加扣除

＝23 000 － 5 000 － 4 500 － 3 900＝9 600(元)

累计应预扣预缴税额＝累计预扣预缴应纳税所得额×预扣率－速算扣除数
＝9 600×3％－0＝288(元)
本月应预扣预缴税额＝288(元)
(2)2019 年 2 月：
累计预扣预缴应纳税所得额＝23 000×2－5 000×2－4 500×2－3 900×2＝19 200(元)
累计应预扣预缴税额＝19 200×3％－0＝576(元)
本月应预扣预缴税额＝累计应预扣预缴税额－累计已预扣预缴税额
＝576－288＝288(元)
(3)2019 年 3 月：
累计预扣预缴应纳税所得额＝23 000×3－5 000×3－4 500×3－3 900×3＝28 800(元)
累计应预扣预缴税额＝28 800×3％－0＝864(元)
本月应预扣预缴税额＝累计应预扣预缴税额－累计已预扣预缴税额
＝864－576＝288(元)
(4)2019 年 4 月：
累计预扣预缴应纳税所得额＝23 000×4－5 000×4－4 500×4－3 900×4＝38 400(元)
累计应预扣预缴税额＝38 400×10％－2 520＝1 320(元)
本月应预扣预缴税额＝累计应预扣预缴税额－累计已预扣预缴税额
＝1 320－864＝456(元)
(5)2019 年 5 月：
累计预扣预缴应纳税所得额＝23 000×5－5 000×5－4 500×5－3 900×5＝48 000(元)
累计应预扣预缴税额＝48 000×10％－2 520＝2 280(元)
本月预扣预缴应补税额＝累计应预扣预缴税额－累计已预扣预缴税额
＝2 280－1 320＝960(元)
(6)2019 年 6 月：
累计预扣预缴应纳税所得额＝23 000×6－5 000×6－4 500×6－3 900×6＝57 600(元)
累计应预扣预缴税额＝57 600×10％－2 520＝3 240(元)
本月预扣预缴应补税额＝累计应预扣预缴税额－累计已预扣预缴税额
＝3 240－2 280＝960(元)

(三)居民纳税人劳务报酬、稿酬、特许权使用费所得预扣税额的计算

居民纳税人劳务报酬所得、稿酬所得、特许权使用费所得平时按次预扣。

1. 劳务报酬所得、特许权使用费所得预扣税额计算

每次收入 4 000 元以下：应纳税额＝(每次收入额－800 元)×适用税率(20％)

每次收入 4 000 元以上：应纳税额＝每次收入额×(1－20％)×适用税率(20％)

提示：劳务报酬每次应税所得额超过 20 000 元的，应按前述表 1-5-4 执行，并按照“应纳税额＝每次收入额×(1－20％)×适用税率－速算扣除数”的方法计算税额。

2. 稿酬所得预扣税额计算

每次收入 4 000 元以下：应纳税额＝(每次收入额－800 元)×70％×适用税率(20％)

每次收入 4 000 元以上：应纳税额＝每次收入额×(1－20％)×70％×适用税率(20％)

【例 1-5-2】 某大学教授林华为中国公民，于 2019 年 4 月受邀到某企业主持完成了一项工艺流程设计，一次性取得劳务报酬收入(含税)40 000 元。

要求：计算林华本次劳务报酬所得应预扣的个人所得税税额。

解析：

该纳税人一次劳务报酬所得取得应纳税所得额超过 20 000 元，按税法规定应实行加成征税。

应纳税所得额＝40 000×(1－20%)＝32 000(元)

查劳务报酬所得三级累进税率表得适用税率 30%，速算扣除数 2 000 元。

应预扣税额＝32 000×30%－2 000＝7 600(元)

【例 1-5-3】 中国公民张江是一名作家，在 2019 年 3 月出版小说，获得稿酬收入 10 000 元，2019 年 6 月因小说畅销加印又得到稿酬 5 000 元。

要求：计算作家张江取得的稿酬应预扣的个人所得税。

解析：

张江稿酬所得按规定属于一次性收入，须合并计算应预扣税额。

应纳税所得额＝(10 000＋5 000)×(1－20%)×70%＝8 400(元)

应预扣税额＝8 400×20%＝1 680(元)

【例 1-5-4】 2019 年 10 月，某电影制片厂编辑王洪从该厂获得剧本使用费 12 000 元。

要求：计算王洪应预扣的个人所得税。

解析：

季度奖应并入当月工资，按照工资薪金所得缴纳个人所得税；剧本使用费按照特许权使用费所得缴纳个人所得税。

应纳税所得额＝12 000×(1－20%)＝9 600(元)

应预扣税额＝9 600×20%＝1 920(元)

(四)经营所得应纳税额的计算

根据经营所得应纳税所得额按照前述表 1-5-2 计算应纳税额。

经营所得应纳所得税额的计算公式为：

应纳税额＝应纳税所得额×全额累进税率－速算扣除数

＝(每年收入总额－成本、费用、损失)×全额累进税率－速算扣除数

(五)财产租赁所得应纳税额的计算

财产租赁所得税应纳税额的计算公式为：

应纳税额＝应纳税所得额×适用税率(20%)

(1)每次收入不超过 4 000 元的：

应纳税所得额＝每次收入额－800 元－修缮费用(800 元/次为限)

(2)每次收入超过 4 000 元的：

应纳税所得额＝每次收入额×(1－20%)－修缮费用(800 元/次为限)

提示：个人按市场价格出租的居民住房的所得，减半计征，即按 10%的税率征收。

【例 1-5-5】　中国公民王刚居住在某城市的市区，2019 年 6 月 10 日至 8 月 10 前往美国参加培训，出国期间将其国内自己的小汽车出租给他人使用，每月取得租金 5 000 元。9 月将租入的一套二居室的住房转租，当月向出租方支付租金 4 500 元，转租收取月租金 6 000 元。

要求：计算王刚出租小汽车的收入与转租收入应缴纳的个人所得税。

解析：

(1)小汽车租金收入应缴纳的个人所得税＝5 000×(1－20%)×20%×2＝1 600(元)

(2)转租住房应缴纳的个人所得税＝(6 000－4 500－800)×10%＝70(元)

(六)财产转让所得应纳税额的计算

财产转让所得应纳税额的计算公式为：

应纳税额＝应纳税所得额×适用税率(20%)

应纳税所得额＝收入额－财产原值－合理费用

【例 1-5-6】　张某转让自有住房一套(该住房持有时间仅为 2 年)，取得转让收入 100 万元，在转让过程中按规定缴纳各种税费 3 万元，支付中介费 1 万元，税务机关核定的房产原值是 80 万元。

要求：计算张某应纳个人所得税额。

解析：

按现行税法的规定，对个人转让住房按规定应征收的个人所得税，通过税收征管、房屋登记等信息系统能核实房屋原值的，按照个人转让住房所得的 20%计征；不能核实房屋原值的，依法按照核定征收方式，按住房转让收入 1%～3%的幅度计征个人所得税。而且，对个人转让自用 5 年以上，并且是家庭唯一生活用房取得的所得，免征个人所得税。

应纳税所得额＝100－80－3－1＝16(万元)

应纳所得税额＝16×20%＝3.2(万元)

(七)利息、股息、红利所得，偶然所得和其他所得应纳税额的计算

应纳税额的计算公式如下：

应纳税额＝应纳税所得额(每次收入额)×适用税率(20%)

利息、股息、红利所得和偶然所得，以每次收入额为应纳税所得额。没有税前扣除额，必须全额缴税。因为这些所得不是纳税人劳动报酬所得，所以税法没有给予税收扣除优惠。

自 2013 年 1 月 1 日起，个人从公开发行和转让市场取得的上市公司股票，持股期限在 1 个月以内(含 1 个月)的，其股息红利所得全额计入应纳税所得额(税负为 20%)；持股期限在 1 个月以上至 1 年(含 1 年)的，暂减按 50%计入应纳税所得额(税负为 10%)；持股期限超过 1 年的，暂减按 25%计入应纳税所得额(税负为 5%)。

【例 1-5-7】　中国公民张一于 2019 年 2 月购买了某上市公司的股票 10 000 股，该上市公司 2018 年度的利润方案为每 10 股送 3 股，并于 2019 年 6 月份实施，该股票的面值为每股 1 元。

要求：计算上市公司应扣缴张一的个人所得税金额。

解析：

上市公司应扣缴张一的个人所得税＝10 000÷10×3×1×50%×20%＝300(元)

九、个人所得境外已纳税额的抵免

《个人所得税法》第七条规定："居民个人从中国境外取得的所得，可以从其应纳税额中抵免已在境外缴纳的个人所得税税额，但抵免额不得超过该纳税人境外所得依照本法规定计算的应纳税额。"

所谓已在境外缴纳的个人所得税税额，是指居民个人来源于中国境外的所得，依照该所得来源国家（地区）的法律应当缴纳并且实际已经缴纳的所得税税额。

所谓纳税人境外所得依照本法规定计算的应纳税额，是居民个人抵免已在境外缴纳的综合所得、经营所得以及其他所得的所得税税额的限额（以下简称抵免限额）。除国务院财政、税务主管部门另有规定外，来源于中国境外一个国家（地区）的综合所得抵免限额、经营所得抵免限额以及其他所得抵免限额之和，为来源于该国家（地区）所得的抵免限额。

居民个人在中国境外一个国家（地区）实际已经缴纳的个人所得税税额，低于依照我国规定计算出的来源于该国家（地区）所得的抵免限额的，应当在中国缴纳差额部分的税款；超过来源于该国家（地区）所得的抵免限额的，其超过部分不得在本纳税年度的应纳税额中抵免，但是可以在以后纳税年度来源于该国家（地区）所得的抵免限额的余额中补扣。补扣期限最长不得超过五年。

注意：计算境外税款扣除限额的方法采用的是分国分项计算、分国加总的方法，不同于企业所得税的分国不分项的计算。

基本技能训练

一、项目名称

计算居民纳税人年度应纳个人所得税税额（年终汇算）。

二、训练目的

通过模拟操作，正确理解个人所得税的有关政策及居民纳税人应纳税额计算规则，帮助学生形成初步的应纳税义务确认与应纳税额计算能力。

三、训练要求

（1）根据个人所得税制度规定分别进行每一项所得涉税事项的分析。

（2）根据现行个人所得税税法计算每一项个人所得和每一项税前扣除的金额（必须写出计算过程）。

（3）计算居民纳税人当年的个人所得税应纳税额。

四、经济业务资料

1. 居民纳税人基本信息

中国公民李某，女，39岁，单身，系国内某大型广告公司中层管理人员，且在当地广告与传媒领域知名度较高；李某目前独自抚养一名小男孩，正在上高中一年级；家中兄妹二人共同赡养生活在农村的年过花甲的父母二人。

2. 纳税人的2019年度个人收入信息

（1）每月取得工薪收入22 000元；

（2）受邀每月为当地某大学广告专业学生专题讲座一次（半天）（8次/年），每次收入3 000元；

(3)出版广告设计方面的专著作品一部,比较畅销,当年从出版社取得稿酬 10 000 元;

(4)某日和朋友外出参加饭局,饭后玩笑买了一张体育彩票,“不幸”中奖,金额 12 000 元。

3. 其他有关信息

(1)李某 2018 年度的月平均工资薪金额为 20 000 元;

(2)李某个人承担的社保“三险”缴费比例合计约为 11%,住房公积金缴费比例为 12%;

(3)李某目前住房尚处于还贷期间,月还贷利息金额 1 500 元。

任务六 了解城建税、契税等小税种制度,正确计算应纳税额

任务目标

在我国,房产税、契税、城镇土地使用税、土地增值税等财产税以及印花税、城建税等行为税,属于法律体系中的小税种,在计征办法和申报程序上相对简单。本任务通过对这些小税种纳税人、征收范围、税率、计税依据以及应纳税额计算方法等内容的介绍,使学习者对我国现行的小税种法律制度形成正确且基本完整的理解,初步形成正确计算应纳数额的能力。

导入信息

某公司在 2015 年 2 月向当地的主管税务机关申报纳税时,根据以计算应交房产税的应税房产的原值比上期减少 800 万元,其应缴纳营业税额比上期增加了 45 万元(上期只缴纳了 13 万元的营业税)。这些异常引起了当地税务机关的注意。经过税务机关审查后发现,该公司由于厂房陈旧,设备老化,经济效益不佳,于 2015 年 1 月初将两间闲置的厂房及一部分老化的设备出租,其取得 800 万元的货币收入作为流动资金。其中,厂房原值 800 万元,转让收入 600 万元,固定资产原值 500 万元,转让收入 200 万元,按照 5%的营业税税率共应缴纳 40 万元的营业税。

那么,该国有工业企业应当如何计算缴纳土地增值税?资产转让行为对企业房产税有何影响?

内容阐释

上述案例所涉及的土地增值税主要对房地产开发企业及其他房地产转让行为企业进行征收,对非房地产企业来说,该项应税行为较少发生,但按照土地增值税相关规定,在发生房地产转让行为时,也应按照相关计税方法,计算缴纳土地增值税。此外,如房产税等财产税以及印花税等行为税,属于法律体系中的小税种,在计征办法和申报程序上相对简单。为此,本任务将土地增值税及财产税、行为税各税种合并一起介绍。

但需要说明的是,尽管这些税种计算方法简单,企业涉税业务税额不大,但作为会计、税收、审计类的经管专业人才,还是应掌握相应的计征办法,初步形成正确计算应纳数额的能力。

下面,我们将就相关的一些内容为大家做一全面的介绍。

一、房产税

(一)房产税的基本规定

房产税是指以房产为征税对象,按照房产价格或者房产租金收入征税的一种税。这里所称的房产,是指以房屋形态表现的财产。房产税属于财产税,是财产税类的主要税种,对房产征收是财产税的主要表现形式,也是世界各地的普遍做法。

在我国,国务院于 1986 年 9 月 15 日发布了《中华人民共和国房产税暂行条例》,并从当年 10 月 1 日起执行。自 2009 年 1 月 1 日起,外商投资企业、外国企业和组织以及外籍个人,依照《中华人民共和国房产税暂行条例》缴纳房产税。自 2011 年 1 月 28 日起,随着上海、重庆两地的房产税改革启动,居民个人也开始逐步纳入房产税的征收范围。

1. 房产税的纳税人

房产税的纳税人,是指在我国城市、县城、建制镇和工矿区(不包括农村)内拥有房屋产权的单位和个人,具体包括权所有人、承典人、房产代管人或者使用人。

2. 房产税的征税范围

房产税的征收范围称房产税“课税范围”,具体指开征房产税的地区。

(1)从地理位置上:房产税的征税范围是城市、县城、建制镇和工矿区内的房屋,不包括农村。

(2)从征税对象上:指房屋。独立于房屋之外的建筑物,如围墙、烟囱、水塔、菜窖、室外游泳池等不属于房产税的征税对象。

3. 税收优惠

(1)国家机关、人民团体、军队自用的房产免征房产税。但上述免税单位的出租房产不属于免税范围。

(2)由国家财政部门拨付事业经费的单位自用的房产免征房产税。但如学校的工厂、商店、招待所等应照章纳税。

(3)宗教寺庙、公园、名胜古迹自用的房产免征房产税。但经营用的房产不免。

(4)个人所有非营业用的房产免征房产税。但个人拥有的营业用房或出租的房产,应照章纳税。

(5)对行使国家行政管理职能的中国人民银行总行所属分支机构自用的房地产,免征房产税。

(6)老年服务机构自用的房产免税。

(7)损坏不堪使用的房屋和危险房屋,经有关部门鉴定,在停止使用后,可免征房产税。

(8)纳税人因房屋大修导致连续停用半年以上的,在房屋大修期间免征房产税,免征税额由纳税人在申报缴纳房产税时自行计算扣除,并在申报表附表或备注栏中做相应说明。

(9)在基建工地为基建工地服务的各种工棚、材料棚、休息棚和办公室、食堂、茶炉房、汽车房等临时性房屋,在施工期间,一律免征房产税。但工程结束后,施工企业将这种临时性房屋交还或估价转让给基建单位的,应从基建单位验收的次月起,照章纳税。

(10)为鼓励地下人防设施,暂不征收房产税。

(11)从 1988 年 1 月 1 日起,对房管部门经租的居民住房,在房租调整改革之前收取租金偏低的,可暂缓征收房产税。对房管部门经租的其他非营业用房,是否给予照顾,由各省、自治区、直辖市根据当地具体情况按税收管理体制的规定办理。

(12)对高校后勤实体免征房产税。

(13)对非营利性的医疗机构、疾病控制机构和妇幼保健机构等卫生机构自用的房产,免征房产税。

(14)从2001年1月1日起,对按照政府规定价格出租的公有住房和廉租住房,包括企业和自收自支的事业单位向职工出租的单位自有住房,房管部门向居民出租的私有住房等,暂免征收房产税。

(15)对坐落在城市、县城、建制镇、工矿区范围以外的尚在县邮政局内核算的房产,在单位财务账中划分清楚的,从2001年1月1日起不再征收房产税。

(16)向居民供热并向居民收取采暖费的供热企业的生产用房,暂免征收房产税。这里的“供热企业”不包括从事热力生产但不直接向居民供热的企业。

(二)房产税应纳税额的计算

1. 房产税的计税依据

(1)从价计征。按照房产余值征税的,称为从价计征。房产税依照房产原值一次减除10%～30%后的余值计算缴纳。扣除比例由省、自治区、直辖市人民政府在税法规定的减除幅度内自行确定。

房产原值:应包括与房屋不可分割的各种附属设备或一般不单独计算价值的配套设施。主要有:暖气,卫生,通风等,纳税人对原有房屋进行改建、扩建的,要相应增加房屋的原值。

(2)从租计征。按照房产租金收入计征的,称为从租计征,房产出租的,以房产租金收入为房产税的计税依据。

(3)注意事项。《关于营改增后契税、房产税、土地增值税、个人所得税计税依据问题的通知》(财税〔2016〕43号)指出,房产出租的,计征房产税的租金收入不含增值税。

第一,房产出租的,以房产租金收入为房产税的计税依据。对投资联营的房产,在计征房产税时应予以区别对待。共担风险的,按房产余值作为计税依据,计征房产税;对收取固定收入,应由出租方按租金收入计缴房产税。

第二,对融资租赁房屋的情况,在计征房产税时应以房产余值计算征收,租赁期内房产税的纳税人,由当地税务机关根据实际情况确定。

第三,新建房屋交付使用时,如中央空调设备已计算在房产原值之中,则房产原值应包括中央空调设备;旧房安装空调设备,一般都作单项固定资产入账,不应计入房产原值。

2. 房产税的计税方法

从价计征是按房产的原值减除一定比例后的余值计征,其公式为:

应纳税额＝应税房产原值×(1－扣除比例)×年税率(1.2%)

从租计征是按房产的租金收入计征,其公式为:

应纳税额＝租金收入×12%

个人出租住房的租金收入计征,其公式为:

应纳税额＝房产租金收入×4%

【例1-6-1】 某企业2018年度自有生产用房原值5 000万元,账面已提折旧1 000万元。已知房产税税率为1.2%,当地政府规定计算房产余值的扣除比例为30%。求该企业2018年度应缴纳的房产税税额。

解析:根据规定,从价计征的房产税,以房产余值为计税依据。

该企业2018年应缴纳的房产税＝5 000×(1－30%)×1.2%＝42(万元)

【例 1-6-2】 王某自有一处平房，共 16 间，其中用于个人开餐馆的 7 间（房屋原值为 20 万元）。2018 年 1 月 1 日，王某将 4 间出典给李某，取得出典价款收入 12 万元，将剩余的 5 间出租给某公司，每月收取租金 1 万元。已知该地区规定按照房产原值一次扣除 20%后的余值计税。要求：计算王某 2018 年应纳房产税额。

解析：

(1)开餐馆的房产应纳房产税＝20×(1－20%)×1.2%＝0.192(万元)。

(2)房屋产权出典的，承典人为纳税人，王某作为出典人无须缴纳房产税。

(3)出租房屋应纳房产税＝1×12×12%＝1.44(万元)。

(4)三项合计，应纳房产税＝0.192＋1.44＝1.632(万元)。

二、契税

契税是指国家在土地、房屋转移时，依照当事人双方订立的合同(契约)，以及确定价格的一定比例，向权属承受人征收的一种税。现行的《中华人民共和国契税暂行条例》于 1997 年 10 月 1 日起施行。在中国境内取得土地、房屋权属的企业和个人，应当依法缴纳契税。之后，国家财政、税务主管部门又陆续颁布看一些有关契税的规定、办法，这些构成了我国契税法律制度。

(一)契税的基本规定

1. 纳税义务人

契税的纳税人，是指在境内转移土地、房屋权属，承受的单位和个人。境内是指中华人民共和国实际税收行政管辖范围内。土地、房屋权属是指土地使用权和房屋所有权。单位是指企业单位、事业单位、国家机关、军事单位和社会团体以及其他组织。个人是指个体经营者及其他个人，包括中国公民和外籍人员。

2. 征收范围

契税的征税对象是境内转移的土地、房屋权属。具体征收范围包括以下五项内容：

(1)国有土地使用权的出让。国有土地使用权的出让，是指土地使用者向国家交付土地使用权出让费用，国家将国有土地使用权在一定年限内让与土地使用者的行为。出让费用包括出让金、土地收益等。

(2)土地使用权的转让。土地使用权的转让，是指土地使用者以出售、赠与、交换或者其他方式将土地使用权转移给其他单位和个人的行为。土地使用权的转让不包括农村集体土地承包经营权的转移。

(3)房屋买卖。房屋买卖，即是指以货币为媒介，出卖者向购买者过渡房产所有权的交易行为。

以下三种特殊情况，视同买卖房屋：第一，以房产抵债或实物交换房屋，应由产权承受人，按房屋现值缴纳契税；第二，以房产作投资或股权转让，以自有房产作股投入本人独资经营的企业，免纳契税；第三，买房拆料或翻建新房，应照章纳税。

(4)房屋赠与。赠与，实质为房屋所有者将其房租无偿转让给受捐赠者的行为。按照《中华人民共和国继承法》规定，非法定继承人根据遗嘱承受死者生前的土地、房屋权属，属于赠与行为，应征收契税。

(5)房屋交换。房屋交换是指房屋所有者之间相互交换房屋的行为。

3. 税率

契税采用比例税率，并实行3%～5%的幅度税率，实行幅度税率是考虑到中国经济发展的不平衡，各地经济差别较大的实际情况。因此，各省、自治区、直辖市人民政府可以在3%～5%的幅度税率规定范围内，按照该地区的实际情况决定。

4. 契税的减免

(1)国家机关、事业单位、社会团体、军事单位，承受土地、房屋用于办公、教学、医疗、科研和军事设施的，免征。

(2)城镇职工按规定第一次购买公有住房，免征契税。

(3)对个人购买普通住房，且该住房属于家庭唯一住房的，减半征收契税。对个人购买90平方米及以下普通住房，且该住房属于家庭唯一住房的，减按1%税率征收契税。

(4)因不可抗力灭失住房重新购买住房的，酌情减免。

(二)契税的计算

1. 计税依据

契税的计税依据为不动产的价格。由于土地、房屋权属转移方式不同，定价方法不同，因而具体的计税依据视不同情况而决定。

(1)只有一个价格的情况。国有土地使用权出让、土地使用权出售、房屋买卖，以成交价格作为计税依据。

(2)无价格的情况。土地使用权赠与、房屋赠与，由征收机关参照土地使用权出售、房屋买卖的市场价格确定。

(3)有两个价格的情况。土地使用权交换、房屋交换，为所交换土地使用权、房屋的“价格差额”；交换价格不相等的，由多交付货币的一方缴纳契税；交换价格相等的，免征契税。

(4)补缴契税的情况。以划拨方式取得的土地使用权，经批准转让房地产时，以补交的土地使用权出让费用或者土地收益为计税依据。

《关于营改增后契税、房产税、土地增值税、个人所得税计税依据问题的通知》(财税〔2016〕43号)指出计征契税的成交价格不含增值税。

2. 应纳税额的计算

契税应纳税额依照省、自治区、直辖市人民政府确定的适用税率和税法规定的计税依据计算征收。计算公式为：

应纳税额＝计税依据×税率

【例1-6-3】 赵某共有两套房屋，2019年6月将第一套市场价为85万元的房产与李某交换，并支付李某15万元，已知当地确定的契税税率为3%。

请问：赵某应纳契税为多少？

解析：赵某应纳契税＝15×3%＝0.45(万元)

【例1-6-4】 居民甲某有四套住房，将一套价值120万元的别墅折价给乙某抵偿了100万元的债务；用市场价值70万元的第二、三两套两室住房与丙某交换一套四室住房，另取得丙某赠送价值12万元的小轿车一辆；将第四套市场价值50万元的公寓房折成股份投入本人独资经营的企业。当地确定的契税税率为3%,计算甲、乙、丙应纳契税。

解析:

(1)甲不缴纳契税。

(2)乙应纳契税=1 000 000×3%=30 000(元)

(3)丙应纳契税=120 000×3%=3 600(元)

三、土地增值税

土地增值税是对转让国有土地使用权、地上建筑物及其附着物并取得收入的单位和个人,就其转让房地产所取得的增值额征收的一种税。它是一种收益税,现行土地增值税的基本规范是1993年12月13日国务院颁布的《土地增值税暂行条例》。

(一)土地增值税的基本规定

1. 土地增值税的纳税人

土地增值税的纳税人为转让国有土地使用权、地上建筑及其附着物(以下简称转让房地产)并取得收入的单位和个人。

单位包括各类企业单位、事业单位、国家机关和社会团体及其他组织。个人包括个体经营者。此外,还包括外商投资企业、外国企业、外国驻华机构及海外华侨、港澳台同胞和外国公民。

2. 土地增值税征税范围的基本规定

(1)土地增值税只对转让国有土地使用权的行为征税,转让非国有土地和出让国有土地的行为均不征税。

(2)土地增值税既对转让国有土地使用权的行为征税,也对转让地上建筑物及其他附着物产权的行为征税。

(3)土地增值税只对有偿转让的房地产征税,对以继承、赠与等方式无偿转让的房地产,不予征税。

3. 土地增值税的税率

土地增值税实行四级超率累进税率,税率如表1-6-1所示。

表1-6-1 土地增值税率表

级数	计税依据	适用税率	速算扣除率
1	增值额未超过扣除项目金额50%的部分	30%	0
2	增值额超过扣除项目金额50%,未超过扣除项目金额100%的部分	40%	5%
3	增值额超过扣除项目金额100%,未超过扣除项目金额200%的部分	50%	15%
4	增值额超过扣除项目金额200%的部分	60%	35%

注:纳税人建设普通住宅出售的,增值额未超过扣除金额20%的,免征土地增值税。

——财法字〔1995〕第6号《中华人民共和国土地增值税暂行条例实施细则》第十一条文

4. 土地增值税的税收减免

(1)纳税人建造普通标准住宅出售,增值额未超过扣除项目金额20%的,予以免税;超过20%的,应按全部增值额缴纳土地增值税。

对于纳税人既建普通标准住宅又搞其他房地产开发的，应分别核算增值额。不分别核算增值额或不能准确核算增值额的，其建造的普通标准住宅不适用这一免税规定。

(2)因国家建设需要依法征用、收回的房地产，免征土地增值税。

因国家建设需要依法征用、收回的房地产，是指因城市实施规划、国家建设的需要而被政府批准征用的房产或收回的土地使用权。

因城市实施规划、国家建设的需要而搬迁，由纳税人自行转让原房地产的，比照本规定免征土地增值税。

(3)企事业单位、社会团体以及其他组织转让旧房作为廉租住房、经济适用住房房源且增值额未超过扣除项目金额20%的，免征土地增值税。

(4)自2008年11月1日起，对居民个人转让住房一律免征土地增值税。

(二)土地增值税的计算

1. 土地增值税的计税依据

(1)应税收入的确定：

第一，货币收入，是指纳税人转让房地产而取得的现金、银行存款和国库券、金融债券、企业债券、股票等有价证券。

第二，实物收入，是指纳税人转让房地产而取得的各种实物形态的收入。

第三，其他收入，是指纳税人转让房地产而取得的无形资产收入或具有财产价值的权利。

《关于营改增后契税、房产税、土地增值税、个人所得税计税依据问题的通知》(财税〔2016〕43号)规定，土地增值税纳税人转让房地产取得的收入为不含增值税收入。

(2)扣除项目及其金额。准予纳税人从房地产转让收入额减除的扣除项目具体包括以下内容：

第一，取得土地使用权所支付的金额。包括：纳税人为取得土地使用权所支付的地价款；纳税人在取得上地使用权时按国家统一规定缴纳的有关费用和税金。

第二，房地产开发成本。这是指纳税人开发房地产项目实际发生的成本，包括土地征用及拆迁补偿费、前期工程费、建筑安装工程费、基础设施费、公共配套设施费、开发间接费用等。

第三，房地产开发费用。这是指与房地产开发项目有关的销售费用、管理费用和财务费用。在计算土地增值税时，房地产开发费用并不是按照纳税人实际发生额进行扣除，应分别两种情况扣除：

第一种情况：财务费中的利息支出，凡能够按转让房地产项目计算分摊并提供金融机构证明的，允许据实扣除，但最高不能超过按商业银行同类同期贷款利率计算的金额。其他房地产开发费用，按《土地增值税暂行条例实施细则》第七条(一)(二)项规定(即取得土地使用权所支付的金额和房地产开发成本，下同)计算的金额之和的5%以内计算扣除。计算公式为：

允许扣除的房地产开发费用＝利息＋(取得土地使用权所支付的金额＋房地产开发成本)×5%

第二种情况：财务费用中的利息支出，凡不能按转让房地产项目计算分摊利息支出或不能提供金融机构证明的，房地产开发费用按《土地增值税暂行条例实施细则》第七条(一)(二)项规定计算的金额之和的10%以内计算扣除。计算扣除的具体比例，由各省、自治区、直辖市人民政府规定。计算公式为：

允许扣除的房地产开发费用＝(取得土地使用权所支付的金额＋房地产开发成本)×10%

第四，与转让房地产有关的税金。这是指在转让房地产时缴纳的增值税、城市维护建设税、印花税。因转让房地产缴纳的教育费附加,也可视同税金予以扣除。

第五,旧房及建筑物的扣除金额。包括:按评估价格扣除、按购房发票金额计算扣除、核定征收。

第六,财政部确定的其他扣除项目。

需要特别提示的是,对从事房地产开发的纳税人可按《土地增值税暂行条例实施细则》第七条(一)(二)项规定计算的金额之和,加计20%的扣除。此条优惠只适用于从事房地产开发的纳税人,除此之外的其他纳税人不适用。

另外,制度明确规定:隐瞒、虚报房地产成交价格的;提供扣除项目金额不实的;转让房地产的成交价格低于房地产评估价格,又无正当理由的;非直接销售和自用房地产收入等。

2. 土地增值税应纳税额的计算

(1)应纳税额的计算步骤:

第一步:计算转让房地产取得的收入(货币收入、实物收入)。

第二步:计算扣除项目金额。取得土地使用权支付的金额、开发土地的成本、费用、新建房及配套设施的成本、费用或者旧房及建筑物的评估价格、与转让房地产有关的税金。与转让房地产有关的税金包括:增值税、城市维护建设税、印花税、教育费附加。

第三步:计算增值额=转让房地产的收入-扣除项目

第四步:计算增值额÷扣除项目的比率

第五步:计算土地增值税的应纳税额

(2)应纳税额的计算公式:

土地增值税按照纳税人转让房地产所取得的增值额和规定的税率计算征收。土地增值税的计算公式是:

$$应纳税额=\sum(每级距的增值额\times适用税率)$$

计算土地增值税税额,可按增值额乘以适用的税率减去扣除项目金额乘以速算扣除系数的简便方法计算,具体公式如下:

第一,增值额未超过扣除项目金额50%:

$$土地增值税税额=增值额\times30\%$$

第二,增值额超过扣除项目金额50%,未超过100%:

$$土地增值税税额=增值额\times40\%-扣除项目金额\times5\%$$

第三,增值额超过扣除项目金额100%,未超过200%:

$$土地增值税税额=增值额\times50\%-扣除项目金额\times15\%$$

第四,增值额超过扣除项目金额200%:

$$土地增值税税额=增值额\times60\%-扣除项目金额\times35\%$$

(注:上列公式中的5%,15%,35%为速算扣除系数)

【例1-6-5】 2018年某房地产开发企业以拍卖方式取得土地进行住宅楼的开发,支付土地出让金3 000万元;住宅开发成本2 800万元,其中含公共配套设施费用500万元;房地产开发费用中的利息支出为300万元(能够按转让房地产项目计算分摊并提供金融机构证明);当年住宅楼全部销售完毕,取得销售收入共计9 000万元;缴纳增值税、城市维护建设税和教育费附加495万元;缴纳印花税4.5万元。

已知：该企业所在省人民政府规定的房地产开发费用的计算扣除比例为5%。

要求：根据以上资料，回答下列问题：

(1)该企业计算土地增值税时准予扣除的房地产开发费用为多少万元？

(2)该企业计算土地增值税时准予扣除的项目金额为多少万元？

(3)该企业销售住宅楼应缴纳的土地增值税税额为多少万元？

解析：

(1)房地产开发费用＝300＋(3 000＋2 800)×5%＝590(万元)。

(2)准予扣除的项目金＝3 000＋2 800＋300＋(3 000＋2 800)×5%＋495＋(3 000＋2 800)×20%
＝8 045(万元)

(3)转让房地产的增值额＝9 000－8 045＝955(万元)

增值额与扣除项目金额的比率＝955÷8 045＝11.87%

因此，适用税率为30%，应纳土地增值税税额＝955×30%＝286.5(万元)。

【例1-6-6】 某外商投资房地产开发有限公司于2018年12月将一座字楼整体转让给某单位，合同约定的转让价为2亿元，公司按照税法规定缴纳增值税1 250万元、印花税10万元；公司为取得土地使用权而支付的地价款和按照国家统一缴纳的有关费用和税金为3 500万元；投入房地产开发成本为4 200万元；房地产开发费用中的利息支出为1 200万元；(不能按照转让房地产项目计入分摊利息支出，也不能提供金融机构证明)。已知：该公司所在省人民政府规定的房地产开发费用计算扣除比例为10%。

请问：该公司转让写字楼应缴纳的土地增值税税额为多少？

解析：

(1)房地产转让收入＝20 000万元

(2)确定转让房地产的扣除项目金额：

取得土地使用权所支付的金额＝3 500万元

房地产开发成本＝4 200万元

房地产开发费用＝(3 500＋4 200)×10%＝770(万元)

与转让房地产有关的税金是1 250万元。

从事房地产开发的加计扣除额＝(3 500＋4 200)×20%＝1 540(万元)

扣除项目金额＝3 500＋4 200＋770＋1 250＋1 540＝11 260(万元)

(3)增值额＝20 000－11 260＝8 740(万元)

(4)增值率＝8 740÷11 260＝77.62%

(5)应纳土地增值税税额＝8 740×40%－11 260×5%＝2 933(万元)

四、城镇土地使用税

城镇土地使用税是以开征范围的土地为征税对象，以实际占用的土地面积为计税标准，按规定税额对拥有土地使用权的单位和个人征收的一种资源税。

《城镇土地使用税暂行条例》于1988年9月27日中华人民共和国国务院令第17号发布，

根据2006年12月31日《国务院关于修改〈中华人民共和国城镇土地使用税暂行条例〉的决定》第一次修订，根据2011年1月8日《国务院关于废止和修改部分行政法规的决定》第二次修订，根据2013年12月7日《国务院关于修改部分行政法规的决定》第三次修订。

(一)城镇土地使用税的基本规定

1. 城镇土地使用税的纳税人

在城市、县城、建制镇、工矿区范围内使用土地的单位和个人，为城镇土地使用税的纳税人。这里的单位，包括国有企业、集体企业、私营企业、股份制企业、外商投资企业、外国企业以及其他企业和事业单位、社会团体、国家机关、军队以及其他单位；个人，包括个体工商户以及其他个人。

在现实生活中，使用土地的情况比较复杂，税法根据用地者的不同情况，对纳税人作了如下具体规定：

(1)城镇土地使用税由拥有土地使用权的单位或个人缴纳。

(2)拥有土地使用权的单位或个人，不在土地所在地的，由代管人或实际使用人缴纳。

(3)土地使用权属尚未确定，或权属纠纷未解决的，由实际使用人缴纳。

(4)土地使用权共有的，由共有各方分别缴纳。

(5)在征税范围内实际使用应税集体所有建设用地但未办理土地使用权流转手续的，由实际使用人缴纳。

(6)对纳税单位无偿使用免税单位的土地，纳税单位应照章缴纳土地使用税。

(7)土地使用者不论以何种方式取得土地使用权，是否缴纳土地使用金，只要在城镇土地使用税的开征范围内，都应依照规定缴纳城镇土地使用税。

2. 征税范围

城镇土地使用税的征收范围为城市、县城、建制镇、工矿区。凡在上述范围内的土地，不论是属于国家所有还是集体所有，都是城镇土地使用税的征税对象。对农林牧渔业用地和农民居住用土地，不征收土地使用税。

城市、县城、建制镇、工矿区的具体征税范围，由各省、自治区、直辖市人民政府划定。

3. 城镇土地使用税的计税依据

城镇土地使用税以纳税人实际占用的土地面积为计税依据，按照规定税额计算征收。

(1)纳税人实际占用的土地面积，是指由省、自治区、直辖市人民政府确定的单位组织测定的土地面积。尚未组织测量，但纳税人持有政府部门核发的土地使用证书的，以证书确认的土地面积为准；尚未核发土地使用证书的，应由纳税人据实申报土地面积，待土地面积正式测定后，再按测定的面积进行调整。

(2)土地使用权共有的各方，应按其实际使用的土地面积占总面积的比例，分别计算缴纳城镇土地使用税。

(3)纳税单位和免税单位共同使用共有使用权土地上的多层建筑，对纳税单位可按其占用的建筑面积占建筑总面积的比例计算征收城镇土地使用税。

(4)对在城镇土地使用税征税范围内单独建造的地下建筑用地，按规定征收城镇土地使用税。其中，已取得地下土地使用权证的，按土地使用权证确认的土地面积计算应征税款；未取得地下土地使用权证或地下土地使用权证上未标明土地面积的，按地下建筑垂直投影面积计算应征税款。对上述地下建筑用地暂按应征税款的50%征收城镇土地使用税。

4. 税额标准

城镇土地使用税实行分级幅度税额。每平方米土地年税额规定如下：

(1)大城市 1.5 元至 30 元。

(2)中等城市 1.2 元至 24 元。

(3)小城市 0.9 元至 18 元。

(4)县城、建制镇、工矿区 0.6 元至 12 元。

省、自治区、直辖市人民政府，应当在税法规定的税额幅度内，根据市政建设状况、经济繁荣程度等条件，确定所辖地区的适用税额幅度。

市、县人民政府应当根据实际情况，将本地区土地划分为若干等级，在省、自治区、直辖市人民政府确定的税额幅度内，制定相应的适用税额标准，报省、自治区、直辖市人民政府批准执行。由于各市、县城镇土地使用税的具体税额标准和缴纳期限规定有所不同，具体税额标准可拨打当地 12366 纳税服务热线咨询或者登录各地地方税务局网站查询。

5. 土地使用税免

《城镇土地使用税暂行条例》规定，下列七项免缴土地使用税：第一，国家机关、人民团体、军队自用的土地；第二，由国家财政部门拨付事业经费的单位自用的土地；第三，宗教寺庙、公园、名胜古迹自用的土地；第四，市政街道、广场、绿化地等公共用地；第五，直接用于农、林、牧、渔业的生产用地；第六，经批准开山填海整治的土地和改造的废弃土地，从使用的月份起免缴土地使用税五年至十年；第七，由财政部另行规定免税的能源交通、水利设施用地和其他用地。

(二)城镇土地使用税应纳税额计算

城镇土地使用税根据实际使用土地的面积，按税法规定的单位税额交纳。计算公式为：

应纳城镇土地使用税额＝应税土地的实际占用面积×适用单位税额

【例 1-6-7】 某盐场 2018 年度占地 200 000 平方米，其中办公楼占地 20 000 平方米，盐场内部绿化占地 50 000 平方米，盐场附属幼儿园占地 10 000 平方米，盐滩占地 120 000 平方米。盐场所在地城镇土地使用税单位税额每平方米 0.7 元。

要求：求该盐场 2018 年应缴纳的城镇土地使用税。

解析：

(1)企业内部的幼儿园和盐场的盐滩占地免征城镇土地使用税。

(2)该盐场应缴纳的城镇土地使用税＝(200 000－10 000－120 000)×0.7

＝70 000×0.7＝49 000(元)

【例 1-6-8】 某火电厂总共占地面积 80 万平方米，其中围墙内占地 40 万平方米，围墙外灰场占地面积 3 万平方米，厂区及办公楼占地面积 37 万平方米，已知该火电厂所在地适用的城镇土地使用税为每平方米年税额 1.5 元。

请问：该火电厂 2018 年应缴纳的城镇土地使用税为多少万元？

解析：(1)对于围墙外灰场用地免征城镇土地使用税。

(2)应缴纳的城镇土地使用税＝(80－3)×1.5＝115.5(万元)

五、印花税法律制度

印花税是对经济活动和经济交往中书立、领受、使用的应税经济凭证征收的一种税。因纳税人主要是通过应说凭证上粘贴印花税票完成纳税义务，故名印花税。现行印花税的基本规范是1988年8月6日国务院发布并于同年10月1日实施的《印花税暂行条例》。

(一)印花税的基本规定

1. 印花税的纳税人

印花税的纳税人，是指在中国境内书立、领受、使用税法所列举凭证的单位和个人。在国外书立、领受，但在国内使用的应税凭证，其使用人为纳税人。

印花税纳税人具体包括：立合同人；立账簿人；立据人；领受人；使用人；各类电子应税凭证的签订人。

2. 征税范围

(1)经济合同。经济合同是指以经济业务活动作为内容的合同。在税目税率表中列举了10类合同，分别为：购销合同、加工承揽合同、建设工程勘察设计合同、建筑安装工程承包合同、财产租赁合同、货物运输合同、仓储保管合同、借款合同、财产保险合同、技术合同。

(2)产权转移书据。财产所有权和著作权、商标专用权、专利权、专有技术使用权的转移书据。

(3)营业账簿。资金账簿和其他营业账簿。

(4)权利、许可证照。指政府授予单位、个人某种法定权利和准予从事特定经济活动的各种证照的统称。包括政府部门的房屋产权证、工商营业执照、商标注册证、专利证、土地使用证。

(5)经财政部确定征收的其他凭证。如证券交易中的股权转让书据。

3. 印花税税收优惠

(1)法定凭证免税。下列凭证，免征印花税：第一，已缴纳印花税的凭证的副本或者抄本；第二，财产所有人将财产赠给政府、社会福利单位、学校所立的书据。

(2)应纳税额不足0.1元的，免征印花税。

(3)特定凭证免税。下列凭证，免征印花税：第一，国家指定的收购部门与村委会、农民个人书立的农副产品收购合同；第二，无息、贴息贷款合同；第三，外国政府或者国际金融组织向中国政府及国家金融机构提供优惠贷款所书立的合同；第四，房地产管理部门与个人签订的用于生活居住的租赁合同免税；第五，农牧业保险合同免税；第六，军事、救灾、新铁路施工运料等特殊运输合同免税。

请注意：出版合同，不属于印花税列举征税的凭证，不征印花税。

(二)印花税的计算

1. 印花税的计税依据

(1)合同类：以凭证所载金额作为计税依据。第一，以凭证上的“金额”“收入”“费用”作为计税依据的，应当全额计税，不得作任何扣除；第二，载有两个或两个以上应适用不同税目税率经济事项的同一凭证，如分别记载金额的，应分别计算应纳税额，相加后按合计税额贴花；如未分别记载金额的，按税率高的计算贴花。

(2)营业账簿中记载资金的账簿：以“实收资本”和“资本公积”两项的合计金额作为计税依据。

(3)不记载金额的营业账簿、权利许可证照(房屋产权证、营业执照、专利证)和辅助性账簿(企业的日记账簿、各种明细分类账簿)：以件数作为计税依据。

2. 印花税应纳税额的计算方法

(1)实行比例税率计算：

$$应纳税额=应税凭证计税金额\times比例税率$$

应纳税额在0.10元以上的，按照四舍五入规则，其尾数不满0.05元的不计，满0.05元的按0.10元计算。

财产租赁合同最低纳税起点为1元，即税额超过0.10元，但不足1元的，按1元纳税。

(2)实行定额税率计算：

应纳税额＝应税凭证件数×定额税率

(3)营业账簿印花税计算：

第一，记载资金的账簿，应纳税额＝(实收资本＋资本公积)×0.5‰

第二，其他账簿按件贴花，每件5元。

【例1-6-9】 某电厂与某水运公司签订一份运输保管合同，合同载明的费用为500 000元(运费和保管费未分别记载)。货物运输合同的印花税税率为5‰，仓储保管合同的印花税税率为1‰。

要求：计算项合同双方各应缴纳的印花税额。

解析：应纳税额＝应税凭证计税金额×比例税率＝500 000×1‰＝500(元)

【例1-6-10】 某建筑公司与甲企业签订一份建筑承包合同，合同金额6 000万元(含相关费用50万元)。施工期间，该建筑公司又将其中价值800万元的安装工程转包给乙企业，并签订转包合同。

请问：该建筑公司此项业务应缴纳印花税为多少？

解析：总包合同应该贴花，新的分包转包合同又发生了新的纳税义务，也应该贴花。

该建筑公司应纳印花税＝(6 000＋800)×0.3‰＝2.04(万元)

六、城市维护建设税与教育费附加法律制度

全面“营改增”后，城市维护建设税是以纳税人实际缴纳的增值税、消费税为计税依据所征收的一种税，主要目的是筹集城镇设施建设和维护资金。教育费附加是以各单位和个人实际缴纳的增值税、消费税的税额为计征依据而征收的一种费用，其目的是为了加快发展地方教育事业，扩大地方教育经费来源。

为统一税制，公平税负，2010年10月18日，国务院发布了《关于统一内外资企业和个人城市维护建设税和教育费附加制度的通知》(国发[2010]35号)，决定自2010年12月1日起，对外商投资企业、外国企业和外籍个人征收城市维护建设税和教育费附加。

(一)城市维护建设税的基本规定

1. 纳税义务人

城市维护建设税的纳税人，是指实际缴纳增值税和消费税(以下简称“二税”)的单位和个人，包括各类企业、行政单位、事业单位、军事单位、社会团体及其他单位，以及个体工商户和其他个人。自2010年12月1日起，对外商投资企业、外国企业和外籍个人征收城市维护建设税。

2. 征收范围

城市维护建设税的征收范围从地域上看分布很广，具体包括城市、县城、建制镇，以及税法规定征收增值税和消费税的其他地区。

3. 税率

(1)税率的具体规定。城市维护建设税实行差别比例税率。按照纳税人所在地区的不同，

设置了三档比例的税率,即:纳税人所在地区为市区的,税率为 7%;纳税人所在地区为县城、镇,税率为 5%;纳税人所在地区不在市区、县城或者镇的,税率为 1%。

(2)税率适用中特殊情况:

第一,由受托方代扣代缴、代收代缴"二税"的单位和个人,其代扣代缴、代收代缴的城市维护建设税按受托方所在地适用税率执行。

第二,流动经营等无固定纳税地点的单位和个人,在经营地缴纳"二税"的,其城市维护建设税的缴纳按经营地适用税率执行。

4. 税收优惠

城市维护建设税属于"二税"的一种附加税,原则上不单独规定税收减免条款。如果税法规定减免"二税",也就相应地减免了城市维护建设税。

现行城市维护建设税的减免规定主要有以下四方面:第一,海关对进口产品代征增值税、消费税,不征收城市维护建设税;第二,对由于减免增值税、消费税而发生退税的,可同时退还已征收的城市维护建设税,但对出口产品退还增值税、消费税,不退还已缴纳的城市维护建设税;第三,对"二税"实行先征后返、先征后退、即征即退办法的,除另有规定外,对随"二税"附征的城市维护建设税,一律不予退(返)还;第四,对国家重大水利工程建设基金免征城市维护建设税和教育费附加。

(二)城市维护建设税的计算

1. 计税依据

城市维护建设税的计税依据,是纳税人实际缴纳的"二税"税额。纳税人因违反规定而加收的"二税"的滞纳金和罚款,不作为城市维护建设税的计税依据。但在查补"二税"和被处以罚款时,应同时对城市维护建设税进行补税,征收滞纳金和罚款。

2. 应纳税额的计算

城市维护建设税应纳税额的计算比较简单,其计税方法基本上与"二税"一致,其计算公式为:

应纳税额=实际缴纳的(增值税+消费税)×适用税率

【例 1-6-11】 某市甲公司 2019 年 6 月实际缴纳增值税 80 000 元,应缴消费税 70 000 元,实际缴纳消费税 60 000 元。

请问:该公司 6 月应缴城市维护建设税税额为多少?

解析:根据城市维护建设税法律制度规定,城市维护建设税以纳税人实际缴纳的"二税"为计税依据。因此:

应纳城市维护建设税税额=(80 000+60 000)×7%=140 000×7%=9 800(元)

(三)教育费附加的基本规定

1. 缴费义务人

教育费附加的缴费人,是指实际缴纳"二税"的单位和个人,包括各类企业、行政单位、事业单位、军事单位、社会团体及其他单位,以及个体工商户和其他个人。自 2010 年 12 月 1 日起,对外商投资企业、外国企业和外籍个人征收教育费附加。

2. 征收范围

教育费附加的征收范围为税法规定征收增值税、消费税的单位和个人。自 2010 年 12 月

1日起，对外商投资企业、外国企业和外籍个人征收教育费附加。

3. 征收比率

按照1994年2月7日《国务院关于教育费附加征收问题的紧急通知》的规定。现行教育费附加征收比率为3%。

4. 减免规定

教育费附加的减免。原则上比照“二税”的减免规定，如果税法规定“二税”减免，则教育费附加就相应减免，主要的减免规定有：第一，对海关代征进口环节增值税、消费税，不征收教育费附加；第二，对由于减免增值税、消费税而发生退税的，可同时退还教育费附加，但对出口产品退还增值税、消费税的，不退还已征收的教育费附加。

（四）教育费附加的计算

教育费附加以纳税人实际缴纳增值税、消费税税额之和为计征依据。

计算公式：

应纳教育费附加＝实际缴纳的增值税、消费税之和×征收比率

【例1-6-12】　以例1-6-11的资料，计算该公司6月应纳教育费附加。

解析：应纳教育费附加＝(80 000＋60 000)×3%＝140 000×3%＝4 200(元)

基本技能训练

一、项目名称

计算城建税、契税等小税种的应纳税额。

二、训练目的

通过模拟操作，在正确理解小税种法律制度基本内容的基础上，熟悉小税种的应纳税额计算规则，并进而形成初步的小税种应纳税义务确认与应纳税额计算的能力。

三、训练要求

(1)根据有关税种制度规定分别进行每一经济业务的涉税事项简单分析。

(2)计算应纳税额。

四、经济业务资料

1. 东方红公司2018年度与印花税有关的资料如下：

(1)2月，与A企业签订一份以货易货合同，合同规定，公司以价值30万元的产品换取A企业32万元的货物作为原材料，该合同在规定期限内并未履行。

(2)3月接受B企业委托加工产品，合同载明，原料及主要材料由东方红公司提供，价值30万元，另收取加工费10万元，价款合计40万元。

(3)5月，与C银行签订借款合同1份，金额100万元，同一天与某金融机构签订无息贷款合同1份，金额40万元。

(4)6月，与D企业约定租赁其仓库使用3个月，货物总价值100万元，仓储保管费15万元。未签订正式合同，取得物流公司出具的仓单。

(5)7月与某办公用品公司签订一份复印机租赁合同，合同金额850元。

(6)9月与A公司签订专有技术使用权转让合同一份,合同注明在1年内该公司需要提供有偿的技术咨询服务,一共需要支付20万元。

(7)11月与某公司签订办公室租赁合同一份,合同中约定每月租金0.5万元,从12月开始按月支付,但未约定租赁期限。

(8)12月与某研究所签订技术转让合同一份,合同注明按该技术研制的产品实际销售收入支付给研究所10%的报酬,当月该产品尚无销售收入。

请根据上述资料,计算该远洋公司2018年度应纳印花税税额。

2. 张某2018年拥有和使用的房产情况如下:

(1)将2017年8月购入并居住的一套住房(购入价格35万元)和2011年2月购入并居住的一套住房(购入价格40万元)分别以50万元和48万元的价格转让给他人。

(2)将一套三居室的住房出租,月租金2 000元,2011年共取得租金2.4万元。

(3)将一套已居住2年的二居室住房(市场价格为20万元)与他人交换一套四居室住房(市场价格45万元),支付差价25万元。

(4)参加一项有奖竞赛活动,获得奖励商品房一套(市场价格为15万元)。

根据上述资料,分析并计算张某在2018年应该缴纳的契税(当地契税税率为3%)。

3. 某电梯股份公司下设独立核算的具有法人资格的销售公司(为增值税一般纳税人)、安装公司和维护公司(假定三家公司均位于省会城市的同一市区)。2019年4月销售公司向非关联公司销售电梯取得不含税销售额800万元,购进货物取得增值税专用发票,注明价款360万元、增值税61.2万元;安装公司取得安装收入140万元;维护公司取得测试服务收入60万元。(本月取得的发票均在本月认证并抵扣)

请根据上述资料,分析并计算计算:

(1)计算该销售公司本月应纳增值税和城建税、教育费附加。

(2)计算该安装公司本月应纳增值税和城建税、教育费附加。

(3)计算该维护公司本月应纳增值税和城建税、教育费附加。

4. 某市甲企业2019年的有关资料如下:

(1)2月1日将新建成的价值350万元的几间自有房产出租给A企业,年租金60万元。

(2)3月1日开始修建车间一座,9月20日该车间建成并投入使用,造价300万元。

(3)除上述房产外,该企业年初"固定资产"科目还记载有房产原值2 950万元,其中包括正在为基建工地使用的临时房屋500万元,单独记账的中央空调100万元,连续停用4个月的车间600万元(已经恢复使用)。另外还有一间生产经营用的房产,由于某种原因未记载在"固定资产"科目中,该房产原值为50万元。(该地区房产税扣除比例是30%)

(4)该企业年初账面记载实际占用的土地为30 000平方米,其中10 000平方米为生产经营用土地,5 000平方米为厂办子弟学校用地,1 500平方米土地有偿租给军队作为训练用地,其余土地均为企业内绿化用地。(城镇土地使用税单位税额为4元/平方米)

(5)由于生产规模的扩大,甲企业决定在本市郊区另建一个厂区用于生产高污染的产品,经有关部门批准,2019年4月新征用本市郊区的耕地20 000平方米。(税额为30元/平方米)

请根据上述资料,分析并计算:

(1)计算甲企业2019年应纳的房产税。

(2)计算甲企业2019年应纳的城镇土地使用税。

项目二　识会计，懂账务：熟悉报表信息的来龙去脉

任务一　会计核算概述

任务目标

会计是以货币为主要计量单位，运用专门方法，对经济活动进行核算和监督，并向有关方面提供高质量信息以满足信息使用者经济决策需要的一种经济管理活动。本任务通过介绍会计概念与职能、会计假设、会计要素、会计等式、会计科目与账户、会计核算基本流程等，使学习者对会计核算的基本内容、功能与方法等，形成正确、完整的初步认识与基本理解，为后续内容的学习奠定认知基础。

导入信息

想创业当老板必须要懂财务知识

教育部近期发布的《中国大学生就业创业发展报告》显示，2015 届全国高校毕业生创业率为 2.86%，其中直辖市和农村生源的大学生创业率高。创业当老板，必须得懂一些基本的财务知识，离开资金企业就无法运营，而产品、销售、人力等企业运营的方方面面都与财务紧密相关，可以说是"处处离不开钱"。

作为老板，首先要能看懂利润表、现金流量表和资产负债表这三张表，这是基础。其中资产负债表提供的是资产、负债和所有者权益在某时点的信息，损益表和现金流量反映的是期间发生额之类。在此建议不需要关注所有信息，抓住重点就行，也不要只看数字，要看数字背后的东西。

…………（编者注：具体谈及货币资金、往来款项、存货、固定资产、成本和费用、预算管理、内部控制、税务、工程、投资等财务知识。限于篇幅，此处从略）

总结：老板要掌握的知识还有很多，得成半个财务。老板对自己的要求要高一点，因为钱是自己的，责任风险都是最大，知道的东西当然要比别人多。

（资料来源：中小企业服务中心，2015-12-25　转自《今日头条》）

内容阐释

上述信息资料反映的内容和现象在当今时代是非常普遍的，是一种客观存在。无论从事创业活动还是从事企业日常管理工作、基层市场营销活动，甚至从事一般的家庭理财、个人资财的保值增值事务处理等，无不需要进行科学地分析预测以及过程控制和事后总结，期间必然需要应用到一些基本的财务知识与方法。诚如导入信息资料所言，想创业成功并获得预期回报，除了其他因素条件，具备必要的财务知识是必备的基础条件之一；是否掌握了必要且正确的一些基本财务知识，对于经营成效状况的判断、对于投资创业的热情等都可能产生不同的影响——或者因认知正确而获得激励，或者因认知错误而受到挫伤。

因此，"经济时代"的"经济人"熟悉、掌握会计这种经济语言和经济手段是必要的。

那么，创业、经营、理财等活动中一般需要什么样的会计知识和能力呢？怎样才能够看懂账务资料、正确分析经营成效呢？答案是：了解会计核算的基本内容与方法，知晓有关财务数据的来龙去脉，理解数据背后的含义。

一、会计的含义与会计基本职能

现代会计是经济管理工作不可或缺的重要组成部分。会计信息是国家制定宏观经济政策、实施宏观经济调控的重要依据，是企业进行经营决策的基本依据之一，是个人投资决策的基本条件。经济越发展，会计越重要。西方国家称"会计是企业决策的基础""会计是企业的语言"。在发展经济始终是"中心"的历史时代，会计的重要性完全不低于科学技术，从一定意义上讲，不懂会计的企业领导不是合格的领导，不懂会计的人员是很难取得明显的经营或理财成效的。

(一)会计的含义

当代社会中，我们往往会从四个视角来诠释"会计"一词，即：会计是一种专业技术活动；会计是一种职业；会计是一类从业者；会计是一门学科。当然，这四个含义又是密切相联的。通常在理解时，是以"会计是一种专业技术活动"为基础和核心的。

从"会计是一种专业技术活动"的视角看，所谓会计，是指以货币为主要计量单位，以会计凭证为依据，运用专门方法，对企业、事业单位以及其他组织等特定主体的经济活动进行全面、连续、系统地核算和监督，并向有关方面提供符合质量要求的信息，以满足信息使用者经济事项决策需要的一种经济管理活动。

作为一种社会现象、一种社会实践，会计历史悠久。根据现有的史料，古巴比伦、古埃及和中国周朝等都有类似于会计的记录，或者会计官制与会计活动的记载。《周礼》记载，周王朝已经设立了"司会"，并规定了"以参互考日成，以月要考月成，以岁会考岁成"的会计检查制度。清代学者焦循将会计解释为"零星之算为计，总合之算为会。"

马克思指出："在一切社会状态下，人们对生产生活资料所耗费的劳动时间必然是关心的，虽然在不同的发展阶段上关心的程度不同。"[①]会计正是随着这种"关心"的需要在人类社会生

---

① 马克思.《资本论》第1卷第88页.北京：人民出版社，1975.

产的发展和经济管理的需要而产生、发展并不断完善起来的，并从原来的生产职能的附属部分中分离出来，成为具有独立职能和方法体系的工作。长期的历史实践证明并将继续证明：生产愈发展，会计愈重要。正如马克思所指出的："过程越是按社会的规模进行，越是失去纯粹个人的性质，作为对过程的控制和观念总结的簿记就越是必要；因此，簿记对资本主义生产，比对手工业和对农民的分散生产更为必要，对公有生产，比对资本主义生产更为必要。"①

(二)会计的基本职能

会计的基本职能亦即会计的基本功能，是指在经济管理活动中，会计的基本作用充分发挥所能够达到的客观效果。会计参与经济活动管理正是主要通过发挥其基本职能来实现的。

会计的基本职能是一种客观存在，它从会计诞生起就已经具有。根据马克思把会计在社会经济管理中所具有的功能归结为对再生产"过程的控制和观念的总结"的论断，我国会计界一般将会计的基本职能概括为"核算职能"和"监督职能"(也称"反映职能"和"控制职能")。这样的基本职能体现了会计的本质特征。

1. 会计的核算职能

会计核算是指通过会计形式，根据财政、财务会计制度，对资金和物资的收支情况进行审核和确认、记录、计量、汇总、报告的全部活动。会计的核算职能是会计首要的、最基本的职能，贯穿于经济活动的全过程。

对会计核算，可以从两方面来理解：一是对经济业务事项的基本过程与相关数量采用科学的会计方法进行正确的计量与记录，并进行正确地组合与汇总，为经济管理工作提供完整的、连续的、系统的经济信息；二是对经济信息进行分析和总结，对企业等经济组织过去所发生的经济活动进行考核和评价。前者属于一种简单反映，后者属于高级反映，是简单反映的深化和提高。

会计核算必须以真实发生的经济业务事项的真实情况为基础来进行，必须切实做到"依法核算""合法核算"和"规范核算"，提供的核算信息必须符合以"真实性"和"相关性"为核心的质量要求(具体包括真实性、相关性、明晰性、可比性、经济实质重于法律形式、重要性、谨慎性、及时性等八项要求)。

2. 会计的监督职能

会计的监督职能，也称控制职能，是指以国家的有关财政、财经法律法规以及财经制度、财经纪律为依据，以会计核算内容和过程为基础，以财务活动为内容，运用会计信息指挥、监督、调节经济过程和内容，使之不越出规定的范围和条件，不脱离既定目标的一种独特的功能。监督职能是现代会计最重要的职能之一，是现代会计本质的重要体现。

需要强调的是，对会计核算职能和监督职能的认识和实践处理上，必须注意结合和融合，把握其内在联系性。可以说，会计核算是会计监督的基础，会计监督是在会计核算信息反馈的基础上完成的，是利用会计核算提供的信息对生产过程进行的监督；而会计监督则促进了会计核算的不断规范和有效。

---

① 马克思.《马克思恩格斯全集》第24卷第152页.北京：人民出版社，1972.

二、会计核算的基本前提与核算基础

(一)会计核算的基本前提

会计核算的基本前提也称为“会计假设”(以下均称“会计假设”)。

会计假设,并不是毫无根据的猜想,而是根据企业所处的社会经济环境所作出的合理推断,这体现了会计假设的科学性。需要强调的是,会计假设虽然被称为“假设”,但在市场经济这一客观环境下又有着不以人们意志为转移的特点,具有客观性。

现代会计是建立在一系列假设的基础上的,即会计假设是现代会计的基石。会计工作所遵循的会计原则是建立在会计假设基础上的,而日常会计工作中的具体程序和方法又是建立在会计原则基础上的。所以说,会计假设是会计核算工作的基本前提。

会计假设包括:会计主体假设、持续经营假设、会计分期假设、货币计量假设。

1. 会计主体假设

会计主体就是会计为之服务的特定单位或经济实体。会计主体假设规定了会计确认、计量和报告的空间范围,解决了核算谁的经济业务的问题。任何会计核算只能限制于特定主体本身的各项生产经营活动。具体要求是:首先,在会计主体前提下,企业应对其本身发生的交易或事项进行确认、计量和报告,反映本身从事的各项经济活动;其次,明确了会计主体,可以将会计主体的交易或事项与会计主体所有者的以及其他会计主体的交易或事项区分开来。

会计主体假设是持续经营、会计分期和货币计量前提和全部会计核算原则建立的基础。

在认识和确定会计主体时,应当正确理解“会计主体”和“法律主体”之间的关系。

2. 持续经营假设

企业会计确认、计量和报告应当以持续经营为前提。所谓持续经营假设,是指在可预见的将来,会计主体会按当前的规模和状态永远经营下去,不会停业,也不会大规模地削减业务。它是以会计主体持续、正常的经营活动为前提的。

明确持续经营前提,就意味着会计主体将按照既定用途使用资产,按照既定合约条件清偿债务,会计人员就可以在此基础上选择会计原则和会计方法。会计核算上所使用的一系列会计处理方法都是建立在持续经营的假设基础上,从而解决了很多常见的财产计价和收益确认问题。如果有迹象表明企业不能持续经营下去,但仍选择持续经营前提下的会计原则和会计方法,将不能客观反映企业的财务状况、经营成果和现金流量

3. 会计分期假设

会计分期是指将一个会计主体持续的经营活动划分为一个个连续的、长短相同的期间,其目的是分期结算盈亏,编制财务会计报告,及时向有关各方提供企业财务状况、经营成果和现金流量等会计信息。会计分期假设解决了会计核算的时间范围。

会计分期对会计准则、会计制度和会计核算方法有着直接的影响。由于会计分期,才产生了当期与其他期间的差别,从而出现了权责发生制和收付实现制的区别,才使不同类型的会计主体有了记账的基础,进而出现了应收、应付、递延、待摊等会计处理方法。

我国《企业会计准则》规定,企业会计分期有年度、半年度、季度和月份。

4. 货币计量假设

货币计量,是指会计主体在会计核算过程中,采用货币作为计量单位,计量、记录和报告会计主体的生产经营活动。

会计核算是对企业财务状况和经营成果全面系统的反映，为此，需要一个统一的量度。之所以选择货币作为计量单位，是由货币本身的属性和功能决定的。货币是固定地充当一般等价物的商品，是衡量一般商品价值的共同尺度，具有价值尺度、流通手段、储藏手段和支付手段等功能。重量、长度、容积、台、件等其他计量单位，只能够从一个侧面反映企业的生产经营情况，无法在(价值)量上进行汇总和比较，不便于管理和会计计量，也无法进行有关的重要比较。所以，为了全面、综合地反映企业的生产经营、业务收支等情况，会计核算选择货币作为计量单位。

货币计量假设的含义有二：一是在诸多计量单位中假设货币是计量经济活动及其结果的最好单位；二是假设货币的购买力保持不变，即假设货币的单位价值保持不变。

我国会计法规要求，在货币计量的前提下，企业的会计核算以人民币作为记账本位币。业务收支以人民币以外的货币为主的企业，可以选定其中一种作为记账本位币，但是对外提供的财务会计报告应当折算为人民币。在境外设立的企业向国内报送的财务会计报告，应当折算为人民币。

(二)会计核算基础

企业的资源流动会引起相应的货币资金流动，但由于存在会计分期，货币资金实际的收付期间和资源流动的发生期间往往不一致。因此，在确认资产、负债、收入和费用时，就有两种核算基础可供选择：一是权责发生制基础，一是收付实现制基础。

权责发生制要求，凡是当期已经实现的收入和已经发生或应当负担的费用，不论款项是否收付，都应当作为当期的收入和费用；凡是不属于当期的收入和费用，即使款项已经在当期收付，都不应当作为当期的收入和费用。即是说，收入和费用的入账，应以收入的实现和费用的发生为基础，不论收益是否实际收到，费用是否实际支出，都要当月入账，都要以是否取得“权利”和承担“责任”为标准来确定归属期，而不必等到实际收到现金或支付现金时才确认。实行权责发生制，要运用一些如应计、预提或摊销、应付等科目，并通过相应的会计账户加以归类反映，从而更准确地反映出特定会计期间经济业务及财务状况和经营成果的真实面貌。

收付实现制，也称现金制、现收现付制，它是指以实际收到或支付货币资金作为确认收入和费用的依据。其要求是：凡是本期实际收到的款项，不论其是否应该属于本期的收入，均作为本期收入处理；凡是本期实际支付的款项，不论其是否应该由本期负担，均应作为本期的费用处理。

我国企业会计准则规定，企业的会计核算应当以权责发生制为基础。

三、会计要素及其平衡关系式

(一)会计核算对象

会计核算是对有关经济业务活动内容通过会计的方式方法予以确认、记录、计量、汇总、报告的活动，其核算对象与通常所说的会计对象是一致的，即会计的客体，也就是会计核算和监督的内容。凡是企业、机关和事业单位以及其他组织能够以货币计量的经济业务事项，都是会计核算的对象。

马克思指出，会计是“过程的控制和观念总结”，可见这个“过程”就是会计所反映和控制的内容，是对会计对象一般性、概括性的说明。这个“过程”是指社会再生产过程，它是由生产、分配、交换(或流通)和消费四个环节组成的，包括了许多的经济业务事项活动。但会计并不能反映和控制社会再生产过程中经济活动的全部,而只能反映和控制那些能够用货币表现的方面,即那些再生产过程中的资金运动(或称价值运动)。从哲学的观点看,任何运动都可以划分为相对静止和绝对变动两种状态,企业的经营资金运动也一样。若经营资金运动没有相对静止状态,那么会计就无法进行确认、计量、记录和报告;若经营资金不是绝对运动,企业不是持续经营的,那么会计的许多政策与方法就无法采用。

企业的经营资金运动的过程,可分为资金投入、资金循环与周转、资金退出三个基本环节。以制造业企业为例,如图 2-1-1 所示。

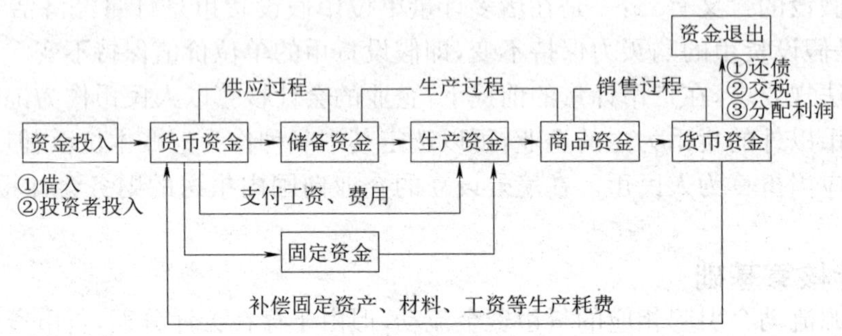

图 2-1-1　制造业企业资金运动示意图

(二)会计要素

会计核算的对象是再生产中能够用货币表现的方面,即那些再生产过程中的资金运动(或称价值运动)。资金运动是由经济业务引起的。我们将引起资金运动而必须由会计加以计算、记录的一切经济业务(诸如事件、事情、状况等)称作会计事项。就企业而言,不仅引起资金投入、资金退出的会计事项多种多样,而且引起资金循环周转的会计事项也是错综复杂的,呈现千变万化、头绪纷繁的特点。如果会计对这些变化项目的数据杂乱无章地加以记录而不作分类,是不会加工出多少有用的会计信息的,也就不能为信息用户提供多少对决策有用的财务信息了。因此,会计必须对会计事项所引起的变化项目加以适当归类,并为每一个类别取一个名称,这就是会计要素。一切会计工作无不是围绕会计要素的确认、计量、记录和报告来开展的。所以,对会计要素进行严格的定义,既是做好会计核算工作的需要,也是会计信息使用者理解会计报表的需要。

我国《企业会计准则》规定了六个要素:资产、负债、所有者权益、收入、费用、利润。

1. 资产

资产是指企业过去的交易或者事项形成的、由企业拥有或者控制的、预期会给企业带来经济利益的资源。

所谓"企业过去的交易或者事项"包括购买、生产、建造行为或其他交易或者事项。预期在未来发生的交易或者事项不形成资产。所谓"由企业拥有或者控制",是指企业享有某项资源的所有权,或者虽然不享有某项资源的所有权,但该资源能被企业所控制。所谓"预期会给企业带来经济利益",是指直接或者间接导致现金和现金等价物流入企业的潜力。

同时满足以下条件的经济资源,应当确认为资产:第一,与该资源有关的经济利益很可能流入企业;第二,该资源的成本或者价值能够可靠地计量。

资产分为流动资产和非流动资产。流动资产是指现金及其他能在一年或超过一年的一个营业周期内变现或者耗用的资产，包括现金、银行存款、短期证券投资、应收账款、存货等等。非流动资产也称长期资产，如长期投资、固定资产、无形资产等。

需要指出的是，资产按历史成本计价，没有考虑各项资产发生减值的风险，这会导致账面资产价值虚增。为了保证资产要素的真实性，使会计报表中披露的资产更加符合其质量特征，应在期末对有关资产的计价重新确定，计提资产减值准备。各项主要资产如短期投资、应收账款、存货、固定资产、无形资产、在建工程、长期投资、委托贷款等都要计提减值准备，使会计信息披露更具有客观性。

2. 负债

负债是指企业过去的交易或者事项形成的、预期会导致经济利益流出企业的现时义务。此处的"现时义务"是指企业在现行条件下已承担的义务。未来发生的交易或者事项形成的义务，不属于现时义务，不应当确认为负债。

同时满足以下条件的义务，应当确认为负债：第一，与该义务有关的经济利益很可能流出企业；第二，未来流出的经济利益的金额能够可靠地计量。

负债根据其偿还期限长短分为流动负债和长期负债。流动负债是指将在一年（含一年）或者超过一年的一个营业周期内偿还的债务，如短期借款、应付账款、预收账款、应交税费等；长期负债是指偿还期在一年或者超过一年的一个营业周期以上的负债，如长期借款、应付债券、长期应付款等。

3. 所有者权益

所有者权益是指企业资产扣除负债后由所有者享有的剩余权益。公司的所有者权益又称为股东权益。

所有者权益的来源包括所有者投入的资本、直接计入所有者权益的利得和损失、留存收益等。其中，直接计入所有者权益的利得和损失，是指不应计入当期损益、会导致所有者权益发生增减变动的、与所有者投入资本或者向所有者分配利润无关的利得或者损失。利得是指由企业非日常活动所形成的、会导致所有者权益增加的、与所有者投入资本无关的经济利益的流入；损失是指由企业非日常活动所发生的、会导致所有者权益减少的、与向所有者分配利润无关的经济利益的流出。

所有者权益金额取决于资产和负债的计量。

4. 收入

收入是指企业在日常活动中形成的、会导致所有者权益增加的、与所有者投入资本无关的经济利益的总流入。

收入只有在经济利益很可能流入从而导致企业资产增加或者负债减少，且经济利益的流入额能够可靠计量时才能予以确认。

5. 费用

费用是指企业在日常活动中发生的、会导致所有者权益减少的、与向所有者分配利润无关的经济利益的总流出。费用只有在经济利益很可能流出从而导致企业资产减少或者负债增加，且经济利益的流出额能够可靠计量时才能予以确认。

企业为生产产品、提供劳务等发生的可归属于产品成本、劳务成本等的费用，应当在确认产品销售收入、劳务收入等时，将已销售产品、已提供劳务的成本等计入当期损益。

企业发生的支出不产生经济利益的，或者即使能够产生经济利益但不符合或者不再符合资产确认条件的，应当在发生时确认为费用，计入当期损益。

企业发生的交易或者事项导致其承担了一项负债而又不确认为一项资产的，应当在发生时确认为费用，计入当期损益。

6. 利润

利润是指企业在一定会计期间取得的经营成果。利润包括收入减去费用后的净额、直接计入当期利润的利得和损失等。利润金额取决于收入和费用、直接计入当期利润的利得和损失金额的计量。

企业利润包括营业利润、利润总额与净利润三层次，其具体计算及相互关系是：

(1)营业利润＝营业收入－营业成本－税金及附加－期间费用－资产减值损失＋公允价值变动净收益＋投资净收益

(2)利润总额＝营业利润＋营业外收入－营业外支出

(3)净利润＝利润总额－所得税费用

(三)会计要素的综合平衡关系式——会计等式

会计等式，又称会计方程式、会计恒等式、会计平衡公式，它是会计六要素相互间的规律性变化的数学表达式，是会计核算中的复式记账、试算平衡、编制会计报表的理论依据。

1. 静态要素等式

任何企业从事生产经营活动，首先必须拥有一定的能够以货币计量、具有未来经济效益的经济资源，会计称为“资产”。而企业的资产必有其来源，资产提供者则对资产具有所有权或索偿权，会计上将其称为“权益”。

根据政治经济学的原理，一定量的价值总是表现为双重存在：一方面表现为特定的物质存在，是价值的自然属性的物质承担者，在会计上称“资产”；另一方面又表现为相应的要求权，表现为归谁所有，是价值的社会属性的体现，在会计上称作“权益”。可见，企业所拥有或控制的经济资源——“资产”，与相应的“权益”，实质上是同一资本(资金)的两个不同方面，是从两个不同角度去观察和分析的结果。等式如下：

资产＝权益 → 资产＝债权人权益＋所有者权益

上述等式如果站在企业的角度看，“债权人权益”实则为企业的“负债”。等式转化为：

资产＝负债＋所有者权益

会计静态要素等式反映资产、负债、所有者权益三个静态要素之间的数量关系。

2. 动态要素等式

企业经营的目的是从生产经营活动中获得收入并实现利润，而企业在取得收入的同时，必然发生相应的费用，收入和费用二者配比后，才能确定盈亏。企业一定时期的利润总额与收入、费用的关系可表示为：收入－费用＝利润。

“收入－费用＝利润”这一会计等式是反映企业经营成果及收入、费用、利润三要素相互关系的会计等式。由于该等式只是反映利润表中收入、费用和利润三个会计要素内在联系的等式，会计上并不将其称为基本会计等式，但它是编制利润表的理论依据。

3. 综合等式

综合等式实质上就是将上述静态要素等式和动态要素等式按照会计六要素之间的内在关

系融合而形成的。表示为：

资产＝负债＋所有者权益＋收入－费用

该等式是将财务状况要素与经营成果要素有机结合起来，完整反映会计六要素相互关系的会计等式。企业是所有者投资的，企业实现的利润无疑只属于所有者，故利润的实现表明所有者权益增加；反之，企业亏损也只能由所有者来承担，表明所有者权益因亏损而减少。另外，从收入、费用要素的特征看，收入的取得表现为资产的增加或负债的减少，费用的发生则表现为资产的减少或负债的增加。因此，在企业生产经营活动过程中，赚取收入、发生耗费的经济业务发生后，上述等式仍然成立。

4. 会计基本等式

任何会计期末，将本期收入与相关的费用配比后，即可确定该期的利润。按照规定，企业的利润一部分以投资报酬的形式分配给所有者，剩余部分则留在企业，称为留存收益。企业将该付给投资者的利润一般定期结算，在支付之前则形成企业的负债。这样，利润分配后的结果实际上相应地转换成了企业的负债和所有者权益，上述综合等式则形成了与静态要素等式形式一样、内容实质一致的等式。表示为：

资产＝负债＋所有者权益

理论和实务证明，任何特定的会计主体，在其持续的生产经营活动过程中，无论发生怎样的经济业务，始终都不会破坏特定时日时“资产＝负债＋所有者权益”这一平衡关系。因而，这一平衡关系式成为一个恒等式，称为基本会计等式。

四、会计核算的基本流程与核算方法

（一）会计核算的基本流程

会计核算的基本流程由“会计确认”“会计计量”“会计记录”和“会计报告”四环节构成。即：确认→计量→记录→报告。

1. 会计确认

会计确认，是指按规定的标准和方法，辨认和确定经济信息是否作为会计信息进行正式记录并列入财务报告的过程，可分为初次确认和再次确认。初次确认，是指对输入会计核算系统的原始经济信息进行的确认。再次确认，是指对会计核算系统输出的、经过加工的会计信息的确认。

2. 会计计量

会计计量，就是会计主体在将符合确认条件的会计要素登记入账并列报于会计报表及其附注时，应当按照规定的会计计量属性进行计量，确认其金额。简单说，会计计量，是选择一定的计量尺度对已经确认的会计要素进行定量反映，使之转化为会计数据及会计信息的过程。从基本概念来说，计量主要是由会计计量单位和会计计量属性两方面内容所构成，它们之间的不同组合形成不同的会计计量模式。

会计计量属性（也称计量基础），是指所用量度的经济属性。可用于会计计量的属性主要有历史成本、重置成本（现行成本）、可变现价值、现值、公允价值。

尽管会计计量属性各种各样，但传统会计上一直把历史成本作为其基本的计量属性。这不仅仅是由于其具有客观可靠、简便等优点，同时也是符合会计的持续经营、会计分期和货币计量等基本假设的要求。在历史成本计量基础上，资产是按照购置该项资产支付的货币或与之等价的金额，或是按照为购置资产而付出的代价的价值计量；负债是按照以债务为交换所收到的款项金额，或是在某些情况下按照正常业务过程中为偿还负债所要付出的现金或现金等价物的金额加以计量。例如，企业购一台设备，买价 20 000 元，安装和运输费 400 元，则实际成本为 20 400 元(即历史成本)。若该资产可用 10 年，无残值，各年损耗相当，那么，使用 2 年后的折余价值应为 16 320 元(20 400－20 400÷10×2)。这个折余价值就是按历史成本计算的。历史成本具有计量结果客观、可验证等优点，但也存在不能反映企业现实价值、不能反映企业真实财务状况等不足。

会计计量单位，是指会计计量尺度的量度单位。货币作为商品内在价值尺度的必然表现形式，最终成为会计统一的计量尺度。按照国际惯例，只要物价变动不达到恶性通货膨胀的程度(其主要标志是 3 年累计的通货膨胀率接近或超过 100%)，一般都以各国法定的名义货币作为计量单位，而不考虑其购买力的变化对企业财务信息的影响。

3. 会计记录

会计记录，就是采用借贷记账法等规定的方法将有关确认的经济业务信息编制凭证并登记到会计账簿中。具体讲，包括填制和审核原始凭证、采用借贷记账法确定记账公式、填制记账凭证、登记账簿并按会计期间进行结账等几项内容。

4. 会计报告

会计报告，就是按照会计制度的要求编制符合规定的以资产负债表、利润表和现金流量表为主体内容的财务会计报告，并及时向有关信息使用者提供。

(二)会计核算方法

会计方法是达到会计目标、实现会计职能、完成会计任务所采用的会计核算方法、会计分析方法、会计监督方法等专门方法的总称。会计核算方法作为会计方法体系的主体及核心，是对会计对象进行确认、计量、记录和报告所采用的专门手段，主要包括：设置会计科目和账户、复式记账、填制和审核会计凭证、登记账簿、成本计算、财产清查、编制财务报表。

1. 设置会计科目和账户

(下一内容将专门介绍，此处从略)

2. 复式记账

复式记账是对每一项经济业务，都要以相等的金额同时在两个或两个以上相关账户中进行记录的方法。复式记账要使得每项经济业务所涉及的两个或两个以上的账户之间产生一种平衡关系，可以了解和掌握经济业务的内容，检查会计记录的正确性。同时，采用复式记账法记录各项经济业务，能够全面、系统地反映各项经济业务间的联系，反映经济活动全貌。

3. 填制和审核会计凭证

会计凭证是记录经济业务、明确经济责任的书面证明，包括原始凭证和记账凭证。正确填制和审核会计凭证，是核算和监督经济活动财务收支的基础，是做好会计工作的前提，填制和审核会计凭证的质量决定着会计信息的真实性、可靠性和完整性。

4. 登记账簿

登记账簿是根据填制和审核无误的记账凭证全面、连续、系统地在账簿中登记经济业务的会计方法。账簿是记录并储存会计数据及信息的重要载体。登记账簿应该以记账凭证为依据，按照规定的会计科目开设账户，并将记账凭证中所反映的经济业务分别记入有关账户。这样，账簿记录就对会计凭证中分散反映的经济业务信息进行了进一步的分类、汇总，使之系统化。账簿记录的各种数据资料，还是编制会计报表的重要依据。

5. 成本计算

成本计算，就是对应计入一定对象上的全部费用进行归集、计算，并确定该对象的总成本和单位成本的会计方法。通过成本计算，可以正确地对会计核算对象进行计价，可以考核经济活动中物化劳动和活劳动的耗费程度，为不断提高资源利用成效提供科学依据。

6. 财产清查

财产清查是指通过盘点实物、核对账目，以查明各项财产物资实有数额的一种专门方法。财产清查是保证会计核算资料的真实性、正确性的一种手段。同时，也是切实加强对财产物资有效管理的重要举措。

7. 编制财务报表

编制财务报表是以特定表格的形式，定期并总括地反映企业、行政事业单位等的经济活动情况和结果的一种专门方法。财务报表主要以账簿中的记录为依据，经过一定形式的加工整理而产生一套完整的核算指标，用来考核、分析财务计划和预算执行情况以及作为编制下期财务和预算的重要依据。

五、会计核算的基本工具——会计科目与会计账户

会计核算是对可以用货币计量的经济业务信息，以会计凭证为依据，采用复式记账方法，以会计科目和会计账户为基本工具，以会计账簿等为载体，开展相应的确认、计量、记录和报告的活动。

(一)会计科目

会计科目是指对会计要素按经济内容进行进一步具体分类核算的项目。它是设置会计账户、进行复式记账以及编制记账凭证的基础，也为编制会计报表提供了方便。

《会计基础工作规范》要求，各单位根据国家统一会计制度的要求，在不影响会计核算要求、会计报表指标汇总和对外统一会计报表的前提下，可以根据实际情况自行设置和使用会计科目。

一个会计主体的会计科目设置必须形成一个体系 ——“会计科目表”，该体系是特定会计主体会计对象要素具体内容的分类系统。首先，要求把会计主体的会计要素的具体内容进行总括分类，全面反映该会计主体会计要素的概括情况，总括分类是会计对象要素的一级分类或称“总分类”，是会计科目体系的横向整体结构。其次，要对某些总括分类的一级科目进一步根据实际需要作多层次的分类，以反映这一总括分类的具体内容，统称“明细科目”，是科目体系的纵向结构。纵向结构和横向结构的有机结合，形成了一个完整的会计科目体系。

从实质上看，会计科目是对每一会计要素涵盖的内容做的进一步分类，因而，按照与会计要素的关系，会计科目分为资产类科目、负债类科目、所有者权益类科目、成本类科目、损益类科目。

常用的会计科目如表 2-1-1 所示。

表 2-1-1　企业常用会计科目表(简表)

科目编号	科目名称	科目编号	科目名称
	一、资产类	2203	预收账款
1001	库存现金	2211	应付职工薪酬
1002	银行存款	2221	应交税费
1012	其他货币资金	2231	应付利息
1101	交易性金融资产	2232	应付股利
1121	应收票据	2241	其他应付款
1122	应收账款	2501	长期借款
1123	预付账款	2701	长期应付款
1131	应收股利		
1132	应收利息		三、共同类(略)
1221	其他应收款		
1231	坏账准备		四、所有者权益类
1401	材料采购	4001	实收资本(或股本)
1402	在途物资	4002	资本公积
1403	原材料	4101	盈余公积
1404	材料成本差异	4103	本年利润
1405	库存商品	4104	利润分配
1406	发出商品		
1408	委托加工物资		五、成本类
1411	周转材料	5001	生产成本
1471	存货跌价准备	5101	制造费用
1511	长期股权投资	5301	研发支出
1512	长期股权投资减值准备		
1531	长期应收款		六、损益类
1601	固定资产	6001	主营业务收入
1602	累计折旧	6051	其他业务收入
1603	固定资产减值准备	6111	投资收益
1604	在建工程	6301	营业外收入
1605	工程物资	6401	主营业务成本
1606	固定资产清理	6402	其他业务成本
1701	无形资产	6403	税金及附加
1702	累计摊销	6601	销售费用
1703	无形资产减值准备	6602	管理费用
1801	长期待摊费用	6603	账务费用
1901	待处理财产损溢	6701	资产减值损失
		6711	营业外支出
	二、负债类	6801	所得税费用
2001	短期借款	6901	以前年度损益调整
2201	应付票据		
2202	应付账款		

(二)会计账户

1. 会计账户的概念及其与会计科目的关系

会计账户是按照设置的会计科目在账簿中开设并被赋予一定名称和结构的户头,是用来对各项经济业务信息进行分类、连续、系统记录,并借以初步整理、汇总各会计要素具体内容增减变动及其结果数据的一种工具。

设置会计账户是会计核算的一种专门方法。根据会计科目体系建立企业的会计账户体系，是企业组织会计核算的第一步。根据一级会计科目设置的账户称为“总分类账户”，根据明细科目设置的账户称为“明细分类账户”。

账户与会计科目之间存在着既有区别又有联系的关系。其联系表现在：账户是根据会计科目开设的，会计科目是账户的名称，会计科目所反映的经济内容也就是会计账户需要计量、记录、整理、汇总的经济内容。其区别表现在：会计科目只是对经济内容进行分类的类目名称，它本身并不能直接记录经济内容的增加、减少等变化情况，而账户则具有一定的结构，能够将经济业务的发生及其结果连续、系统地进行记录。

2. 会计账户的基本结构

会计账户具有特定的结构形式。在借贷记账法下，每一个账户必须具备两个基本要素：“账户名称”和“左、右两方”。

账户名称—— 由于账户是根据会计科目开设的，通常就以会计科目名称作为账户的名称。由账户名称可以判断出它所记录的数据的经济内容。

左右两方—— 由于不同账户分别记录不同经济内容的数据，而任何经济内容从量的变化上又都有增加和减少两种数据，因此，账户在结构上划分为左、右两方后，就可以分别记录增加的数据、减少的数据，并可计算出增加合计数、减少合计数以及它们的差额(即余额)，形成按账户提供分类数据初步加工的成果。借贷记账法下，账户的左方称为“借方”，右方称为“贷方”。

会计账户的结构形式如图 2-1-2 和表 2-1-2 所示。

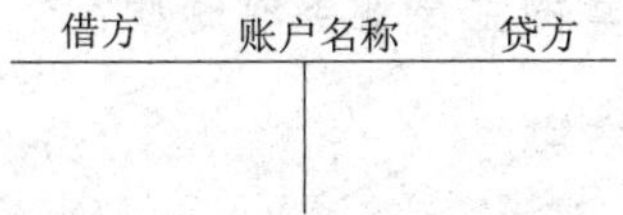

图 2-1-2　T 型账户的结构

表 2-1-2　三栏式实务账户(总账)的结构

账户名称

年		凭证编号	摘要	借方										贷方										借或贷	余额										√
月	日			千	百	十	万	千	百	十	元	角	分	千	百	十	万	千	百	十	元	角	分		千	百	十	万	千	百	十	元	角	分	

实务账户的基本项目内容包括：账户的名称 ——会计科目；日期和摘要栏 ——经济业务的发生日期及内容；凭证号栏 ——填写记账凭证的编号；金额栏 ——记录因经济业务发生而引起的账户金额增加或减少数量以及余额(因会计分期而有了期初余额和期末余额)。

会计账户主要记录“期初余额”“本期增加额”“本期减少额”“期末余额”等会计数据。“本期增加额”和“本期减少额”是指在一个会计期间内，由于特定性质的经济业务发生所引起的账户记录金额的增加数或减少数。至于哪一方用来记录增加数、哪一方用来记录减少数，则会因账户的性质（即账户反映的经济内容）不同而不同。

基本技能训练

一、项目名称

案例分析。

二、训练目的

通过案例分析实践，使学习者进一步加深对会计核算基本知识的理解，初步形成关于会计核算活动的正确认知与判断能力。

三、经济业务资料

小张曾经在社会组织开办的会计速成班里学习了一些会计常识，并且顺利地“考”取了会计从业资格证。某日，一企业招聘会计人员，小张前去应聘，和招聘人员进行了如下的对话：

问：是否系统地学习过会计课程？

答：学过。

问：会计的职能是什么？

答：管钱的。

问：制造业企业生产过程和核算的主要业务有哪些？

答：买和卖。

问：会计记账的方法有哪些？

答：收和支。

问：怎样才能做一个好会计？

答：听领导的。

问：你如何看待贪污、挪用和舞弊？

答：顺其自然。

招聘人员听完告诉他，你可以回去了。小张觉得很奇怪，面试的这些问题，他都是据实以答，但是为什么他没有被录取呢？

四、训练要求

请你从会计工作业务的角度帮助小张分析一下他没能被录用的原因。

任务二　借贷记账法及其在经济业务核算中的应用

任务目标

借贷记账法是会计的基础，是重要的会计工具和方法。本任务在首先介绍借贷记账法的基本操作技术的基础上，重点介绍了借贷记账法在经济业务过程中的具体运用。通过本项任务，学习者基本掌握借贷记账法的技术规则，并通过将其应用于企业经营过程中各类经济业务的核算，初步熟悉企业经营活动过程及其成果的基本核算方法。

（资料来源：宫相荣 姜洪涛主编《国际贸易核算》，中国财政经济出版社，2014 年 9 月）

导入信息

某公司 2019 年 10 月发生的部分经济业务如下：

1 日，企业从银行借入期限为 9 个月的借款 300 000 元，存入银行。

5 日，以银行存款 280 000 元发放上月职工工资。

13 日，向长江公司销售 A 产品 10 000 件，计 1 700 000 元，销售 B 产品 100 件，计 300 000 元，对方以一张期限为 2 个月的商业汇票支付货款，适用增值税税率为 13%。

31 日，计提本月借款利息 10 000 元。

31 日，计提本月固定资产折旧，其中，车间计提 36 000 元，管理部门计提 4 000 元，销售部门计提 8 000 元，出租的固定资产计提 3 000 元。

……

要求：请将上述经济业务事项采用专门的会计语言和会计方法予以确认和记录。

内容阐释

"导入信息"中所呈现的该公司 2019 年 10 月发生的经济业务信息只是一般语言表达方式下的内容，并非是专门的会计语言，据此是无法记录到会计资料中的，自然也就无法以会计的方式实现对经营活动过程及其内容的会计反映。

那么，我们应当怎样来以会计的特有方式与方法对上述经济信息加以处理呢？答案是：应当采用会计特有的记账方法——借贷记账法，根据经济业务的核算内容与要求进行规范化处理。而这样的核算处理规则与技术方法，在学习完本部分内容后，就会清晰地知晓。

一、认识借贷记账法

前一任务中，我们介绍了会计账户，会计账户是记录分类经济数据的工具。由经济业务所产生的各种数据必须分门别类地记录到各个根据会计科目所设置的账户中去，以便进一步地加工处理，生产出有用的会计信息。但是，设置账户只是解决了每一个分类数据如何记录的问题，而任何一项经济业务都不止产生一种数据资料，如何将这些数据记录到有关账户，采用什么方式记录，则由记账方法来解决。

所谓记账方法是根据一定的原理、记账符号、记账规则，利用文字和数字记录经济业务活动的一种专门方法。当代会计实践中，国际通用的记账方法是复式记账方法中的借贷记账法；我国企业会计准则也明确要求，企业会计核算必须要采用借贷记账法。

（一）复式记账简识

借贷记账法是复式记账的一种。要深刻认识借贷记账法，有必要首先简单认识复式记账法。

复式记账法，是指对每项经济业务，按相等金额在两个或两个以上的有关账户中相互联系地同时进行登记，借以反映会计要素具体项目增减变化的一种记账方法。事实上，任何事物的变动都有其因果，绝不是凭空而生的。经济业务的发生，必定也有其来龙去脉。任何经济业务都客观地存在着前因后果两个方面，这就是复式记账的客观条件。

在复式记账的观点中，任何一项经济业务的发生，都会引起会计要素的至少两个具体项目的增减变化，而且变化金额相等。因此，为了全面、系统地反映和监督经济活动过程，对发生的每一笔经济业务，都应该以相等的金额同时在两个或两个以上的科目中进行登记，这就是复式记账法。

复式记账法是相对于单式记账法而言的，为什么人们选择了复式记账方法？

相比单式记账，复式记账法能够全面反映经济业务内容和资金运动的来龙去脉。复式记账法对于每一项经济业务，都要在两个或两个以上的账户中进行相互联系的记录，不仅可以通过账户记录完整、系统地反映经济活动的过程和结果，而且还能清楚地反映资金运动的来龙去脉；与此同时，复式记账法对于每一项经济业务，都以相等的金额进行对应记录，便于核对和检查账户记录结果，防止和纠正错误记录。

（二）借贷记账法下的记账符号、账户结构、记账方向

借贷记账法是以“借”和“贷”二字作为记账符号，以“资产＝负债＋所有者权益”为理论基础，按照“有借必有贷，借贷必相等”的规则，同时在两个或两个以上的账户中全面地、相互联系地记录每一笔经济业务的一种复式记账方法。

借贷记账法下的账户分为左右两方，其中“左方”称为“借方”，“右方”称为“贷方”。这里的“借”和“贷”仅仅是一个记账的符号，反映会计账户的一个方向，没有任何实际意义。借贷记账法的称谓也正是因此而得来。

借贷记账法下的账户“借方”和“贷方”，分别用来记录有关经济业务发生后引起的与各账户核算内容相应的货币量的增加数或者减少数。就某一会计账户而言，是借方登记增加额还是贷方登记增加额，或者是借方登记减少额还是贷方登记减少额，取决于账户的不同属性。通常而言，资产、成本和费用类账户的增加额记录在账户的“借方”，减少额记录在账户的“贷方”；负债、所有者权益和收入类账户的增加额登记在账户的“贷方”，减少额登记在账户的“借方”；备抵账户的记账方向与所调整账户的记账方向正好相反。

会计账户的“借”和“贷”所表示的增减含义如表 2-2-1 所示。

表 2-2-1　会计账户“借”和“贷”所表示增减的含义

账户类型	借方	贷方
资产类账户	增加	减少
资产类备抵账户	减少	增加
成本类账户	增加	减少
费用类账户	增加	减少
负债类账户	减少	增加
所有者权益类账户	减少	增加
负债和所有者权益类备抵账户	增加	减少
收入类账户	减少	增加

1. 借贷记账法下资产、成本类账户的记账

在借贷记账法下，资产类、成本类账户的借方登记增加额；贷方登记减少额；期末余额一般在借方，有些账户可能无余额。其余额计算公式为：

期末借方余额＝期初借方余额＋本期借方发生额－本期贷方发生额

资产类备抵账户的结构与所调整账户的结构正好相反。

2. 借贷记账法下负债、所有者权益类账户的记账

在借贷记账法下，负债类、所有者权益类账户的借方登记减少额；贷方登记增加额；期末余额一般在贷方，有些账户可能无余额，其余额计算公式为：

期末贷方余额＝期初贷方余额＋本期贷方发生额－本期借方发生额

3. 借贷记账法下收入、费用类账户(即损益类账户)的记账

在借贷记账法下，收入、费用类账户的借方登记增加额；贷方登记减少额；期末结转后账户无余额。

(三)借贷记账法的记账规则

借贷记账法的记账规则，概括地讲，就是“有借必有贷，借贷必相等”。具体说：

有借必有贷—— 发生任何一笔经济业务，都必须同时在两个或两个以上的账户中作出记录：至少有一个账户应在借方进行记录，至少有另一个账户必须在其贷方进行记录。其中：在借方进行记录的账户称为“借方账户”，在贷方进行记录的账户称为“贷方账户”。

借贷必相等—— 同一经济业务所引起的数据在有关账户中归类记录时，记入借方账户的金额总和必然等于记入贷方账户的金额之总和。

应用借贷记账法的关键和核心要求：确定账户的对应关系。根据记账规则登记每项经济业务时，在有关账户之间就有了应借、应贷的相互关系。账户间的这种相互关系就叫账户的对应关系。存在对应关系的账户称为对应账户。通过这种对应关系，可以反映出有关账户记录内容的来龙去脉。

“对应关系”“来龙去脉”的分析和确定，通俗地讲，其实就是分析和回答会计账户需要记录的有关经济内容之间的“因果关系”，或者说就是回答“从何处来”或“到何处去”的问题。例如，“通过银行存款转账支付欠海龙公司的货款 50 000 元”这笔业务：银行存款减少 50 000 元是因为支付欠海龙公司货款而导致，或者说，欠海龙公司货款减少是因为银行存款支出导致的；再如，“从银行存款提现 2 000 元”这笔业务：银行存款减少了 2 000 元是因为提现成为了 2 000 元的库存现金(即：银行存款少了 2 000 元是因为它到库存现金处去了)，或者说现金增加了 2 000元是因为银行存款减少了 2 000 元而导致(即：增加的 2 000 元现金是从银行存款处而来的)。

(四)会计分录的编制

会计分录是按照借贷记账法记账规则的要求，以原始凭证为依据，将每一项经济业务所涉及的应记账户名称、应记方向、应记金额，在记账凭证的借贷两方进行表示的最初记录。会计分录是会计过账的内容依据，故又称为记账公式。

编制会计分录是为了保证账户对应关系的正确性，保证记账方向和记录金额无误，并进而确保账簿登记的科学、准确。编制会计分录，应根据经济业务的实际情况，符合借贷记账法的记账规则要求，确定应借应贷账户名称及金额。

会计分录的编制方法是：借方账户名称偏左填写，前面冠以“借”字，借方金额也偏左；贷方账户名称偏右填写，前面冠以“贷”字，贷方金额也偏右；借方居于前，贷方居于后。其形式如下：

借：×××(账户名)　　　　　　　　　　×××(金额)

　贷：××××(账户名)　　　　　　　　　　×××(金额)

可简单概括为十六字：“借方在前，贷方在后；借方偏左，贷方偏右”。同时，用简明扼要的文字对经济业务内容加以说明，这叫写“摘要”。

根据经济业务所涉及的对应账户的复杂程度（即涉及账户多少不同），会计分录可分为“简单会计分录”和“复合会计分录”。

简单会计分录是——指一项经济业务只涉及两个对应账户，其中一个为借方账户，另一个为贷方账户，即“一借一贷”的会计分录。

复合会计分录——指一项经济业务涉及两个以上的对应账户，其中，借方账户或贷方账户为两个或两个以上，或者是借方账户和贷方账户同时为两个或两个以上。复合会计分录又具体表现为“一借多贷”“多借一贷”“多借多贷”三种情况。

【例 2-2-1】 某企业开出现金支票从银行提取现金 7 500 元。

借：库存现金　　7 500

　贷：银行存款　　7 500

【例 2-2-2】 某企业收到供货单位发来的 A、B 两种材料，A 材料 500 千克，货款 5 000 元；B 材料 100 千克，货款 2 000 元。企业开出支票给付 A 材料货款 5 000 元，B 材料货款暂欠。材料已入库。

借：原材料　　7 000

　贷：银行存款　　5 000

　　应付账款　　2 000

【例 2-2-3】 某企业 2018 年 3 月 5 日生产车间领用原材料 3.5 吨，计 7 000 元。其中，3 吨用于生产甲产品，计 6 000 元，0.5 吨用于车间维修，计 1 000 元。

借：生产成本——甲产品　　6 000

　制造费用　　1 000

　贷：原材料　　7 000

【例 2-2-4】 红光公司销售给兰新公司甲产品一批，价值 46 500 元，应交增值税额6 045 元，兰新公司签发面额为 30 000 元、为期 6 个月的商业承兑汇票一张，并以银行存款付给红光公司 10 000 元，其余的 12 545 元暂欠。

借：银行存款　　10 000

　应收账款　　12 545

　应收票据　　30 000

　贷：主营业务收入　　46 500

　　应交税费——应交增值税（销项税额）　　6 045

任何复合分录都可分解成若干个简单分录；复合分录有利于完整地反映经济业务全貌，全面地说明企业资金流动的来龙去脉。

综上所述，会计分录的编制步骤可以概括为四个步骤：

（1）分析经济业务涉及哪些会计账户（确定对应账户）。

（2）分析哪些账户是增加，哪些账户是减少（确定账户的数量变化方向）。

（3）分析哪个账户记入借方、哪个账户记入贷方（确定账户的记账方向）。

（4）按规范要求写出分录并检验是否正确（写出会计分录）。

二、借贷记账法在制造企业中的应用

一方面，不同企业的经济业务各有特点，其生产经营业务内容和流程也不尽相同，因而，它们的经济业务具体核算内容与方法也就存在一些差异。但另一方面，企业的经济业务本质却是相同的，都是从资金投入开始，经过资金使用实现增值，并在此基础上实施资金退出活动（资金运动的基本表现形式）。

在此，以制造企业为范本，介绍借贷记账法在企业的资金筹集、设备购置、材料采购、产品生产、商品销售和利润分配等经济业务核算中的应用。

制造业企业主要经营过程核算介绍如下：

(1)企业从各种渠道筹集生产经营所需要资金，并合理地将其投入到生产经营准备过程，主要使用货币资金购置机器设备等固定资产，购买原材料等为生产产品做好物资准备，随后进入生产过程。

(2)产品的生产过程也是成本和费用的发生过程，从其变化过程看，原材料等劳动力对象通过加工转化为产成品；从价值形态看，生产过程中发生的各种耗费形成企业的生产费用，使用厂房、机器设备等劳动资料形成折旧费用等，这些耗费的总和形成了产品的生产成本。

(3)销售过程是产品价值的实现过程，在销售过程中，企业通过销售产品并办理结算等，收回货款或者形成企业的利润，完成一次资金循环。

(4)利润分配后，一部分资金退出企业，一部分资金以留存收益等形式继续参与企业的资金周转。

针对企业生产经营过程中发生的上述经济业务，应用借贷记账法进行的账务处理的主要内容有以下七个方面：一是资金筹集业务的账务处理；二是固定资产业务的账务处理；三是材料采购业务的账务处理；四是生产业务的账务处理；五是销售业务的账务处理；六是期间费用的账务处理；七是利润形成与分配业务的账务处理。

(一)借贷记账法在筹资业务核算中的应用

企业的资金筹集业务按其资金来源的不同可以分为所有者权益筹资（权益筹资）和债务型筹资（负债筹资）两种形式。所有者权益筹资形成所有者的权益（通常称为权益资本），包括投资者的投资及其增值，这部分资本的所有者既享有企业的经营收益，也承担企业的经营风险；债务型筹资形成债权人的权益（通常称为债务资本），主要包括企业向债权人借入的资金和结算形成的负债资金等，这部分资本的所有者享有按约收回本金和利息的权利，不承担经营风险。

1. 所有者权益筹资业务

1)投入资本的构成

投入资本按照投资主体的性质不同可以分为国家资本金、法人资本金、个人资本金和外商资本金等。国家资本金是指有权代表国家投资的政府部门或者机构以国有资产投入企业形成的资本金；法人资本金是指其他法人单位以其依法可以支配的资产投入企业形成的资本金；个人资本金是指社会公众以个人合法财产投入企业形成的资本金；外商资本金是指外国投资者以及我国香港、澳门和台湾地区投资者向境内企业投资形成的资本金。

所有者投入的资本在会计上体现为实收资本（或股本）和资本公积两种形式，这两种形式没有本质上的区别。

实收资本（或股本）又叫注册资本，是一个法律概念，指企业的投资者按照企业章程、合同或协议的约定，实际投入企业的资本金以及按照有关规定由资本公积、盈余公积等转增资本的资本金，其产生和变动有严格的法律程序进行规范。例如我国的《公司法》中就有这样的规定：股东可以用货币资金出资，也可以用实物、知识产权和土地使用权等可以用货币估价并可依法转让的非货币财产作价出资，但是法律、行政法规规定不得作为出资的财产除外。

资本公积由投资人投入企业，但投资人的投入中存在超出其投资在实收资本（或股本）中所占的份额，这部分超额的投入就是资本公积。另外，资本公积还包含了可以直接计入所有者权益的利得和损失等项目。资本公积表现为实收资本的储备形式，也是企业所有者权益的重要组成部分，主要用于转增实收资本。

2）账户设置

企业通常设置以下账户对所有者权益筹资业务进行核算：

（1）“实收资本（或股本）”账户。

“实收资本”账户（股份有限公司一般设置“股本”账户）属于所有者权益类账户，用以核算企业接受投资者投入的实收资本。该账户贷方登记所有者投入企业资本金的增加额，借方登记所有者投入企业资本的减少额。期末余额在贷方，反映企业期末实收资本（或股本）总额。该账户可按投资者的不同设置明细账户，进行明细分类核算。

（2）“资本公积”账户。

“资本公积”账户属于所有者权益类账户，用以核算企业收到投资者出资额超出其在注册资本或股本中所占份额的部分，以及直接计入所有者权益的利得和损失等。该账户借方登记资本公积的减少额，贷方登记资本公积的增加额。期末余额在贷方，反映企业期末资本公积的结余数额。该账户可按资本公积的来源不同，分别用“资本溢价（或股本溢价）”“其他资本公积”进行明细核算。

（3）“银行存款”账户。

“银行存款”账户属于资产类账户，用以核算企业存入银行或其他金融机构的各种款项，但是银行汇票存款、银行本票存款、信用卡存款、信用证保证金存款、存出投资款、外埠存款等，通过“其他货币资金”账户核算。

该账户借方登记存入的款项，贷方登记提取或支出的存款。期末余额在借方，反映企业存在银行或者其他金融机构的各种款项。

该账户应当按照开户银行、存款种类等分别进行明细核算。

3）账务处理

企业接受投资者投入的资本，借记“银行存款”“固定资产”“无形资产”“长期股权投资”等科目，按其在注册资本或股本中所占份额，贷记“实收资本（或股本）”科目，按其差额，贷记“资本公积——资本溢价（或股本溢价）”科目。需要特别注意的是，当投资人是国家时，国家投入资本一律不产生资本溢价，即国家投资不形成资本公积。

【例 2-2-5】 甲公司收到投资者投入货币资金 100 000 元；投入原材料 50 000 元；投入机器一台，评估价为 20 000 元；投入专利权技术一项，评估价为 70 000 元。假定不考虑增值税因素，会计分录如下：

借：银行存款	100 000	
原材料	50 000	
固定资产	20 000	
无形资产	70 000	
贷：实收资本		240 000

【例 2-2-6】 乙公司收到投资者投入资本 300 000 元，其中 200 000 元作为实收资本，另 100 000 元作为资本公积，公司收到投资后存入银行，相关手续已办妥。会计分录如下：

借：银行存款　　300 000

　贷：实收资本　　200 000

　　资本公积——资本溢价　　100 000

【例 2-2-7】 丙公司收到某市国有资产管理委员会以国家投资人身份向其投入机器设备一台，价值 5 000 000 元，设备已运抵企业。会计分录如下：

借：固定资产　　5 000 000

　贷：实收资本　　5 000 000

2. 负债筹资业务

1)负债筹资的构成

负债筹资按照其形成的方式，主要包括短期借款、长期借款以及结算形成的负债等内容，其中短期借款是指企业为了满足其生产经营对资金的临时性需要而向银行或其他金融机构等借入的，偿还期限在一年以内(含一年)的各种借款；长期借款是指企业向银行或其他金融机构借入的，偿还期限在一年以上(不含一年)的各种借款；结算形成的负债主要有应付账款、应付职工薪酬、应交税费等。

2)账户设置

企业通常设置以下账户对负债筹资业务进行会计核算：

(1)“短期借款”账户。

短期借款账户属于负债类账户，用以核算企业的短期借款。该账户贷方登记短期借款本金的增加额，借方登记短期借款本金的减少额。期末余额在贷方，反映企业期末尚未归还的短期借款。该账户可按短期借款种类、贷款人和币种进行明细核算。

(2)“长期借款”账户。

“长期借款”账户属于负债类账户，用以核算企业的长期借款。该账户贷方登记企业借入的长期借款本金，借方登记归还的本金和利息。期末余额在贷方，反映企业期末尚未偿还的长期借款。该账户可按贷款单位和贷款种类，分别“本金”“利息调整”等明细核算。

(3)“应付利息”账户。

“应付利息”账户属于负债类账户，用以核算企业按照合同约定应支付的利息，包括吸收存款、分期付息到期还本的长期借款、企业债券等应支付的利息。该账户贷方登记企业按合同利率计算确定的应付未付利息，借方登记归还的利息。期末余额在贷方，反映企业应付未付的利息。该账户可按存款人或债权人进行明细核算。

(4)“财务费用”账户。

“财务费用”账户属于损益类账户，用以核算企业为筹集生产经营所需资金等而发生的筹资费用，包括利息支出(减利息收入)、汇兑损益以及相关的手续费、企业发生的现金折扣或收到的现金折扣等。为购建或生产满足资本化条件的资产发生的应予资本化的借款费用，通过“在建工程”“制造费用”等账户核算。该账户借方登记手续费、利息费用等的增加额，贷方登记应冲减财务费用的利息收入等。期末结转后，该账户无余额。该账户可按费用项目进行明细核算。

3)账务处理

(1)短期借款的账务处理。

企业借入的各种短期借款，借记“银行存款”科目，贷记“短期借款”科目；归还借款时做相反的会计分录。

资产负债表日，应按计算确定的短期借款利息费用，借记“财务费用”科目，贷记“银行存款”“应付利息”等科目。

【例 2-2-8】 甲公司因日常经营需要向银行借入期限为 6 个月的短期借款 350 000 元。会计分录如下：

借：银行存款　　350 000

　贷：短期借款　　350 000

【例 2-2-9】 续上例，该公司取得借款时年利率为 6%，按月计提利息，则每月应付利息为：

$$350\ 000\times6\%\div12=1\ 750(\text{元})$$

该公司按月计提利息时，会计分录如下：

借：财务费用　　1 750

　贷：应付利息　　1 750

该公司实际支付利息时会计分录如下：

借：应付利息　　1 750

　贷：银行存款　　1 750

(2)长期借款的账务处理。

企业借入长期借款，应按实际收到的金额借记“银行存款”科目，按借款本金贷记“长期借款——本金”科目，如存在差额，还应借记“长期借款——利息调整”科目。

资产负债表日，应按确定的长期借款的利息费用，借记“在建工程”“制造费用”“财务费用”“研发支出”等科目，按确定的应付未付利息，贷记“应付利息”科目，按其差额，贷记“长期借款——利息调整”等科目。因长期借款的利息核算较为复杂，本书在此不做介绍。

【例 2-2-10】 甲公司为建造生产车间(工期约一年半)，于 2018 年向银行借入期限为 2 年的长期借款 30 000 000 元，年利率为 10%，不考虑手续费等支出。取得借款时，会计分录如下：

借：银行存款　　30 000 000

　贷：长期借款　　30 000 000

(二)借贷记账法在固定资产核算业务的应用

1. 固定资产的特征及取得

1)固定资产的概念与特征

固定资产是指为生产商品、提供劳务、出租或者经营管理而持有、使用年限超过一个会计年度的有形资产。

固定资产同时具有以下特征：

(1)固定资产属于一种有形资产。固定资产具有实物特征，这一特征将固定资产与无形资产区别开来。有些无形资产可能同时符合固定资产的其他特征，如无形资产为生产、提供劳务而持有，使用寿命超过一个会计年度，但是，由于其没有实物形态，所以不属于固定资产。

(2)固定资产是为生产商品、提供劳务、出租或者经营管理而持有。企业持有固定资产的目的是为了生产商品、提供劳务、出租或者经营管理，而不是直接用于出售。

(3)固定资产的使用寿命超过一个会计年度。固定资产的适用寿命，是指企业使用固定资产的预计期间，或者该固定资产所能生产产品、提供劳务的数量。固定资产使用寿命超过一个会计年度，表明固定资产属于长期资产，随着使用、磨损和损耗，通过计提折旧方式逐渐减少账面价值。

企业确定固定资产使用寿命，应当考虑下列三方面因素：第一，预计生产能力或实物产量；第二，预计有形损耗和无形损耗；第三，法律或者类似规定对资产使用的限制。

固定资产的各组成部分具有不同使用寿命或者以不同方式为企业提供经济利益，适用不同折旧率或折旧方法的，应当分别将各组成部分确认为单项固定资产。

2)固定资产的取得成本

固定资产的取得成本是指企业购建某项固定资产达到预定可使用状态前所发生的一切合理、必要的支出。

企业可以通过外购、自行建造、投资者投入、非货币性资产交换、债务重组、企业合并和融资租赁等方式取得固定资产。不同取得方式下，固定资产成本的具体构成内容及其确定方法也不尽相同。

外购固定资产的成本，包括购买价款、相关税费、使固定资产达到预定可使用状态前所发生的可归属于该项资产的运输费、装卸费、安装费和专业人员服务费等。

以一笔款项购入多项没有单独标价的固定资产，应当按照各项固定资产公允价值比例对总成本进行分配，分别确定各项固定资产的成本。

2. 固定资产的折旧

固定资产折旧是指在固定资产使用寿命内，按照确定的方法对应计提折旧额进行的系统分摊。其中，应计折旧额是指应当计提折旧的固定资产的原价扣除其预计净残值后的金额。已计提减值准备的固定资产，还应当扣除已计提的固定资产减值准备累计金额。

预计净残值是指假定固定资产的预计使用寿命已满并处于使用寿命终了时的预期状态，企业目前从该项资产的处置中获得的扣除预计处置费用后的金额。预计净残值率是指固定资产预计净残值额占其原价的比率。企业应当根据固定资产的性质和使用情况，合理确定固定资产的预计净残值。预计净残值一经确定，不得随意变更。

企业应当按月对所有的固定资产计提折旧，但是，已提足折旧仍继续使用的固定资产、单独计价入账的土地和持有待售的固定资产除外。提足折旧是指已经提足该项固定资产的应计折旧额。当月增加的固定资产，当月不计提折旧额，从下月起计提折旧；当月减少的固定资产，当月仍计提折旧，从下月起不计提折旧。提前报废的固定资产，不再提折旧。

企业可选用的折旧方法有年限平均法、工作量法、双倍余额递减法和年数总和法等。本教材重点介绍年限平均法和工作量法。

(1)年限平均法，又称直线法，是指将固定资产的应计折旧额均匀地分摊到固定资产预计使用寿命内的一种方法。各月应计提折旧额的计算公式如下：

月折旧额＝(固定资产原价－预计净残值)×月折旧率

其中：月折旧率＝年折旧额÷12

年折旧率＝1÷[预计使用寿命(年)]×100％

【例 2-2-11】 甲公司一台用于污水处理的固定资产，原价为 240 000 元，预计使用年限为 10 年，预计净残值率为 4％，则每月应计提的折旧额计算如下：

预计净残值＝240 000×4％＝9 600(元)

应计提折旧额＝240 000－9 600＝230 400(元)

年折旧率＝ 1÷10×100％＝10％

月折旧率＝10％÷12≈0.833 3％

月折旧额＝230 400×0.833 3％≈1 920(元)

或：月折旧额＝240 000×(1－4％)×(1÷10×12)＝1 920(元)

(2)工作量法，是根据实际工作量计算每期应提折旧额的一种方法。计算公式如下：

某项固定资产月折旧额＝该项固定资产当月工作量×单位工作量折旧额

其中：单位工作量折旧额＝固定资产原值×(1－预计净残值率)÷预计总工作量

【例 2-2-12】 甲公司一台用于生产的精密机床，原价为 1 200 000 元，预计可以生产 10 000 件甲产品，预计净残值率为 3％，12 月生产甲产品 300 件，则 12 月应计提的折旧额计算如下：

预计净残值＝ 1 200 000×3％＝36 000(元)

应计提折旧额＝1 200 000－36 000＝1 164 000(元)

单位产品折旧额＝1 164 000 ÷ 10 000＝116.4(元)

12 月折旧额＝300×116.4＝34 920(元)

或：12 月折旧额＝300×[1 200 000×(1－3％)÷10 000]＝34 920(元)

不同的固定资产折旧方法，将影响固定资产使用寿命期间内不同时期的折旧费用。企业应当根据与固定资产有关的经济利益的预期实现方式合理选择折旧方法，固定资产的折旧方法一经确定，不得随意变更。

固定资产在其使用过程中，因所处经济环境、技术环境以及其他环境均有可能发生很大变化，企业至少应当于每年年度终了，对固定资产的使用寿命、预计净残值和折旧方法进行复核。固定资产的使用寿命、预计净残值和折旧方法的改变，应当作为会计估计变更。

3. 固定资产的账务处理

1)账户设置

企业通常设置以下账户对固定资产业务进行会计核算：

(1)“在建工程”账户。

“在建工程”账户属于资产类账户，用以核算企业基建、更新改造等在建工程发生的支出。该账户借方登记企业各项在建工程的实际支出，贷方登记工程达到预定可使用状态时转出的成本等。期末余额在借方，反映企业期末尚未达到预定可使用状态的在建工程的成本。该账户可按“建筑工程”“安装工程”“在安装设备”“待摊支出”以及“单项工程”等进行明细核算。

(2)“工程物资”账户。

“工程物资”账户属于资产类账户,用以核算企业为在建工程准备的各种物资的成本,包括工程用材料、尚未安装的设备以及为生产设备准备的器具等。该账户借方登记企业购入工程物资的成本,贷方登记领用工程物资的成本。期末余额在借方,反映企业期末为在建工程准备的各种物资的成本。该账户可按“专用材料”“专用设备”“工器具”等进行明细核算。

(3)“固定资产”账户。

固定资产账户属于资产类账户,用以核算企业持有的固定资产原价。该账户的借方登记固定资产原价的增加,贷方登记固定资产原价的减少。期末余额在借方,反映企业期末固定资产的原价。该账户可按固定资产类别和项目进行明细核算。

(4)“累计折旧”账户。

累计折旧账户属于资产类备抵账户,用于核算企业固定资产计提的累计折旧。该账户贷方登记按月计提的折旧额,即累计折旧的增加额,借方登记应减少固定资产而转出的累计折旧。期末余额在贷方,反映期末固定资产的累计折旧额。该账户可按固定资产的类别或项目进行明细核算。

2)账务处理

(1)固定资产的购入。企业购入不需要安装的固定资产,按应计入固定资产成本的金额,借记“固定资产”“应交税费——应交增值税(进项税额)”科目,贷记“银行存款”等科目。

【例 2-2-13】 甲公司购入一台不需要安装的设备,购入后立即投入使用,所取得增值税专用发票上注明的买价为 240 000 元,增值税额为 31 200 元,全部款项由银行存款支付。会计分录如下:

借:固定资产	240 000	
应交税费——应交增值税(进项税额)	31 200	
贷:银行存款		271 200

(2)固定资产的折旧。企业按月计提的固定资产折旧,根据固定资产的用途计入相关资产的成本或者当期损益,借记“制造费用”“销售费用”“管理费用”“研发支出”“其他业务成本”等科目,贷记“累计折旧”等科目。

【例 2-2-14】 2019 年 1 月,甲公司固定资产计提折旧情况如下:

生产车间厂房计提折旧 76 000 元,机器设备折旧 90 000 元,管理部门房屋建筑计提折旧以 130 000 元,运输工具计提折旧 48 000 元。销售部门房屋建筑计提折旧 64 000 元,运输工具计提折旧 52 600 元。该公司计提折旧时,会计分录如下:

借:制造费用	166 000	
管理费用	178 000	
销售费用	116 600	
贷:累计折旧		460 600

(三)借贷记账法在材料采购业务核算中的应用

1. 材料的采购成本及核算账户设置

1)材料的采购成本

材料的采购成本是指企业物资从采购到入库前所发生的全部支出,包括购买价款、相关税费、运输费、装卸费、保险费以及其他可归属于采购成本的费用。在实务中,企业也可以将发生的运输费、装卸费、保险费以及其他可归属于采购成本的费用等先进行归集,期末,按照所购材料的存销情况进行分摊。

2)账户设置

企业通常设置以下账户对材料采购业务进行会计核算:

(1)“原材料”账户。

“原材料”账户属于资产类账户,用以核算企业库存的各种材料,包括原料及主要材料、辅助材料、外购半成品(外购件)、修理用配件(备品备件)、包装材料、燃料等的计划成本或实际成本。企业收到来料加工装配业务的原料、零件等,应当设置备查簿进行登记。该账户借方登记已验收入库材料的成本,贷方登记发出材料的成本。期末余额在借方,反映企业库存材料的计划成本或实际成本。该账户可按材料的保管地点仓库,以及材料的类别、品种和规格进行明细核算。

(2)“材料采购”账户。

“材料采购”账户属于资产类账户,用以核算企业采用计划成本法进行材料日常核算而购入材料的采购成本。该账户借方登记企业采用计划成本法进行核算时,采购材料的实际成本以及材料入库时结转的节约差异,贷方登记入库材料的计划成本以及材料入库时结转的超支差异。期末余额在借方,反映企业在途材料的采购成本。该账户可按供应单位和材料品种进行明细核算。

(3)“材料成本差异”账户。

“材料成本差异”属于资产类账户,用以核算企业采用计划成本法进行日常核算的材料计划成本与实际成本的差额。该账户借方登记入库材料形成的超支差异以及转出的发出材料应负担的节约差异,贷方登记入库材料形成的节约差异以及转出的发出材料应负担的超支差异。期末余额在借方,反映企业库存材料等的实际成本大于计划成本的差异;期末余额在贷方,反映企业库存材料等的实际成本小于计划成本的差异。该账户可以分设“原材料”“周转材料”等,按照类别或品种进行明细核算。

(4)“在途物资”账户。

“在途物资”账户属于资产类账户,用以核算企业采用实际成本法(或进价)进行材料、商品等物资的日常核算、货款已付尚未验收入库的在途物资的采购成本。该账户借方登记购入材料、商品等物资的买价和采购费用(采购实际成本),贷方登记已验收入库材料、商品等物资应结转的实际采购成本。期末余额在借方,反映企业期末在途材料、商品等物资等采购成本。该账户可按供应单位和物资品种进行明细核算。

(5)往来结算类账户。

往来结算类账户在材料采购业务中用来核算材料款的支付方式。在采购业务中常使用的往来结算类账户主要有“应付账款”“应付票据”“预付账款”等账户。

第一,“应付账款”账户。

“应付账款”账户属于负债类账户，用以核算企业因购买材料、商品和接受劳务等经营活动应支付的款项。该账户贷方登记企业因购入材料、商品和接受劳务等尚未支付的款项，借方登记偿还的应付账款。期末余额一般在贷方，反映企业期末尚未支付的应付账款余额；如果在借方，反映企业期末预付账款余额。该账户可按债权人进行明细核算。

第二，“应付票据”账户。

“应付票据”账户属于负债类账户，用以核算企业购买材料、商品和接受劳务等开出、承兑的商业汇票，包括银行承兑汇票和商业承兑汇票。该账户贷方登记企业开出、承兑的商业汇票，借方登记企业已经支付或者到期无力支付的商业汇票。期末余额在贷方，反映企业尚未到期的商业汇票的票面金额。该账户可按债权人进行明细核算。

第三，“预付账款”账户。

“预付账款”账户属于资产类账户，用以核算企业按照合同规定预付的款项。预付款项情况不多的，也可以不设置该账户，将预付的款项直接计入应付账款账户。该账户的借方登记企业因购货等业务预付的款项，贷方登记企业收到货物后应支付的款项等。期末余额在借方，反映企业预付的款项，期末余额在贷方，反映企业尚需补付的款项。该账户可按供货单位进行明细核算。

(6)“应交税费”账户。

“应交税费”账户属于负债类账户，用以核算企业按照税法等规定计算应交纳的各种税费，包括增值税、消费税、所得税、资源税、土地增值税、城市维护建设税、房产税、土地使用税、车船税、教育费附加、矿产资源补偿费等，企业代扣代收的个人所得税等，也通过本账户核算。该账户贷方登记各种应交未交税费的增加额，借方登记实际交纳的各种税费。期末余额在贷方，反映企业尚未缴纳的税费；期末余额在借方，反映企业多交或尚未抵扣的税费。该账户可按应交的税费项目进行明细核算。

2. 材料采购的账务处理

材料的日常收发结存可以采用实际成本核算，也可以采用计划成本核算。

1)实际成本法核算的账务处理

实际成本法下一般通过原材料和在途物资等科目进行核算。企业外购材料时，按材料是否验收入库分为以下两种情况：

(1)材料已验收入库，

如果货款已经支付，发票账单已到，材料已验收入库，按支付的实际金额，借记“原材料”“应交税费——应交增值税(进项税额)”等科目，贷记“银行存款”“预付账款”等科目。

如果货款尚未支付，材料已经验收入库，按相应发票凭证上应付的金额，借记“原材料”“应交税费——应交增值税(进项税额)”等科目，贷记“应付账款”“应付票据”等科目。

如果货款尚未支付，材料已经验收入库，但月末仍未收到相关发票凭证，按照暂估价入账，即借记“原材料”科目，贷记“应付账款”等科目。下月初作相反分录予以冲回，收到相关发票账单后再编制会计分录。

(2)材料尚未验收入库：

如果货款已经支付，发票账单已到，但材料尚未验收入库，按支付的金额，借记“在途物资”“应交税费——应交增值税(进项税额)”等科目，贷记“银行存款”等科目，待验收入库时再作后续分录。

对于可以抵扣的增值税进项税额，一般纳税人企业应根据收到的增值税专用发票上注明的增值税额，借记“应交税费——应交增值税(进项税额)”科目。

【例 2-2-15】 甲公司对外订购一批材料，按合同约定先支付 20 000 元。一个月后，该公司收到专用发票，记载货款为 25 000 元，增值税为 3 250 元，且材料已验收入库，补付余款。该公司采用实际成本法核算原材料。

当该公司按合同约定付款时，会计分录如下：

借：预付账款	20 000	
贷：银行存款		20 000

材料验收入库时，会计分录如下：

借：原材料	25 000	
应交税费——应交增值税(进项税额)	3 250	
贷：预付账款		28 250

该公司补付余款时，会计分录如下：

借：预付账款	8 250	
贷：银行存款		8 250

需要注意的是，如果该公司预付款项的金额大于最终应支付的金额，则需作相反会计分录。

【例 2-2-16】 乙公司外购一批原材料，专用发票上记载货款为 25 000 元，增值税 3 250 元，材料已经验收入库。如果该公司未支付货款，开出一张金额为 10 000 元的商业汇票，该公司采用实际成本法核算原材料。

材料验收入库时会计分录如下：

借：原材料	25 000	
应交税费——应交增值税(进项税额)	3 250	
贷：应付账款		18 250
应付票据		10 000

【例 2-2-17】 丙公司外购一批原材料，专用发票上记载货款为 25 000 元，增值税 3 250 元，全部货款已用银行存款支付，但材料尚未验收入库。该公司采用实际成本法核算原材料，会计分录如下：

借：在途物资	25 000	
应交税费——应交增值税(进项税额)	3 250	
贷：银行存款		28 250

材料验收入库时，会计分录如下：

借：原材料	25 000	
贷：在途物资		25 000

2)计划成本法核算的账务处理

计划成本法下，一般通过“材料采购”“原材料”“材料成本差异”等科目进行核算。企业外购材料时，按材料是否应收入库分为以下两种情况：

(1)材料已验收入库：

如果货款已经支付，发票账单已到，材料已验收入库，按支付的实际金额，借记“材料采购”科目，贷记“银行存款”科目；按计划成本金额，借记“原材料”科目，贷记“材料采购”科目，按计划成本与实际成本之间的差额，借记(或贷记)“材料采购”科目，贷记(或借记)“材料成本差异”科目。

如果货款尚未支付，材料已经验收入库，按相关发票凭证上应付的金额，借记“材料采购”科目，贷记“应付账款”“应付票据”等科目，按计划成本金额，借记“原材料”科目，贷记“材料采购”科目，按计划成本与实际成本之间的差额，借记(或贷记)“材料采购”科目，贷记(或借记)“材料成本差异”科目。

如果材料已经验收入库，货款尚未支付，月末仍未收到相关发票凭证，按照计划成本暂估入账，即，借记“原材料”科目，贷记“应付账款”科目。下月初作相反会计分录予以冲回，收到账单后再编制会计分录。

(2)材料尚未验收入库：

按支付或应付的实际金额，借记“材料采购”科目，贷记“银行存款”“应付账款”等科目；待验收入库时再作后续分录。

对于可以抵扣的增值税进项税额，一般纳税人企业应根据收到的增值税专用发票上注明的增值税额，借记“应交税费——应交增值税(进项税额)”科目。

【例 2-2-18】 甲公司外购一批原材料，货款 10 000 元，增值税 1 300 元，发票账单已收到，计划成本为 11 000 元，材料未验收入库，款项已用银行存款支付。该公司采用计划成本法核算原材料会计分录如下：

	借方	贷方
借：材料采购	10 000	
应交税费——应交增值税(进项税额)	1 300	
贷：银行存款		11 300

材料验收入库时会计分录如下：

	借方	贷方
借：原材料	11 000	
贷：材料采购		11 000
借：材料采购	1 000	
贷：材料成本差异		1 000

【例 2-2-19】 乙公司外购一批原材料，材料已验收入库，但月末仍未收到相关发票凭证。该材料的计划成本为 800 000 元。该公司采用计划成本法核算原材料。

月末暂估入账时，会计分录如下：

	借方	贷方
借：原材料	800 000	
贷：应付账款		800 000

下月初作相反的会计分录予以冲回，收到发票账单后再编制会计分录。

(四)借贷记账法在产品生产成本核算中的应用

企业产品的生产过程同时也是生产资料的耗费过程。企业在生产过程中发生的各项生产费用，是企业为获得收入而预支先垫支并需要得到补偿的资金耗费。这些费用最终都要归集、分配给特定的产品形成产品的成本。

产品成本的核算是指把一定时期内企业生产过程中所发生的费用，按其性质和发生地点，分类归集、汇总、核算，计算出该类、该时期内生产费用发生总额，并按时段方法分别计算出各种产品的实际成本和单位成本等。

1. 产品生产费用的构成及核算账户

1)生产费用的构成

生产费用是指与企业日常生产活动有关的费用，按其经济用途可分为直接材料、直接人工和制造费用。

直接材料是指构成产品实体的原材料以及有助于产品形成的主要材料和辅助材料。

直接人工是指直接从事产品生产的工人的职工薪酬。

制造费用是指企业为生产产品和提供劳务而发生的各项间接费用，包括企业生产部门(如生产车间)发生的水电费、固定资产折旧、无形资产摊销、管理人员的职工薪酬、劳动保护费、国家规定的有关环保费用、季节性和修理期间的停工损失等。

2)账户设置

企业通常设置以下账户对生产费用业务进行会计核算：

(1)“生产成本”账户。

“生产成本”账户属于成本类账户，用以核算企业生产各种产成品、自制半成品、自制材料、自制工具、自制设备等发生的各项生产成本。该账户借方登记应计入产品生产成本的各项费用，包括直接计入产品生产成本的直接材料费、直接人工费和其他直接支出，以及期末按照一定的方法分配计入产品生产成本的制造费用；贷方登记完工入库产成品应结转的生产成本。期末余额在借方，反映企业期末尚未加工完成的在产品成本。该账户可按基本生产成本和辅助生产成本进行明细分类核算。基本生产成本应当分别按照基本生产车间和成本核算对象(产品的品种、类别、订单、批别、生产阶段等)设置明细账(或成本计算单)，并按照规定的成本项目设置专栏。

(2)“制造费用”账户。

“制造费用”账户属于成本类账户，用以核算企业生产车间(部门)为生产产品和提供劳务而发生的各项间接费用。该账户借方登记实际发生的各项制造费用，贷方登记期末按照一定标准分配转入“生产成本”账户借方的应计入产品成本的制造费用。期末结转后，该账户一般无余额。该账户可按不同的生产车间、部门和费用项目进行明细核算。

(3)“库存商品”账户。

“库存商品” 账户属于资产类账户，用以核算企业库存的各种商品的实际成本(或进价)或计划成本(或售价)，包括库存产成品、外购商品、存放在门市部准备出售的商品、发出展览的商品以及寄存在外的商品等。该账户借方登记验收入库的库存商品成本，贷方登记发出的库存商品成本。期末余额在借方，反映企业期末库存商品的实际成本(或进价)或计划成本(或售价)。该账户可按库存商品的种类、品种和规格等进行明细核算。

(4)“应付职工薪酬”账户。

“应付职工薪酬”账户属于负债类账户，用于核算企业根据有关规定应付给职工的各种薪酬。该账户借方登记本月实际支付的职工薪酬数额；贷方登记本月计算的应付职工薪酬总额，包括各种工资、奖金、津贴和福利费等。期末余额在贷方，反映企业应付未付的职工薪酬。该账户可按“工资”“职工福利”“社会保险费”“住房公积金”“工会经费”“职工教育经费”“非货币性福利”“辞退福利”“股份支付”等进行明细核算。

2. 产品成本核算账务处理

1)材料费用的归集与分配

在确定材料费用时，应根据领料凭证区分车间、部门和不同用途后，按照确定的结果将发出材料的成本借记“生产成本”“制造费用”“管理费用”等科目，贷记“原材料”等科目。

对于直接用于某种产品生产的材料费用，应直接计入该产品生产成本明细账户中的直接材料费用项目；对于由多种产品共同耗用、应由这些产品共同负担的材料费用，应选择适当的标准在这些产品之间进行分配，按分担的金额计入相应的成本计算对象(生产产品的品种、类别等)；对于为提供生产条件等间接消耗的各种材料费用，应先通过制造费用科目进行归集，期末再同其他间接费用一起按照一定的标准分配计入有关产品成本，对于行政管理部门领用的材料费用，应计入“管理费用”科目。

【例 2-2-20】 2019 年 1 月，甲公司仓库发出材料如表 2-2-2 所示。

表 2-2-2　发出材料汇总表

用途	甲材料		乙材料		材料耗用合计(元)
	数量(千克)	金额(元)	数量(千克)	金额(元)	
制造产品领用：					
A 产品耗用	5 000	100 000	2 000	50 000	150 000
B 产品耗用	3 000	60 000	6 000	150 000	210 000
小计	8 000	160 000	8 000	200 000	360 000
车间一般耗用	800	16 000	600	15 000	31 000
合计	8 800	176 000	8 600	215 000	391 000

从表 2-2-2 可以看出，A 产品直接耗用甲、乙材料共 150 000 元，B 产品直接耗用甲、乙材料共 210 000 元；车间一般性消耗的甲、乙材料共 31 000 元。会计分类如下：

借：生产成本——A 产品　　150 000
　　　　　　——B 产品　　210 000
　　制造费用　　31 000
　贷：原材料——甲材料　　176 000
　　　　　　——乙材料　　215 000

2)职工薪酬的归集与分配

职工薪酬是指企业为获得职工提供的服务或解除劳动关系而给予各种形式的报酬或补偿。具体包括：短期薪酬、离职后福利、辞退福利和其他长期职工福利。企业提供给职工配偶子女、受赡养人已故员工遗属，以及其他受益人等的福利，也属于职工薪酬。

企业的职工，是指与企业订立劳动合同的所有人员，含全职、兼职和临时职工，也包括：虽未与企业订立劳动合同，但由企业正式任命的人员；未与企业订立劳动合同或未由其正式任命，但向企业所提供服务与职工所提供服务类似的人员；通过企业与劳务中介公司签订用工合同而向企业提供服务的人员。

短期薪酬，是指企业在职工提供相关服务的年度报告期间结束后12个月内需要全部予以支付的职工薪酬，因解除与职工的劳动关系给予的补偿除外。短期薪酬具体包括：职工工资、奖金、津贴和补贴，职工福利费、医疗保险费、工伤保险费和生育保险费等社会保险费，住房公积金，工会经费和职工教育经费，短期带薪缺勤，短期利润分享计划，非货币性福利以及其他短期薪酬。

离职后福利，是指企业为获得职工提供的服务而在职工退休或与企业解除劳动关系后，提供的各种形式的报酬和福利，短期薪酬和辞退福利除外。

辞退福利，是指企业在职工劳动合同到期之前解除与职工的劳动关系，或者为鼓励职工自愿接受裁减而给予职工的补偿。

其他长期职工福利，是指除短期薪酬、离职后福利、辞退福利之外所有的职工薪酬，包括长期带薪缺勤、长期残疾福利、长期利润分享计划等。

对于短期职工薪酬，企业应当在职工为其提供服务的会计期间，按实际发生额确认为负债，并计入当期损益或相关资产成本。企业应当根据职工提供服务的受益对象，分别按下列情况处理：

第一，应由生产产品、提供劳务负担的短期职工薪酬，计入产品成本或劳务成本，其中，生产工人的短期职工薪酬应借记“生产成本”科目，贷记“应付职工薪酬”科目；生产车间管理人员的短期职工薪酬属于间接费用，应借记“制造费用”科目，贷记“应付职工薪酬”科目。当企业采用计件工资制时，生产工人的短期职工薪酬属于直接费用，应直接计入有关产品的成本。当企业采用计时工资制时，对于只生产一种产品的生产工人的短期职工薪酬也属于直接费用，应直接计入产品成本；对于同时生产多种产品的生产工人的短期职工薪酬，则需采用一定的分配标准(实际生产工时或定额生产工时等)分配计入产品成本。

第二，应由在建工程无形资产负担的短期职工薪酬，计入建造固定资产或无形资产成本。

除上述两种情况之外的其他短期职工薪酬应计入当期损益。如企业行政管理部门人员和专设销售机构销售人员的短期职工薪酬均属于期间费用，应分别借记“管理费用”“销售费用”等科目，贷记“应付职工薪酬”科目。

【例2-2-21】 续【例2-2-20】，该公司根据当月考勤记录和生产记录等，计算确定的本月职工工资如下：A产品的生产工人工资一共640 000元，B产品的生产工人工资一共660 000元，车间管理人员工资一共37 000元，厂部管理人员工资一共35 000元。月末，银行存款支付。会计分录如下：

	借方	贷方
借：生产成本——A产品	640 000	
——B产品	660 000	
制造费用	37 000	
管理费用	35 000	
贷：应付职工薪酬		1 372 000

支付时，会计分录如下：

	借方	贷方
借：应付职工薪酬	1 372 000	
贷：银行存款		1 372 000

3)制造费用的归集与分配

企业发生的制造费用，应当按照合理的分配标准按月分配计入各成本核算对象的生产成本。企业可以采取的分配标准包括机器工时、人工工时、计划分配率等。企业发生制造费用时，借记“制造费用”科目，贷记“累计折旧”“银行存款”“应付职工薪酬”等科目；结转或分摊时，借记“生产成本”科目，贷记“制造费用”科目。

【例 2-2-22】 续【例 2-2-21】，该公司按照生产工时比例分配制造费用。其中，A 产品生产工时为 4 500 小时，B 产品生产工时为 4 000 小时。根据【例 2-2-20】【例 2-2-21】可知，本月发生的制造费用为 68 000 元(31 000＋37 000)，按照生产工时比例进行分配，计算如下：

制造费用分配率＝68 000÷(4 500＋4 000)＝8(元/工时)

A 产品负担的制造费用额＝4 500×8＝36 000(元)

B 产品负担的制造费用额＝4 000×8＝32 000(元)

分配时，会计分录如下：

借：生产成本——A 产品　　36 000
　　　　　　——B 产品　　32 000
　贷：制造费用　　68 000

4)完工产品生产成本的计算与结转

产品生产成本计算是指将企业生产过程中为制造产品所发生的各种费用按照成本计算对象进行归集和分配，以便计算各种产品的总成本和单位成本。有关产品成本信息是进行库存商品计价和确定销售成本的依据，产品生产成本计算是会计核算的一项重要内容。

企业应设置产品生产成本明细账，用来归集应计入各种产品的生产费用。通过对材料费用、职工薪酬和制造费用的归集和分配，企业各月生产产品所发生的生产费用已计入生产成本科目中。

如果月末某种产品全部完工，该种产品生产成本明细账所归集的费用总额，就是该种完工产品的总成本，用完工产品总成本除以该种产品的完工总产量即可计算出该种产品的单位成本。如果月末某种产品全部未完工，该种产品生产成本明细账所归集的费用总额就是该种产品在产品的总成本。

如果月末某种产品一部分完工，一部分未完工，这时归集在产品成本明细账中的费用总额还要采取适当的分配方法在完工产品和在产品之间进行分配，然后才能计算出完工产品的总成本和单位成本。完工产品成本的基本计算公式为：

完工产品生产成本＝期初在产品成本 ＋ 本期发生的生产费用－期末在产品成本

当产品生产完成并验收入库时，借记库存商品科目，贷记生产成本科目。

【例 2-2-23】 续【例 2-2-22】，该公司月末恰无在产品，生产的 A、B 产品全部完工，其中 A 产品总成本为 826 000 元，B 产品总成本为 902 000 元，A、B 产品已验收入库，结转成本。会计分录如下：

借：库存商品——A 产品　　826 000
　　　　　　——B 产品　　902 000
　贷：生产成本——A 产品　　826 000
　　　　　　　——B 产品　　902 000

(五)借贷记账法在销售业务核算中的应用

销售业务的账务处理涉及商品销售、其他销售等业务收入、成本、费用和相关税费的确认与计量等内容。

1. 商品销售收入的确认与计量

企业销售商品收入的确认,必须同时符合以下条件:

(1)企业已将商品所有权上的主要风险和报酬转移给购货方。企业已将商品所有权上的主要风险和报酬转移转移给购货方,是指与商品所有权有关的主要风险和报酬同时转移给了购货方。其中,与商品所有权有关的风险,是指商品可能发生减值或毁损等形成的损失;与商品所有权有关的报酬,是指商品价值增值或通过使用商品等形成的经济利益。

(2)企业既没有保留通常与商品所有权相联系的继续管理权,也没有对已售出的商品实施控制。通常情况下,企业售出商品后不再保留与商品所有权相联系的继续管理权,也不再对售出商品实施有效控制,表明商品所有权上的主要风险和报酬已经转移给购货方,应在发出商品且满足收入确认的其他条件时确认收入。

(3)收入的金额能够可靠地计量。收入的金额能够可靠地计量,是指收入的金额能够合理地估计。如果收入的金额不能够合理估计,则无法确认收入。

(4)相关的经济利益很可能流入企业。相关的经济利益很可能流入企业,是指销售商品价款收回的可能性大于不能收回的可能性,即销售商品价款收回的可能性超过50%。

(5)相关的已发生或将发生的成本能够可靠地计量。通常情况下,销售商品相关的已发生或将发生的成本能够合理地估计,如果库存商品的成本、商品运输费用等。有时,销售商品相关的已发生或将发生的成本不能够合理地估计,此时企业不应确认收入,已收到的价款应确认为负债。

2. 销售业务核算账户的设置

企业通常设置以下账户对销售业务进行会计核算:

1)“主营业务收入”账户

“主营业务收入”账户属于损益类账户,用以核算企业确认的销售商品、提供劳务等主营业务的收入。该账户贷方登记企业实现的主营业务收入,即主营业务收入的增加额;借方登记期末转入“本年利润”账户的主营业务收入(按净额结转),以及发生销售退回和销售折让时应冲减本期的主营业务收入。期末结转后,该账户无余额。该账户应按照主营业务的种类设置明细账户,进行明细分类核算。

2)“其他业务收入”账户

“其他业务收入”账户属于损益类账户,用以核算企业确认的除主营业务活动以外的其他经营活动实现的收入,包括出租固定资产、出租无形资产、出租包装物和商品、销售材料等。该账户贷方登记企业实现的其他业务收入,即其他业务收入的增加额;借方登记期末转入“本年利润”账户的其他业务收入。期末结转后,该账户无余额。该账户可按其他业务的种类设置明细账户,进行明细分类核算。

3)往来结算账户

往来结算类账户在材料采购业务中用来核算销售款项收取方式,在销售业务中,常用的往来结算账户有“应收账款”账户、“应收票据”账户、“预收账款”账户等。

(1)“应收账款”账户。

“应收账款”账户属于资产类账户,用以核算企业因销售商品,提供劳务等经营活动应收取的款项。该账户借方登记由于销售商品以及提供劳务等发生的应收账款，包括应收取的价款、税款和代垫款等；贷方登记已经收回的应收账款。期末余额通常在借方，反映企业尚未收回的应收账款，期末余额如果在贷方，反映企业预收的账款。该账户应按不同的债务人进行明细分类核算。

(2)“应收票据”账户。

“应收票据”账户属于资产类账户，用以核算企业因销售商品、提供劳务等而收到的商业汇票。该账户借方登记企业收到的应收票据，贷方登记票据到期收回的应收票据；期末余额在借方，反映企业持有的商业汇票的票面金额。该账户可按开出、承兑商业汇票的单位进行明细核算。

(3)“预收账款”账户。

“预收账款”账户属于负债类账户，用以核算企业按照合同规定预收的款项。预收账款情况不多的，也可以不设置本账户，将预收的款项直接记入“应收账款”账户。该账户贷方登记企业向购货单位预收的款项等，借方登记销售实现时按实现的收入转销的预收款项等。期末余额在贷方，反映企业预收的款项；期末余额在借方，反映企业已转销但尚未收取的款项。该账户可按购货单位进行明细核算。

4)“主营业务成本”账户

“主营业务成本”账户属于损益类账户，用以核算企业确认销售商品、提供劳务等主营业务收入时应结转的成本。该账户借方登记主营业务发生的实际成本，贷方登记期末转入“本年利润”账户的主营业务成本。期末结转后，该账户无余额。该账户可按主营业务的种类设置明细账户进行明细分类核算。

5)“其他业务成本”账户

“其他业务成本”账户属于损益类账户，用以核算企业确认的除主营业务活动以外的其他经营活动所发生的支出，包括销售材料的成本、出租固定资产的折旧额、出租无形资产的摊销额、出租包装物的成本或摊销额等。该账户借方登记其他业务的支出额，贷方登记期末转入“本年利润”账户的其他业务支出额。期末结转后，该账户无余额。该账户可按其他业务的种类设置明细账户，进行明细分类核算。

6)“税金及附加”账户

税金及附加账户属于损益类账户，用以核算企业经营活动发生的消费税、城市维护建设税、资源税和教育费附加等相关税费。需要注意的是，房产税、车船税、土地使用税、印花税在“管理费用”账户核算，但与投资性房地产相关的房产税、土地使用税在该账户核算。该账户借方登记企业应按规定计算确定的与经营活动相关的税费，贷方登记期末转入“本年利润”账户的与经营活动相关的税费。期末结转后，该账户无余额。

3. 销售业务核算的账务处理

1)主营业务收入的账务处理

企业销售商品或提供劳务实现的收入，应按实际收到、应收或者预收的金额，借记“银行存款”“应收账款”“应收票据”“预收账款”等科目，按确认的营业收入，贷记“主营业务收入”科目。对于增值税销项税额，一般纳税人应贷记“应交税费——应交增值税(销项税额)”科目，小规模纳税人应贷记“应交税费——应交增值税”科目。

2)主营业务成本的账务处理

期(月)末,企业应根据本期(月)销售各种商品、提供各种劳务等实际成本,计算应结转的主营业务成本,借记“主营业务成本”科目,贷记“库存商品”“劳务成本”等科目。采用计划成本或售价核算库存商品的,平时的营业成本按计划成本或售价结转,月末,还应结转本月销售商品应分摊的产品成本差异或商品进销差价。

【例 2-2-24】 甲公司销售产品 100 件,价格为 320 元/件,专用发票上注明总价款为 32 000 元,增值税税额为 4 160 元,该公司收到一张已承兑的包含全部款项的商业汇票。会计分录如下:

借:应收票据 36 160

贷:主营业务收入 32 000

应交税费——应交增值税(销项税额) 4 160

在处理主营业务收入账务的同时,该公司还应结转主营业务成本。该产品每件成本为 160 元。结转成本时,会计分录如下:

借:主营业务成本 16 000

贷:库存商品 16 000

【例 2-2-25】 乙公司按合同规定预收一笔货款 25 000 元,存入银行。产品完工后,乙公司按照合同规定发出产品 200 件,发票注明的价款为 30 000 元,增值税销项税额为 3 900 元。该产品的成本为每件 100 元。乙公司随后收到补付款项 10 100 元。

该公司收到预收款项时,会计分录如下:

借:银行存款 25 000

贷:预收账款 25 000

该公司发出产品并收到发票时,会计分录如下:

借:预收账款 33 900

贷:主营业务收入 30 000

应交税费——应交增值税(销项税额) 3 900

该公司收到补款时,会计分录如下:

借:银行存款 8 900

贷:预收账款 8 900

同时结转产品成本,会计分录如下:

借:主营业务成本 20 000

贷:库存商品 20 000

3)其他业务收入与成本的账务处理

主营业务和其他业务的划分并不是绝对的,一个企业的主营业务可能是另一个企业的其他业务,即便在同一个企业,不同期间的主营业务和其他业务的内容也不是固定不变的。

当企业发生其他业务收入时,借记“银行存款”“应收账款”“应收票据”等科目,按确定的收入金额,贷记“其他业务收入”科目,同时确认有关税金;在结转其他业务收入的同一会计期间,企业应根据本期应结转的其他业务成本金额,借记“其他业务成本”科目,贷记“原材料”“累计折旧”“应付职工薪酬”等科目。

【例 2-2-26】 甲公司销售一批原材料，价款 30 000 元，成本 25 000 元，增值税 3 900 元，款项收到存入银行。会计分录如下：

借：银行存款 33 900

　贷：其他业务收入 30 000

　　应交税费——应交增值税（销项税额） 3 900

借：其他业务成本 25 000

　贷：原材料 25 000

企业比较常见的其他业务除销售原材料外，还有转让商标的使用权、出租包装物等。

（六）借贷记账法在期间费用核算中的应用

1. 期间费用的构成

期间费用是指企业日常活动中不能直接归属于某个特定成本核算对象的，在发生时应直接计入当期损益的各种费用。期间费用包括管理费用、销售费用和财务费用。

(1)管理费用是指企业为组织和管理企业生产经营活动所发生的各种费用，包括企业在筹建期间内发生的开办费、董事会和行政管理部门在企业的经营管理中发生的或者应由企业统一负担的公司经费（包括行政管理部门职工薪酬、物料消耗、低值易耗品摊销、办公费和差旅费等）、董事会费（包括董事会成员津贴、会议费和差旅费等）、聘请中介结构费、咨询费（含顾问费）、诉讼费、业务招待费、房产税、车船税、土地使用税、印花税、技术转让费、矿产资源补偿费、研究费用、排污费，以及企业生产车间（部门）和行政管理部门等发生的固定资产修理费用等后续支出。

(2)销售费用是指企业销售商品和材料、提供劳务的过程中发生的各种费用，包括保险费、包装费、展览费和广告费、商品维修费、预计产品质量保证损失、运输费、装卸费等，为销售本企业商品而专设的销售机构（含销售网点、售后服务网点等）的职工薪酬、业务费、折旧费，以及企业发生的与专设销售机构有关的固定资产修理费等后续支出。

(3)财务费用是指企业为筹集生产经营所需资金等而发生的筹资费用，包括利息支出（减利息收入）、汇兑损益以及相关的手续费、企业发生的现金折扣或收到的现金折扣等。

2. 期间费用核算中的账户设置

企业通常设置以下账户对期间费用业务进行会计核算：

(1)“管理费用”账户。

“管理费用”账户属于损益类账户，用以核算企业为组织和管理企业生产经营所发生的管理费用。该账户借方登记发生的各项管理费用，贷方登记期末转入“本年利润”账户的管理费用额。期末结转后，该账户无余额。该账户可按费用项目设置明细账户，进行明细分类核算。

(2)“销售费用”账户。

“销售费用”账户属于损益类账户，用以核算企业为了销售商品或者推销劳务而发生的各项费用。该账户借方登记发生的各项销售费用，贷方登记期末转入“本年利润”账户的销售费用额。期末结转后，该账户无余额。该账户可按费用项目设置明细账户，进行明细分类核算。

(3)“财务费用”账户。

“财务费用”账户属于损益类账户，用以核算企业为筹集生产经营所需资金等而发生的筹资费用，包括利息支出(减利息收入)、汇兑损益以及相关的手续费、企业发生的现金折扣或收到的现金折扣等。为购建或生产满足资本化条件的资产发生的应予资本化的借款费用，通过“在建工程”“制造费用”等账户核算。该账户借方登记手续费、利息费用等的增加额，贷方登记应冲减财务费用的利息收入等。期末结转后，该账户无余额。该账户可按费用项目进行明细核算。

3. 期间费用核算的账务处理

(1)管理费用的账务处理。

企业在筹建期间发生的开办费，包括人员工资、办公费、培训费、差旅费、印刷费、注册登记费以及不计入固定资产成本的借款费用等在实际发生时，借记“管理费用”科目，贷记“应付利息”“银行存款”等科目。行政管理部门人员的职工薪酬，借记“管理费用”科目，贷记“应付职工薪酬”科目；行政管理部门计提的固定资产折旧，借记“管理费用”科目，贷记“累计折旧”科目；行政管理部门发生的办公费、水电费、业务招待费、聘请中介机构费、咨询费、诉讼费、技术转让费、企业研究费用，借记“管理费用”科目，贷记“银行存款”“研发支出”等科目。

(2)销售费用的账务处理。

企业在销售商品过程中发生的包装费、保险费、展览费和广告费、运输费、装卸费等费用，借记“销售费用”科目，贷记“库存现金”“银行存款”等科目。企业发生的为销售本企业商品而专设的销售机构的职工薪酬、业务费等费用，借记“销售费用”科目，贷记“应付职工薪酬”“银行存款”“累计折旧”等科目。

(3)财务费用的账务处理。

企业发生的财务费用，借记“财务费用”科目，贷记“银行存款”等科目。发生的应冲减财务费用的利息收入、汇兑损益、现金折扣，借记“银行存款”“应付账款”等科目，贷记“财务费用”科目。

(七) 借贷记账法在利润形成与分配业务核算中的应用

1. 利润形成的账务处理

1)利润的形成

利润是企业在一定会计期间的经营成果，包括收入减去费用后的净额、直接计入当期损益的利得和损失等。利润由营业利润、利润总额和净利润三个层次构成。

(1)营业利润。营业利润这一指标能够比较恰当地反映企业管理者的经营业绩，其计算公式如下：

营业利润＝营业收入－营业成本－税金及附加－销售费用－管理费用－财务费用－资产减值损失＋公允价值变动收益(－公允价值变动损失)＋投资收益(－投资损失)

其中：

营业收入＝主营业务收入＋其他业务收入

营业成本＝主营业务成本＋其他业务

(2)利润总额。利润总额，又称税前利润，是营业利润加上营业外收入减去营业务支出后的余额，其计算公式如下：

利润总额＝营业利润＋营业外收入－营业外支出

(3)净利润。净利润，又称税后利润，是利润总额扣除所得税费用后的净额，其计算公式如下：

净利润＝利润总额－所得税费用

2)账户设置

企业通常设置一下账户对利润形成业务进行会计核算：

(1)“本年利润”账户。

“本年利润”账户属于所有者权益类账户，用以核算企业当期实现的净利润(或发生的净亏损)。企业期(月)末结转利润时，应将各损益类账户的金额转入本账户，结平损益类账户。该账户贷方登记企业期(月)末转入的主营业务收入、其他业务收入、营业外收入和投资收益等；借方登记企业期(月)末转入的主营业务成本、税金及附加、其他业务成本、管理费用、财务费用、销售费用、营业外支出、投资损失和所得税费用等。上述结转完成后，余额如在贷方，即为当期实现的净利润；余额如在借方，即为当期发生的净亏损。年度终了，应将本年收入和支出相抵后结出本年实现的净利润(或发生的净亏损)，转入“利润分配——未分配利润”账户贷方(或借方)，结转后本账户无余额。

(2)“投资收益”账户。

“投资收益”账户属于损益类账户，用以核算企业确认的投资收益或投资损失。该账户贷方登记实现的投资收益和期末转入“本年利润”账户的投资净损失；借方登记发生的投资损失和期末转入“本年利润”账户的投资净收益。期末结转后，该账户无余额。该账户可按投资项目设置明细账户，进行明细分类核算。

(3)“营业外收入”账户。

“营业外收入”账户属于损益类账户，用以核算企业发生的各项营业外收入，主要包括非流动资产处置利得、非货币性资产交换利得、债务重组利得、政府补助、盘盈利得、捐赠利得等。该账户贷方登记营业外收入的实现，即营业外收入的增加额；借方登记会计期末转入“本年利润”账户的营业外收入额。期末结转后，该账户无余额。

(4)“营业外支出”账户。

“营业外支出”账户属于损益类账户，用以核算企业发生的各项营业外支出，包括非流动资产处置损失、非货币性资产交换损失、债务重组损失、公益性捐赠支出、非常损失、盘亏损失等。该账户借方登记营业外支出的发生，即营业外支出的增加额；贷方登记期末转入“本年利润”账户的营业外支出额。期末结转后，该账户无余额。该账户可按支出项目设置明细账户，进行明细分类核算。

(5)“所得税费用”账户。

“所得税费用”账户属于损益类账户，用以核算企业确认的应从当期利润总额中扣除的所得税费用。该账户借方登记企业应计入当期损益的所得税；贷方登记企业期末转入“本年利润”账户的所得税。期末结转后，该账户无余额。

3)账务处理

会计期末(月末或年末)结转各项收入时，借记“主营业务收入”“其他业务收入”“营业外收入”等科目，贷记“本年利润”科目；结转各项支出时，借记“本年利润”科目，贷记“主营业务成本”“税金及附加”“其他业务成本”“管理费用”“财务费用”“销售费用”“资产减值损失”“营业外支出”“所得税费用”等科目。

【例 2-2-27】 2018 年,甲公司有关损益类账户的发生额如表 2-2-3 所示。

表 2-2-3 2018 年有关损益类账户的发生额

账户名称	结账前余额(元)		账户名称	结账前余额(元)	
	借 方	贷 方		借 方	贷 方
主营业务收入		6 000 000	税金及附加	80 000	
其他业务收入		700 000	销售费用	500 000	
公允价值变动损益		150 000	管理费用	770 000	
投资收益		600 000	财务费用	200 000	
营业外收入		50 000	资产减值损失	100 000	
主营业务成本	4 000 000		营业外支出	250 000	
其他业务成本	400 000				

假定没有纳税调整事项,该公司所得税率为 25%。

第一,结转各损益类账户余额时,会计分录如下:

借:主营业务收入 6 000 000
　其他业务收入 700 000
　公允价值变动损益 150 000
　投资收益 600 000
　营业外收入 50 000
　贷:本年利润 7 500 000

借:本年利润 6 300 000
　贷:主营业务成本 4 000 000
　　其他业务成本 400 000
　　税金及附加 80 000
　　销售费用 500 000
　　管理费用 770 000
　　财务费用 200 000
　　资产减值损失 100 000
　　营业外支出 250 000

该公司 2018 年的利润总额为:

利润总额=7 500 000-6 300 000=1 200 000(元)

第二,确认所得税费用时(假设没有纳税调整事项):

所得税费用=1 200 000×25%=300 000(元)

确认所得税费用时,会计分录如下:

借:所得税费用 300 000
　贷:应交税费——应交所得税 300 000

第三,结转所得税费用时,会计分录如下:

借：本年利润　　300 000

　贷：所得税费用　　300 000

该 2018 年的净利润为：

净利润＝1 200 000－300 000＝900 000(元)

2. 利润分配的账务处理

利润分配是指企业根据国家有关规定和企业章程、投资者协议等，对企业当年可供分配利润指定其特定用途和分配给投资者的行为。利润分配的过程和结果不仅关系到每个股东的合法权益是否得到保障，而且还关系到企业的未来发展。

1)利润分配的顺序

企业向投资者分配利润，应按一定的顺序进行。按照我国《公司法》的有关规定，利润分配应按下列顺序进行：

(1)计算可供分配的利润。

企业在利润分配前，应根据本年净利润(或亏损)与年初未分配利润(或亏损)、其他转入的金额(如盈余公积弥补的亏损)等项目，计算可供分配的利润，即：

可供分配的利润＝净利润(或亏损)＋年初未分配利润－弥补以前年度的亏损＋其他转入的金额

如果可供分配的利润为负数(即累计亏损)，则不能进行后续分配；如果可供分配利润为正数(即累计盈利)，则可进行后续分配。

(2)提取法定盈余公积。

按照《公司法》的有关规定，公司应当按照当年净利润(抵减年初累计亏损后)的 10%提取法定盈余公积，提取的法定盈余公积累计额超过注册资本 50%以上的，可以不再提取。

如果不存在年初累计亏损，提取法定盈余公积的基数为当年实现的净利润；如果存在累计亏损，提取法定盈余公积的基数应为可供分配的利润。例如，甲公司年初累计亏损 10 万元，当年实现净利润 100 万元，则可供分配利润为 90 万元，提取盈余公积的基数为 90 万元；如果甲公司年初累计盈余 10 万元，当年实现净利润 100 万元，则可供分配利润为 110 万元，提取盈余公积的基数为 100 万元；如果甲公司年初累计亏损 150 万元，当年实现净利润 100 万元，则可供分配利润为－50 万元(即留待以后期间弥补的累计亏损为 50 万元)，提取盈余公积的基数为零。

(3)提取任意盈余公积。

公司提取法定盈余公积后，经股东会或者股东大会决议，还可以从净利润中提取任意盈余公积。

(4)向投资者分配利润(或股利)。

企业可供分配的利润扣除提取的盈余公积后，形成可供投资者分配的利润，即：

可供投资者分配的利润＝可供分配的利润－提取的盈余公积

企业可采用现金股利、股票股利和财产股利等形式向投资者分配利润(或股利)。

可供投资者分配的利润扣除向投资者分配利润的余额形成企业的未分配利润。它是所有者权益的重要组成部分，是企业留待以后年度进行分配的利润或等待分配的利润，相对于所有者权益的其他部分而言，企业对于未分配利润的使用有较大的自主权。

2)账户设置

企业通常设置以下账户对利润分配业务进行会计核算:

(1)“利润分配”账户。

“利润分配”账户属于所有者权益类账户,用以核算企业利润的分配(或亏损的弥补)和历年分配(或弥补)后的余额。该账户借方登记实际分配的利润额,包括提取的盈余公积和分配给投资者的利润,以及年末从“本年利润”账户转入的全年发生的净亏损;贷方登记用盈余公积弥补的亏损额等其他转入数,以及年末从“本年利润”账户转入的全年实现的净利润。年末,应将“利润分配”账户下的其他明细账户的余额转入“未分配利润”明细账户,结转后,除“未分配利润”明细账户可能有余额外,其他各个明细账户均无余额。“未分配利润”明细账户的贷方余额为历年累计的未分配利润(即可供以后年度分配的利润),借方余额为历年累计的未弥补亏损(即留待以后年度弥补的亏损)。该账户应当分别以“提取法定盈余公积”“提取任意盈余公积”“应付现金股利或利润”“转作股本的股利”“盈余公积补亏”和“未分配利润”等进行明细核算。

(2)“盈余公积”账户。

“盈余公积”账户属于所有者权益类账户,用以核算企业从净利润中提取的盈余公积。该账户贷方登记提取的盈余公积,即盈余公积的增加额,借方登记实际使用的盈余公积,即盈余公积的减少额。期末贷方余额反映企业结余的盈余公积。该账户应当分别以“法定盈余公积”“任意盈余公积”进行明细核算。

(3)“应付股利”账户。

“应付股利”账户属于负债类账户,用以核算企业分配的现金股利或利润。该账户贷方登记应付给投资者股利或利润的增加额;借方登记实际支付给投资者的股利或利润,即应付股利的减少额。期末贷方余额反映企业应付未付的现金股利或利润。该账户可按投资者进行明细核算。

3)账务处理

(1)净利润转入利润分配。

会计期末,企业应将当年实现的净利润转入“利润分配——未分配利润”科目,即借记“本年利润”科目,贷记“利润分配——未分配利润”科目,如为净亏损,则作相反会计分录。结转前,如果“利润分配——未分配利润”明细科目的余额在借方,上述结转当年所实现净利润的分类同时反映了当年实现的净利润自动弥补以前年度亏损的情况。因此,在用当年实现的净利润弥补以前年度亏损时,无须另行编制会计分录。

(2)提取盈余公积。

企业在产生盈利后,应该为了后续发展所需而从利润中提取储备基金,这样的储备金就是盈余公积,提取盈余公积时,借记“利润分配——提取法定盈余公积”“利润分配——提取任意盈余公积”科目,贷记“盈余公积——法定盈余公积”“盈余公积——任意盈余公积”科目。

【例 2-2-28】 续【例 2-2-27】,该公司 2018 年实现净利润 900 000 元,公司股东大会决定按 10%提取法定盈余公积,按 20%提取任意盈余公积,会计分录如下:

借:利润分配——提取法定盈余公积 90 000

——提取任意盈余公积 180 000

贷:盈余公积——法定盈余公积 90 000

——任意盈余公积 180 000

(3)向投资者分配利润或股利。

企业对于以现金向投资者分配的利润或股利，借记“利润分配——应付现金股利”科目，贷记“应付股利”等科目；以股票股利转作股本的金额，借记“利润分配——转作股本股利”科目，贷记“股本”科目。

【例 2-2-29】 续【例 2-2-28】，该公司宣告发放现金股利 100 000 元，会计分录如下：

借：利润分配——应付现金股利　　100 000

　贷：应付股利　　100 000

支付现金股利时，会计分录如下：

借：应付股利　　100 000

　贷：银行存款　　100 000

(4)盈余公积补亏。

企业发生的亏损，可以用实现的利润弥补，也可用累积的盈余公积弥补。用盈余公积弥补亏损时，借记“盈余公积”科目，贷记“利润分配——盈余公积补亏”科目。

(5)企业未分配利润的形成。

年度终了，企业应将“利润分配”科目所属其他明细科目的余额转入该科目“未分配利润”明细科目，即借记“利润分配——未分配利润”“利润分配——盈余公积补亏”等科目，贷记“利润分配——提取法定盈余公积”“利润分配——提取任意盈余公积”“利润分配——应付现金股利”“利润分配——转作股本股利”等科目。结转后，“利润分配”科目中除“未分配利润”明细科目外，所属其他明细科目无余额。“未分配利润”明细科目的贷方余额表示累积未分配的利润，该科目如果出现借方余额，则表示累计为弥补的亏损。

【例 2-2-30】 根据【例 2-2-28】【例 2-2-29】，该公司形成未分配利润的会计分录如下：

借：利润分配——未分配利润　　370 000

　贷：利润分配——提取法定盈余公积　　90 000

　　　　　　——提取任意盈余公积　　180 000

　　　　　　——应付现金股利　　100 000

至此，“利润分配——未分配利润”科目贷方余额为 530 000 元(900 000－370 000)，表示该企业累积未分配的利润。

基本技能训练

一、项目名称

应用借贷记账法核算企业经济业务。

二、训练目的

通过模拟操作，掌握借贷记账法的记账技术，并通过将其应用于企业经营过程中各类经济业务的核算，初步熟悉企业经营活动过程及其成果的基本核算方法。

三、训练要求

(1)对经济业务编制会计分录,并正确处理其中的有关收入、费用的归集、分配与结转。

(2)正确计算营业利润、利润总额和税后净利润。

(3)正确进行利润分配的核算。

四、经济业务资料

【业务1】甲、乙、丙三个投资人于2017年5月13日共同投资注册设立祥云有限责任公司(以下简称“公司”)。2018年12月1日,三方均按照原有股权比例(分别为50%、30%、20%)以银行存款分别追加投入资本500 000元、300 000元、200 000元。祥云公司于当月4日收到银行发来的进账单。

【业务2】公司12月2日,按每个职工每月120元的标准,根据在岗职工数量及其岗位分布情况计算出本月需补贴食堂的金额(食堂承包给了李××)。在岗职工220人,其中:厂部管理人员50人,车间管理人员20人,生产车间工人150人。生产车间工人中,生产A产品工人为100人,生产B产品工人为50人。

【业务3】12月5日,向海华公司出售A产品900件,单价500元,增值税率13%。增值税专用发票上记载的货款为450 000元,增值税额58 500元。货已经发出,款项尚未收到。

【业务4】公司12月8日购入甲材料一批,增值税专用发票上记载的货款为50 000元,增值税额为8 500元;另,对方代垫装车费600元。全部款项已用转账支票付讫,材料已验收入库。(提示:祥云公司材料成本采用实际成本法核算,下同。)

【业务5】公司12月10日向食堂承包方支付本月职工伙食补贴26 400元。

【业务6】公司12月10日用银行存款支付车间水电费3 700元。

【业务7】12月10日,向河华公司出售B产品800件,单价350元,增值税率13%。增值税专用发票上记载的货款为280 000元,增值税额36 400元。收到购货单位开来的转账支票一张,金额316 400元,已送存银行。

【业务8】承【业务7】B产品属应纳消费税的商品,其税率为10%,应纳消费税额28 000元。

【业务9】12月10日,公司确定一笔应付账款23 400元,因故无法支付,经报批后按企业会计准则转账。

【业务10】公司12月12日购入丙材料一批,发票账单已收到,增值税发票上记载的货款为60 000元,增值税额为7 800元,对方代垫运输费2 000元,保险费1 000元。已开出商业汇票一张,面值70 800元,材料尚未运抵企业。

【业务11】公司12月14日根据协议从龙华公司购入甲材料一批,发票账单已收到,增值税发票上记载的货款为20 000元,增值税额为2 600元,对方代垫包装费500元。材料尚未运抵企业,款项也尚未支付。

【业务12】12月15日,公司根据上月“工资结算汇总表”通过银行支付上月应付职工工资总额286 000元,扣除企业代垫职工家属医药费6 000元,实发280 000元。

【业务13】12月15日,公司以现金支付职工李某生活困难补助1 000元。

【业务14】12月18日以银行存款10 000元支付广告费。

【业务15】12月20日,向宋庆龄基金会捐赠人民币15 000元,款项通过银行汇出。

【业务16】公司于12月20日向银行借入一笔生产经营用短期借款120 000元,期限6个月,年利率3.75%。根据和银行签订的借款协议,该项借款的本金到期后一次归还;利息分月预提，按季支付。

【业务17】12月22日，向江华公司出售一批不需的丙材料，售价20 000元，增值税率13%。收到对方开具的为期3个月的商业汇票一张，金额22 600元。该批丙材料的实际成本为12 000元。

【业务18】公司12月22日持银行汇票113 000元购入乙材料一批，增值税发票上记载的货款为100 000元，增值税额为13 000元；对方代垫装车费1 000元，暂欠。材料运回且已经验收入库。

【业务19】公司根据与红光公司签订的购销合同，需预付购买甲材料货款100 000元的70%，该笔款项于12月25日通过汇兑方式汇出。

【业务20】3月25日，公司计提本月固定资产折旧额16 000元。其中：生产车间用设备应提取的折旧额为10 500元，行政管理部门所用固定资产应提取的折旧额为5 500元。

【业务21】12月26日，以银行存款1 000元支付展览费，以现金200元支付展览品的运输费用。

【业务22】12月28日，收到海华公司汇来的12月5日购买A产品时的欠款526 500元，以办妥银行托收手续。

【业务23】公司12月28日根据协议购入乙材料一批，材料已验收入库，月末发票账单尚未收到，难以准确确认其实际成本，根据以往的实际情况，以暂估价值42 000元入账。

【业务24】12月29日，公司汇总当月仓库发出材料情况如表2-2-4所示。

表2-2-4　仓库发出材料表

材料名 用途	甲材料		乙材料		丙材料		合计金额（元）
	数量(kg)	金额(元)	数量(kg)	金额(元)	数量(kg)	金额(元)	
一、产品生产耗用	8 000	120 000	3 000	24 000	1 500	15 000	159 000
其中：A产品	5 000	75 000	2 000	16 000	1 000	10 000	101 000
B产品	3 000	45 000	1 000	8 000	500	5 000	58 000
二、车间一般耗用	1 000	15 000	1 500	12 000			27 000
三、厂部管理耗用			3 000	24 000	2 000	20 000	44 000
合计	9 000	135 000	7 500	60 000	3 500	35 000	230 000

【业务25】公司于12月30日结算出本月应付职工薪酬286 000元，其中：产品生产人员工资为180 000元(A产品工资120 000元，B产品工资为60 000元)；车间管理人员工资为40 000元；企业行政管理人员工资为50 000元；销售人员工资为16 000元。

【业务26】12月30日，根据国家规定的计提标准计算，祥云公司本月应向社会保险经办机构月缴职工基本养老保险金110 000元。其中：应计入基本生产车间生产成本的金额为75 000元(其中：计入A产品成本的为50 000元，计入B产品成本的为25 000元)，应计入制造费用的金额10 000元，应计入管理费用的金额25 000元。

【业务27】12月30日将前述业务中发生的制造费用记入“制造费用”总分类账后，按照生产工人工资进行分配结转。

【业务28】12月30日公司本月投产的A、B产品中，A、B产品全部完工验收入库。将完工产品生产成本进行结转。(提示：祥云公司采取产品原材料一次性投入法。)

【业务29】12月31日，结转本月售出产品的生产成本，共计455 020元。其中：A产品900件，单位成本345.40元，计310 860元；B产品800件，单位成本180.20元，计144 160元。

【业务30】12月31日，将损益类账户中收入类账户的余额转入“本年利润”账户。

根据上述几个阶段的经济业务汇总出公司2018年12月末的损益类账户余额如表2-2-5所示。

表2-2-5 损益类账户表

账户名称	借或贷	余额(元)	账户名称	借或贷	余额(元)
主营业务收入	贷	730 000	其他业务成本	借	12 000
主营业务成本	借	455 020	管理费用	借	130 500
税金及附加	借	28 000	营业外收入	贷	23 400
销售费用	借	27 200	营业外支出	借	15 000
其他业务收入	贷	20 000			

【业务31】12月31日，将上述损益类账户中成本费用类账户的余额转入“本年利润”账户。

【业务32】12月31日，确定2018年度利润总额和应纳所得税(设：无纳税调整事项；企业所得税率25%)。

【业务33】12月31日，将“所得税费用”账户余额转入“本年利润”账户。

【业务34】12月31日，将净利润转入“利润分配——未分配利润”账户。

【业务35】12月31日，按相关规定和顺序提取盈余公积金。其中，法定盈余公积金按的10%提取。

【业务36】12月31日，根据股东会决定，向投资人分配利润30 000元。

【业务37】12月31日，将上述利润分配的明细分类账户提取“法定公积金”和“应付股利”后的余额转入“利润分配——未分配利润”明细分类账户，进而确定企业未分配利润的实际数额，留待以后年度进行分配。

任务三 会计凭证的填制与审核

任务目标

会计凭证是记录经济业务事项的发生和完成情况，明确经济责任，并作为记账依据的书面证明，处理会计凭证是会计核算的起点和基本内容之一。本任务通过对会计凭证功能、类型以及原始凭证和记账凭证的填制与审核等内容的介绍，使学习者正确认识会计凭证，并初步形成辨别原始凭证规范性与有效性以及编制记账凭证的基本能力，为后续内容打下基础。

导入信息

2019年4月10日刚参加工作不久的小李，接受单位委派到长沙联系业务，出差前他向单位的财务处借现金2 000元。因第一次来湖南，趁做完相关工作之后，便到岳麓山、橘子洲等景点游览，于4月16日返回单位。回来向领导汇报完工作之后，便把本次出差的票据粘贴好准备报销，其中：火车票420元(2张)、市内交通票150元(6张)、住宿发票500元(1张)、旅游门票400元(5张)，共计1 470元。

请问：小李的这些票据单位能给他全部报销吗？

内容阐释

在现实生活和工作中，小李遇到的这种事情再平常不过了。在出差时把工作做完的前提下顺便游览一番，感觉是情理之中的事。但是因公出差的费用到底包不包括旅游费，小李的旅游门票费单位能报销么？这里面不仅涉及单位财务报销制度，还涉及我们工作生活中的很多单据的问题。

接下来将就相关的一些内容为大家做全面的基本介绍。

一、会计凭证概述

会计凭证是会计信息的载体之一。填制和审核会计凭证是会计循环全过程中的初始阶段，也是最基本的环节，这个环节的工作正确与否，直接关系到会计循环中其他内容的正确性。

(一)会计凭证的概念

会计凭证，简称凭证，是具有一定格式、用以记录经济业务发生和完成情况、明确经济责任，据以登记账簿的依据。

会计管理工作要求会计核算提供真实的会计资料，强调记录的经济业务必须有根有据。因此，任何企业、事业和行政单位，每发生一笔经济业务，都必须由执行或完成该项经济业务的有关人员取得或填制会计凭证，并在凭证上签名或盖章，以对凭证上所记载的内容负责。例如，购买商品、材料由供货方开出发票；支出款项由收款方开出收据；接收商品、材料入库要有收货单；发出商品要有发货单；发出材料要有领料单等。这些发票、收据、收货单、发货单、领料单都是会计凭证。

(二)会计凭证的作用

填制和审核会计凭证是会计核算方法之一，也是会计核算工作的基础。做好会计凭证的填制、取得和审核工作，对提高会计核算质量和管理水平，具有以下重要的作用：

1. 记录经济活动的原始资料，提供记账依据

任何经济业务发生都必须取得或填制会计凭证，如实地反映经济业务发生或完成情况。会计凭证上记载了经济业务发生的时间和内容，从而为会计核算提供了原始凭据，保证了会计核算的客观性与真实性，克服了主观随意性，保证了会计信息的真实、可靠和及时。

2. 监督经济活动，保证财产安全完整

经济业务是否合法、合理，是否客观真实，在记账前都必须经过财会部门审核。通过审核会计凭证，可以充分发挥会计监督作用。通过检查每笔经济业务是否符合有关政策、法规、制度、计划和预算的规定，有无铺张浪费和违纪行为，从而促进各单位和经办人树立遵纪守法的观念，促使各单位建立健全各项规章制度，确保财产安全完整。

3. 明确经济责任，加强经济责任制

每一笔经济业务发生或完成都要填制和取得会计凭证，并由相关单位和人员在凭证上签名盖章，这样能促使经办人员严格按照规章制度办事，防止舞弊行为。一旦出现问题，便于分清责任，及时采取措施，有利于岗位责任制的落实。

(三)会计凭证的种类

各单位的经济活动复杂多样,因而用来反映经济活动的会计凭证也是多种多样,按其填制程序和用途,可以分为原始凭证和记账凭证两大类。

原始凭证是记载经济业务事项的原始书面证据,也是会计核算的原始依据;记账凭证是以原始凭证为依据编制,是确定会计分录、登记会计账户的直接依据。

二、原始凭证

(一)原始凭证种类

原始凭证也叫原始单据,是在经济业务事项发生时,由业务经办人员直接取得或者填制,用以表明某项经济业务已经发生或其完成情况,并明确有关经济责任的一种书面凭证。它是会计核算的原始凭据。凡不能证明经济业务发生或完成情况的各种单证不能作为原始凭证并据以记账,如:购销合同、购料申请单等。原始凭证是在经济业务发生的过程中直接产生的,是经济业务的最初证明,如购货发票等,都是原始凭证。原始凭证可以按照不同的标志进行分类。

(1)原始凭证按其来源不同,分为外来原始凭证和自制原始凭证。

①外来原始凭证。是指与外单位发生经济往来时,从外单位取得的原始凭据。如:购买货物时,从销货单位取得的发货票、增值税专用发票;银行结算凭证;收款单位或个人开出的收据;出差人员取得的车票、船票、机票、住宿费发票等。部分外来原始凭证格式见凭证 2-3-1、凭证 2-3-2、凭证 2-3-3。

【凭证 2-3-1】

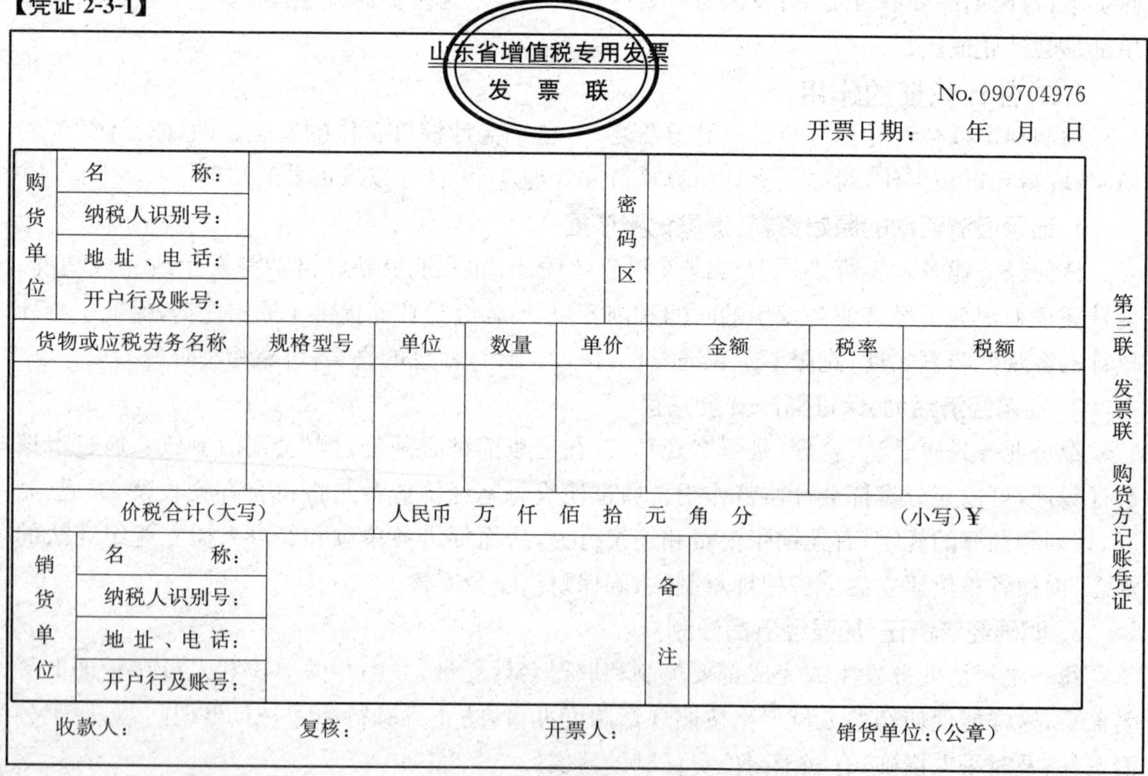

山东省增值税专用发票

发 票 联

No. 090704976

开票日期: 年 月 日

购货单位	名 称:		密码区				
	纳税人识别号:						
	地 址、电 话:						
	开户行及账号:						

货物或应税劳务名称	规格型号	单位	数量	单价	金额	税率	税额
价税合计(大写)	人民币 万 仟 佰 拾 元 角 分				(小写)¥		

销货单位	名 称:		备注	
	纳税人识别号:			
	地 址、电 话:			
	开户行及账号:			

收款人: 复核: 开票人: 销货单位:(公章)

第三联 发票联 购货方记账凭证

【凭证 2-3-2】

中国工商银行
转账支票存根
10203330
00342217

附加信息______________
____
____

出票日期　年　月　日

收款人：
金　额：
用　途：

单位主管　　会计

付款期限自出票之日起十天

中国工商银行　转账支票　10203330　00342217

出票日期（大写）　年　月　日　　付款行名称：
收款人：　　出票人账号：

人民币（大写）	亿	千	百	十	万	千	百	十	元	角	分

用途______________　　密码______________
上列款项请从　　行号______________
我账户内支付
出票人签章　　复核　　记账

【凭证 2-3-3】

株洲市服务业统一发票

客户：　　年　月　日　　№

项　目	规格	单位	数量	金额							备　注
				万	千	佰	十	元	角	分	
金额（大写）：											

第二联　报销凭证

填票人：×××　　收款人：×××　　单位名称（盖章）

②自制原始凭证。是本单位经办业务的部门或个人，根据所办理的经济业务自己填制的原始凭据。例如：材料验收入库时由仓库保管员填制的收料单；车间从仓库领用材料时由领料人填制的领料单；产品完工入库时填制的入库单；销售产品。

自制原始凭证按其填制手续及内容不同，分为一次凭证、累计凭证和汇总凭证。

a. 一次凭证。是指只反映一项经济业务或同时记录若干项同类性质经济业务的原始凭证，其填制手续是一次完成的。如收料单、领料单等。收料单格式见凭证 2-3-4，领料单格式见凭证 2-3-5。

【凭证 2-3-4】

收　料　单

供应单位：　　年　月　日　　发票号：

编号	类别	材料名称	规格	送验数量	实收数量	单位	单价	成本总额								
								百	十	万	千	百	十	元	角	分
质量合格　检验员签章：						运费										
						合　计										
备　注：																

材料会计：　　收料员：　　仓库：

【凭证 2-3-5】

领 料 单

领料车间：××车间　　　　年　月　日　　　　编号：

用　　途：　　　　仓库：

<table>
<tr><th rowspan="2">材料编号</th><th rowspan="2">材料名称
及规格</th><th rowspan="2">计量单位</th><th colspan="2">数量</th><th colspan="2">价格</th><th rowspan="2">备　注</th></tr>
<tr><th>请领</th><th>实领</th><th>单价</th><th>金额</th></tr>
<tr><td></td><td></td><td></td><td></td><td></td><td></td><td></td><td></td></tr>
<tr><td></td><td></td><td></td><td></td><td></td><td></td><td></td><td></td></tr>
<tr><td></td><td></td><td></td><td></td><td></td><td></td><td></td><td></td></tr>
<tr><td></td><td></td><td></td><td></td><td></td><td></td><td></td><td></td></tr>
<tr><td></td><td></td><td></td><td></td><td></td><td></td><td></td><td></td></tr>
</table>

领料单位负责人：　　　　领料人：　　　　发料人：　　　　制单：

b. 累计凭证。是指在一定期间内，在一张凭证中，连续登记重复发生的同类经济业务的原始凭证。累计凭证是随着经济业务的发生而分次登记使用的，可以简化核算手续，减少凭证数量。常见的累计凭证有限额领料单，格式见凭证 2-3-6。

【凭证 2-3-6】

限额领料单

领料单位：　　　　凭证编号：

用　　途：　　　　年　　月　　　　发料仓库：

<table>
<tr><th rowspan="2">材料编号</th><th rowspan="2" colspan="2">材料名称及规格</th><th rowspan="2">计量单位</th><th rowspan="2">领用限额</th><th colspan="3">实际领用</th><th rowspan="2" colspan="2">备　注</th></tr>
<tr><th>数量</th><th>单位成本</th><th>金额</th></tr>
<tr><td></td><td colspan="2"></td><td></td><td></td><td></td><td></td><td></td><td colspan="2"></td></tr>
<tr><td rowspan="2">日期</td><td colspan="2">请　领</td><td colspan="3">实　发</td><td colspan="3">退　库</td><td rowspan="2">限额
结余</td></tr>
<tr><td>数量</td><td>领料单位
负责人签章</td><td>数量</td><td>发料人
签章</td><td>领料人
签章</td><td>数量</td><td>收料人
签章</td><td>退料人
签章</td></tr>
<tr><td></td><td></td><td></td><td></td><td></td><td></td><td></td><td></td><td></td><td></td></tr>
<tr><td>合　计</td><td></td><td></td><td></td><td></td><td></td><td></td><td></td><td></td><td></td></tr>
</table>

生产计划部门负责人：　　　　供应部门负责人：　　　　仓库负责人：

从凭证 2-3-6 可以看出，企业对某个用料部门规定某种材料在一定期间（通常为一个月）内的领用限额。每次领料时，在“限额领料单”上逐笔登记，并随时结出限额结余，到月末，结出本月实际耗用总量和限额结余，送交财务部门，作为会计核算的依据。这样可以做到预先控制领料，节约消耗，减少凭证数量，简化会计核算工作。

c. 汇总凭证。汇总凭证也叫原始凭证汇总表，是将一定时期内若干份记录同类经济业务的原始凭证加以汇总，填制在一张凭证上的原始凭证。常见的汇总凭证有发出材料汇总表、工资分配汇总表、产品出库汇总表、材料入库汇总表等。发出材料汇总表格式见凭证 2-3-7。

【凭证 2-3-7】

发出材料汇总表

年　　月　　　　　　　　　　　　　　单位：元

应贷科目 \ 应借科目		生产成本	制造费用	管理费用	销售费用	合　计
原材料	原料及主要材料					
	辅助材料					
	修理用备件					
	燃料					
	合计					
总　计						

财会负责人：　　　　记账：　　　　复核：　　　　制表：

(2)原始凭证按其格式不同，分为通用凭证和专用凭证。

①通用凭证。是指由有关部门统一印制、在一定范围内使用的具有统一格式和使用方法的原始凭证。通用原始凭证的适用范围，因制作部门不同而不同，可以在某一地区、某一行业通用，也可以在全国通用。如，火车票、银行结算凭证等就可在全国通用。

② 专用凭证。是指由单位自行印制、仅在本单位内部使用的原始凭证，如领料单、收料单、借款单等。

(二)原始凭证的内容

不同的经济业务需要不同的原始凭证进行反映，每一张原始凭证所记录的具体内容不可能完全一致，但各种原始凭证都应具备一些共同的基本要素，称为凭证要素。一般来说，各种原始凭证所包括的基本内容有：

(1)原始凭证的名称。

(2)原始凭证的填制日期。

(3)原始凭证的编号。

(4)接受原始凭证的单位名称。

(5)经济业务的内容、数量、金额等基本内容。

(6)填制原始凭证的单位名称。

(7)经办人员签章。

(8)凭证附件。

(三)原始凭证的填制要求

原始凭证是会计核算的原始依据，是明确经济责任的具有法律效力的文件。它的填制是否符合要求，直接影响到会计记录、会计报表的质量。因此，应保证原始凭证能够正确、真实、完整、及时地反映经济业务的执行或完成情况。具体要求有：

1. 记录要真实

要求严肃认真地记录各项经济业务实际发生或完成情况，凭证上填列的经济业务内容、数字、日期必须真实可靠，不允许弄虚作假，更不得伪造凭证。

2. 内容要完整，手续齐备

原始凭证的填制内容必须完整、齐全。凭证的填制日期、经济业务的内容、数量、金额都必须认真填写，不得遗漏。经办人员及有关单位、人员要签名盖章，做到手续完备。

3. 书写要清楚规范

原始凭证上的文字和数字必须按国家统一要求书写；使用印有编号的原始凭证，应按编号连续使用。为了保证原始凭证填制的正确，一般有如下技术性要求：

(1)文字摘要简练，数量、单价、金额计算要正确。

(2)各种凭证必须连续编号，以便考查。凭证如果已有预先编号，在写错作废时，应加盖“作废”戳记，并保存不得销毁，多联凭证要全部保存。

(3)书写要符合规定。书写要按规定使用蓝黑或碳素墨水，字迹要工整、清晰。

(4)大小写金额要一致，书写要符合规定并正确填写。

小写金额用阿拉伯数字逐个书写，不得写连笔字。10 个阿拉伯数字要有严格区别，不得相互混淆，易于混淆的数字如 1 与 7、3 与 5、5 与 8、0 与 6 等更要特别注意。所有以元为单位的阿拉伯数字，除表示单价等情况外，一律在元位小数点后填写到角、分，无角、分位可写“00”或符号“——”，有角无分的，分位应写“0”，不得用符号“——”代替。

汉字大写数字的书写要求。大写金额用汉字壹、贰、叁、肆、伍、陆、柒、捌、玖、拾、佰、仟、万、亿、元、角、分、零、整等，一律用正楷或行书字书写，不得用 0、一、二、三、四、五、六、七、八、九、十等代替，不得任意自造简化字。大写金额前未印有“人民币”字样的，应加写货币名称“人民币”三个字，“人民币”字样和大写金额之间不得留有空白。大写金额到元或角为止的，在“元”或“角”后面要写“整”或“正”字；大写金额数字有分的，分字后面不写“整”或“正”字。例如，￥42 680.00，大写金额应为“人民币肆万贰仟陆佰捌拾元整”；又如，￥631.90，大写金额应为“人民币陆佰叁拾壹元玖角整”；再如，￥4 509.77，大写金额应为“人民币肆仟伍佰零玖元柒角柒分”。

阿拉伯数字金额数字中间有“0”时，大写金额要写“零”字，如￥101.50，汉字大写金额应写成“人民币壹佰零壹元伍角整”。阿拉伯金额数字中间连续有几个“0”时，汉字大写金额中可以只写一个“零”字，如 10 005.65，汉字大写金额应写成“人民币壹万零伍元陆角伍分”。阿拉伯金额数字元位为“0”，或数字中间连续有几个“0”，元位也是“0”，但角位不是“0”时，汉字大写金额可只写一个“零”字，也可不写“零”字。如￥1 680.32，汉字大写金额应写成“人民币壹仟陆佰捌拾元叁角贰分”或“人民币壹仟陆佰捌拾元零叁角贰分”；又如￥1 600.32，汉字大写金额应写成“人民币壹仟陆佰元叁角贰分”或“人民币壹仟陆佰元零叁角贰分”。

(5)各种原始凭证不能随意涂改。原始凭证填写如有错误，数字错误应重开，文字错误要使用正确的改错方法更正，不得涂改、刮擦、挖补或用褪色药水改正。更正处应当加盖开出单位公章。

4. 填制要及时

所有经办业务的有关部门和人员，在经济业务实际发生或完成时，必须及时填制原始凭证，做到不拖延、不积压，按规定的程序及时将原始凭证送交会计部门，由会计部门审核后据以编制记账凭证。

(四)原始凭证的填制方法

原始凭证的正确填制直接关系其合法性、真实性，关系到能否作为报账、核算的依据。

1. 外来原始凭证的填制

(1)发票的填制。

【例 2-3-1】　2019 年 6 月 18 日，日照光明机电有限责任公司从日照永正机械厂购入水泵 100 台，每台 1 000 元，增值税率 13%，款项已通过银行转账支付。光明机电取得增值税专用发票，其填制方法见凭证 2-3-8。

【凭证 2-3-8】

山东省增值税专用发票

发　票　联

No. 090704976

开票日期：2019 年 6 月 18 日

购货单位	名　　称：	日照光明机电有限责任公司				密码区	>9+90>63676/+819*1386 *+344<>>>*76<941>/6/-0 *4>2/>6<>+1*9**8054>2 >1/85>0>>14<>//*9>>7*
	纳税人识别号：	371102687924241					
	地 址 、电 话：	日照市烟台北路　276826					
	开户行及账号：	日照工商银行烟台路支行　6222023803023294					
货物或应税劳务名称	规格型号	单位	数量	单价	金额	税率	税额
工业水泵	2 kW	台	100	1 000	100 000.00	13%	13 000.00
价税合计（大写）	人民币壹拾壹万叁仟元整						（小写）¥113 000.00
销货单位	名　　称：	日照永正机械厂				备注	日照永正机械厂 371102726226486 发票专用章
	纳税人识别号：	371102726226486					
	地 址 、电 话：	日照市海曲西路　276800					
	开户行及账号：	日照工商银行海曲路支行　1225500003764					

收款人：王雪　　复核：刘虎　　开票人：姚君君　　销货单位：（公章）

第三联　发票联　购货方记账凭证

增值税专用发票由基本联次或者基本联次附加其他联次构成，基本联次为三联：发票联、抵扣联和记账联。发票联，作为购买方核算采购成本和增值税进项税额的记账凭证；抵扣联，作为购买方报送主管税务机关认证和留存备查的凭证；记账联，作为销售方核算销售收入和增值税销项税额的记账凭证。其他联次用途，由一般纳税人自行确定。

（2）支票的填制。

【例 2-3-2】　2018 年 1 月 23 日，中国良能科技集团股份有限公司收到日照有限责任公司开出的转账支票一张，金额为 23 568 元。转账支票填制方法见凭证 2-3-9。

【凭证 2-3-9】

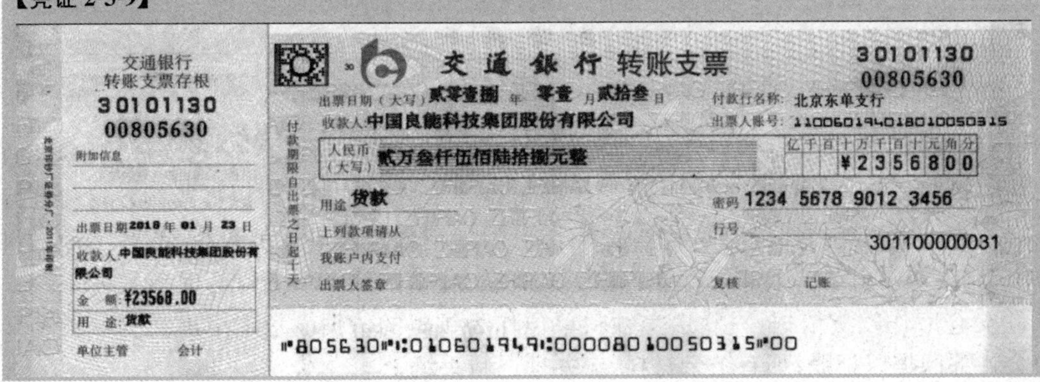

交通银行
转账支票存根
30101130
00805630
附加信息
出票日期 2018 年 01 月 23 日
收款人 中国良能科技集团股份有限公司
金　额 ¥23568.00
用　途 货款
单位主管　　会计

交通银行　转账支票　30101130 00805630
出票日期（大写）贰零壹捌 年 零壹 月 贰拾叁 日　付款行名称：北京东单支行
收款人：中国良能科技集团股份有限公司　出票人账号：110060194018010050315
人民币（大写）贰万叁仟伍佰陆拾捌元整　亿 千 百 十 万 千 百 十 元 角 分　¥ 2 3 5 6 8 0 0
付款期限自出票之日起十天
用途 货款　密码 1234 5678 9012 3456
上列款项请从　行号 301100000031
我账户内支付
出票人签章　复核　记账
⑈805630⑈:010601949:000080100503315⑈00

支票填写规范：

出票日期：要填大写，为防篡改，壹月贰月前要加零，壹日至玖日前要加零。如：2018 年 1 月 12 日要写为：贰零壹捌年零壹月壹拾贰日。金额：小写数字前一位加人民币符号，比如￥2 000。

人民币（大写）：元、角位后没有分的后面加上“正”或“整”，分位有数的直接写分，不用加“正”或“整”。如 206.90 则写成贰佰零陆元玖角整。206.92 写成贰佰零陆元玖角贰分。

现金支票的收款人：填写本单位名称。

用途：填备用金等。

密码：在银行给的密码器中输入支票号，金额会生成密码。

出票人签章：盖财务印鉴（财务章、法人章）。

付款行名称和出票人账号：一般在银行领用支票时已经打印在票面上了，不用写。

2. 自制原始凭证的填制

(1)以收料单为例，介绍一次凭证的填制。“收料单”是企业购进材料验收入库时，证明材料已验收入库的一种原始凭证。企业外购材料时，都应由仓库保管人员根据供应单位开来的发票账单，严格审核，对到达入库的材料认真计量，并按实际数量正确填制收料单。收料单一般一式三联，一联留仓库，登记材料物资明细账和材料卡片；一联随发票传递给财务部门用作报账；一联交采购人员存查。

【例 2-3-3】 2018 年 10 月 2 日，从光明公司购入的原材料验收入库。填制的收料单，如凭证 2-3-10。

【凭证 2-3-10】

收 料 单

2018 年 10 月 2 日

供货单位：光明公司　　　　凭证编号：

发票编号：030612　　　　收料仓库：三号仓库

材料类别	材料编号	材料名称	规格	计量单位	数量		金额									附注
							单价（元）	总价								
					应收	实收		十	万	千	百	十	元	角	分	
		面料		m	1 200	1 200	80		9	6	0	0	0	0	0	
		线		只	40	40	20				8	0	0	0	0	
		合计						￥	9	6	8	0	0	0	0	

会计主管：　记账：　仓库主管：　保管：　验收：　采购：

(2)以限额领料单为例，介绍累计凭证的填制。限额领料单是一次开设、多次使用、累计原始凭证，属于自制凭证。在有效期内，只要领用数量累计不超过限额就可以连续领发材料。每月开始以前，应由生产计划部门根据生产作业计划、材料消耗定额等有关资料，按照每种材料分别用途填制限额领料单。限额领料单一般一式两联，经生产部门和供应部门负责人审核签章后，一联交仓库作发货依据，一联送交领料单位作为领料的依据。月末结出实物数量和金额，交由会计部门据以记账；如有结余材料，应办理退料手续。

【例 2-3-4】　2018 年 10 月，日照永正机械厂领用钢材的限额是 9 吨，一车间为生产工业水泵在 2 日、12 日、19 日、24 日分别领用 2 吨、2.4 吨、1.6 吨、2.7 吨。填制的限额领料单见凭证 2-3-11。

【凭证 2-3-11】

限额领料单

领料单位：一车间　　　　凭证编号：12 号

用　　途：工业水泵　　　　2018 年 10 月　　　　发料仓库：1 号仓

<table>
<tr><td rowspan="2">材料编号</td><td colspan="2" rowspan="2">材料名称及规格</td><td rowspan="2">计量单位</td><td rowspan="2">领用限额</td><td colspan="3">实际领用</td><td colspan="2" rowspan="2">备　　注</td></tr>
<tr><td>数量</td><td>单位成本</td><td>金额</td></tr>
<tr><td>11</td><td colspan="2">钢材</td><td>吨</td><td>9</td><td>8.7</td><td>5 000.00</td><td>43 500.00</td><td colspan="2"></td></tr>
<tr><td rowspan="2">日期</td><td colspan="2">请　　领</td><td colspan="3">实　　发</td><td colspan="3">退　　库</td><td rowspan="2">限额结余</td></tr>
<tr><td>数量</td><td>领料单位
负责人签章</td><td>数量</td><td>发料人
签章</td><td>领料人
签章</td><td>数量</td><td>收料人
签章</td><td>退料人
签章</td></tr>
<tr><td>2</td><td>2</td><td>陈明</td><td>2</td><td>张麒</td><td>李清</td><td></td><td></td><td></td><td>7</td></tr>
<tr><td>12</td><td>2.4</td><td>陈明</td><td>2.4</td><td>张麒</td><td>李清</td><td></td><td></td><td></td><td>4.6</td></tr>
<tr><td>19</td><td>1.6</td><td>陈明</td><td>1.6</td><td>张麒</td><td>李清</td><td></td><td></td><td></td><td>3</td></tr>
<tr><td>24</td><td>2.7</td><td>陈明</td><td>2.7</td><td>张麒</td><td>李清</td><td></td><td></td><td></td><td>0.3</td></tr>
<tr><td>合　　计</td><td></td><td></td><td>8.7</td><td></td><td></td><td></td><td></td><td></td><td>0.3</td></tr>
</table>

生产计划部门负责人：白雪　　　　供应部门负责人：张涛　　　　仓库负责人：徐辉

（五）外来原始凭证的有效性判断

1. 原始凭证审核的内容

原始凭证的种类繁多，来源渠道各异，由于经办人员水平不一或其他原因，原始凭证的填制可能会有伪造、虚假、错误等情况存在，如不做好审核，必将会影响会计工作的质量，影响会计信息的真实性与可靠性。因此，财务会计部门对各种原始凭证必须进行严格的审查和核对。只有审核无误的原始凭证，才能作为编制记账凭证的依据。原始凭证的审核一般包括以下几个方面：

（1）审核原始凭证的合法性和真实性。审核所发生的经济业务是否符合国家有关规定的要求，有否违反财经制度的现象；原始凭证中所列的经济业务事项是否真实，有无弄虚作假情况。如在审核原始凭证中发现有多计或少计收入、费用，擅自扩大开支范围、提高开支标准，或者出现巧立名目、虚报冒领、滥发奖金、津贴等违反财经制度和财经纪律的情况，不仅不能作为合法真实的原始凭证，而且要按规定进行处理。

（2）审核原始凭证的合理性。审核所发生的经济业务是否符合节约、高效的原则，有否违反该原则的现象。如经审核原始凭证后确定有突击使用预算结余购买不需要的物品，有对陈旧过时的设备进行大修理等违反上述原则的情况，都不能作为合理的原始凭证。

（3）审核原始凭证的完整性。审核原始凭证是否具备基本内容，有否应填写而未填写或填写不清楚的现象。如经审核原始凭证后确定有未填写接受凭证单位名称、没填写单位或制写人员没签章、业务内容与附件不符等情况，不能作为内容完整的原始凭证。

（4）审核原始凭证的正确性。审核原始凭证在计算方面是否存在失误。如经审核凭证后确定有业务内容摘要与数量、金额不相对应，业务所涉及的数量与单价的乘积与金额不符，金额合计错误等情况，不能作为正确的原始凭证。

(5)审核原始凭证的及时性。原始凭证的及时性是保证会计信息及时性的基础。为此，要求在经济业务发生或完成时及时填制有关原始凭证，及时进行凭证的传递。审核时应注意审查凭证的填制日期，尤其是支票等时效性较强的原始凭证，更应仔细验证其签发日期。

2. 原始凭证审核的具体要求

(1)凡是填有大写和小写金额的原始凭证，大写和小写金额必须相符；购买实物的原始凭据，必须有验收证明；支付款项的原始凭证，必须有收款单位和收款人的收款证明。

(2)一式几联的原始凭证，应当注明各联的用途，只能以一联作为报销凭证。一式几联的发票和收据，必须用双面复写纸(发票和收据本身具备复写功能的除外)套写，并连续编号。作废时应加盖"作废"印记，连同存根一起保存，不得撕毁。

(3)从外单位取得的原始凭证必须盖有填制单位的公章；从个人取得的原始凭证，必须有填制人员的签名或者盖章。自制原始凭证必须有经办部门负责人或其指定人员的签名或者盖章。对外开出的原始凭证，必须加盖本单位的公章。

(4)发生销货退回的，必须填制退货发票，并附有退货验收证明；退回货款时，必须取得对方单位的收款收据或者是汇款银行的结算凭证，不得以退货发票代替收据。

(5)职工因公出差的借款凭据，必须附在记账凭证之后。在收回借款时，应该另开收据或者退还借款借据的副本，不得退还原借据正联。

(6)经上级有关部门批准的经济业务，应当将批准文件作为原始凭证附件；如果批准文件需要单独归档的，应当在凭证上注明批准机关名称、日期和文件字号。

3. 原始凭证审核的处理结果

(1)经审核无误的原始凭证，就是真实、完整、合法的凭证，会计人员应及时据以编制记账凭证入账。

(2)对不真实、不合法、不准确、不完整的原始凭证，会计人员有权不予接受，并向有关单位主管报告。

所谓不真实的原始凭证，是指原始凭证表述的事项与实际的经济业务不符，是一种虚假的凭证，如伪造、编造的发票属于不真实的原始凭证。

所谓不合法的原始凭证，是指原始凭证所表述的事项与经济业务是相符的，但是经济业务本身不符合法律、法规、规章、制度的规定，如白条属于不合法的原始凭证。对于不真实、不合法的原始凭证，会计人员有责任和有权不予受理。

所谓不准确的原始凭证，是指原始凭证没有准确地表述经济活动真相，或在文字上、数字记录上发生差错等。

所谓不完整的原始凭证，是指凭证上的文字说明、有关数字没有按会计制度的要求填写齐全。例如，取得的发票上没有章，这种发票属于不完整的原始凭证，对于记载不准确、不完整的原始凭证是要求退回进行更正、补充，而不是不予受理。

(3)对记载不准确、不完整的原始凭证予以退回，并要求按照国家统一的会计制度的规定更正补充。这里要特别注意，原始凭证记载的各项内容均不得涂改。原始凭证除金额有错误的，应当由出具单位重开或者更正，更正时需要更正的地方应当加盖出具单位印章。原始凭证金额有错误的，应当由出具单位重开，不得在原始凭证上更正。

(4)对伪造或涂改等弄虚作假、严重违法的原始凭证，会计人员在拒绝办理的同时，应当予以扣留，并及时向单位或上级主管部门报告，请求查明原因，追究当事人责任。

三、记账凭证

记账凭证是根据审核无误的原始凭证，按照经济业务内容加以归类，并据以确定会计分录后填制的会计凭证，是登记账簿的直接依据。

(一)记账凭证的基本内容

记账凭证的基本内容是会计分录，在会计实务中，会计分录是通过填制记账凭证来完成的。我国《会计基础工作规范》第五十一条规定，记账凭证必须具备下列内容：

(1)填制记账凭证的日期。

(2)凭证的名称和编号。

(3)经济业务的摘要。

(4)应记会计科目的方向及金额。

(5)记账符号(过账符号)。

(6)所附原始凭证的张数。

(7)有关责任人的签名或盖章。

(二)记账凭证的种类

记账凭证又称记账凭单，是会计人员根据审核后的原始凭证，加以归类整理，用来记载经济业务的简要内容，确定会计分录并登记账簿的凭证。记账凭证按其用途和反映的经济内容不同，分为专用记账凭证和通用记账凭证。

1. 专用记账凭证

专用记账凭证是指专门用于记录某一类经济业务的记账凭证。专用记账凭证按其所反映的经济内容是否涉及货币资金收付业务，可以分为收款凭证、付款凭证和转账凭证。

(1)收款凭证。收款凭证是专门用来记录和反映库存现金和银行存款收入业务的记账凭证，它是根据库存现金和银行存款收入业务的原始凭证填制的，是登记库存现金日记账、银行存款日记账以及有关明细账和总账等账簿的依据，也是出纳人员收讫款项的依据(格式见凭证 2-3-12)。

【凭证 2-3-12】

收款凭证

借方科目： 年 月 日 字第 号

摘要	贷方科目		金额											记账
	总账科目	明细科目	亿	千	百	十	万	千	百	十	元	角	分	
附件 张	合计													

会计主管： 记账： 出纳： 审核： 制单：

(2)付款凭证。付款凭证用来记录和反映库存现金和银行存款支出业务的记账凭证,它是根据库存现金和银行存款付款业务的原始凭证填制的,是登记库存现金日记账、银行存款日记账以及有关明细账和总账等账簿的依据,也是出纳人员收付款项的依据。对于库存现金和银行存款之间相互划转的收付款业务,为了避免重复记账,只填制付款凭证不填制收款凭证。格式见凭证 2-3-13。

【凭证 2-3-13】

付 款 凭 证

贷方科目:　　　　　　　　　　年　月　日　　　　　　　　　　字第　　号

摘　要	借方科目		金　额											记账
	总账科目	明细科目	亿	千	百	十	万	千	百	十	元	角	分	
附件　张	合　计													

会计主管:　　　　　　记账:　　　　　　出纳:　　　　　　审核:　　　　　　制单:

(3)转账凭证。转账凭证用来记录和反映非货币资金收付业务的记账凭证,凡是不涉及现金收付和银行存款收付的其他经济业务,均为转账业务,据此编制转账凭证。转账凭证的格式与通用记账凭证格式相同,见凭证 2-3-14。

【凭证 2-3-14】

转 账 凭 证

年　月　日　　　　　　　　　　转字第　　号

摘　要	会计科目		借方金额											贷方金额											记账
	总账科目	明细科目	亿	千	百	十	万	千	百	十	元	角	分	亿	千	百	十	万	千	百	十	元	角	分	
附件　张	合　计																								

会计主管:　　　　　　记账:　　　　　　审核:　　　　　　制单:

2. 通用记账凭证

通用记账凭证是指各类经济业务共同使用的、统一格式的记账凭证。在实际工作中,很多企业和行政事业单位为了简化记账凭证,全部业务使用同一种格式的记账凭证,记录和反映所发生的各种经济业务(格式见凭证 2-3-15)。

【凭证 2-3-15】

记 账 凭 证

年　月　日　　　　　　　　　　记字第　　号

摘　要	会计科目		借方金额											贷方金额											记账
	总账科目	明细科目	亿	千	百	十	万	千	百	十	元	角	分	亿	千	百	十	万	千	百	十	元	角	分	
合　计																									

附凭证　张

会计主管：　　　记账：　　　审核：　　　出纳：　　　制单：

（三）记账凭证的填制要求

记账凭证填制的正确与否，直接关系到账簿记录的真实性和正确性。所有各种记账凭证的填制除必须做到记录真实、内容完整、填制及时、书写清楚以外，还必须符合下列要求：

1. 审核原始凭证

对经济业务发生后取得或填制的原始凭证进行认真的检查、审核，经确认其内容真实、正确无误后，方可依此填制相应的记账凭证。

记账凭证可以根据每一张原始凭证或若干张同类原始凭证或原始凭证汇总表填制，但不得将不同内容和类别的原始凭证汇总填制在一张记账凭证上。以自制的原始凭证或者原始凭证汇总表代替记账凭证使用的，也必须具备记账凭证所有的内容。

2. 正确填写记账凭证的日期

记账凭证的日期，一般为以会计人员受理经济业务事项的日期为准；转账凭证是以收到原始凭证的日期作为填制记账凭证的日期；而发生的收付款业务要在当日记入日记账，所以填制收、付款凭证的日期应是收付货币资金的实际日期；月末结转的各项业务，应当按当月最后一天的日期填制。

3. 正确填写摘要

摘要栏是对经济业务的简要说明，填写时既要简明，又要全面、清楚，应以说明问题为主。对于收付款业务，要写明收付款对象的名称、款项内容，使用银行支票的，还应填写支票号码；对于购买材料、商品业务，要写明供应单位名称和主要品种、数量；对于往来业务，应写明对方单位、业务经手人、业务发生时间等内容。要求“摘要”能够正确、完整地反映经济活动和资金变化的来龙去脉，切忌含糊不清。

4. 规范编号，以便查考

记账凭证必须按月连续编号，以便于记账、查账、防止散落、丢失。常用的编号方法有：

（1）采用通用记账凭证时，可采用“统一编号”，将全部记账凭证作为一类编号，按照经济业务发生的时间的先后顺序统一编号，即从本月第一笔经济业务发生后填制记账凭证第 1 号开始，至本月最后一张记账凭证末第×号为止。

（2）采用收款凭证、付款凭证和转账凭证的，可采用“字号编号法”，即按凭证类别顺序编号，如，收字第×号、付字第×号、转字第×号。字号编号法可分为“三类编号”和“五类编号”。

分三类编号，分别按库存现金和银行存款收入、库存现金和银行存款付出、转账凭证三类进行编号，记账凭证的编号分为收字第×号、付字第×号、转字第×号；分五类编号，分别按库存现金收入、库存现金付出、银行存款收入、银行存款付出、转账凭证五类进行编号，记账凭证的编号分为现收第×号，现付第×号，银收第×号，银付第×号，转字第×号。

(3)如果一笔经济业务需要填制两张或两张以上记账凭证时，可以采用“分数编号法”编号，即在原顺序编号后面，以分数形式表示该笔经济业务所填制的记账凭证的张数及该张的顺序号。如：本月公司第2笔经济业务发生后，所需填制三张记账凭证的编号分别为：第一张为第$2\frac{1}{3}$号，第二张为第$2\frac{2}{3}$号，第三张为第$2\frac{3}{3}$号。(前面的整数表示业务顺序，分母表示凭证共3张，分子表示3张中的第1张、第2张、第3张。)

任何一种分类都不会影响记账结果。记账凭证无论是统一编号或分类编号，均应分月按自然数1、2、3、4、5…的顺序连续编号，一张记账凭证编一个号，不得跳号、重号。月末，在最后一张记账凭证的编号旁边，注明“全”或“末”，表示本月填制的记账凭证到此结束。

5. 正确填制会计分录

为了明确经济业务的来龙去脉和账户对应关系，必须按照复式记账原理正确编制会计分录。在一份记账凭证上只能反映一项经济业务或者若干项同类型的经济业务，不能把不同类的经济业务合并填制在一起，填写会计科目名称时应先借后贷，分录可以是一借一贷、一借多贷或一贷多借。如果某项经济业务本身需要编制一套多借多贷的会计分录，为了反映该项经济业务的全貌，可以采用多借多贷的会计分录，填制一份记账凭证，不必人为地将一项经济业务所涉及的会计科目分开。

6. 正确填写金额栏数字

记账凭证的金额必须与原始凭证的金额相符，在填写金额数字时，阿拉伯数字书写要规范，行次、栏次的内容要对应明确，金额数字要填写到“分”位。

记账凭证的合计行上要填写合计金额，并在合计金额前标明人民币符号“¥”。合计金额要计算正确并保持借方与贷方之间的平衡，不是合计金额的栏次，则不需要填写人民币符号“¥”。

7. 按行次逐项填写

记账凭证填制经济业务事项后，如有空行，应当画线注销(一条斜线或“S”形线)，以堵塞漏洞，严密会计核算手续。画线应从金额栏最后一笔金额数字下面的空行划到合计数行的上面一行。要注意，斜线或“S”形线都不能划到有金额数字的行次上。

8. 正确计算和注明所附原始凭证的件(张)数

除结账、更正错误的记账凭证可以不附原始凭证外，所有记账凭证必须附有反映经济业务内容的原始凭证，并注明所附的原始凭证张数。

当一张或几张原始凭证涉及几张记账凭证时，可以把原始凭证附在一张主要的记账凭证后面，在摘要栏注明“本凭证附件包括在××号记账凭证业务”，并在未附原始凭证的记账凭证上注明“附件××张，见第××号记账凭证”。如果原始凭证需要另行保管时，则应在附件栏目内加以注明。

如果一张原始凭证所列支出需要几个单位共同负担的，应根据其他单位负担的部分开给对方原始凭证分割单进行结算，并将该原始凭证及分割单副本附在记账凭证后面，以备查验。

9. 记账凭证的签章

记账凭证填制完毕后，需要由有关会计人员签名或盖章，以便加强凭证的管理，分清会计人员之间的责任，使会计岗位之间相互制约、互相监督。

10. 正确更正填写差错

如果在填制记账凭证时发生错误，应当重新填制。已经登记入账的记账凭证，如果发现填写错误时，可以用红字填写一张与原内容相同的记账凭证，在摘要栏注明“注销某月某日某号凭证”字样，同时再用蓝字重新填制一张正确的记账凭证，在摘要栏注明“订正某年某月某号凭证”字样。如果会计科目没有错误，只是金额错误，也可以将正确数字与错误数字之间的差额，另编一张调整的记账凭证，调增金额用蓝字，调减金额用红字。

(四)记账凭证的填制方法

1. 专用记账凭证的填制

(1)收款凭证的填制。

收款凭证应根据库存现金和银行存款收入业务的原始凭证填制。它是出纳人员办理收款业务的依据，也是会计人员登记库存现金、银行存款日记账以及其他相关账簿的依据。收款凭证的特点表现为左上角所列科目为借方科目。在借贷记账法下，根据收入业务的经济性质，借方科目内应填列“库存现金”“银行存款”科目，而贷方栏目内应填列借方科目的对应科目，将总账科目和明细科目逐一写清，并填写金额数目；合计栏既表明贷方金额又表明借方金额；“记账”栏内标明所登记的账簿页数或注明“√”以示登记入账；收款凭证编号可按“收字××号”统一编号；也可以按现金收入业务以“现收字××号”顺序编号，银行存款收入业务以“银收字××号”顺序编号；附单据张数是指附在记账凭证后面的原始凭证件数；最后是有关人员的签字或盖章。

【例 2-3-5】 2018 年 9 月 2 日，收回日照光明机电有限责任公司前欠货款 40 000 元，收存银行。填制的收款凭证见凭证 2-3-16。

【凭证 2-3-16】

收款凭证

借方科目：银行存款　　　　2018年9月2日　　　　收 字第04号

摘要	贷方科目		金额											记账
	总账科目	明细科目	亿	千	百	十	万	千	百	十	元	角	分	
收回光明机电前欠货款	应收账款	光明机电					4	0	0	0	0	0	0	√
附件 壹 张	合	计				¥	4	0	0	0	0	0	0	

会计主管：程辉　　记账：刘亮　　出纳：张雪　　审核：张麒　　制单：张强

(2)付款凭证的填制。

付款凭证应根据审核无误的有关库存现金和银行存款付出业务的原始凭证填制。在借贷记账法下，付款凭证的编制方法与收款凭证基本相同，主要区别在于，付款凭证左上角反映的是贷方科目，表内栏中反映的是借方科目及其金额，其编号原则与收款凭证相同。

【例 2-3-6】 2019 年 9 月 16 日，购入 Q345 钢材 2 吨，买价 10 000 元，增值税进项税额 1 300 元，共计 11 300 元，开出转账支票一张支付货款，材料已验收入库。填制的付款凭证见凭证 2-3-17。

【凭证 2-3-17】

付款凭证

贷方科目：银行存款　　2019年9月16日　　付 字第22号

摘 要	借方科目		金额											记账
	总账科目	明细科目	亿	千	百	十	万	千	百	十	元	角	分	
购买钢材	原材料	钢材					1	0	0	0	0	0	0	√
	应交税费	应交增值税（进）						1	3	0	0	0	0	√
附件 叁 张	合	计				¥	1	1	3	0	0	0	0	

会计主管：程辉　　记账：刘亮　　出纳：张雪　　审核：张麒　　制单：张强

需要注意的是：对于现金和银行存款之间相互划转的业务，如从银行提取现金，或将现金存入银行，为了避免重复记账，只编制付款凭证，不编制收款凭证。当发生从银行提取现金的业务时，只编制银行存款付款凭证；当发生将现金存入银行的业务时，只编制现金付款凭证。

(3)转账凭证的填制。

转账凭证的填制要求先写借方科目后写贷方科目，各会计科目应借应贷的金额填列在“借方金额”和“贷方金额”栏内，借、贷方合计数应相等。其他要求与收、付款的相一致，转账凭证的编号是按“转字第×号”编制的。

【例 2-3-7】 2019 年 9 月 30 日，计提生产车间固定资产折旧 13 450 元。填制的转账凭证见凭证 2-3-18。

【凭证 2-3-18】

转 账 凭 证

2019年9月30日　　转字第84号

摘 要	会计科目		借方金额											贷方金额											记账
	总账科目	明细科目	亿	千	百	十	万	千	百	十	元	角	分	亿	千	百	十	万	千	百	十	元	角	分	
计提折旧费	制造费用	折旧					1	3	4	5	0	0	0												√
	累计折旧																	1	3	4	5	0	0	0	√
附件 壹 张	合	计				¥	1	3	4	5	0	0	0				¥	1	3	4	5	0	0	0	

会计主管：程辉　　记账：刘亮　　审核：张麒　　制单：张强

2. 通用记账凭证的填制

采用通用记账凭证的单位，在借贷记账法下，将经济业务所涉及的会计科目全部填列在凭证内，借方在先，贷方在后，将各会计科目所记应借、应贷的金额填列在借方金额或贷方金额栏内，借、贷方金额合计数应相等。制单人应在填制凭证完毕后签名盖章，并填写所附原始凭证的张数。

【例 2-3-8】 假定企业采用通用记账凭证，则【例 2-3-5】【例 2-3-6】【例 2-3-7】编制的记账凭证分别见凭证 2-3-19、凭证 2-3-20、凭证 2-3-21。

【凭证 2-3-19】

记 账 凭 证

2018年9月2日　　　　记字第12号

摘 要	会计科目		借方金额									贷方金额									记账
	总账科目	明细科目	百	十	万	千	百	十	元	角	分	百	十	万	千	百	十	元	角	分	
收回光明机电前欠贷款	银行存款				4	0	0	0	0	0	0										√
	应收账款	光明机电												4	0	0	0	0	0	0	√
合　　计				¥	4	0	0	0	0	0	0		¥	4	0	0	0	0	0	0	

附凭证壹张

会计主管：程辉　　记账：刘亮　　审核：张麒　　出纳：张雪　　制单：张强

【凭证 2-3-20】

记 账 凭 证

2019年9月16日　　　　记字第114号

摘 要	会计科目		借方金额									贷方金额									记账
	总账科目	明细科目	百	十	万	千	百	十	元	角	分	百	十	万	千	百	十	元	角	分	
购买钢材	原材料	钢材			1	0	0	0	0	0	0										√
	应交税费	应交增值税（进）				1	3	0	0	0	0										√
	银行存款													1	1	3	0	0	0	0	√
合　　计				¥	1	1	3	0	0	0	0		¥	1	1	3	0	0	0	0	

附凭证叁张

会计主管：程辉　　记账：刘亮　　审核：张麒　　出纳：张雪　　制单：张强

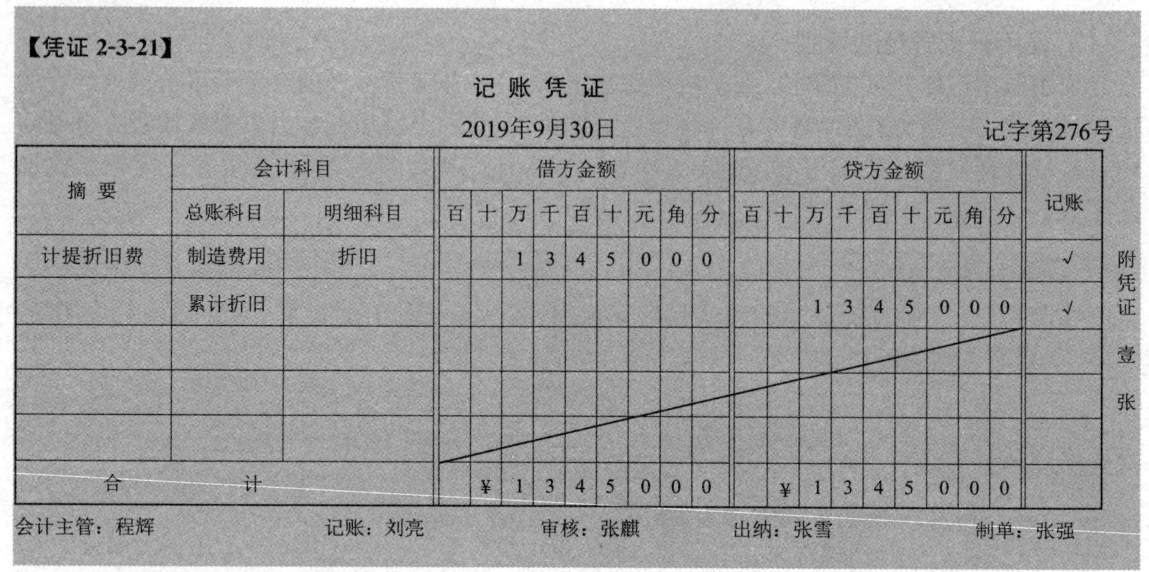

【凭证 2-3-21】

记 账 凭 证

2019年9月30日　　　　记字第276号

摘 要	会计科目		借方金额									贷方金额									记账
	总账科目	明细科目	百	十	万	千	百	十	元	角	分	百	十	万	千	百	十	元	角	分	
计提折旧费	制造费用	折旧			1	3	4	5	0	0	0										√
	累计折旧													1	3	4	5	0	0	0	√
合　计				¥	1	3	4	5	0	0	0		¥	1	3	4	5	0	0	0	

附凭证壹张

会计主管：程辉　记账：刘亮　审核：张麒　出纳：张雪　制单：张强

(五)记账凭证的审核

为了正确登记账簿和监督经济业务，除了编制记账凭证的人员应当认真负责、正确填制、加强自审以外，同时还应建立专人审核制度。因此，记账凭证在填制后、记账前，必须由会计主管人员或其他指定人员对记账凭证进行严格审核。审核的只要内容包括：

(1)内容是否真实。审核记账凭证是否可以以原始凭证为依据，所附原始凭证的内容与记账凭证的内容是否一致，记账凭证汇总表的内容与其所依据的记账凭证的内容是否一致等。

(2)项目是否齐全。审核记账凭证各项目的填写是否齐全，如日期、凭证编号、摘要、会计科目、金额、所附原始凭证张数以及有关人员签章等。

(3)科目是否正确。审核记账凭证的应借、应贷科目是否正确，是否有明确的账户对应关系，所使用的会计是否符合有关会计制度的规定。

(4)金额是否正确。审核记账凭证所记录的金额与原始凭证的有关金额是否一致，记账凭证汇总表的金额与记账凭证的金额合计是否相符，原始凭证中的数量、单价、金额计算是否正确等。

(5)书写是否正确。审核记账凭证中的记录是否文字工整、数字清晰，是否按规定使用蓝、黑墨水，是否按规定进行更正等。

基本技能训练

一、项目名称

会计凭证

二、训练目的

练习原始凭证的填制和审核，熟练编制记账凭证。

三、训练资料及要求

企业名称：南京市溶剂公司；法人代表：金玉堂；开户银行：工商银行南京市支行 行号(银行编号)：001；账号：33011809032591 地址：玄武区清流路 3 号；电话：025-86730717；该公司 2019 年 1 月份发生的部分经济业务如下，根据各题业务要求填写原始凭证，并代经办人员履行签章手续（签章处用文字代替）。

1. 2日，财务科出纳员王田开出现金支票一张，从银行存款中提取备用金2 000元，请填制现金支票。（提示：按照银行规定，支票要用碳素墨水书写，大小金额或收款人写错，必须作废留存，重新填制。）

中国工商银行（苏） 现金支票存根 No.13329553	中国工商银行 南京市分行现金 支票 支票号码：13329553
	出票日期（大写） 年 月 日 付款行名称：工行汉府支行
	收款人： 出票人账号：33011-809032591
附加信息	人民币（大写）
	千 百 十 万 千 百 十 元 角 分
出票日期 年 月 日	用途： 复核
收款人：	上列款项请从我账户内支付 记账 验印
金额：	
用途：	出票人签章
单位主管 会计	‖32011 ‖0033011‖ 000809032591‖

2. 3日，供销科业务员李力借差旅费1 500元，准备赴北京推销产品，请代李力填制差旅费借款单，代其他有关人员签名。（会计主管丁兰，借款单位负责人王民，出纳方五）。

借 款 单

年 月 日 字第0021号

借款人		借款事由		
所属部门				
借款金额人民币（大写）		核准金额	人民币（大写）	
审批意见： 同意借支 年 月 日	归还期限		归还方式	

现金付讫

会计主管： 复核： 出纳： 借款人：

3. 5日，检验科乔春交来差旅费余款28.05元，请代财会人员填制收据，代出纳员王田（兼制单人）收款，盖"现金收讫"章，代交款人、收款人签名。

现金收款收据

年 月 日 №1200231

收款单位		交款单位		金额 百 十 万 千 百 十 元 角 分
金额（大写）	人民币			
事由				备注：

第一联 存根

现金付讫

收款单位公章（略） 收款人： 交款人：

4. 7日，经供销科同意，采购员赵君到财务科开出转账支票一张，金额3 393元，向日照永正机械厂购进200太工业水泵，发票如下。请代出纳员王田签发转账支票。

山东省增值税专用发票

No. 090704976

开票日期：2019年6月18日

购货单位	名　称：日照光明机电有限责任公司 纳税人识别号：371102687924241 地 址 、电 话：日照市烟台北路　276826 开户行及账号：日照工商银行烟台路支行　6222023803023294			密码区			
货物或应税劳务名称	规格型号	单位	数量	单价	金额	税率	税额
工业水泵	2 kW	台	200	1 000.00	200 000.00	13%	26 000.00
价税合计（大写）	⊗人民币贰拾贰万陆仟元整				（小写）¥226 000.00		
销货方	名　称：日照永正机械厂 纳税人识别号：371102726226486 地 址 、电 话：日照市海曲西路　276800 开户行及账号：日照工商银行海曲路支行　1225500003764			备注	日照永正机械厂 371102726226486 发票专用章		

税总函〔2018〕××号××××公司

第三联 发票联 购货方记账凭证

中国工商银行（苏）
转账支票存根
No.13246370

附加信息
____
____

出票日期　年　月　日
收款人：
金额：
用途：
单位主管　会计

本支票付款期限十天

中国工商银行 南京市分行转帐 支票 支票号码：13246370

出票日期（大写）　年　月　日　　付款行名称：工行汉府支行
收款人：　　出票人账号：33011-809032591

人民币（大写）	千	百	十	万	千	百	十	元	角	分

用途：　复核
　记账
上列款项请从　验印
我账户内支付

出票人签章　||32011　||0033011||　000809032591||

5. 8日，采购员赵君根据发票填制收料单给仓库，材料检验员赵红，保管员齐兰，将第4题购买的工作服如数验收入库，请代赵君填制收料单，代齐兰填写实收数量，代有关人员签名。［提示：根据发票填制收料单，其中收料单上的发票价格栏填写发票金额（不含增值税额）］。

南京溶剂公司

领　料　单

发票号：　　　　　　　　　　　　年　　月　　日　　　　　　　　　　　　编号：003

<table>
<tr><td>供应单位</td><td colspan="3"></td><td colspan="2">材料类别及编号</td><td colspan="2"></td></tr>
<tr><td rowspan="2">材料名称及规格</td><td rowspan="2">单位</td><td colspan="2">数量</td><td colspan="4">实际成本</td></tr>
<tr><td>发票</td><td>实收</td><td>发票价格</td><td>运杂费</td><td>合计</td><td>单价</td></tr>
</table>

核算：　　　　主管：　　　　保管：　　　　检查：　　　　交库：

6. 10日，一车间材料员朱丽填制领料单，经车间主任审批，到仓库领出工作服，请领12套，实领12套，每套58元，请代朱丽填制领料单，代领料单位负责人于杰审批，代发料人万敏填写实发数，代有关人员签名。

南京溶剂公司

领　料　单

领料单位：　　　　　　　　　　年　　月　　日　　　　　　　　　　　　编号：

<table>
<tr><td>用途</td><td colspan="2"></td><td colspan="2">材料类别及编号</td><td></td></tr>
<tr><td>材料名称及规格</td><td>单位</td><td>请领数</td><td>实发数</td><td>单价</td><td>金额</td></tr>
<tr><td></td><td></td><td></td><td></td><td></td><td></td></tr>
<tr><td colspan="6">备注：</td></tr>
</table>

领料：　　　　单位负责人：　　　　记账：　　　　发料：　　　　领料：

7. 11日，销售丁试剂4吨，每吨1 215.37元，共计4 861.48元，此款项存入银行，其中100元32张，50元24张，10元40张，5元4张，2元10张，1元10张，5角3张，2角20张，1角59张，5分1张，1分3张。请代出纳员王田填制现金交款单。

中国工商银行现金交款单(回单)①

年　　月　　日　　　　　　　　　　№0001245

<table>
<tr><td rowspan="2">收款单位</td><td>全称</td><td colspan="10"></td><td colspan="4">款项来源</td><td colspan="9"></td></tr>
<tr><td>账号</td><td colspan="10"></td><td colspan="4">交款部门</td><td colspan="9"></td></tr>
<tr><td rowspan="2">金额(大写)</td><td rowspan="2" colspan="15">人民币</td><td>百</td><td>十</td><td>万</td><td>千</td><td>百</td><td>十</td><td>元</td><td>角</td><td>分</td></tr>
<tr><td></td><td>¥</td><td></td><td></td><td></td><td></td><td></td><td></td><td></td></tr>
<tr><td>券别</td><td>张数</td><td>十</td><td>万</td><td>千</td><td>百</td><td>十</td><td>元</td><td>券别</td><td>张数</td><td>千</td><td>百</td><td>十</td><td>元</td><td>角</td><td>分</td><td rowspan="6" colspan="9">上列款项已如数收妥入账

(收款银行盖章)
复核：经办：
年　月　日</td></tr>
<tr><td>一百元</td><td></td><td></td><td></td><td></td><td></td><td></td><td></td><td>一元</td><td></td><td></td><td></td><td></td><td></td><td></td><td></td></tr>
<tr><td>五十元</td><td></td><td></td><td></td><td></td><td></td><td></td><td></td><td>五角</td><td></td><td></td><td></td><td></td><td></td><td></td><td></td></tr>
<tr><td>十元</td><td></td><td></td><td></td><td></td><td></td><td></td><td></td><td>二角</td><td></td><td></td><td></td><td></td><td></td><td></td><td></td></tr>
<tr><td>五元</td><td></td><td></td><td></td><td></td><td></td><td></td><td></td><td>一角</td><td></td><td></td><td></td><td></td><td></td><td></td><td></td></tr>
<tr><td>二元</td><td></td><td></td><td></td><td></td><td></td><td></td><td></td><td>分币</td><td></td><td></td><td></td><td></td><td></td><td></td><td></td></tr>
</table>

第一联由银行盖章后退回单位

8. 13日，日照市化工公司采购员持转账支票来公司购买丁试剂10吨，每吨1 215.37元，价外增值税13%，货款(支票)送存银行。请代供销科田红开出增值税专用发票。(购货单位地址：王陵街3号；电话：84680853；纳税人登记号：444；开户银行：工商银行王陵分理处；账号：204423。）

山东省增值税专用发票

（监制章：全国统一发票监制章 山东 国家税务总局监制）

发 票 联

No. 090704976

开票日期：　　年　月　日

购买方	名　　称： 纳税人识别号： 地 址 、电 话： 开户行及账号：				密码区			
货物或应税劳务、服务名称	规格型号	单位	数量	单价	金额	税率	税额	
价税合计（大写）	⊗					（小写）¥		
销售方	名　　称： 纳税人识别号： 地 址 、电 话： 开户行及账号：				备注			

税总函〔2018〕××号×××公司

第三联　发票联　购货方记账凭证

中国工商银行进账单（送票回执）1

年　　月　　日

№37537758

收款人	全称		付款人	全称										
	账号			账号										
	开户银行			开户银行										
人民币（大写）					千	百	十	万	千	百	十	元	角	分
票据种类			收款单位开户行盖章											
票据张数														
凭证号码														
单位主管会计复核记账														

此联是送交票据人的回单

9．14日，采用电汇方式支付苏州明友信息技术公司款项，系购进软件一套，金额38 000元，苏州明友信息技术公司开户行：中国银行苏州齐门支行，账号：78654253768。要求填制电汇凭证。

中国工商银行电汇凭证（回单）

委托日期　　　　　　　　　　　　年　　月　　日　　　　　　　　　　苏 A00048747

<table>
<tr><td rowspan="3">汇款人</td><td>全称</td><td colspan="2"></td><td rowspan="3">收款人</td><td>全称</td><td colspan="11"></td></tr>
<tr><td>账号</td><td colspan="2"></td><td>账号</td><td colspan="11"></td></tr>
<tr><td>汇出地点</td><td></td><td>汇出行名称</td><td>汇出地点</td><td colspan="11">汇出行名称</td></tr>
<tr><td rowspan="2" colspan="2">金额</td><td rowspan="2">人民币
大写</td><td rowspan="2" colspan="3"></td><td>千</td><td>百</td><td>十</td><td>万</td><td>千</td><td>百</td><td>十</td><td>元</td><td>角</td><td>分</td></tr>
<tr><td></td><td></td><td></td><td></td><td></td><td></td><td></td><td></td><td></td><td></td></tr>
<tr><td colspan="16">汇款用途：</td></tr>
<tr><td colspan="5">附加信息及用途：

复核 ×　　　记账×</td><td colspan="11">汇出行盖章

年　　月　　日</td></tr>
</table>

此联为汇出行给汇款人的回单

10.15 日，经有关人员核定，签发 002 号限额领料单如下：

领料单位：二车间；料名称：甲醇；用途：生产丙试剂；计划产量：15 吨；单位消耗定额：0.02 吨；月领用限额：20 吨；材料单价：1 500 元/吨。

材料员田力经车间负责人吴刚审批，分三次领料：16 日，请领 5 吨，实领 5 吨，20 日，请领 7 吨，实领 7 吨，25 日请领 5 吨，实领 5 吨，均由仓库保管员任红发料，请代有关人员签发限额领料单，代车间材料员田力填写领料日期和请领数，代发料人任红填写实发数和结余数。

11. 20 日，职工李力从北京返回，报销差旅费 1 470 元(其中车费 1 128 元，住宿费 250 元，补助费 92 元)，请代李力填差旅费报销单。

12. 23 日，职工江涛报销学历进修学费，发票金额 32 325 元，按规定自理 50%，报销 50%。请代江涛填报销单，代出纳员付款盖“现金付讫”章。

南京溶剂公司

限额领料单

领料部门：

用途：年月编号：

<table>
<tr><td rowspan="2">材料类别</td><td rowspan="2" colspan="2">材料名称</td><td rowspan="2">规格</td><td rowspan="2">计量单位</td><td rowspan="2">单价</td><td rowspan="2">领用限额</td><td colspan="2">全月实领</td></tr>
<tr><td>数量</td><td>金额</td></tr>
<tr><td></td><td colspan="2"></td><td></td><td></td><td></td><td></td><td></td><td></td></tr>
<tr><td rowspan="2">日期</td><td colspan="3">请领</td><td colspan="2">实发</td><td></td><td colspan="2" rowspan="2">限额结余</td></tr>
<tr><td>数量</td><td>领料单位负责人签章</td><td>领料人签章</td><td>数量</td><td>发料人签章</td><td></td></tr>
<tr><td></td><td></td><td></td><td></td><td></td><td></td><td></td><td colspan="2"></td></tr>
<tr><td></td><td></td><td></td><td></td><td></td><td></td><td></td><td colspan="2"></td></tr>
<tr><td></td><td></td><td></td><td></td><td></td><td></td><td></td><td colspan="2"></td></tr>
<tr><td></td><td></td><td></td><td></td><td></td><td></td><td></td><td colspan="2"></td></tr>
<tr><td></td><td></td><td></td><td></td><td></td><td></td><td></td><td colspan="2"></td></tr>
<tr><td>合计</td><td></td><td></td><td></td><td></td><td></td><td></td><td colspan="2"></td></tr>
</table>

生产计划部门负责人：　　　　　　　供应部门负责人：　　　　　　　仓库管理员：

差旅费报销单

年　　月　　日　　　　　　　　　　附件　　张

姓名		出差地点		出差事由		日期	月　日起 月　日止
乘火车费	自　站至　站			金额		说明：	
乘汽车费	自　站至　站			金额			
乘飞机费	自　　站至　　站			金额			
行李运费	公斤	每公斤　元		金额			
出差补助费		定额		金额			
旅馆费		定额		金额			
其他		交通		金额			
合计金额	小写	¥				负责人	
	大写						

会计主管：　　　　　　出纳：　　　　　　报销人：

费用报销单

年　　月　　日　　　　　　　　　NO.

职工所在部门：　　　　　　　　　　　　　　姓名：

日期		报销内容	单据张数	金额	报销金额(50%)	自理金额(50%)	备注
月	日						
报销金额合计人民币(大写)							
主管意见			报销人签章				

任务四　会计账户的开设与登记

任务目标

在会计账簿上开设会计账户并进行有关记录是会计核算的一个重要环节。本任务通过对会计账簿的组成与种类、账户开设、账户登记技术等内容的介绍，使学习者基本熟悉会计账户登记相关事务的处理方法与主要要求，初步具备开设账户、过账以及结账的能力，为读懂账簿信息、认识财务报表数据奠定比较扎实的基础。

导入信息

丫丫公司是一家小型加工企业，自创办以来一直请会计师事务所代理记账。2019 年 1 月，公司决定聘用某高职学院会计专业毕业的学生李美美做会计工作，公司老板将企业的情况向李美美进行了如下介绍：

(1)企业为一般纳税人，注册资本为 100 万元，2019 年准备追加投资 50 万元。公司管理人员 5 人，合同制生产人员 30 人。开户银行为工商银行，账号为 6338824575，库存现金限额为 5 000 元。

(2) 企业生产 A、B 两种产品，要求单独计算 A、B 产品成本。

(3)企业的购销活动，经常有往来账项。

(4)原材料、库存商品分品种按照实际成本核算。

(5)其他情况可以自己去看 2018 年的凭证、账簿等资料。

请问：面对这样的情况，李美美应当如何使自己的会计工作步入正轨？

内容阐释

美美刚毕业步入专业岗位，面临两个现实：一是公司以前一直请会计师事务所人员代账，无现成师傅；二是自己刚毕业上班，并无实际经验，公司老板的介绍又笼统而模糊。怎么办呢？

第一件事情，就是要与之前的代账人员进行交接，整理好接手的各种会计资料(如凭证、账簿、报表等)和各种会计物品(如证件、发票、印章、电算化密码等)。

第二件事情，应当是在了解企业经营信息、熟悉过去账务资料的基础上，开始着手根据企业实际情况建账。而所谓建账，简单讲，就是根据会计核算的有关要求，购置适应要求、符合需要的各种由账页组成的记账载体——账簿，然后在启用了的账簿上开设账户。为完成这项事务，应考虑清楚：应购置什么样的账簿呢？又需要开设些什么样的核算用李美美必须思考清楚：应购置些什么样的账簿呢？又需要开设些什么样的账户呢？怎么开设账户呢？

第三件事情，那就是开始按照规范要求在所开设的若干种账户里进行账务信息日常记录，到一定阶段进行相应的总结、报告。面对这样的工作需要，美美应当怎样才能做好日常记账和采用会计的方法做好“阶段性总结”呢？

接下来，我们就好好说说美美面临的并必须予以正确处理的那些“账簿上”的事儿吧！

一、认识会计账簿

李美美要建账，必须首先准备好各种必需的账簿，这是会计核算工作中系统记录单位经济业务信息的载体。

会计账簿就是我们日常口语中说的会计账本。所谓会计账簿(简称“账簿”)，是指以会计凭证为依据，在具有专门格式而又相互联系的账页上对全部经济业务进行分类和序时记录的一种簿籍。

(一)账簿的组成

根据会计工作管理规范和企业自身的实际业务需要，不同类型的企业所使用的账簿类型和记录的经济内容可能有着一定的差别。但不论怎样，账簿都应具备以下几个部分：封面、扉页和账页。

1. 封面

封面主要标明账簿的名称，如各总分类账、各种明细账、库存现金日记账、银行存款日记账等。

2. 扉页

扉页主要列明科目索引、账簿启用和经办人员一览表。应在账簿启用和经办人员一览表上面填明会计账簿的启用日期、页数、册次、经办账簿人员签章、会计主管签章等。

扉页格式如表 2-4-1 所示。

表 2-4-1　扉 页 格 式

账簿名称：　　　　　　单位名称：
账簿编号：　　　　　　账簿册数：
账簿页数：　　　　　　启用日期：
会计主管：　　　　　　记账人员：

移交日期			移交人		接管日期			接管人		会计主管	
年	月	日	姓名	签章	年	月	日	姓名	签章	姓名	签章

3. 账页

账页是账簿的主体，从这个意义上讲，账簿实际上就是账页的集合体。账簿用来具体记录经济业务信息的载体，其基本内容项目包括：账户的名称（一级科目、明细科目）；登记账户的日期栏；凭证种类和号数栏；摘要栏（简要说明所记录经济业务的内容）；金额栏（记录经济业务引起账户发生额、余额增减变动的数额）；总页次和分户页次。

(二)账簿的分类

为了适应不同用途、形式、内容及登记方法的需要，账簿有多种类型。为了正确使用账簿，有必要对其进行分类认识。

常见的账簿分类方法有以下三种：

(1)按会计账簿用途的不同，可分为序时账簿、分类账簿和备查账簿三类。

①序时账簿。序时账簿又称为日记账簿，是指按照经济业务发生或完成时间的先后顺序、逐日逐笔进行登记的账簿。

②分类账簿。分类账簿是按照账户进行分类登记的账簿，就是对全部经济业务按照会计要素的具体类别而设置的分类账户进行登记的账簿。

③备查账簿。备查账簿亦称辅助账簿，是对某些在序时账簿和分类账簿中没有记载或记载不全的业务事项进行补充登记的账簿。

(2)按账簿账页格式的不同，可分为两栏式、三栏式、多栏式和数量金额式四种。

①两栏式账簿。两栏式账簿是指只有借方和贷方两个基本金额栏目的账簿。例如普通日记账和转账日记账，如表 2-4-2 所示。

②三栏式账簿。三栏式账簿是指设有借方、贷方和余额三个基本栏目的账簿，如表 2-4-3～表 2-4-5 所示。

③多栏式账簿。多栏式账簿是指账簿的两个基础栏目借方和贷方按需要分设若干专栏的会计账簿，如表 2-4-6 和表 2-4-7 所示。

④数量金额式账簿。数量金额式账簿是指在账簿的借方、贷方和余额三个栏目内，都分设数量、单价和金额三小栏，以来反映财务物资的实物数量和价值量，如表 2-4-8～表 2-4-10 所示。

表 2-4-2　普通日记账

年		摘要	账户名称	借方	贷方	记账
月	日					

表 2-4-3　制造费用总分类账

年		凭证编号	摘要	借方	贷方	借或贷	余额
月	日						

表 2-4-4　应收账款明细分类账

明细科目(户名)：

年		凭证号		摘要	借方	贷方	借/贷	余额
月	日	字	号					

表 2-4-5　________明细账　　分页______总页______

二级明细科目__________

三级明细科目__________

年		凭证		摘要	借方									贷方									借/贷	余额								
月	日	种类	号数		十	万	千	百	十	元	角	分	√	十	万	千	百	十	元	角	分	√		十	万	千	百	十	元	角	分	√

表 2-4-6　管理费用明细分类账

年		凭证号	摘　要	工资及福利费	折旧费	办公费	差旅费	……	合计
月	日								

表 2-4-7　生产成本明细账

年		凭证编号	摘要	借方					贷方	借或贷	余额
月	日			直接材料	直接人工	制造费用	……	合计			

表 2-4-8　库存商品(产成品)明细分类账(数量金额式)

类别：__________　　　　品名或规格：__________

编号：__________　　　　存放地点：__________

年		凭证		摘　要	收入			发出			结存		
月	日	种类	号数		数量	单价	金额	数量	单价	金额	数量	单价	金额

表 2-4-9　原材料　　明细分类账

类别：　　　　计量单位：

名称或规格：　　　　存放地点：

编号：　　　　储备定额：

年		凭证		摘　要	收入(借方)			发出(贷方)			结存(余额)		
月	日	种类	号数		数量	单价	金额	数量	单价	金额	数量	单价	金额

表 2-4-10 原材料明细分类账

账号	总页次
页次	

类别____ 编号____ 品名____ 规格____ 单位____ 最高存量____ 最低存量____ 存储地点____

年		凭证		摘要	收入									发出									结存								
月	日	种类	号数		数量	单价	金额							数量	单价	金额							数量	单价	金额						
							万	千	百	十	元	角	分			万	千	百	十	元	角	分			万	千	百	十	元	角	分

（3）按照账簿的外表形式的不同，可以分为订本式账簿、活页式账簿和卡片式账簿。

①订本式账簿。订本式账簿是指账簿在启用之前就将若干账页进行顺序编号并固定装订成册的账簿。

②活页式账簿。是指账簿在启用前和使用过程中都不把账页固定装订在一起，而是把账页装在账夹中夹起来，随时可以增添、取出的一种账簿。

③卡片式账簿。卡片式账簿是由专门格式、分散的卡片作为账页存在卡片箱中保管的账簿。

二、账簿的启用和账户的开设

（一）账簿的启用

启用会计账簿时，应当在账簿封面上写明单位名称和账簿名称。在账簿扉页上应当附启用表，内容包括：启用日期、账簿页数、记账人员和会计机构负责人、会计主管人员姓名，并加盖名章和单位公章。记账人员或者会计机构负责人、会计主管人员调动工作时，应当注明交接日期、接办人员或者监交人员姓名，并由交接双方人员签名或者盖章。

启用订本式账簿，应当从第一页到最后一页顺序编定页数，不得跳页、缺号。使用活页式账页，应当按账户顺序编号，并须定期装订成册。装订后再接实际使用的账页顺序编定页码，并另加目录，记明每个账户的名称和页次。

（二）账户的开设

所谓账户的开设，是指在启用了的账簿上，根据各会计科目业务记录的需要，为各个科目确定一定数量的账页范围，以便分类、序时、连续、系统地登记经济业务信息的活动。

开设账户的要点主要包括：

第一，在账簿上开设账户时，首先应当明确需要开设的账户有哪些，并应当根据会计科目的顺序进行。

第二，每一个账户开设时应当在该账户所属账页的首页上标写账户名称。

第三，开设完账户后应当在账簿扉页背面上依次列出账户名称并编上账户序号。

第四，每个账户所占用的账页数量应当根据业务发生的数量大小灵活确定：有些业务量较多的账户甚至可以专用一个账簿（此时无须在扉页列账户目录），有些账户则合用一个账簿（此时需要在扉页列出账户目录）。采用活页式账簿的，如果若干账户合用一个账簿而又出现某一账户所属账页不足，可以添加账页；但当添加账页数量较多时，可以选择将该账户独立出来，形成单独用一个账簿。

三、账户的登记

会计账簿的登记，其实质就是在账簿上开设好的各个有关账户中具体记录相应经济业务信息的活动，所以也可以称为账户登记。登记会计账簿是会计核算的重要内容和基本方法之一，账簿资料是重要的会计核算资料。

（一）账户的登记要求

为了保证会计核算的质量，完成会计工作任务，登记账簿除应以审核无误的会计凭证为依据外，还必须严格遵守以下规则：

（1）登记会计账户内容必须以相应的记账凭证为依据。

（2）登记会计账簿时，应当将会计凭证日期、编号、业务内容摘要、金额和其他有关资料逐项记入账内；做到数字准确、摘要清楚、登记及时、字迹工整。

（3）登记完毕后，要在记账凭证上签名或者盖章，并注明已经登账的符号，表示已经记账。

（4）账簿中书写的文字和数字上面要留有适当空格，不要写满格；一般占格距的二分之一。

（5）登记账簿要用蓝黑墨水或者碳素墨水书写，不得使用圆珠笔（银行的复写账簿除外）或者铅笔书写。

但下列情况，可以用红色墨水记账：第一，按照红字冲账的记账凭证，冲销错误记录；第二，在不设借贷等栏的多栏式账页中，登记减少数；第三，在三栏式账户的余额栏前，如未印明余额方面的，在余额栏内登记负数余额；第四，根据国家统一会计制度的规定可以用红字登记的其他会计记录。

（6）各种账簿按页次顺序连续登记，不得跳行、隔页。如果发生跳行、隔页，应当将空行、空页画线注销，或者注明“此行空白”“此页空白”字样，并由记账人员签名或者盖章。

（7）凡需要结出余额的账户，结出余额后。应当在“借或贷”等栏内写明“借”或者“贷”等字样。没有余额的账户，应当在“借或贷”等栏内写“平”字，并在余额栏内用“0”表示。现金日记账和银行存款日记账必须逐日结出余额。

（8）每一账页登记完毕结转下页时，应当结出本页合计数及余额，写在本页最后一行和下页第一行有关栏内，并在摘要栏内注明“过次页”和“承前页”字样；也可以将本页合计数及金额只写在下页第一行有关栏内，并在摘要栏内注明“承前页”字样。其中：

①对需要结计本月发生额的账户，结计“过次页”的本页合计数应当为自本月初起至本页末止的发生额合计数。

②对需要结计本年累计发生额的账户，结计“过次页”的本页合计数应当为自年初起至本页末止的累计数。

③对既不需要结计本月发生额也不需要结计本年累计发生额的账户，可以只将每页末的余额结转次页。

(9)登记中发生错误应当采用准确方法进行更正，不得随意修改、涂改。

(10)及时对账，确保记录准确无误。

(二)账户的日常登记方法

限于本书的使用目的和篇幅，在此重点介绍特种日记账登记、总分类账登记以及总分类账与其明细分类账之间的平行登记。

1. 特种日记账的登记方法

特种日记账指专门用来登记某一类经济业务的日记账。为了加强货币资金的管理，反映库存现金及银行存款的收入、支出和结余，各单位通常应设置库存现金日记账、银行存款日记账。

(1)库存现金日记账的登记。

库存现金日记账是用来核算和监督库存现金每日收入、支出和结存情况的特种日记账簿。它是由出纳员根据审核无误的现金收款凭证、现金付款凭证及银行付款凭证，按时间先后顺序逐笔登记；每日业务结束后，根据"上日结存＋本日收入－本日支出＝本日余额"的公式，计算当天库存现金余额填入余额栏，并与库存现金实有数核对，以检查每日现金收付情况(见表 2-4-11和表 2-4-12)。

库存现金日记账的账页格式一般采用三栏式，也可以采用多栏式。

三栏式库存现金日记账的登记方法如下：

日期栏——日期栏根据记账凭证的日期填写。

凭证号栏——凭证号栏根据收、付款凭证的种类和编号填写，其中，"字"指记账凭证的种类，如现金付款凭证写为"现付"，"号"按记账凭证的编号登记。

摘要栏——摘要栏根据记账凭证中的摘要登记经济业务的内容。

对方科目栏——对方科目栏登记与现金收入或现金支出对应的会计科目，可以根据收、付款凭证中的对方科目进行登记。

收入栏——收入栏根据现金收款凭证和银行付款凭证中的金额填写。

支出栏——根据现金付款凭证所列金额填写。

结余栏——记录每一笔收入或支出后的库存现金余额。

表 2-4-11　库存现金日记账　　单位：元

2019 年		凭证字号	摘　要	对方账户	收入	支出	结余
月	日						
6	31		本月合计				650
7	1	银付 1	提现	银行存款	600		1 250
	1	现付 1	李某借差旅费	其他应收款		600	650
	1	现收 1	零星销售收入	主营业务收入	1 100		1 750
	1	现付 2	购买办公用品	管理费用		300	1 450
	1		本日合计		1 700	900	1 450
			……				
			……				
	31		本月合计		……	……	……

表 2-4-12 库存现金日记账

单位:元

第 页

年		凭证		摘要	对方科目	收入	付出	结余
月	日	种类	号数					
5	1			期初余额				2 000
	2	付款	1	提取现金	银行存款	1 000		
	2	付款	2	购买办公用品	管理费用		600	
	2	收款	1	退回暂借差旅费	其他应收款	350		
	2	收款	2	零售商品款	主营业务收入	5 850		
	2	付款	3	将零售商品款存入银行	银行存款		5 850	
	2			本日合计		7 200	6 450	2 750
5	31			本月合计		96 530	95 230	3 300

对于从银行提取现金的业务，为了避免重复记账，可以只填写银行付款凭证，并据此登记库存现金日记账收入栏金额。

(2)银行存款日记账的登记方法。

银行存款日记账是用来核算和监督银行存款每日的增减变化和结存情况的特种日记账。需要按企业在银行开立的账户和币种分别设置，由出纳员根据审核后的银行存款收款凭证、银行存款付款凭证以及与银行存款有关的现金付款凭证，逐日逐笔顺序登记。其账页格式一般采用三栏式，也可以采用多栏式。但是无论采用三栏式还是采用多栏式银行存款日记账，都应当在适当的位置增加“结算凭证”一栏，以便记账时标明每笔业务的结算凭证及编号，用来和银行核对账目。

三栏式银行存款日记账的登记方法与三栏式库存现金日记账基本相同。但应注意“结算凭证”栏分为“种类”和“号数”两个专栏，分别登记结算凭证的种类和号码。例如，用转账支票结算材料款，则应在“种类”栏登记“转账支票”，在“号数”栏登记转账支票号码，以便与银行对账；“对方科目栏”登记与银行收入或支出对应的会计科目，可按有关收、付款凭证中的对方科目进行登记。其中，收入栏，根据银行收款凭证和现金付款凭证中的金额填列；支出栏，根据银行付款凭证所列金额填列。对于将现金存入银行的业务，为避免重复记账，可以只填制现金付款凭证，根据现金付款凭证登记银行存款日记账收入栏金额。每日终了，计算银行存款收入和支出的合计数及账面余额，并且定期与银行送来的对账单进行核对，以保证账实相符。具体登记方法如表 2-4-13 所示。

表 2-4-13 银行存款日记账

单位:元

2019 年		凭证		结算凭证		摘要	对方科目	收入	支出	余额
月	日	字	号	种类	编号					
5	1					期初余额				200 000
	3	银付	1	支票	0151	支付购料款	原材料		5 000	150 000
	4	银收	2	托收	0251	收到销货款	主营业务收入	40 000		190 000
	5	现付	3			现金存入	库存现金	5 000		195 000
						……				
	30					本月合计		72 000	16 800	350 000

2. 总分类账登记方法

总分类账(总账)，是根据总分类科目(一级科目)开设的，用来分类登记企业经济业务以提供总括会计信息的账簿。运用总分类账，可以全面、系统、综合地反映企业各类经济业务的总体情况。每一企业都应设置总分类账。

总分类账是运用货币量度反映各账户金额的增减变动情况的，多采用借方、贷方、余额三栏式(见表 2-4-14)；根据企业需要，在总分类账中也可以设置"对方科目"栏。

总分类账直接按照记账凭证所列总账科目对应的发生额记录账户应借或应贷的发生额，并同时填写该发生额产生后的账户余额(同时填写余额方向符号)；其他各栏信息按照记账凭证所标识的内容和文字填写；过账完后在记账凭证相应位置上画上过账符号"√"。

表 2-4-14　总 分 类 账

会计科目：原材料　　　　　　　　　　　　　　　　单元：元

2019 年		凭证号		摘　要	借方	贷方	借或贷	余额
月	日	字	号					
4	1			期初余额			借	20 000
	4	银付	1	购入材料	50 000		借	70 000
	8	转	8	领用材料		15 000	借	55 000
				……				
4	30			本月合计	65 000	30 000	借	55 000

总分类账的登记依据和方法取决于采用的账务处理程序，可以根据记账凭证逐笔登记，也可以按一定的方式汇总，如先将记账凭证进行汇总，编制汇总记账凭证或科目汇总表，再据以登记总分类账。

3. 总分类账和明细分类账的平行登记

(1)总分类账和明细分类账的关系。

总分类账户(亦称一级账户)是按照总分类科目设置的，仅以货币计量单位进行登记，是对企业经济业务的具体内容进行总括核算的账户。任何一个企业都要根据本企业的业务特点，设置必要的总分类账户。明细分类账(明细账)，是根据明细科目开设账户，用于反映某一类经济业务详细核算资料的账簿。明细分类账对总分类账起补充说明的作用，其所提供的会计数据也是编制会计报表的重要依据，各企业应根据需要设置必要的明细分类账。总分类账户和明细分类账户的关系是：总分类账户对明细分类账户起着统驭的作用，每一个总分类账户对其所属的明细分类账户进行综合控制；而明细账户对总分类账户起着补充说明的作用。

(2)总分类账和明细分类账平行登记的规则。

所谓平行登记，是指根据反映同一经济业务的记账凭证将该经济业务记入总分类账户，反映总括情况；同时，又根据该记账凭证将经济业务的明细资料登记到该总分类账户下属的各相关明细分类账户中，反映详细情况。

平行登记基本规则的内容是：同时登记，依据相同，方向一致，金额相等。

同时登记——每一项经济业务发生，一方面要登记入有关的总分类账户中；另一方面，对于设置了明细分类账户的，还要同时在总账所属的明细分类账户中进行记录。

依据相同——是指进行平行登记的总分类账户和其所属的明细分类账户，都是以同一经济业务的记账凭证为依据进行登记的。不得依据总分类账户去登记明细分类账户，也不得依据明细分类账户去登记总分类账户。

方向一致——是指对发生的同一经济业务，记入总分类账户和其所属的明细分类账户时，其记账方向必须保持一致。即：记入总账的借方，则其明细账也必须在借方进行记录；记入总账的贷方，则其明细账也必须在贷方进行登记。

金额相等——是指同一笔经济业务，记入总账的金额必须与记入其所属的各明细账中的金额之和相等。

根据上述总分类账户和明细分类账户平行登记规则进行登记，其结果必然使总分类账户和其所属各有关明细分类账户之间呈现出如下三方面的数量关系：

第一，各总分类账户的期初余额与其所属各明细分类账户的期初余额之和相等，且方向相同。

第二，同一会计期间内，各总分类账户的借、贷两方的发生额合计数分别与其所属各明细分类账户借、贷两方的发生额合计数之和相等。

第三，各总分类账户的期末余额与其所属的各明细分类账户的期末余额之和相等，且方向一致。

四、结账

结账是在本期发生的经济业务全部入账的基础上，计算各账户本期发生额和余额等信息，结束本期账簿记录，并将有关数据结转下期或转入新账簿，同时按规范要求完成画线标识等的一种专业性技术活动。

期末是会计主体向信息使用者提供会计信息的法定时间。因此，各单位都必须按照会计制度的规定，在月末、季末、年末进行结账，为计算、汇总本期的经营成果和期末时的财务状况等财务信息做好准备。

(一)结账工作的一般程序

第一，将本期日常发生的经济业务全部入账。不能为赶编会计报表而提前结账，也不能先编报表后结账。如发现漏账、错账，应及时补记、更正。

第二，按照权责发生制的要求，编制期末账项调整的记账凭证，并据以入账。

第三，按照配比原则的要求，编制结转已售产品成本等的记账凭证，并据以入账。

第四，结转各费用(成本)类账户和收入类账户，编制结账分录并据以入账，以便核算确定本期经营成果。

第五，结转“本年利润”和“利润分配”账户。

第六，核对账目，保证账证相符、账账相符和账实相符。其中，账实核对要根据有关要求和实际需要进行，但库存现金核对最好日日进行，银行存款至少每月进行一次。

第七，在本期全部经济业务登记入账并核对相符的基础上，分别按规定结出各种日记账、总分类账、明细分类账的本期发生额和期末余额等，并画线结账。

(二)结账的基本技术

结账基本技术，根据《会计基础工作规范》的要求，主要有下列技术要点：

第一，结账前，必须将本期内所发生的各项经济业务全部登记入账。

第二，结账时，应当结出每个账户的期末余额。需要结出当月发生额的，应当在摘要栏内注明“本月合计”字样，并在下面通栏划单红线。需要结出本年累计发生额的，应当在摘要栏内注明“本年累计”字样，并在下面通栏划单红线；12 月末的“本年累计”就是全年累计发生额。全年累计发生额下面应当通栏划双红线。年度终了结账时，所有总账账户都应当结出全年发生额和年末余额。

第三，年度终了，要把各账户的余额结转到下一会计年度，并在摘要栏注明“结转下年”字样；在下一会计年度新建有关会计账簿的第一行余额栏内填写上年结转的余额，并在摘要栏注明“上年结转”字样。

第四，划结账线的方法是，月结、季结划单线，年结划双线；画线时，应画红线；画线应划通栏线，不应只在本账页中的金额部分画线。

五、错账更正方法

在记账过程中，由于种种原因，可能会发生各种各样的错误，如数字颠倒、数字错位、科目记错等。如果发生了错账，应及时进行查找，并予以更正。按照规定：账簿记录发生错误，不准涂改、挖补、刮擦或者用药水消除字迹，不准重新抄写，必须按照规范方法进行更正，如表 2-4-15所示。

表 2-4-15　错账类型及更正方法

<table>
<tr><th colspan="3">错账类型</th><th>更正方法</th><th colspan="2">更正步骤</th></tr>
<tr><td colspan="3">记账凭证正确，但过账时发生文字或金额记录错误</td><td>画线更正法</td><td colspan="2">①画线注销错误记录
②登记正确记录
③更正人盖章</td></tr>
<tr><td rowspan="3">记账凭证错误并据以过账</td><td colspan="2">科目或方向错误</td><td rowspan="2">红字更正法</td><td>全部冲销</td><td>①填制红字金额凭证冲销错账
②填制正确记账凭证登记入账</td></tr>
<tr><td rowspan="2">金额错误</td><td>金额多记</td><td>部分冲销</td><td>填制红字金额凭证冲销多记金额</td></tr>
<tr><td>金额少记</td><td>补充登记法</td><td colspan="2">填制蓝字金额凭证补记少记金额</td></tr>
</table>

(一)画线更正法

如果记账凭证正确，只是由于过账时发生差错，而使账簿记录出现错误，应采用画线更正法进行更正。操作方法是：

第一，在错误记录上画一条红线注销。文字错误可以只注销错字，但数字错误必须将整个数字全部注销。被注销的记录仍要清晰可辨，以备查考。

第二，登记正确的记录。

第三，更正人员(即记账人员)在注销处加盖个人名章，以明确责任。

(二)红字更正法

红字更正法也称为红字冲销、蓝字更正法，适用于记账后发现记账凭证中存在以下错误：或者是会计科目错误，或者应借、应贷方向错误，或者所填写的金额大于正确金额，或者以上三种错误至少兼有两种。操作方法是：

第一，填写一张内容与原错误凭证完全相同的红字记账凭证，并用红字登记入账，以示冲销原来的错误记录，同时在“摘要”栏注明“冲销某月某日第×号凭证错账”。

第二，用蓝字编制一张正确的记账凭证，并据以入账，在“摘要”栏写明“补记某月某日账”。

当科目和记账方向无误，仅仅是记录金额大于应记金额时，也可以直接按正确金额和错误金额之间的差额(多记金额)填制一张红字记账凭证,并据以入账即可,在“摘要”栏注明“冲销某月某日第×号凭证多记金额”。

(三)补充登记法

记账后如果发现记账凭证中的会计科目和记账方向并无错误,只是所填写的金额小于正确金额时,应采用补充登记法。操作方法是:

按正确金额和错误金额之间的差额(少记金额),用蓝字编制一张记账凭证,在“摘要”栏写明“补记某月某日第×号凭证少记金额”,并据以登记入账。

基本技能训练

一、项目名称

账户登记。

二、训练目的

通过本项基本技能训练,使学习者熟悉总分类账和日记账的登记方法与要求,并进而形成初步的记账能力。

三、经济业务资料

阿里公司2019年1月发生以下业务:

(1)1月1日,阿里公司购入材料一批,买价10 000元,增值税13 00元,用银行存款支付。

(2)1月3日,阿里公司收到旺达公司归还的前欠货款30 000元,存入银行。

(3)1月5日,阿里公司从银行提取现金23 000元,备发工资。

(4)1月6日,阿里公司以现金发放工资23 000元。

(5)1月10日,阿里公司从银行取得短期借款200 000元。

(6)1月13日,阿里公司用银行存款支付所欠材料款8 400元。

(7)1月20日,阿里公司销售产品一批,价款260 000元,增值税33 800元,购货方已将全部货款汇入公司银行账户。

(8)1月25日,阿里公司购入设备一台,价值250 000元,用银行存款支付。

(9)1月30日,以银行存款支付广告费3 000元。

四、操作步骤与要求

(1)根据上述经济业务资料填制相应的记账凭证。

(2)开设银行存款总账和银行存款日记账并进行日常账务登记。(阿里公司银行存款的月初余额为810 000元)。

(3)进行银行存款总账和银行存款日记账的月份结账工作。

任务五 财务会计报表的编制

财务会计报表是反映会计主体一定期间经营成果和特定时日财务状况的综合性财务信息

文件。通过对资产负债表、利润表、现金流量表基本功能、结构和具体项目数据信息来源等内容的介绍，使学习者基本了解财务报表的编制方法，为下一步进行财务报表的基本分析并有效利用财务数据服务经营管理或者作出其他相关决策奠定坚实基础。

导入信息

在大众创新、万众创业的政策背景下，每天新注册企业的数量都在快速增长。在企业开办之初，创业者们激情澎湃，但是在经营过程中，却由于没有及时关注财务数据和信息，可能会给企业带来一定的经济损失，严重的甚至会让企业面临经营风险。

内容阐释

为什么会出现上述这种情况？在前面我们介绍了会计采用会计核算方法确认、计量、记录经济业务后，如果不对这些信息进一步进行加工，经营者就无从知晓经营的结果并提升管理。这就需要我们提供相关的财务数据，因此，要了解关于财务报表的相关知识。

一、财务报表概述

(一)财务报表的概念

财务报表是对企业财务状况、经营成果和现金流量的结构性表述。是以企业会计准则为规范，根据会计账簿来编制的，向所有者、债权人、银行、政府及其他有关各方及社会公众等外部使用者披露的会计报表，是最主要的会计信息载体。

(二)财务报表的作用

(1)全面系统地揭示企业一定时期的财务状况、经营成果和现金流量，有利于经营管理人员了解本单位各项任务指标的完成情况，评价管理人员的经营业绩，以便及时发现问题，调整经营方向，制定措施改善经营管理水平，提高经济效益，为经济预测和决策提供依据。

(2)有利于国家经济管理部门了解国民经济的运行状况。通过对各单位提供的财务报表资料进行汇总和分析，了解和掌握各行业、各地区的经济发展情况，以便宏观调控经济运行，优化资源配置，保证国民经济稳定持续发展。

(3)有利于投资者、债权人和其他有关各方掌握企业的财务状况、经营成果和现金流量情况，进而分析企业的盈利能力、偿债能力、投资收益、发展前景等，为它们投资、贷款和贸易提供决策依据。

(4)有利于满足财政、税务、工商、审计等部门监督企业经营管理。通过财务报表可以检查、监督各企业是否遵守国家的各项法律、法规和制度，有无偷税漏税的行为。

(三)财务报表的分类

(1)按财务报表编制的时间，可分为中期财务报表和年度财务报表。

中期财务报表是以短于一个完整会计年度的报告期间为基础编制的财务报表，包括月报、季报和半年报。年度财务报表是全面反映企业整个会计年度的经营成果、现金流量情况及年末财务状况的财务报表。企业每年年底必须编制并报送年度财务报表。

(2)按编报的会计主体不同，分为个别报表和合并报表。

个别报表是指由企业在自身会计核算基础上对账簿记录进行加工和整理而编制的财务报表,它主要用以反映企业自身的财务状况、经营成果和现金流量情况。合并报表是以母公司和子公司组成的企业集团为会计主体,以母公司和子公司单独编制的个别财务报表为基础,由母公司编制的综合反映企业集团财务状况、经营成果及现金流量的财务报表。

(四)财务报表的组成

全面执行企业会计准则体系的企业所编制的一套完整的财务报表包括资产负债表、利润表、现金流量表、所有者权益变动表(或股东权益变动表)和附注。财务报表的这些组成部分具有同等重要的程度。而小企业规模较小,其编制的报表可以不包括现金流量表。

(1)资产负债表是反映企业在某一特定日期的财务状况的会计报表。企业编制资产负债表的目的是通过如实反映企业的资产、负债和所有者权益金额及其构成,从而有助于使用者评价企业资产的质量以及短期偿债能力、长期偿债能力和利润分配能力等。

(2)利润表是反映企业在一定会计期间的经营成果的会计报表。企业编制利润表的目的是如实反映企业实现的收入、发生的费用、应当计入当期利润的利得和损失以及其他综合收益等金额及其构成,从而有助于使用者分析评价企业的盈利能力及其构成与质量。

(3)现金流量表是反映企业在一定会计期间的现金和现金等价物流入和流出的会计报表。企业编制现金流量表的目的是如实反映企业各项活动的现金流入、流出情况,从而有助于使用者评价企业的现金流和资金周转情况。

(4)所有者权益变动表是反映一定时期企业所有者权益总量的变动情况和结构变动的情况,特别是要反映直接记入所有者权益的利得和损失。

(5)附注是对在会计报表中列示项目所作的进一步说明,以及未能在这些报表中列示项目的说明等。企业编制附注的目的是通过对财务报表本身作补充说明,以更加全面、系统地反映企业财务状况、经营成果和现金流量的全貌,从而有助于向使用者提供更为有用的信息,作出更加科学合理的决策。

在财务报表中,如果附有会计师事务所的审计报告,它的可信性将会更高。所以在周年股东大会上,财务报表一般要附有审计报告。

(五)财务报表的编制要求

1. 数字真实

财务报告中的各项数据必须真实可靠,如实地反映企业的财务状况、经营成果和现金流量,这是对会计信息质量的基本要求。

2. 内容完整

财务报表应当反映企业经济活动的全貌,全面反映企业的财务状况和经营成果,才能满足各方面对会计信息的需要。凡是国家要求提供的财务报表,各企业必须全部按规定编制并报送,不得漏编和漏报。凡是国家统一要求披露的信息,都必须披露。

3. 计算准确

日常的会计核算以及编制财务报表,涉及大量的数字计算,只有准确的计算,才能保证数字的真实可靠。这就要求编制财务报表必须以核对无误后的账簿记录和其他有关资料为依据,不能使用估计或推算的数据,更不能以任何方式弄虚作假,玩数字游戏或隐瞒谎报。

4. 报送及时

及时性是信息的重要特征,财务报表信息只有及时地传递给信息使用者,才能为使用者的决策提供依据。否则，即使是真实可靠和内容完整的财务报告，由于编制和报送不及时，对报告使用者来说，就大大降低了会计信息的使用价值。

由于财务报表的数据都来源于会计账簿，因此为保证财务报表数据的正确性，编制报表之前必须做好对账和结账工作，做到账证相符、账账相符、账实相符，以保证报表数据的真实准确。

二、资产负债表的编制

(一)资产负债表的含义

资产负债表是反映企业在某一特定日期(如月末、季末、半年末、年末)财务状况的会计报表，属于静态报表。企业资金的使用和资金的来源之间存在着平衡关系，表现为“资产＝负债＋所有者权益”。这一基本会计等式既是资金平衡的理论依据，也是编制资产负债表的理论基础。

(二)资产负债表的作用

(1)可以提供某一特定日期资产的总额及其结构，表明企业拥有或控制的资源及其分布情况。

(2)可以提供某一特定日期的负债总额及其结构，表明企业未来需用多少资产或劳务清偿债务以及清偿时间。

(3)可以反映所有者所拥有的权益，据以判断资本保值、增值的情况以及对负债的保障程度。

(4)资产负债表还可以提供进行财务分析的基本资料。报表使用者可以通过资产负债表得出流动比率、速动比率等，来考察企业的变现能力、偿债能力和资金周转能力，从而作出经济决策。

(三)资产负债表的格式

资产负债表通常由表头和正表两部分组成。表头包括报表名称、编制单位、编制日期、报表编号、货币名称、计量单位等。正表包括资产类项目、负债类项目和所有者权益类项目，是资产负债表的主体。报表数据要符合会计平衡公式：资产合计＝负债合计＋所有者权益合计。

资产负债表一般有两种格式：报告式和账户式。报告式资产负债表是上下结构，上半部列示资产，下半部列示负债和所有者权益。账户式资产负债表是左右结构，左边列示资产，右边列示负债和所有者权益。

在我国，企业资产负债表一般采用账户式格式。资产负债表的格式如表 2-5-1 所示。

表 2-5-1　资产负债表　　会企 01 表

编制单位：　　　　________年________月________日　　　　单位：元

资　产	期末余额	上年年末余额	负债和所有者权益(或股东权益)	期末余额	上年年末余额
流动资产：			流动负债：		
货币资金			短期借款		
交易性金融资产			交易性金融负债		
衍生金融资产			衍生金融负债		

续表

资　　产	期末余额	上年年末余额	负债和所有者权益（或股东权益）	期末余额	上年年末余额
应收票据			应付票据		
应收账款			应付账款		
应收款项融资			预收款项		
预付款项			合同负债		
其他应收款			应付职工薪酬		
存货			应交税费		
合同资产			其他应付款		
持有待售资产			持有待售负债		
一年内到期的非流动资产			一年内到期的非流动负债		
其他流动资产			其他流动负债		
流动资产合计			流动负债合计		
非流动资产：			非流动负债：		
债权投资			长期借款		
其他债权投资			应付债券		
长期应收款			其中：优先股		
长期股权投资			永续债		
其他权益工具投资			租赁负债		
其他非流动金融资产			长期应付款		
投资性房地产			预计负债		
固定资产			递延收益		
在建工程			递延所得税负债		
生产性生物资产			其他非流动负债		
油气资产			非流动负债合计		
使用权资产			负债合计		
无形资产			所有者权益（或股东权益）：		
开发支出			实收资本（或股本）		
商誉			其他权益工具		
长期待摊费用			其中：优先股		
递延所得税资产			永续债		
其他非流动资产			资本公积		
非流动资产合计			减：库存股		
			其他综合收益		

在资产负债表中，各项目顺序一般按如下规律排列：

（1）资产项目按其流动性大小排列，流动性强的排在前，流动性弱的排在后。

（2）负债项目按其偿还期限的长短排列，偿还期限短的排在前，反之则排在后。

（3）所有者权益项目按其永久性排列，永久性强的排在前，反之则排在后。

(四)资产负债表的编制方法

1. 小企业资产负债表的编制方法

小企业的资产类至少应当单独列示反映下列信息的项目：货币资金、应收及预付款项、存货、长期债券投资、长期股权投资、固定资产、生产性生物资产、无形资产、长期待摊费用。负债类至少应当单独列示反映下列信息的项目：短期借款、应付及预收款项、应付职工薪酬、应缴税费、应付利息、长期借款、长期应付款。所有者权益类至少应当单独列示反映下列信息的项目：实收资本、资本公积、盈余公积、未分配利润。小企业资产负债表如表 2-5-2 所示。

表 2-5-2　小企业资产负债表

资产负债表

会小企 01 表

编制单位：　　　　年　月　日　　　　单位：元

资　　产	期末余额	期初余额	负债和所有者权益	期末余额	期初余额
流动资产：			流动负债：		
货币资金			短期借款		
短期投资			应付票据		
应收票据			应付账款		
应收账款			预收账款		
预付账款			应付职工薪酬		
应收股利			应缴税费		
应收利息			应付利息		
其他应收款			应付利润		
存货			其他应付款		
其中：原材料			其他流动负债		
在产品			流动负债合计		
库存商品			非流动负债：		
周转材料			长期借款		
其他流动资产			长期应付款		
流动资产合计			递延收益		
非流动资产：			其他非流动负债		
长期债券投资			非流动负债合计		
长期股权投资			负债合计		
固定资产原价			所有者权益(或股东权益)：		
减：累计折旧			实收资本(或股本)		
固定资产账面价值			资本公积		
在建工程			盈余公积		
工程物资			未分配利润		
固定资产清理			所有者权益(或股东权益)合计		

生产性生物资产			负债和所有者权益(或股东权益)总计		

续表

资　产	期末余额	期初余额	负债和所有者权益	期末余额	期初余额
无形资产					
开发支出					
长期待摊费用					
其他非流动资产					
非流动资产合计					
资产总计					

1)年初余额的填列

资产负债表"年初余额"栏内各项数字,应根据上年末资产负债表"期末余额"栏内所列数字填列。如果本年度各个项目的名称和内容同上年度不一致,应对上年度各项目的名称和数字按照本年度的规定进行调整,填入本表"年初余额"栏内。

2)期末余额的填列

参见大中型企业资产负债表所述填列方法。

【例 2-5-1】 阳光公司 2019 年 1 月来有关账户余额表如表 2-5-3 所示。

表 2-5-3　2019 年 1 月 31 日有关账户余额表　　单位:元

项　　目	借方余额	贷方余额	科目	借方余额	贷方余额
库存现金	4 230		长期待摊费用	10 000	
银行存款	195 770		应付票据		
应收账款	110 000		短期借款		
预付账款	600		应付账款		1 250
其他应收款	21 000		应付职工薪酬		71 600
在途物资	5 000		应交税费		18 300
原材料	178 000		应付利润		10 000
库存商品	113 250		应付利息		2 000
固定资产	200 000		其他应付款		7 000
累计折旧		50 000	长期借款		100 000(其中1年内到期款30 000)
无形资产	60 000		实收资本		500 000
累计摊销		6 700	资本公积		10 000
短期投资	60 000		盈余公积		56 100
应收票据	20 000		本年利润		201 400
应收股利	6 000		利润分配	46 500	
应收利息	4 000		合计	1 034 350	1 034 350

根据总账科目余额编制的资产负债表如表2-5-4所示。

表 2-5-4　资产负债表

会小企01表

编制单位：阳光公司　　2019年1月31日　　单位：元

资　　产	期末余额	年初余额	负债和所有者权益（或股东权益）	期末余额	年初余额
流动资产：			流动负债：		——
货币资金	200 000	50 000	短期借款	30 000	80 000
短期投资	60 000	60 000	应付票据		——
应收票据	20 000	10 000	应付账款	1 250	10 000
应收账款	110 000	16 000	预收账款		——
预付账款	600		应付职工薪酬	71 600	23 000
应收股利	6 000		应交税费	18 300	10 000
应收利息	4 000		应付利息	2 000	1 000
其他应收款	21 000		应付利润	10 000	50 000
存货	296 250	120 000	其他应付款	7 000	10 000
其中：原材料	178 000	100 000	其他流动负债		——
在产品			流动负债合计	140 150	184 000
库存商品	113 250	20 000			——
周转材料			非流动负债：		——
其他流动资产			长期借款	70 000	248 000
流动资产合计	717 850	256 000	长期应付款		——
非流动资产：			递延收益		——
长期债券投资			其他非流动负债		——
长期股权投资			非流动负债合计	70 000	248 000
固定资产原价	200 000	615 000	负债合计	210 150	432 000
减：累计折旧	50 000	67 000			——
固定资产账面价值	150 000	548 000			——
在建工程					——
工程物资					——
固定资产清理					——
生产性生物资产			所有者权益（或股东权益）：		——
无形资产	533 00	40 000	实收资本（或股本）	500 000	500 000
开发支出			资本公积	10 000	50 000
长期待摊费用	10 000	20 000	盈余公积	56 100	50 000
其他非流动资产			未分配利润	154 900	−168 000
非流动资产合计	213 300	608 000	所有者权益（或股东权益）合计	721 000	432 000
资产总计	931 150	864 000	负债和所有者权益（或股东权益）总计	931 150	864 000

2. 大中型企业资产负债表的编制方法

1)年初余额的填列

资产负债表"年初余额"栏内各项数字,应根据上年末资产负债表"期末余额"栏内所列数字填列。如果本年度各个项目的名称和内容同上年度不一致,应对上年度各项目的名称和数字按照本年度的规定进行调整,填入本表"年初余额"栏内。

2)期末余额的填列

(1)资产项目

①流动资产

● "货币资金"项目:应根据"库存现金""银行存款"和"其他货币资金"科目的期末余额合计填列。

● "应收票据及应收账款"项目:应根据"应收账款"所属明细账户的借方余额加上"预收账款"所属明细账户的借方余额,加上"应收票据"账户的借方余额,再减去"坏账准备"账户余额的净额填列。

● "预付款项"项目:根据"预付账款"所属明细账户的借方余额加上"应付账款"所属明细账户的借方余额的合计数,减去"坏账准备"科目中有关预付款项计提的坏账准备期末余额后的金额填列。

● "其他应收款"项目:根据"应收利息""应收股利""其他应收款"账户期末余额减去"坏账准备"科目中有关坏账准备期末余额后的金额填列。

● "存货"项目:应根据"材料采购""在途物资""原材料""材料成本差异""生产成本""库存商品""商品进销差价""委托加工物资""周转材料"等科目的期末余额计算填列。

● 一年内到期的非流动资产:根据"长期股权投资"等相关的非流动资产账户的余额分析填列。

● "其他流动资产"项目:反映小企业除以上流动资产项目外的其他流动资产(含 1 年内到期的非流动资产)。

● 其他项目:应根据其总账账户的期末余额直接填列。

②非流动资产

"可供出售金融资产""持有至到期投资""长期股权投资""在建工程""商誉"项目:根据相关科目的期末余额填列,已计提减值准备的,还应扣减相应的减值准备。

● "固定资产""无形资产""投资性房地产""生产性生物资产""油气资产"项目:根据相关科目的期末余额扣减相关的累计折旧(或摊销、折耗)填列,已计提减值准备的,还应扣减相应的减值准备,采用公允价值计量的上述资产,应根据相关科目的期末余额填列。

● "长期应收款"项目:根据"长期应收款"科目的期末余额,减去相应的"未实现融资收益"科目和"坏账准备"科目所属相关明细科目期末余额后的金额填列。

● "开发支出"项目:根据"研发支出"科目中所属的"资本化支出"明细科目期末余额填列。

● "长期待摊费用"项目:根据"长期待摊费用"科目的期末余额减去将于一年内(含一年)摊销的数额后的金额填列。

● "其他非流动资产"项目:根据有关科目的期末余额减去将于一年内(含一年)收回数后的金额填列。

● 其他项目:应根据其总账期末余额直接填列。

资产总计＝流动资产合计＋非流动资产合计。

(2)权益项目

①流动负债

●“应付票据及应付账款”项目：根据“应付票据”账户的期末余额及“应付账款”所属明细账户的贷方余额，加上“预付账款”所属明细账户的贷方余额的合计数填列。

●“预收款项”项目：根据“预收账款”所属明细账户的贷方余额加上“应收账款”所属明细账户的贷方余额的合计数填列。

●“一年内到期的非流动负债”项目：根据“长期借款”“应付债券”等相关的非流动负债账户的余额分析填列。

●“其他流动负债”项目：根据长期借款、长期应付款账户余额中将在未来 1 年(12 个月)内到期的部分填列。

●其他项目：根据其总账账户余额直接填列即可。

②非流动负债

●“长期借款”项目：根据“长期借款”总账账户余额减去将于未来 1 年内到期部分的差额填列。

●“长期应付款”项目：根据“长期应付款”账户余额减去相应的“未确认融资费用”账户期末余额后的金额填列。

●“其他非流动负债”项目：根据长期借款、长期应付款账户余额减去将于 1 年内(含 1 年)到期偿还数后的金额填列。

●其他项目：按总账账户余额直接填列即可。

负债合计＝流动负债合计＋非流动负债合计。

③所有者权益

●“未分配利润”项目：根据利润分配账户余额(贷方余额为正，借方余额为负)和本年利润账户余额(贷方余额为正，借方余额为负)的代数和填列。

●其他项目：按总账账户余额直接填列即可。

【例 2-5-2】　长城公司 2019 年 1 月末有关账户余额表如表 2-5-5 所示。

表 2-5-5　2019 年 1 月 31 日有关账户余额表　　单位：元

账户名称	借方余额		贷方余额	
	一级科目	明细科目	一级科目	明细科目
库存现金	6 000			
银行存款	15 000			
应收账款	20 000			
其中：甲单位		8 000		
乙单位		17 000		
丙单位				5 000
原材料	83 000			
生产成本	72 000			

续表

账户名称	借方余额		贷方余额	
	一级科目	明细科目	一级科目	明细科目
库存商品	94 000			
预付账款	7 500			
其中:A 单位		8 500		
B 单位				1 000
其他应收款	600			
固定资产	150 000			
累计折旧			45 000	
短期借款			70 000	
应付账款			4 800	
其中:S 单位				6 800
X 单位		3 000		
Y 单位				1 000
预收账款			1 200	
其中:T 单位		700		
Z 单位				1 900
应交税费			500	
长期借款			100 000	
其中:一年内到期				10 000
实收资本			220 000	
未分配利润			6 600	
合计	448 100		448 100	

根据账户余额编制的资产负债表如表 2-5-6 所示。

表 2-5-6　账户式资产负债表

编制单位:长城公司　　　　2019 年 1 月 31 日　　　　单位:元

资　　产	期末余额	年初余额	负债和所有者权益(或股东权益)	期末余额	年初余额
流动资产:			流动负债:		
货币资金	21 000	23 000	短期借款	70 000	80 000
以公允价值计量且其变动计入当期损益的金融资产			以公允价值计量且其变动计入当期损益的金融负债		
衍生金融资产			衍生金融负债		
应收票据及应收账款	25 700	18 000	应付票据及应付账款	8 800	7 000
预付款项	11 500	12 000	预收款项	6 900	3 000
其他应收款	600		应付职工薪酬		
存货	249 000	190 000	应缴税费		

续表

资　　产	期末余额	年初余额	负债和所有者权益(或股东权益)	期末余额	年初余额
持有待售的资产			其他应付款		
一年内到期的非流动资产			持有待售的负债		
其他流动资产			一年内到期的非流动负债	10 000	
流动资产合计	307 800	243 000	其他流动负债		
非流动资产：			流动负债合计	96 200	90 000
可供出售金融资产			非流动负债：		
持有至到期投资			长期借款	90 000	50 000
长期应收款			应付债券		
长期股权投资			长期应付款		
投资性房地产			预计负债		
固定资产	105 000	1 00 000	递延收益		
在建工程			递延所得税负债		
生产性生物资产			其他非流动负债		
油气资产			非流动负债合计	90 000	50 000
无形资产			负债合计	186 200	140 000
开发支出			所有者权益(或股东权益)：		
商誉			实收资本(或股本)	220 000	200 000
长期待摊费用			其他权益工具		
递延所得税资产			资本公积		
其他非流动资产			减：库存股		
非流动资产合计	105 000		其他综合收益		
			盈余公积		
			未分配利润	6 600	3 000
			所有者权益(或股东权益)合计	226 600	203 000
资产总计	412 800	343 000	负债和所有者权益(或股东权益)总计	412 800	343 000

三、利润表的编制

(一)利润表的含义

利润表是反映企业一定会计期间(如月度、季度、半年度或年度)生产经营成果的会计报表。企业一定会计期间的经营成果既可能表现为盈利，也可能表现为亏损，因此，利润表也被称为损益表。由于它反映的是某一期间的情况，所以，又被称为动态报表。它全面揭示了企业在某一特定时期实现的各种收入、发生的各种费用、成本或支出，以及企业实现的利润或发生的亏损情况。利润表是根据“收入－费用＝利润”的基本关系来编制的，其具体内容取决于收入、费用、利润等会计要素及其内容，利润表内各项目是收入、费用和利润要素内容的具体体现。

利润表可以反映企业在一定会计期间的收入、费用、利润的构成情况，帮助报表使用者全面了解企业的经营成果。同时，通过利润表提供的不同期间的比较数字，可以分析未来盈利趋势及获利能力。

(二)利润表的格式

利润表一般有表首、正表两部分。其中表首有报表名称、编制单位、编制日期、报表编号、货币名称、计量单位等内容；正表的格式一般有两种：单步式和多步式。

单步式利润表是将当期所有的收入列在一起，然后将所有的费用列在一起，两者相减得出当期净损益。单步式利润表的格式如表 2-5-7 所示。

表 2-5-7　单步式利润表

编制单位：　　　　　　　　　　年　　月　　　　　　　　　　单位：元

项　目	本月数	本年累计数
一、收入		
营业收入		
投资收益		
营业外收入		
收入合计		
二、费用		
营业成本		
税金及附加		
销售费用		
管理费用		
财务费用		
营业外支出		
所得税		
费用合计		
三、净利润		

多步式利润表是指对当期的收入、费用、支出项目按性质加以归类，按利润形成的主要环节列示一些中间性利润指标，如营业利润、利润总额、净利润，分步计算当期净损益。在我国，利润表采用多步式。根据企业规模大小不同，具体格式如表 2-5-8 企业利润表和表 2-5-9 小企业利润表所示。

多步式利润表主要分三步计算企业的利润(或亏损)。

第一步，计算营业利润。

营业利润＝营业收入－营业成本－税金及附加－销售费用－管理费用－财务费用－资产减值损失＋公允价值变动收益(减去公允价值变动损失)＋投资收益(减去投资损失)

第二步，计算利润总额。

利润总额＝营业利润＋营业外收入－营业外支出。

第三步，计算净利润。

净利润是在利润总额的基础上减去所得税费用得出的。

表 2-5-8　利　润　表　　会企 02 表

编制单位：　　　　　　______年______月　　　　　　单位：元

项　　目	本期金额	上期金额
一、营业收入		
减：营业成本		
税金及附加		
销售费用		
管理费用		
研发费用		
财务费用		
其中：利息费用		
利息收入		
加：其他收益		
投资收益（损失以"—"号填列）		
其中：对联营企业和合营企业的投资收益		
公允价值变动收益（损失以"—"号填列）		
资产减值损失（损失以"—"号填列）		
资产处置收益（损失以"—"号填列）		
二、营业利润（亏损以"—"号填列）		
加：营业外收入		
减：营业外支出		
三、利润总额（亏损总额以"—"号填列）		
减：所得税费用		
四、净利润（净亏损以"—"号填列）		
（一）持续经营净利润（净亏损以"—"号填列）		
（二）终止经营净利润（净亏损以"—"号填列）		
五、其他综合收益的税后净额		
（一）不能重分类进损益的其他综合收益		
1. 重新计量设定受益计划变动额		
2. 权益法下不能转损益的其他综合收益		
……		
（二）将重分类进损益的其他综合收益		
1. 权益法下可转损益的其他综合收益		
2. 可供出售金融资产公允价值变动损益		
3. 持有至到期投资重分类为可供出售金融资产损益		
4. 现金流量套期损益的有效部分		
5. 外币财务报表折算差额		
……		
六、综合收益总额		
七、每股收益：		
（一）基本每股收益		
（二）稀释每股收益		

表 2-5-9 利 润 表

编制单位： 年 月 单位：元

项 目	本年累计金额	本月金额
一、营业收入		
减：营业成本		
税金及附加		
其中：消费税		
城市建设维护税		
资源税		
土地增值税		
城镇土地使用税、房产税、车船税、印花税		
教育费附加、矿产资源、排污费		
销售费用		
其中：商品维修费		
广告费和业务宣传费		
管理费用		
其中：开办费		
业务招待费		
研究费用		
财务费用		
其中：利息费用（收入以“－”填列）		
加：投资收益（损失以“－”号填列）		
二、营业利润（亏损以“－”号填列）		
加：营业外收入		
其中：政府补助		
减：营业外支出		
其中：坏账损失		
无法收回的长期债券投资损失		
无法收回的长期股权投资损失		
自然灾害等不可抗力因素造成的损失		
税收滞纳金		
三、利润总额（亏损以“－”号填列）		
减：所得税费用		
四、净利润（净亏损以“－”号填列）		

（三）利润表的编制方法

1. 小企业利润表的编制方法

1）本年累计数的填列

本年累计金额为本年 1 月至本月的累计数，根据上月累计加本月金额填列。编制年报时，将本月金额改为上年金额，填列上年累计金额。

2）利润表“本月金额”栏填列方法

● “营业收入”项目，反映小企业销售商品和提供劳务所实现的收入总额。本项目应根据

“主营业务收入”和“其他业务收入”账户的发生额合计分析填列。

● “营业成本”项目，反映小企业所销售商品和提供劳务的成本。本项目应根据“主营业务成本”和“其他业务成本”账户的发生额合计分析填列。

● “营业税金及附加”项目，反映小企业经营业务应负担的消费税、城市维护建设税、资源税、土地增值税和教育费附加等。本项目应根据“营业税金及附加”账户的发生额填列。

● “销售费用”项目，反映小企业销售商品或提供劳务过程中发生的费用。如销售过程的包装费、广告费和为销售专设的职工薪酬、业务费等。本项目应根据“销售费用”账户的发生额填列。

● “管理费用”项目，反映小企业为组织和管理生产经营发生的其他费用，如企业行政管理等部门所发生的费用。本项目应根据“管理费用”账户的发生额填列。

● “财务费用”项目，反映企业发生的利息费用等。若为贷方，表示企业利息收入，填制时用“－”号。本项目应根据“财务费用”账户的发生额填列。

● “投资收益”项目，反映小企业股权投资取得的现金股利(或利润)、债券投资取得的利息收入和处置股权投资和债券投资取得的处置价款扣除成本或账面余额、相关税费后的净额。本项目应根据“投资收益”账户的发生额填列；如为投资损失，以“－”号填列。

● “营业外收入”项目和“营业外支出”项目，反映企业发生的与其生产经营无直接关系的各项收入和支出。这两个项目应分别根据“营业外收入”账户和“营业外支出”账户的发生额填列。

● “所得税费用”项目，反映小企业根据企业所得税法确定的应从当期利润总额中扣除的所得税费用。本项目应根据“所得税费用”账户的发生额填列。

● “营业利润”＝营业收入－营业成本－营业税金及附加－管理费用－销售费用－财务费用＋投资收益，根据相关项目计算填列。

● “利润总额”＝营业利润＋营业外收入－营业外支出，根据相关项目计算填列。

● “净利润”＝利润总额－所得税费用，根据有关项目计算填列。

【例 2-5-3】 永兴机械有限公司(小企业)2019 年 9 月损益类账户发生额如表 2-5-10 所示。要求编制利润表。

表 2-5-10　损益类账户累计发生额　　单位:元

账户名称	借方发生额	贷方发生额
主营业务收入		1 250 000
其他业务收入		35 900
主营业务成本	750 000	
其他业务成本	30 900	
营业税金及附加	2 000	
销售费用	20 000	
管理费用	157 100	
财务费用	41 500	
投资收益		31 500
营业外收入		50 000
营业外支出	19 700	
所得税费用	86 550	

其中：营业收入=1 250 000+35 900=1 285 900

营业成本=750 000+309 00=780 900

其余金额根据其发生额直接填列如下（见表 2-5-11）：

表 2-5-11 利 润 表

编制单位：永兴机械有限公司　　2019 年 9 月　　单位：元

项　目	本年累计金额	本月金额
一、营业收入		1 285 900
减：营业成本		780 900
营业税金及附加		2 000
其中：消费税		
城市建设维护税		
资源税		
土地增值税		
城镇土地使用税、房产税、车船税、印花税		
教育费附加、矿产资源、排污费		
销售费用		20 000
其中：商品维修费		
广告费和业务宣传费		
管理费用		157 100
其中：开办费		
业务招待费		
研究费用		
财务费用		41 500
其中：利息费用（收入以"—"填列）		
加：投资收益（损失以"—"号填列）		31 500
二、营业利润（亏损以"—"号填列）		315 900
加：营业外收入		50 000
其中：政府补助		
减：营业外支出		19 700
其中：坏账损失		
无法收回的长期债券投资损失		
无法收回的长期股权投资损失		
自然灾害等不可抗力因素造成的损失		
税收滞纳金		
三、利润总额（亏损以"—"号填列）		346 200
减：所得税费用		86 550
四、净利润（净亏损以"—"号填列）		259 650

2. 大中型企业的利润表

1）利润表“上期金额”栏的填列方法

本表“上期金额”栏内各项目数字，应根据上年度该期间的利润表“本期金额”栏内所列数字填列。如果上年度利润表规定的各个项目的名称和内容同本年度不相一致，应对上年度利润表各项目的名称和数字按照本年度的规定进行调整，填入利润表“上期金额”栏内。

2）利润表“本期金额”栏的填列方法

● “营业收入”项目，反映企业经营业务所得的收入总额。本项目应根据“主营业务收入”和“其他业务收入”账户的发生额合计填列。

● “营业成本”项目，反映企业经营业务发生的实际成本。本项目应根据“主营业务成本”和“其他业务成本”账户的发生额合计填列。

● “税金及附加”项目，反映企业经营业务应负担的消费税、城市维护建设税、资源税、土地增值税和教育费附加等。本项目应根据“税金及附加”账户的发生额填列。

● “销售费用”项目，反映企业在销售商品和商品流通企业在购入商品等过程中发生的费用。如销售过程的包装费、广告费和为销售专设的职工薪酬、业务费等。本项目应根据“销售费用”账户的发生额填列。

● “管理费用”项目，反映企业行政管理等部门所发生的费用。本项目应根据“管理费用”账户的发生额填列。

● “财务费用”项目，反映企业发生的利息费用等。若为贷方，表示企业利息收入，填制时用“－”号。本项目应根据“财务费用”账户的发生额填列。

● “资产减值损失”项目，反映企业发生的各项减值损失。本项目应根据“资产减值损失”账户的发生额填列。

● “公允价值变动损益”项目，反映企业交易性金融资产等公允价值变动所形成的当期利得和损失。本项目应根据“公允价值变动损益”账户的发生额填列。

● “投资收益”项目，反映企业以各种方式对外投资所取得的收益。本项目应根据“投资收益”账户的发生额填列；如为投资损失，以“－”号填列。

● “营业外收入”项目和“营业外支出”项目，反映企业发生的与其生产经营无直接关系的各项收入和支出。这两个项目应分别根据“营业外收入”账户和“营业外支出”账户的发生额填列。

● “所得税费用”项目，反映企业按规定从本期损益中减去的所得税。本项目应根据“所得税费用”账户的发生额填列。

● 利润表中“营业利润”＝营业收入－营业成本－税金及附加－管理费用－销售费用－财务费用－资产减值损失＋公允价值变动损益＋投资收益，根据相关项目计算填列。

● “利润总额”＝营业利润＋营业外收入－营业外支出，根据相关项目计算填列。

● “净利润”＝利润总额－所得税费用，根据有关项目计算填列。

● “其他综合收益”项目，反映企业根据企业会计准则规定未在损益中确认的各项利得和损失扣除所得税影响后的净额。

● “综合收益总额”项目，反映企业在某一期间除与所有者以其所有者身份进行的交易之外的其他交易或事项所引起的所有者权益变动。综合收益总额项目反映净利润和其他综合收益税后净额的合计金额。

●"基本每股收益"和"稀释每股收益"项目，反映普通股股东持有一股享有的企业利润或需承担的企业亏损。本项目应当反映根据每股收益准则的规定计算的金额。

【例 2-5-4】 阳广信息公司 2018 年 12 月有关损益类账户本年累计发生额见表 2-5-12。

表 2-5-12 阳广信息公司损益类科目累计发生额

单位：元

账户名称	借方发生额	贷方发生额
主营业务收入		2 500 000
其他业务收入		100 000
主营业务成本	1 500 000	
其他业务成本	61 800	
税金及附加	4 000	
销售费用	40 000	
管理费用	314 200	
财务费用	83 000	
投资收益	63 000	
营业外收入		100 000
营业外支出	39 400	
所得税费用	170 600	

根据上述资料，编制该公司 2018 年度利润表如表 2-5-13 所示。

表 2-5-13 利 润 表

编制单位：阳广信息公司 2018 年 12 月 单位：元

项 目	本期金额	上期金额
一、营业收入	2 600 000	略
减：营业成本	1 561 800	
税金及附加	4 000	
销售费用	40 000	
管理费用	314 200	
财务费用	8 300	
加：投资收益(损失以"—"号填列)	63 000	
二、营业利润(亏损以"—"号填列)	660 000	
加：营业外收入	100 000	
减：营业外支出	39 400	
三、利润总额(亏损以"—"号填列)	720 600	
减：所得税费用	170 600	
四、净利润(净亏损以"—"号填列)	550 000	

四、现金流量表的编制

（一）现金流量表的含义

现金流量表，是反映企业一定会计期间现金和现金等价物流入和流出的报表。其中，现金是指企业的库存现金、可以随时用于支付的存款；现金等价物是指企业持有的期限短（一般指购买之日起 3 个月内到期）、流动性强、易于转换为已知金额的现金、价值变动风险很小的投资，如企业购买的、从购买之日起 3 个月或更短时间内即可到期或即可转换为现金的交易性金融资产。现金等价物虽然不是现金，但其支付能力与现金差别不大，可视为现金。

现金流量表按照经营活动、投资活动和筹资活动的现金流量分类分项列示。以权责发生制为基础编制的资产负债表和利润表在一定程度上能够恰当地反映具体某一会计期间的经营成果，但是由于在权责发生制核算基础下会计把经济活动有关的成本和利润记录同现金的实际收支区分开来，一个企业可能在利润表上看起来效益很好，但是在资产负债表上却可能没有相应的变现资金而陷入财务困境。这是由于权责发生制把应计的收入和费用都反映在利润表上，而其在资产负债表上则部分反映为现金收支，部分反映为债权债务，所以虽然经营成果很好，但是由于没有收取现金而形成债权债务，导致企业资金无法按时收回造成资金周转困难。而市场经济是以现金为王，所以应编制以收付实现制为基础的现金流量表，弥补权责发生制的不足。

现金流量是某一段时期内公司现金流入量、流出量以及净流量。现金流量可以表明企业经营状况的好坏、资金周转的状况、偿付能力的强弱等，从而为投资者、债权人、公司管理者等提供有价值的信息。从内容上看，现金流量表中所反映的企业经济活动被划分为经营活动、投资活动和筹资活动三类，每类活动又细分为不同的现金流入和流出事项，这些事项从不同角度反映企业业务活动的现金流入和流出，弥补了资产负债表和利润表提供信息的不足。

1. 经营活动产生的现金流量

经营活动指公司投资活动和筹资活动以外的所有交易和事项。在公司的经济活动中，经营活动占据主要地位，其范围很广，只要不能归入投资活动和筹资活动的业务，都属于经营活动的范畴。

不同类型的公司，其经营活动的内容也有所不同，如工业企业与商业企业，其经营活动就是不同的，商业企业的经营活动包括销售商品、提供劳务、经营性租赁、购买商品、接受劳务、广告宣传、推销产品、缴纳税款等，而工业企业不仅包括上述内容，还包括生产过程、成本计算和分配等。

2. 投资活动产生的现金流量

现金流量表中的投资活动，是指公司长期资产的构建和不包括在现金等价物范围内的投资及其处置活动。主要包括取得投资的现金流入、收回投资的现金流入、固定资产的购建和处置、无形资产的购建和处置、其他长期资产的购建和处置等。

3. 筹资活动产生的现金流量

筹资活动是指导致公司资本及债务规模和构成发生变化的活动。与资本有关的现金流入和流出项目包括吸收投资、发行股票、分配利润等。

现金流量表是对资产负债表和利润表的补充，关注最直接的东西——现金。如果把企业比作一匹骆驼，那么现金流就是草料，要想骆驼能够走更多的路，足够的草料就是必不可少的能量，这也是衡量企业竞争力的指标。

(二)现金流量表的作用

现金流量表作为资产负债表和利润表的有力补充,在现代公司的经营和管理中起着重要作用。具体体现在:

(1)有助于评价企业支付能力、偿债能力和周转能力。

(2)反映公司的现金流量,有助于预测企业未来现金流量,评价公司未来产生现金净流量的能力。

(3)有助于分析企业收益质量及影响现金净流量的因素,掌握企业经营活动、投资活动和筹资活动的现金流量,可以从现金流量的角度了解净利润的质量,为分析和判断企业的财务前景提供信息。

(三)现金流量表的格式

根据企业业务活动的性质和现金流量的来源,现金流量表将企业在一定期间产生的现金流量分三类:经营活动的现金流量、投资活动的现金流量和筹资活动的现金流量,根据这三部分,编制的现金流量表由正表和补充资料两部分组成,正表有 5 个部分,适用《企业会计准则》的企业的现金流量表格式如表 2-5-14 所示。

表 2-5-14　现金流量表

编制单位:　　　　　　　　　　　　年　　月　　　　　　　　　　　　单位:元

项　目	本期金额	上期金额
一、经营活动产生的现金流量:		
销售商品、提供劳务收到的现金		
收到的税费返回		
收到其他与经营活动有关现金		
经营活动现金流入小计		
购买商品、接受劳务支付的现金		
支付给职工及为职工支付的现金		
支付的各项税费		
支付的其他与经营活动有关的现金		
经营活动现金流出小计		
经营活动产生的现金流量净额		
二、投资活动产生的现金流量:		
收回投资所收到的现金		
取得投资收益收到的现金		
处理固定资产、无形资产和其他长期资产好、收回现金净额		
收到其他与投资活动有关的现金		
投资活动现金流入小计		
购建固定资产、无形资产和其他长期资产收回的现金净值		
投资支付的现金		
支付其他与投资活动有关的现金		
投资活动现金流出小计		

续表

项　目	本期金额	上期金额
投资活动产生的现金流量净额		
三、筹资活动产生的现金流量：		
吸收投资收到的现金		
取得借款收到现金		
收到其他与筹资活动有关的现金		
筹资活动现金流入小计		
偿还债务支付现金		
分配股利、利润或偿付利息支付的现金		
支付的其他与筹资活动有关现金		
筹资活动现金流出小计		
筹资活动产生的现金流量净额		
四、汇率变动对现金及现金等价物的影响		
五、现金及现金等价物净增加额		
加：期初现金及现金等价物余额		
六、期末现金及现金等价物余额		

适用于《小企业会计准则》的小企业现金流量表格式如表 2-5-15 所示。

表 2-5-15　现金流量表

编制单位：　　　　　　　　年　　月　　　　　　　　单位：元

项　目	行次	本年累计金额	本月金额
一、经营活动产生的现金流量：			
销售产成品、商品、提供劳务收到的现金	1		
收到其他与经营活动有关的现金	2		
购买原材料、商品、接受劳务支付的现金	3		
支付的职工薪酬	4		
支付的税费	5		
支付其他与经营活动有关的现金	6		
经营活动产生的现金流量净额	7		
二、投资活动产生的现金流量：			
收回短期投资、长期债券投资和长期股权投资收到的现金	8		
取得投资收益收到的现金	9		
处置固定资产、无形资产和其他非流动资产收回的现金净额	10		
短期投资、长期债券投资和长期股权投资支付的现金	11		
购建固定资产、无形资产和其他非流动资产支付的现金	12		
投资活动产生的现金流量净额	13		
三、筹资活动产生的现金流量：			

续表

项　　目	行次	本年累计金额	本月金额
取得借款收到的现金	14		
吸收投资者投资收到的现金	15		
偿还借款本金支付的现金	16		
偿还借款利息支付的现金	17		
分配利润支付的现金	18		
筹资活动产生的现金流量净额	19		
四、现金净增加额	20		
加：期初现金余额	21		
五、期末现金余额	22		

(四)现金流量表的编制方法

现金流量表是根据"现金流入量－现金流出量＝现金净流量"的关系式编制的。现金流量表的编制基础是现金和现金等价物，由于其编制时遵循收付实现制原则，因此需要把权责发生制原则记账基础下的一定会计期间内的数据转换成按收付实现制下的现金流量，使企业的经营业务现金流量、投资业务现金流量和筹资业务现金流量分别归口，汇总计算出企业的现金净流量。

1. 直接法和间接法

对经营活动形成的现金流量的列示方法有两种：一种是直接法；另一种是间接法。

(1)直接法：是指通过现金收入和现金支出的主要类别直接反映来自企业经营活动产生的现金流入量和流出量，如"销售商品、提供劳务收到的现金""购买商品、接受劳务支付的现金"等就是按照现金收支的来源直接反映的。在直接法下，一般是以利润表中的营业收入为核算点，调节与经营活动有关的项目增减变动，然后计算出经营活动产生的现金流量。

(2)间接法：以净利润为基础，调整不涉及现金的收入、费用项目以及其他有关项目，剔除投资活动、筹资活动对现金流量的影响，据以确定经营活动的现金流量。由于净利润是按照权责发生制原则编制的，因此在调整净利润的过程中实际上就是反映净利润中由于经营活动产生的现金净流量的部分，从而了解净利润与经营活动产生的现金净流量的差额，了解企业利润的质量，分析差异原因、全面客观评价企业的经营业绩。

我国会计准则规定，企业应当采用直接法编报现金流量表，同时在附表中采用间接法调整经营活动产生的现金流量。

2. 工作底稿法和T型账户法

现金流量表的具体编制过程主要有两种：一种是工作底稿法；另一种是T型账户法。

工作底稿法的程序是：

(1)设计"工作底稿"，将资产负债表期初数和期末数、利润表的本年发生数过入工作底稿的"期初数"栏和"期末数"栏。

(2)对当期的业务进行分析并编制调整分录。

(3)将调整分录过入工作底稿中的相应部分。

(4)核对调整分录，借贷合计应当相等，资产负债表期初数加减调整分录中的借贷金额后应当等于期末数。

(5)根据工作底稿中现金流量表项目部分编制正式的现金流量表。

T型账户法的程序如下:

第一步:为所有的非现金项目(包括资产负债表项目和利润表项目)分别开设T型账户。

第二步:开设一个大的“现金及现金等价物”T型账户,每边分为经营活动、投资活动和筹资活动三个部分,左边记现金流入,右边记现金流出。与其他账户一样,过入期末期初变动数。

第三步,以利润表为基础,结合资产负债表分析每一个非现金项目的增减变动,并据此编制调整分录。

第四步,将调整分录过入各T型账户编制,并进行核对,该账户借贷相抵后的余额与原先过入的期末期初变动数应当一致。

第五步,根据大的“现金及现金等价物”T型账户编制正式的现金流量表。

(五)现金流量表各项目的填列方法

大中型企业的现金流量表与小企业的现金流量表的区别在于金额栏是上期金额替代了本年累计金额。以表2-5-15小企业现金流量表为例介绍现金流量表本期金额各项目的填列方法:

(1)本表反映小企业一定会计期间内有关现金流入和流出的信息。

(2)本表“本年累计金额”栏反映各项目自年初起至报告期末止的累计实际发生额。

本表“本月金额”栏反映各项目的本月实际发生额;在编报年度财务报表时,应将“本月金额”栏改为“上年金额”栏,填列上年全年实际发生额。

(3)本表各项目的内容及填列方法如下:

①经营活动产生的现金流量。

第一,“销售产成品、商品、提供劳务收到的现金”项目,反映小企业本期销售产成品、商品、提供劳务收到的现金,包括本期销售商品、产品、提供劳务收到的现金,本期收到前期销售产成品、商品、提供劳务收到的现金,本期预收的货款以及向购买方收取的增值税销项税额,减去本期销售退回商品所支付的现金。本项目可以根据“库存现金”“银行存款”和“主营业务收入”等科目的本期发生额分析填列。

第二,“收到其他与经营活动有关的现金”项目,反映小企业本期收到的除“销售产成品、商品、提供劳务收到的现金”项目以外的其他与经营活动有关的现金。包括除税费返还外的其他政府补助收入的现金,罚款收入,经营租赁固定资产收到的现金,流动资产损失中应由个人赔偿的现金收入和保险理赔的现金收入,收到捐赠的现金,收取的押金、保证金、违约金等与经营活动有关的现金。本项目可以根据“库存现金”和“银行存款”“营业外收入”等科目的本期发生额分析填列。

第三,“购买原材料、商品、接受劳务支付的现金”项目,反映小企业本期购买原材料、商品、接受劳务支付的现金。包括本期购买原材料、商品、接受劳务支付的购货款现金,本期支付前期购买原材料、商品、接受劳务的现金、购货款和增值税进项税额,本期预付后期购买原材料、商品、接受劳务支付的款项,减去本期购货退回收到的现金。已资本化在存货中的借款费用不构成该项目的内容,应该在“偿还借款利息支付的现金”项目反映。本项目可以根据“库存现金”“银行存款”“其他货币资金”“原材料”“库存商品”等科目的本期发生额分析填列。

第四,“支付的职工薪酬”项目,反映小企业本期向职工支付的工资、奖金、各种津贴和补贴等薪酬，以及为职工支付的“五险一金”、辞退福利、困难补助、其他与获得职工提供的服务相关而支付的现金等，包括小企业中从事在建工程的人员和从事无形资产开发项目的人员。本项目可以根据“库存现金”“银行存款”“应付职工薪酬”科目的本期发生额分析填列。

第五，“支付的税费”项目，反映小企业本期支付的税费。包括增值税、消费税、城市维护建设税、企业所得税、资源税、土地增值税、城镇土地使用税、房产税、车船税和教育费附加、印花税、矿产资源补偿费、排污费等，支付的税收滞纳金、代扣代缴的个人所得税也构成该项目的内容。本项目可以根据“库存现金”“银行存款”“应交税费”等科目的本期发生额填列。

第六，“支付其他与经营活动有关的现金”项目，反映小企业本期支付的其他与经营活动有关的现金。包括小企业支付的商品维修和销售过程中的运输费、装卸费、包装费、保险费、广告费和业务宣传费、展览费等销售费用，支付的开办费和行政管理部门发生的业务招待费、研究费用、技术转让费、财产保险费、聘请中介机构费、咨询顾问费、诉讼费、支付的罚金、罚款和经营租赁费，对外捐赠和赞助等款项。本项目可以根据“库存现金”“银行存款”“管理费用”“销售费用”“营业外支出”等科目的本期发生额分析填列。

②投资活动产生的现金流量。

第一，“收回短期投资、长期债券投资和长期股权投资收到的现金”项目，反映小企业出售、转让或到期收回短期投资、长期股权投资而收到的现金，以及收回长期债券投资本金而收到的现金，不包括长期债券投资收回的利息。本项目可以根据“库存现金”“银行存款”“短期投资”“长期股权投资”“长期债券投资”等科目的本期发生额分析填列。

第二，“取得投资收益收到的现金”项目，反映小企业因权益性投资和债权性投资取得的现金股利或利润和利息收入。股票股利不在本项目中反映。本项目可以根据“库存现金”“银行存款”“投资收益”等科目的本期发生额分析填列。

第三，“处置固定资产、无形资产和其他非流动资产收回的现金净额”项目，反映小企业处置固定资产、无形资产和其他非流动资产取得的现金，减去为处置这些资产而支付的有关税费等后的净额。本项目可以根据“库存现金”“银行存款”“固定资产清理”“无形资产”“生产性生物资产”等科目的本期发生额分析填列。

第四，“短期投资、长期债券投资和长期股权投资支付的现金”项目，反映小企业进行权益性投资和债权性投资支付的现金。包括：企业取得短期股票投资、短期债券投资、短期基金投资、长期债券投资、长期股权投资支付的现金和印花税、佣金、手续费等税费。本项目可以根据“库存现金”“银行存款”“短期投资”“长期债券投资”“长期股权投资”等科目的本期发生额分析填列。

第五，“购建固定资产、无形资产和其他非流动资产支付的现金”项目，反映小企业购建固定资产、无形资产和其他非流动资产支付的现金。包括：购买机器设备、无形资产、生产性生物资产支付的现金、建造工程支付的现金等现金支出，不包括为购建固定资产、无形资产和其他非流动资产而发生的借款费用资本化部分和支付给在建工程和无形资产开发项目人员的薪酬。为购建固定资产、无形资产和其他非流动资产而发生借款费用资本化部分，在“偿还借款利息支付的现金”项目反映；支付给在建工程和无形资产开发项目人员的薪酬，在“支付的职工薪酬”项目反映。本项目可以根据“库存现金”“银行存款”“固定资产”“在建工程”“无形资产”“研发支出”“生产性生物资产”“应付职工薪酬”等科目的本期发生额分析填列。

③筹资活动产生的现金流量。

第一，“取得借款收到的现金”项目，反映小企业举借各种短期、长期借款收到的现金。本项目可以根据“库存现金”“银行存款”“短期借款”“长期借款”等科目的本期发生额分析填列。

第二，“吸收投资者投资收到的现金”项目，反映小企业收到的投资者作为资本投入的现金。本项目可以根据“库存现金”“银行存款”“实收资本”“资本公积”等科目的本期发生额分析填列。

第三，“偿还借款本金支付的现金”项目，反映小企业以现金偿还各种短期、长期借款的本金。本项目可以根据“库存现金”“银行存款”“短期借款”“长期借款”等科目的本期发生额分析填列。

第四，“偿还借款利息支付的现金”项目，反映小企业以现金偿还各种短期、长期借款的利息。本项目可以根据“库存现金”“银行存款”“应付利息”等科目的本期发生额分析填列。

第五，“分配利润支付的现金”项目，反映小企业向投资者实际支付的利润。本项目可以根据“库存现金”“银行存款”“应付利润”等科目的本期发生额分析填列。

(4)本表中各项目之间的钩稽关系为：

行7＝行1＋行2－行3－行4－行5－行6。

行13＝行8＋行9＋行10－行11－行12。

行19＝行14＋行15－行16－行17－行18。

行20＝行7＋行13＋行19。

行22＝行20＋行21。

基本技能训练

一、项目名称

编制资产负债表和利润表。

二、训练目的

通过模拟训练，让学生了解资产负债表和利润表上数据的来源，从而为后续资产负债表和利润表的分析奠定理论基础。

三、训练要求

(1)阅读会计账户余额。

(2)按照资产负债表项目对各个账户余额进行分析填列。

(3)计算资产负债表合计数，各合计数必须满足“资产＝负债＋所有者权益”。

(4)阅读损益类账户发生额。

(5)按照利润表各项目对各个账户发生额进行分析填列。

(6)按照利润表的要求进行计算利润总额和净利润。

四、经济业务资料

1. 华天公司2017年12月31日账户资料如表2-5-16所示。

表2-5-16　华天公司账户资料

账　　户	借方余额	贷方余额
库存现金	16 267.00	
银行存款	99 023 569.99	
其他货币资金	24 966 194.76	

续表

账　　户	借方余额	贷方余额
应收票据	4 000 000.00	
应收账款	129 683 543.22	
坏账准备		7 428 957.11
预付账款	30 460 751.81	
其他应收款	4 264 800.52	
原材料	28 345 413.46	
生产成本	20 059 606.00	
自制半成品	26 926 761.19	
库存商品	41 408 558.29	
委托加工物资	12 485 700.35	
周转材料——包装物	1 965 841.92	
周转材料——低值易耗品	2 181 017.45	
长期股权投资	19 600 000.00	
固定资产	188 791 308.21	
累计折旧		37 084 697.70
固定资产减值准备		926 490.98
在建工程	5 242 208.91	
无形资产	47 925 015.43	
累计摊销		1 396 016.16
长期待摊费用	1 278 333.33	
递延所得税资产	1 791 728.50	
短期借款		21 161 698.02
应付票据		88 007 638.80
应付账款		113 190 014.68
预收账款		9 417 196.00
应付职工薪酬		5 018 021.74
应交税费	12 181 159.21	
应付利息		41 930.11
其他应付款		5 073 992.41
长期应付款		800 000.00
股本		75 280 000.00
资本公积		221 195 772.25
盈余公积		20 292 329.22
利润分配——未分配利润		96 283 024.37

根据上述数据编制资产负债表。

2. 华天公司所得税税率25%，该公司2018年11月份的利润表如表2-5-17所示。

表 2-5-17　11 月份利润表（简表）

编制单位：华天公司　　2018 年 11 月　　单位：元

项　　目	本期金额	本年累计金额
一、营业收入	略	1 289 600
减：营业成本		885 400
税金及附加		21 700
销售费用		18 500
管理费用		40 900
财务费用		2 000
资产减值准备		3 500
二、营业利润（损失以"—"号填列）		317 600
加：营业外收入		1 400
减：营业外支出		3 000
三、利润总额（损失以"—"号填列）		316 000
减：所得税费用		79 000
四、净利润（亏损以"—"号填列）		237 000

华天公司 12 月份发生以下经济业务：

(1)对外销售甲商品 1 000 件，单价 135 元，增值税率 17%，收到对方开来的一张金额为 157 950 元的商业汇票。

(2)经批准处理财产清查中的账外设备一台，估计原价 10 000 元，七成新。

(3)计算分配本月应付职工工资共计 45 000 元，其中管理部门 30 000 元，专设销售机构人员工资 15 000 元。

(4)计提本月办公用固定资产折旧 1 200 元。

(5)结转已销售的 1 000 件甲商品的销售成本 87 000 元。

(6)将本月实现的损益结转至"本年利润"账户。

要求：根据上述资料，完善下列华天公司 2018 年利润表本期金额信息（见表 2-5-18）。

表 2-5-18　12 月份利润表（简表）

编制单位：华天公司　　2018 年 12 月　　单位：元

项　　目	本期金额	上年金额
一、营业收入	①	略
减：营业成本	972 400	
税金及附加	21 700	
销售费用	33 500	
管理费用	②	
财务费用	2 000	
资产减值准备	3 500	
二、营业利润（损失以"—"号填列）	③	
加：营业外收入	8 400	
减：营业外支出	3 000	
三、利润总额（损失以"—"号填列）	④	
减：所得税费用	⑤	
四、净利润（亏损以"—"号填列）	⑥	

项目三　读报表，知内涵：理解报表数据的经济意义

任务一　财务报表分析概述

任务目标

财务报表分析的最终目的在于全方位反映企业的经营状况，评价企业的经济效益，通过本任务的学习，熟悉财务报表分析的内容和作用，为其他任务的学习奠定基础。

导入信息

很多人都知道巴菲特很会赚钱，那么巴菲特是如何在股市中具有火眼金睛的呢？很多看过巴菲特资料的人都知道巴菲特的一句话："别人喜欢看《花花公子》杂志，而我喜欢看公司财报。"这也许就是巴菲特的制胜秘诀之一。

内容阐释

20 世纪 80 年代末，美国著名信息学家德邦思（A. Debons）等提出，"人类的认识过程可以表述为：事件→符号→数据→信息→知识→智慧"。这个连续的统一体中的任一组成部分，都产生于它的前一过程。在人类历史上产品出现剩余并产生了交换需求之后，对劳动和实物的计量与分析就已经存在，财务信息亦是如此。财务报表就是根据会计账簿记载的相关数据和信息编制的，该如何从相关信息中获取知识，从而转化成智慧？这就需要我们走进财务报表并且深入了解。

一、财务报表分析的含义与功能

（一）财务报表分析的含义

财务报表记录的是以一定的记账规则记录下来的经济数据信息，而财务报表分析就是对

这些信息进行分析和加工形成有用的知识。财务报表分析是以企业基本活动为对象，以财务报表为主要信息来源，以分析和综合为主要方法的系统认识企业的过程，其目的是了解过去、评价现在和预测未来，以帮助报表使用人改善决策。

最早的财务报表分析主要是为银行的信用分析服务的。在美国工业大发展之前，企业规模较小，银行根据个人信用贷款。然而随着经济的发展，企业的业务日益扩大，组织日趋庞大与复杂，所需资金日益增加，向银行贷款的数额也相对增加，仅仅依据个人信用贷款已经不能满足美国银行业的需求。例如，在1883年和1884年发生的两次经济危机中，企业用假账向银行贷款，造成贷款收不回来，企业破产倒闭，同时也连累贷款银行。于是，银行家们就更加关心企业的财务状况，特别是企业是否具有偿债能力。1898年2月，美国纽约州银行协会的经理委员会提出议案："要求所有的借款人必须提交由借款人签字的资产负债报表，以衡量企业的信用和偿债能力。"1900年美国纽约州银行协会发布了申请贷款应提交的标准表格包括资产负债表。此后，银行开始根据企业资产和负债的数量对比来判断企业对借款的偿还能力和还款保障程度，并且提出了诸如流动比率、速动比率等一系列的比率分析指标作为判断的依据。

（二）财务报表分析的意义

现代经济的发展使经济业务内容越来越复杂，越需要管理人员提高经营管理水平，而财务报表里面蕴含着大量信息，能够全面反映企业的财务状况、经营成果和现金流量情况，但是单纯从财务报表上的数据还不能直接或全面说明企业的财务状况，特别是不能说明企业经营状况的好坏和经营成果，只有将企业的财务指标与有关的数据进行比较才能说明企业的财务状况。因此，通过对财务报表进行适当的分析，认识企业活动的特点，可以正确评价企业的财务状况、经营成果和现金流量情况，揭示企业未来的报酬和风险；可以检查企业预算完成情况，合理评价企业经营者的经营业绩。通过报表分析，经营者能够了解企业目前的状态，确认不足，找出差距，不断改进管理，充分发挥人力物力财力的作用，促进企业经营活动按照最有利于企业目标的方向发展，同时也为建立健全合理的激励机制提供帮助，对管理者的决策提供有用信息，为国家行政部门制定宏观政策提供依据。

二、财务报表分析的主要内容

财务报表分析的对象是会计报表，主要是资产负债表、利润表和现金流量表。通过对财务报表重点项目分析和综合分析，得出财务报表使用者所关注的信息，这要求会计报表的编制前后期采用一致的会计政策，保证会计报表数据的真实、完整，具有可比性。

无论是债权人、投资者还是企业经营管理者、员工和其他利益相关者，他们都是报表信息使用者，不同的报表信息使用者对财务报表的关注点也不同。但一般而言，财务报表的使用者都是"经济人"，他们都希望用最少的投入获取最大的产出。因此，他们一般都会重点关注以下内容。

（一）企业的获利能力

获利能力也称为企业的盈利能力。获利能力就是企业赚取利润的能力。企业获利能力的大小主要取决于企业实现的销售收入和发生的费用和成本这两个因素。企业的获利能力是核心，获利能力分析是财务报表分析中最重要的一个部分。反映企业的获利能力的主要指标有：

销售利润率、资产利润率、净资产收益率、每股收益、成本费用利润率、总资产报酬率等，通常体现为企业收益数额的大小与水平的高低。

（二）企业的偿债能力

偿债能力是指偿还到期债务的能力，包括短期偿债能力和长期偿债能力。分析偿债能力目的在于确保投资的安全。企业的偿债能力取决于两点：一是企业资产的变现速度，变现速度越快，偿债能力越强；二是企业能够转化为偿债资产的数量，这一数量越大，说明企业的偿债能力越强。作为债权人，在投资时无疑会选择偿债能力强的公司。所以分析会计报表时，企业的偿债能力是基础。

反映企业的偿债能力的主要指标有：流动比率、速动比率、现金比率、资产负债率，所有者权益比率、产权比率、利息保障倍数、有形净值债务率。

（三）企业的营运能力

营运能力主要是指各项资产周转速度的快慢，反映企业资产利用效果和管理效率。反映企业的营运能力的主要指标有：应收账款周转率、存货周转率、流动资产周转率、固定资产周转率和总资产周转率等指标。

（四）企业的发展能力

企业的发展能力即成长能力，发展能力反映企业未来年度的发展前景及潜力。一个企业的发展能力概括了该企业的获利能力、营运能力和偿债能力，是企业实力的综合能力。这是投资者选购股票进行长期投资最为关注的方面。

反映企业的发展能力的主要指标有：销售增长率、资本积累率、总资产增长率、固定资产成新率等指标。

三、财务报表分析的特点

（一）既要依据报表历史的价值信息，又要结合现实的、非价值因素

财务报表分析首先要依据一定时期财务报表的数据，根据企业过去的经营环境和条件，分析企业的经营结果。在此基础上，除了关注企业的董事会报告，还需要结合企业现时的经营环境与条件，如：国家政策和规章制度、企业的经营策略、企业对宏观经济的判断，对整个行业的判断，以及对过去一个经济周期自身业绩的总结和未来规划。分清可比因素和不可比因素，来分析企业现在的经营状况与能力，找出影响企业经营的有利因素与不利因素，以便采用相应的对策促进企业发展。

在进行报表分析时，对企业的经营有较大影响的很多是非价值信息或因素，如国家的财税政策、会计准则的规定、物价变动的因素、信贷政策等，是必须要考虑的因素。

（二）既要用一般的分析思路和方法，又要充分考虑会计主体的个性因素

进行财务报表分析，要运用财务报表分析的基本理论，比如财务报表分析的内容、步骤和分析方法等。但是在这些基本理论的基础上，进行会计报表分析时，必须坚持具体问题具体分析的原则，根据现实中企业面临的经营环境，具体影响企业经营的因素进行分析。企业的经营方式、经营思路、管理水平与管理条件等是不断变化的，国家的方针政策、规章制度等也是变化的，因此要充分考虑企业面临的个性因素，才能对企业的经营状况和经营能力经过分析得出合理的结论，为报表使用者提供的信息才是有用的。

四、财务报表分析的步骤和方法

(一)分析的步骤

财务报表分析的一般步骤包括：

(1)明确分析目的。

(2)设计分析程序。

(3)收集有关信息。

(4)将整体分为各个部分。

(5)研究各个部分的特殊本质。

(6)研究各个部分之间的联系。

(7)得出分析结论。

(二)财务报表分析的方法

财务报表分析的方法是完成财务报表分析的方式和手段。尽管分析方法一直在发展之中，但是一些基本方法仍然是进行财务报表分析必须使用的。最常见的基本方法包括比较分析法、比率分析法、因素分析法和趋势分析法。尽管各个方法的基本内涵并不一样，但都是以财务报表等资料为基础，通过一定的指标或比值计算，帮助信息使用者透过繁杂的财务报表数据，发掘其背后所蕴含的意义和信息，为社会公众投资者和经营管理者的投资决策和经济预测提供帮助。在对数据进行对比和分析时，需要使用一些专业方法。选择合适的分析和评价方法，是财务报表分析的专门技术。

1. 趋势分析法

趋势分析法又称为水平分析法，是最简单的一种分析方法。趋势分析法就是将企业的相关报表数据集中起来，进行相应对比，一般会制成趋势图，从图表中观察数据的趋势变化。趋势分析法有两种类型，一种是历年对比法，一种是基年对比法。历年对比法就是将企业连续几个会计年度财务报表上的相同项目进行比较，观察在较长时间内这些项目的增减变化情况和趋势，是一种涉及时间较长的动态分析法。基年对比法，则是将企业本年度的报表数据与基准年度的相应数据进行对比，从而分析企业相应数据的发展趋势。而这个基准年度，可以是上一年，也可以是之前年度中比较典型的一年，如效益最好的一年、最差的一年或者成绩平平的一年等。

2. 比较分析法

比较分析法是比较常见的通过比较不同时期相同项目的数据来进行财务分析。我们所编制的财务报表如资产负债表分两栏：年初数和期末数，利润表的本期金额和上期金额都是一种比较分析。当然，比较分析法还可以更多期间的数据放在一起来进行比较。

比较分析法是指通过对主要项目或指标值变化的对比，从数量上确定出差异，分析和判断企业经营及财务状况的一种分析方法。比较分析法是财务报表分析中最常用的方法，也是其他分析方法运用的基础。通过比较分析，可以发现所分析数据或指标的问题所在，揭示企业经营活动中的优势或劣势。

1)按照比较形式分类

绝对数的比较，就是将取得的财务报表数据与比较基准直接进行比较。绝对数比较最常见的形式就是比较财务报表，将两期或多期的财务报表予以并行列示，进行对比，进而观察各个报表项目数据的增减变动，以分析这些变动表示的经济含义。

百分比变动比较。绝对数的比较可以反映出项目金额的变动情况和变动趋势，但难以反映不同规模分析对象之间的差异。为了解决这个缺陷，可通过计算百分比来解决问题。百分比的计算分为完成百分比和增减百分比，其计算公式为：

完成百分比＝指标的实际值/指标的标的值×100％

增减百分比＝(指标的实际值－指标的标的值)/指标的标的值×100％

在百分比变动比较中，由于基准(即指标的表的值)的一些变异，可能会导致以下特别情况：第一，如果基准金额为负数，可能得到负的变动百分比，使得绝对值增长的指标从百分比上反映为下跌；第二，如果基准金额为零，则变动百分比的计算毫无意义；第三，如果基准金额为很小的正数，则绝对数很小的变动就会导致较大的百分比变动，扭曲了指标变动的经济意义。在现实的财务报表分析中如果出现相关情况，应当进行调整，或放弃比较分析法。

2)按照比较标准分类

预算标准。预算标准是指企业根据自身经营条件或经营状况所制定的目标标准。预算标准以历史为依据，但又不是对历史简单的重复，而是结合现实经济状况后，企业各方面可以达到的较优的标准，并以此作为一定时间后的财务状况的评价尺度。在财务报表分析实践中，一般使用财务预算作为预算标准。与其他标准相比，预算标准更符合企业战略级目标管理的要求，对于新建企业和垄断性企业尤其适用。但是企业财务预算作为内部信息不对外公开，因此外部的相关利益主体无法取得和使用。再有，企业财务预算毕竟带有一定的主观人为因素，且很难随着经济环境的变化而调整，其客观性和可靠性可能存在一定的问题。因此，预算标准一般是企业内部分析人员用于评价考核。通过这种比较，可以了解预算的完成情况，为进一步分析和寻找企业潜力指明方向。

历史标准。历史标准是指本企业在过去某一时期内(如上年或上年同期)该指标的实际值。根据需要，可以选择本企业历史最好水平，也可以选择企业正常经营条件下的业绩水平，或者也可以选取以往连续多年的平均水平。另外，在财务报表分析实践中，还经常与上年实际业绩作比较。

历史标准是本企业在时间序列上的情况，由于是与自身历史状况相比，所以比较可靠、客观，可比性很强。通过这种比较，可以较为明显地观察出自身的变动情况，了解本企业在最近时期的经营得失。但是，与历史标准比较也有一定的不足：第一，历史标准往往比较保守。即使企业的比较结果是超越历史，也不能说明企业已经处在一个经营优良的状况，因为在企业进步的同时，可能行业内的其他企业取得了更大的发展。第二，它的适应范围狭窄。它只能说明企业自身的发展变化，不能全面评价企业的财务竞争能力和健康状况。第三，当企业发生经营业务上的重组和变更时，历史标准的可比性就会严重下降，原有的财务数据已经不能为今所用。第四，对于新成立的企业，没有历史标准可用。

行业标准。行业标准是行业内所有企业某个相同财务竞争中所处的地位。使用与行业标准比较需注意以下问题：第一，尽管行业内的企业可比性较强，但是很难找到两个经营业务完全一致的企业，尤其是在越来越多的企业进行多元化经营的情况下。第二，即使行业内企业的经营业务相同，也可能存在会计处理方法上的不同，为此，在使用行业标准时需要考虑是否调整不同企业间的会计差异，而对于这种差异的调整往往比较困难。

经验标准。经验标准是依据大量的、长期的日常观察和时间形成的标准，该标准的形式一般没有理论支撑，只是简单地根据事实现象归纳的结果。例如流动比率的经验标准为 2∶1，速动比率的经验标准为 1∶1，根据经验倾向于认为，当流动负债对有形净资产的比率超过80％时，企业就会出现经营困难；制造业的资产负债率在 40％～60％是合适的，但是这一标准对于金融业并不适用。

但必须注意的是,所有这些经验标准主要是就企业的平均状况而言的,并不是适用于一切领域或一切情况的绝对标准,任何经验标准都是在某一时间段内成立,因为随着经济环境的改变和技术改革,经验标准也会随之改变。例如前述的针对制造业的流动比率和速动比率的经验标准,在西方,20 世纪 90 年代已逐步下降为 1.8∶1 和 0.8∶1。

在具体应用经验标准进行财务报表分析时,还必须结合一些更为具体的信息。例如,假设 A 公司的流动率大于 2:1,但其存在大量被长期拖欠的应收账款和许多积压的存货:而 B 公司的流动比率可能小于 2:1,但在应收账款、存货及现金管理方面都非常成功,那么,评价 A 公司和 B 公司就不能单纯的看比率数据了。

3. 比率分析法

比率分析法也叫指标分析法。比率分析法是指在同一报表的不同项目之间,或在不同报表的有关项目之间进行对比,从而计算出各种不同经济含义的比率,据以评价企业财务状况和经营成果的一种方法。比率分析是进行财务报表分析的主要方法,主要是以计算比率为基本手段,对财务报表数据进行分析的过程。比率分析法是财务报表分析中使用最普遍的分析方法,以至于提起财务报表分析,很多人就误以为是通过计算一些财务比率进行分析。

1)结构百分比分析

结构比率,也称构成比率,是指某项财务指标的数值占总体数值的百分比。计算公式:

结构百分比=某个组成部分数值/总体数值×100%

比较常见的结构百分比分析是计算报表的各个项目的比重,比如资产负债表各个项目占总资产的百分比、利润表各个项目占营业收入的百分比等,利用该指标可以考察企业整体财务指标的结构是否合理,以及盈利能力的来源是否发生变动等,也可以将报告期项目比重与同类企业的可比项目进行对比,研究本企业与同类企业的不同,以及成绩和存在的问题。

2)常见的比率分析法的指标(见表 3-1-1)

表 3-1-1　比率分析法的指标

分　类	财务分析指标
变现能力比率	流动比率
	速动比率
	保守速动比率
	现金流动负债比率
资产管理比率	存货周转率
	应收账款周转率
	应付账款周转率
	流动资产周转率
	总资产周转率
资金来源比率	资产负债率
	产权比率
	有形净值债务率
	已获利息倍数
盈利能力比率	销售净利率
	销售毛利率
	资产报酬率
	股东权益报酬率

4. 因素分析法

在进行财务报表分析中,采用比较分析法可以找出差异,但是很难说明差异产生的原因是什么,分析对象受何种因素的影响,以及各个因素对其影响的程度如何。要解决这些问题,就必须使用因素分析法。

因素分析法是依据分析指标与其影响因素的关系,通过顺序变换各个因素的数量来计算各个因素的变动对总的经济指标的影响程度的一种方法,是经济活动分析最重要的方法之一,也是财务报表分析的方法之一。因素分析法根据其分析特点可分为连环替代法和差额计算法。

1)连环替代法

连环替代法是因素分析法的基本形式,有人甚至将它与因素分析法看成是同一概念。连环替代法是将分析指标分解为各个可以计量的因素,并根据各个因素之间的依存关系,顺次用各因素的比较值(通常即实际值)替代基准值(通常为标准值或计划值),据以测定各因素对分析指标的影响。

该方法一般可以分为以下五个步骤:

第一,确定分析对象,运用比较分析法,将分析对象的指标与选择的基准指标进行比较,求出差异数。

第二,确定分析对象的影响因素。确定分析对象指标与其影响因素之间的数量关系,建立函数关系式。

第三,按照一定顺序依次替换各个因素变量,并计算出替代结果。

第四,比较各因素替代结果,确定各个因素对分析对象的影响程度。

第五,检验分析结果。检验分析结果是将各因素对分析指标的影响额相加,其代数和应等于分析对象。如果二者相等,说明分析结果可能是正确的;如果二者不相等,则说明分析结果一定是错误的。

连环替代法的程序或步骤是紧密相连、缺一不可的,尤其是前四个步骤,任何一个步骤出现错误,都会出现错误结果。

假定某财务指标 N 由 A、B、C 三个因素的乘积构成,其基准指标与实际指标关于三个因素的关系为:

基准指标: $N_0 = A_0 \times B_0 \times C_0$

实际指标: $N_1 = A_1 \times B_1 \times C_1$

首先确定分析对象为:实际指标－基准指标＝ $N_1 - N_0$

其次将基准指标中的所有影响因素依次用实际指标进行替换,计算过程如下:

基准指标: $N_0 = A_0 \times B_0 \times C_0$ ①

第一次替换: $N_2 = A_1 \times B_0 \times C_0$ ②

②－①＝ $N_2 - N_0$,即为 A_0 变为 A_1 对财务指标 N 的影响值。

第二次替换: $N_3 = A_1 \times B_1 \times C_0$ ③

③－②＝$N_3 - N_2$,即为 B_0 变为 B_1 对财务指标 N 的影响值。

第三次替换: $N_1 = A_1 \times B_1 \times C_1$ ④

④－③＝$N_1 - N_3$,即为 C_0 变为 C_1 对财务指标 N 的影响值。

将以上各个因素变动的影响加以综合,其结果等于实际指标与基准指标的差异数,即:

$$(N_2 - N_0) + (N_3 - N_2) + (N_1 - N_3) = N_1 - N_0$$

【例 3-1-1】 丽云公司本年度圆钢的原材料消耗情况见表 3-1-2。

表 3-1-2 圆钢原材料费用资料

项　　目	产品产量(件)	单位产品消耗量(千克)	材料单价(元)	材料费用总额(元)
预算数	1 500	32	18	864 000
实际数	1 600	30	21	1 008 000
差异数	＋100	－2	＋3	＋144 000

(1)确定分析对象：实际数－预算数＝1 008 000－864 000 ＝＋144 000(元)

(2)建立分析对象与影响因素之间的函数关系式：

材料费用总额＝产品产量×单位产品消耗量×材料单价

(3)计算各个因素对分析对象的影响程度：

预算数：　1 500×32×18＝864 000(元)　①

替换一：　1 600×32×18＝921 600(元)　②

替换二：　1 600×30×18＝864 000(元)　③

替换三：　1 600×30×21＝1 008 000(元)　④

②－①＝921 600－864 000＝＋57 600(元)，表示产品产量增加的影响。

③－②＝864 000－921 600＝－57 600(元)，表示单位产品消耗量下降的影响。

④－③＝1 008 000－864 000＝＋144 000(元)，表示材料单价上升的影响。

三个因素共同的影响值＝＋57 600－57 600＋144 000＝＋144 000(元)

上述分析表明，原材料费用的变动受三个因素的影响，其中产品产量增加使原材料费用增加 57 600 元，单位产品消耗量下降使原材料费用下降 57 600 元，材料单价上升使原材料费用增加 144 000 元。这里，产品产量增加导致原材料费用增加属正常情况；单位产品消耗量下降使原材料费用下降是利好消息，说明企业要么进行了技术革新，要么在节支方面颇有成效；材料单价上升是不利因素，但企业应进一步加以分析，找出影响原材料单价上升的主客观因素，以便更好地控制原材料费用的增加。

2)差额计算法

差额计算法是连环替代法的一种简化形式，其因素分析的原理与连环替代法是相同的。区别只在于分析程序上，将连环替代法的第三步骤和第四步骤合并为一个步骤进行。

五、财务报表的综合分析

(一)综合分析的含义

财务报表综合分析是以企业的财务会计报告等资料为基础，将相互关联、相互补充的分析方法和分析程序有机结合，利用各项财务分析指标内在的关系使其形成一个整体，综合所有者、债权人、经营管理者等的需要，系统、全面地对企业在一定时期内财务状况和经营成果进行计算与分析，据以评价企业各环节的经营管理情况以及经济效益的优劣。财务报表综合分析的目的是评价企业的财务状况，而企业财务状况作为企业财务实力的综合表现，在许多情况下，很难予以定量揭示，这就给综合分析造成了很大的困难。不进行定量分析，其结论往往主观性较强，说服力不够，进行定量分析，又会使分析结论不切合实际，很难具有理想的实际价值。企业财务报表综合分析成为财务分析体系中极为重要的组成部分，也是难度较大的财务分析。

(二)综合分析的方法

财务报表的综合分析在于综合，利用各种定量或定性的方法，将企业财务运行视作一个完整的、不可分割的整体，结合资产负债表、利润表和现金流量表进行全方位的分析和评价。财务报表综合分析的基本方法有财务比率法和指数分析法。

1. 财务比率分析法

财务比率分析法，是运用财务比率进行分析企业财务状况的方法，它不但是财务报表分析的基本方法，也是进行财务报表综合分析的重要前提。财务比率分析法在实务中常用的综合分析有杜邦分析法、帕利普财务综合分析法等。

此处简单介绍杜邦分析法。杜邦分析法是利用主要的财务比率之间的内在关系，将财务比率组成一个完整的指标体系，对企业的财务状况和经营成果进行综合分析的一种方法。这种方法最早是由美国杜邦公司提出来的，故称为杜邦分析法。其基本思想是以企业净资产收益率为核心，将该指标逐级分解为多项财务比率乘积，从财务角度评价公司盈利能力和股东权益回报水平。该方法被认为是评价企业绩效的一种经典方法，有助于深入分析比较企业的经营业绩。杜邦分析指标的核心指标是企业的净资产收益率，用公式表示为：

净资产收益率＝净利润/净资产＝营业净利润率×总资产周转率×权益乘数

由此可见，影响企业净资产收益率的因素是营业净利率、总资产周转率、权益乘数三项。而营业净利率代表了企业的获利能力；总资产周转率代表了企业的运营能力；权益乘数代表了企业的偿债能力。

2. 指数分析法

指数分析法，是对企业财务状况进行综合评价的重要方法之一，根据各项财务指标对财务状况的影响程度不同确定其重要性程度，并在此基础上对财务状况进行分析。

基本技能训练

一、项目名称

理解财务报表分析的意义。

二、训练目的

通过案例信息分析，理解财务报表分析的重要意义。

三、训练要求

(1)阅读经济业务资料。

(2)查阅项目相关内容。

(3)根据资料进行相关分析。

四、经济业务资料

小明花 4 000 元从神火计算机公司买了一台计算机。神火计算机公司为生产和销售这台计算机共付给员工和零部件商 3 563 元，广告费和管理费共 130 元，研发 40 元，80 元用于交税，最后还剩下的利润是 4 000－3 563－130－40－80＝187(元)。

请问：通过这些数据，我们可以知道些什么信息？

任务二　资产负债表简析

随着现代经济的发展，业务的复杂程度也大大加快，这更加要求企业把财和物管理好、运

用好，而财务报表则全面、系统、综合地记录了企业经济业务发生的轨迹，因而相关利益者越来越关注对它的分析。通过本任务的学习，了解资产负债表分析的目的和内容，会独立阅读资产负债表，能运用所学方法，解读资产负债表中对决策有用的信息。

导入信息

2014 年 9 月，佛山市中级人民法院裁定受理该市首家私营集团公司广东某电器集团有限公司破产重整，引发行业震动。

据法院透露，经不完全统计，该电器及其四个关联企业目前负债 17 亿元，因严重资不抵债，资金链已断裂。虽然不缺订单，但由于管理层在去年开始建造一栋大型办公楼和一栋新型大厂房，占用了供应商等大量资金未及时归还被起诉，且面临银行收紧信贷的环境，使得该电器集团陷入资金链断裂的困境。

（资料来源：汇业盘点 2014 年全国重大破产案件，2015-0106，王树军. 汇业法律观察 360 个人图书馆 http://www.360doc.com/content/15/0128/00/21555575_444332390.shtml）

内容阐释

企业财务报表是企业管理者的“眼睛”，是企业研究未来发展战略的“指向器”，所以我们应注重挖掘财务报表蕴含重要的财务信息。投资者可以通过分析资产负债表全面了解公司的健康状况：

是否“超重”——欠银行和供应商太多的钱。

是否“贫血”——账面上的现金和现金等价物是否过低。

“新陈代谢”是否正常——存货和应收账款周转是否过慢。

这些反映公司健康状况的指标都可以在资产负债表中找到答案。如果公司的财务状况不健康，就失去了提供业绩持续增长的基础，当前的业绩再出众，也不能给予投资者充分的信心；只有那些拥有一张强健资产负债表的公司，其发展的前景才充满希望。由此可见，资产负债表的分析尤为重要。

一、资产负债表分析的目的

资产负债表是反映企业在某一特定日期(如月末、季末、半年末、年末)财务状况的会计报表，属于静态报表。资产负债表的每一个数字都是过去某个时点的数字，不同时期的报表数据不能相加，这意味着它们很可能因为企业的经营活动而发生变化，它提供的是经加工整理高度浓缩的信息。资产负债表分析的目的，就在于了解企业会计对企业财务状况的反映程度、所提供会计信息的质量，据此对企业资产和权益的变动情况以及企业财务状况做出恰当的评价。

1. 通过资产负债表分析，评价一个企业的经营业绩

企业的经营业绩是由一系列财务指标所组成的，诸如营业净利的多少、投资报酬率的高低和营运资金流量等财务指标。企业的管理者可以借助于对这些指标的分析、研究，评价企业过去所取得的经营业绩。

2. 通过资产负债表分析，了解企业财务状况的变动情况及变动原因

企业的财务状况隐含于资产负债表之中，这就需要通过财务分析加以揭示，诸如企业的资产、负债和所有者权益的结构，存货、应收账款周转的快慢等财务指标都需要通过财务报表分

析来加以解释。企业的管理者可以透过这些结果对企业的财务状况做出比较客观的评价。

3. 通过资产负债表分析，预测一个企业的发展趋势

财务报表的分析者将对可供选择的若干方案在财务上的可行性进行比较研究，权衡各方案的利弊，分析企业财务状况与经营成果的未来发展趋势，协助企业管理者做出有效的决策。

二、资产负债表项目阅读与分析

（一）主要资产类项目的阅读与分析

1. 货币资金

分析货币资金应考虑的因素：货币资金的目标持有量、资产规模与业务量、企业融资能力、企业运用货币资金的能力、行业特点等。

2. 应收款项

（1）应收账款。分析应收账款的规模及变动情况，分析会计政策变更和会计估计变更的影响，分析企业是否利用应收账款进行利润调节，关注企业是否有应收账款巨额冲销行为。

（2）其他应收款。分析其他应收款的规模及变动情况，其他应收款包括的内容，关联方其他应收款余额及账龄，是否存在违规拆借资金，分析会计政策变更对其他应收款的影响。

（3）坏账准备。分析坏账准备的提取方法、提取比例是否合理；比较企业前后会计期间坏账准备提取方法、提取比例是否改变；区别坏账准备提取数变动的原因。

3. 存货

（1）分析存货的规模与变动情况、存货结构。

（2）分析企业对存货计价方法的选择与变更是否合理；分析存货的盘存制度对确认存货数量和价值的影响；分析期末存货价值的计价原则对存货项目的影响。

4. 固定资产

（1）分析固定资产原值和净值变动情况。

（2）分析固定资产结构与变动情况：分析生产用固定资产与非生产用固定资产之间的比例的变化情况，考察未使用和不需用固定资产比率的变化情况，查明企业在处置闲置固定资产方面的工作是否具有效率。结合企业的生产技术特点，分析生产用固定资产内部结构是否合理。

（3）固定资产折旧分析：分析企业固定资产折旧方法的合理性；观察固定资产折旧政策是否前后一致；分析企业固定资产预计使用年限和预计净残值确定的合理性。

（4）固定资产减值准备分析：固定资产减值准备变动对固定资产的影响，固定资产可收回金额的确定，固定资产发生减值对生产经营的影响。

【例 3-2-1】 以小企业阳光公司为例，该公司资产分析表如表 3-2-1 所示。表中数字四舍五入至两位小数，合计数字略有差异（后同）。

表 3-2-1　阳光公司资产分析表　　　　单位：元

项　　目	2017 年	2016 年	2017 年比重(%)	2016 年比重(%)
流动资产：				
货币资金	200 000	50 000	21.48	5.79
短期投资	60 000	60 000	6.44	6.94
应收票据	20 000	10 000	2.15	1.16

续表

项 目	2017 年	2016 年	2017 年比重(%)	2016 年比重(%)
应收账款	110 000	16 000	11.81	1.85
预付账款	600		0.06	
应收股利	6 000		0.64	
应收利息	4 000		0.43	
其他应收款	21 000		2.26	
存货	296 250	120 000	31.82	13.89
流动资产合计	717 850	256 000	77.10	29.63
非流动资产：				
固定资产	150 000	548 000	16.11	63.43
无形资产	59 000	60 000	6.34	6.94
长期待摊费用	4 300		0.46	
非流动资产合计	213 300	608 000	22.91	70.37
资产合计	931 150	864 000	100	100

从上表可以看出，该公司 2016 年的资产总额中以非流动资产为主，占资产总额的比重 70.37%，在非流动资产中又以固定资产为主，占资产总额的比重为 63.43%，其比重表明公司可能是属于成长阶段或发展壮大时期，而 2017 年的资产总额中以流动资产为主，占资产总额的比重 77.1%，结合公司的其他资料可知，公司该年的营业收入是上升的，营业收入的上升带来应收账款的上升基本属于正常现象，另一个原因是该年的固定资产减少的绝对额 398 000 元(548 000—150 000)，可能原因是该设备由于技术更新，不能适应生产发展需要，已被出售。

【例 3-2-2】 以大中型企业长城公司为例，该公司资产分析表如表 3-2-2 所示。

表 3-2-2 长城公司资产分析表 单位：元

项 目	2017 年	2016 年	2017 年比重(%)	2016 年比重(%)
流动资产：				
货币资金	21 000	23 000	5.09	6.71
应收账款	25 700	18 000	6.23	5.25
预付款项	11 500	12 000	2.79	3.50
其他应收款	600		0.15	
存货	249 000	190 000	60.32	55.39
流动资产合计	307 800	243 000	74.56	70.85
非流动资产：				
固定资产	105 000	100 000	25.44	29.15
非流动资产合计	105 000	100 000	25.44	29.15
资产合计	412 800	343 000	100	100

从上表可以看出，该公司资产结构基本稳定，流动资产由2016年的70.85%上升至2017年的74.56%，再进一步分析是由于存货和应收账款分别上涨了4.93%和0.98%，结合公司的其他资料可知，公司2017年的营业收入是上升的，营业收入的上升带来应收账款的上升，同时存货也在上升，说明该公司的经营环境有所改变。

(二)主要负债类项目的阅读与分析

1. 短期借款

分析短期借款变动原因：如流动资金需要、节约利息支出 、调整负债结构和财务风险、增加企业资金弹性等。

2. 应付账款及应付票据

分析变动原因：销售规模的变动、充分利用无成本资金、供货方商业信用政策的变动、企业资金的充裕程度。

3. 应交税费和应付股利

主要分析：有无拖欠税款现象；对企业支付能力的影响。

4. 其他应付款

分析重点：其他应付款规模与变动是否正常；是否存在企业长期占用关联方企业资金的现象。

5. 长期借款

影响长期借款变动的因素有：银行信贷政策及资金市场的供求情况、企业长期资金需要、保持权益结构稳定性、调整负债结构和财务风险。

【例3-2-3】 以小企业阳光公司为例，该公司负债分析表如表3-2-3所示。

表3-2-3 阳光公司负债分析表 单位：元

项　目	2017年	2016年	2017年比重(%)	2016年比重(%)
流动负债：				
短期借款	30 000	80 000	14.28	18.52
应付票据				
应付账款	1 250	10 000	0.59	2.31
预收账款				
应付职工薪酬	71 600	23 000	34.07	5.32
应交税费	18 300	10 000	8.71	2.31
应付利息	2 000	1 000	0.95	0.23
应付利润	10 000	50 000	4.76	11.57
其他应付款	7 000	10 000	3.33	2.31
其他流动负债				
流动负债合计	140 150	184 000	66.70	42.59
非流动负债：				
长期借款	70 000	248 000	33.31	57.41
非流动负债合计	70 000	248 000	33.31	57.41
负债合计	210 150	432 000	100	100

从上表可以看出，该公司2016年的负债总额中以非流动负债为主，占负债总额的比重57.41%，而非流动负债中全是长期借款，表明公司在负债总额中主要依赖于长期借款，这样会增加公司的偿债成本，在流动负债中又主要是以短期借款和应付利息为主，到了2017年负债总额中以流动负债为主，占负债总额的比重66.70%，而流动负债中又以应付职工薪酬、短期借款、应交税费为主，表明该公司在2017年主要偿还了金融机构的债务，但又拖欠了公司内部职工的工资，并且负债总额从2016年至2017年减少了221 850元(432 000－210 150)，总的来说，公司的偿债压力不是很大。

【例3-2-4】　以大中型企业长城公司为例，该公司负债结构分析表如表3-2-4所示。

表3-2-4　长城公司负债结构分析表　　单位：元

项　　目	2017年	2016年	2017年比重(%)	2016年比重(%)
流动负债：				
短期借款	70 000	80 000	37.59	57.14
应付账款	8 800	7 000	4.73	5
预收款项	6 900	3 000	3.71	2.14
应交税费	500		0.27	
一年内到期的非流动负债	10 000		5.37	
流动负债合计	96 200	90 000	51.66	64.29
非流动负债：				
长期负债	90 000	50 000	48.34	35.71
负债合计	186 200	140 000	100	100

从上表可以看出，该公司2017年的流动负债比2016年下降了12.63%，非流动负债比2016年上升了12.63%，这样会增加公司的偿债成本，再进一步分析，这两年中流动负债以短期借款为主，2017年短期借款比2016年下降了19.55%，而长期负债2017年比2016年上升了12.63%，最后导致负债总额2017年比2016年上升了46 200元(186 200－140 000)，结合公司的其他资料可知，该公司的负债规模是在合理范围内，该公司是有偿债能力的。

(三)所有者权益类项目的阅读与分析

1. 实收资本

主要分析资本金有无抽逃现象，及期末实收资本有无增加，如有增加，意味着股东对企业发展前途的信心较强。

2. 资本公积

主要分析资本公积数量的变化及变化的原因，有无因要调整资产负债率而进行虚假资产评估的现象。

3. 留存收益

留存收益的多少也可以从一个侧面反映企业内部融资的实力。

【例 3-2-5】 以小企业阳光公司为例，该公司所有者权益分析表如表 3-2-5 所示。

表 3-2-5　阳光公司所有者权益分析表　　单位：元

项　　目	2017 年	2016 年	2017 年比重(%)	2016 年比重(%)
实收资本	500 000	500 000	69.35	115.74
资本公积	50 000	50 000	6.93	11.57
盈余公积	56 100	50 000	7.78	11.57
未分配利润	114 900	−168 000	15.94	−38.89
所有者权益合计	721 000	432 000	100	100

从上表可以看出，该公司这两年在所有者权益中以实收资本为主，未分配利润从 2016 年−38.89%上升至 15.94%，说明该公司 2017 年扭亏为盈，显示出公司是有发展潜力的。

【例 3-2-6】 以大中型企业长城公司为例，该公司所有者权益分析表如表 3-2-6 所示。

表 3-2-6　长城公司所有者权益分析表　　单位：元

项　　目	2017 年	2016 年	2017 年比重(%)	2016 年比重(%)
实收资本	220 000	200 000	97.09	98.52
资本公积				
盈余公积				
其他综合收益				
未分配利润	6 600	3 000	2.91	1.48
所有者权益合计	226 600	203 000	100	100

从上表可以看出，该公司这两年在所有者权益中以实收资本为主，未分配利润从 2016 年 1.48%上升至 2.91%，其绝对金额上升了 3 600 元，说明该公司 2017 年扭亏为盈，显示出公司有一定的发展潜力，但还需进一步加强。

三、偿债能力分析

(一)资产结构与资本结构的类型

尽管总资产与总资本在总额上一定相等，但由不同投资方式产生的资产结构与不同筹资方式产生的资本结构却不完全相同，归纳起来可以分为保守结构、稳健结构、平衡结构和风险结构四种类型。

1. 保守结构

(1)含义：在这一结构形式中，无论资产负债表左方的资产结构如何，右方的资金来源方式全部是长期资金，非流动负债与所有者权益的比例高低不影响这种结构形式，其形式可用表 3-2-7 来表示。

表 3-2-7　资产负债表

<table>
<tr><td rowspan="2">流动资产</td><td>临时性占用流动资产</td><td>长期负债</td></tr>
<tr><td>永久性占用流动资产</td><td rowspan="2">所有者权益</td></tr>
<tr><td colspan="2">长期资产</td></tr>
</table>

（2）主要标志：企业全部资产的资金来源依靠长期资金来满足。

（3）结果：企业风险极低、资金成本较高、筹资结构弹性较弱。

2. 稳健结构

（1）含义：在这一结构形式中，长期资产的资金需要依靠长期资金来解决，短期资产的资金需要则使用长期资金和短期资金共同解决，长期资金和短期资金在满足短期资产的资金需要方面的比例不影响这一形式，其形式可用表 3-2-8 来表示。

表 3-2-8　资产负债表

<table>
<tr><td rowspan="2">流动资产</td><td>临时性占用流动资产</td><td>流动负债</td></tr>
<tr><td>永久性占用流动资产</td><td rowspan="2">长期负债</td></tr>
<tr><td colspan="2" rowspan="2">长期资产</td></tr>
<tr><td>所有者权益</td></tr>
</table>

（2）主要标志：用一部分长期资金满足流动资产的资金需要。

（3）结果：财务信誉优异；负债成本相对较低，具有可调性；资产结构和资本结构具有一定的弹性。所有企业普遍可采用的资产与资本结构。

3. 平衡结构

（1）含义：在这一结构形式中，以流动负债满足流动资产的资金需要，以长期负债及所有者权益满足长期资产的资金需要，长期负债与所有者权益之间的比例如何不是判断这一结构形式的标志，其形式可用表 3-2-9 表示。

表 3-2-9　资产负债表

<table>
<tr><td>流动资产</td><td>流动负债</td></tr>
<tr><td rowspan="2">长期资产</td><td>长期负债</td></tr>
<tr><td>所有者权益</td></tr>
</table>

（2）主要标志：流动资产的资金需要全部依靠流动负债来满足。

（3）结果：企业风险均衡；负债政策取决于资产结构；存在潜在的风险。

这一结构形式只适用于经营状况良好、具有较好成长性的企业，但要特别注意这一结构形式的非稳定性特点。

4. 风险结构

（1）含义：在这一结构形式中，流动负债不仅用于满足流动资产的资金需要，而且还用于满足部分长期资产的资金需要，这一结构形式不因为流动负债在多大程度上满足长期资产的资金需要而改变，其形式可用表 3-2-10 来表示。

表 3-2-10　资产负债表

<table>
<tr><td>流动资产</td><td rowspan="2">流动负债</td></tr>
<tr><td rowspan="3">长期资产</td></tr>
<tr><td>长期负债</td></tr>
<tr><td>所有者权益</td></tr>
</table>

（2）主要标志：以短期资金满足长期资产的资金需要。

（3）结果：财务风险较大；负债成本最低；存在“黑字破产”的潜在危险，由于企业时刻面临偿债的压力，一旦市场发生变动，或意外事件发生，就可能引发企业资产经营风险，使企业资金周转不灵而陷入财务困境，造成企业因不能偿还到期债务而“黑字破产”。这一结构形式只适用于企业处在发展壮大时期，而且只能在短期内采用。

（二）企业短期偿债能力分析

流动资产和流动负债是短期偿债能力分析的两个要素。将流动资产和流动负债进行对比，可以看出企业的短期偿债能力。在对比分析中采用的指标主要有营运资本、流动比率、速动比率、现金比率。

1. 营运资本

(1)营运资本计算。

营运资本是企业的流动资产减去流动负债之后的差额,它反映企业用流动资产偿还了流动负债后,还有多少可用于生产经营。其计算公式为:

$$营运资本=流动资产-流动负债$$

(2)营运资本分析。

营运资本是用绝对数来表示的。当其为正值时,表明企业有能力偿还短期债务;反之表明企业无力偿还短期债务,资金周转不灵。但并不是说营运资本越多越好。营运资本过多,说明企业有部分资产闲置,没有充分发挥其效益,影响了获利能力。因此,流动资产与流动负债的差额应保持适当的数值。

2. 流动比率

(1)流动比率计算。

流动比率是企业的流动资产与流动负债的比值,它表示企业流动资产对流动负债的保证倍数,即平均每百元流动负债相应地有多少流动资产作保证。其计算公式为:

$$流动比率=\frac{流动资产}{流动负债}\times 100\%$$

(2)流动比率分析。

流动比率是用相对数来表示的。流动比率一般应该大于100%。国际上一般认为流动比率要保持在200%左右才能显示财务状况稳固。但是,这个标准并不绝对,常常会受到经营性质和经营周期的影响。若企业营业周期短,则材料、产品等存货库存较少,应收账款周转速度也快,流动比率相对较低;相反,对于营业周期较长的企业,其存货必然大,应收账款的周转速度也较慢,因而流动比率也必然较高。即使是同一个企业,在不同时期,如销售旺季与淡季时,流动比率也会有较大的差别。因此,对流动比率进行分析要根据企业的性质和实际情况来评价,不能一概而论,同时,还应结合其他指标进行综合分析。

3. 速动比率

(1)速动比率计算。

速动比率是企业的速动资产与流动负债的比值,它表示企业速动资产对流动负债的保证倍数,即平均每百元流动负债相应地有多少变现速度较快的速动资产作保证。

速动资产是指那些可以迅速用于支付流动负债的流动资产,速动资产一般包括:库存现金、银行存款、交易性金融资产和应收款项。对于速动资产所包括的范围较为一致的意见就是在计算速动比率时把存货从流动资产中剔除。另一种意见认为在计算速动比率时除了剔除存货之外,还应剔除预付费用,不包括预付费用的速动资产被称为保守的速动资产。其公式为:

$$速动比率=\frac{速动资产}{流动负债}\times 100\%=\frac{流动资产-存货}{流动负债}\times 100\%$$

计算保守速动比率的计算公式如下:

$$保守速动比率=\frac{流动资产-存货-预付费用}{流动负债}\times 100\%$$

在计算速动比率时,将企业的预付费用予以剔除的原因是预付费用尽管在资产负债表中被列入流动资产项目，实际上只是依据权责发生制的原则在以后各期加以分摊。

(2)速动比率分析。

速动比率是反映企业偿债能力的重要指标之一，国际公认的标准为 1，我国较好的标准为 0.9。但是，由于企业所在的行业不同，以及企业的经营特点不同，速动比率会有较大差异，进行财务报表分析时应该注意速动比率与不同行业之间的关系。此外，在一般情况下，只要速动资产大于近期将要偿还的债务，就能说明偿债安全性有保障。

速动比率高表示流动负债的偿债能力强，但过高的速动比率也会造成资金的闲置和不合理使用，影响企业的获利能力。反之，表明缺乏速动资产，支付能力不强，投资者和债权人的风险大。

4. 现金比率

(1)现金比率计算。

现金比率是指一定时期内企业现金类资产与流动负债的比值。现金类资产指库存现金、银行存款、其他货币资金和现金等价物。现金等价物一般为交易性金融资产。其公式为：

$$现金比率=\frac{货币资金+现金等价物}{流动负债}$$

(2)现金比率分析。

这是最保守的流动性比率。当企业已将应收账款和存货作为抵押品的情况下，或者分析者怀疑企业的应收账款和存货存在流动性问题时，以该指标评价企业短期偿债能力是最为适当的选择。该比率只有在企业已处于财务困境时，才是一个适当的比率。就正常情况下的企业而言，该比率过高，可能意味着该企业没有充分利用现金资源，当然也有可能是因为已经有了现金使用计划(如厂房扩建等)。美国会计界认为结果为 0.2 比较合适。我国一般认为现金比率的比值在 0.2～0.3 较为恰当。具体是高是低，需要结合企业的行业特点，企业经营活动规模的大小、企业存货、应收账款等资产质量状况等因素综合分析。

5. 短期偿债能力分析应注意的问题和考虑的因素

营运资本、流动比率、速动比率和现金比率是从流动资产与流动负债对比关系上评估企业短期偿债能力的四个主要指标；分析时，不能孤立地看某个指标，应该综合考察，才能全面和客观地判断企业短期偿债能力的大小。在流动资产中，现金和银行存款以及短期投资、应收票据的变现能力最强，应收账款和存货的变现能力较弱，是影响流动资产变现能力的主要项目，也是影响短期偿债能力的主要因素。

【例 3-2-7】 小企业阳光公司 2017 年年末流动资产与流动负债资料见表 3-2-11 所示。

表 3-2-11　流动资产与流动负债资料　　单位：元

项　　目	2017 年	2016 年
货币资金	200 000	50 000
短期投资	60 000	60 000
应收票据	20 000	10 000
应收账款	110 000	16 000
预付账款	600	

续表

项　　目	2017 年	2016 年
应收股利	6 000	
应收利息	4 000	
其他应收款	21 000	
存货	296 250	120 000
流动资产合计	717 850	256 000
短期借款	30 000	80 000
应付票据		
应付账款	1 250	10 000
预收账款		
应付职工薪酬	71 600	23 000
应交税费	18 300	10 000
应付利息	2 000	1 000
应付利润	10 000	50 000
其他应付款	7 000	10 000
其他流动负债		
流动负债合计	140 150	184 000

根据以上资料计算该公司的短期偿债指标如表 3-2-12 所示。

表 3-2-12　短期偿债能力计算表

指　　标	2017 年	2016 年
营运资本(元)	577 700	72 000
流动比率	512.20%	139.13%
一般速动资产(元)	421 600	136 000
一般速动比率	300.82%	73.91%
保守速动资产(元)	421 000	136 000
保守速动比率	300.39%	73.91%
现金与等值现金(元)	200 000	50 000
现金比率	142.70%	27.17%

以上计算表明，公司 2017 年营运资本为 577 700 元，即流动资产偿还流动负债之后还结余 577 700 元，流动比率为 512.20%，用流动资产偿还流动负债不成问题，一般速动比率为 300.82%，意味着每百元负债有 300.82 元资产可以偿还，如果再保守一些，每百元负债有 300.39 元流动资产可以偿还，如果再从现金占流动负债比重的角度分析，该公司立即偿还流动负债，每百元负债有 142.70 元现金得以偿还。综合五个指标，该公司 2017 年的短期偿债能力是很强的，但也看出公司的管理还存在问题，没有合理有效地使用资金，导致一部分资金闲置，没有发挥其最大效用。而公司在 2016 年的营运资本为 72 000 元，从绝对数上

看其短期偿债能力是没问题的,再从相对数上分析,一般速动比率与保守速动比率均为73.91%,意味着每百元负债可有73.91元的资产可以偿付,如果再从现金比率上进行分析,该公司在2016年可以在财务上立即用现金来偿还的流动负债为27.17%,公司的短期偿债能力是较差的,2017年与2016年相比,其短期偿债能力上升了很多,公司应进一步对其进行分析。

【例3-2-8】 大中型企业长城公司2017年年末流动资产与流动负债资料见表3-2-13所示。

表3-2-13　流动资产与流动负债资料　　单位:元

项　　目	2017年	2016年
货币资金	21 000	23 000
应收账款	25 700	18 000
预付款项	11 500	12 000
其他应收款	600	
存货	249 000	190 000
流动资产合计	307 800	243 000
短期借款	70 000	80 000
应付账款	8 800	7 000
预收款项	6 900	3 000
应交税费	500	
一年内到期的非流动负债	10 000	
流动负债合计	96 200	90 000

根据以上资料计算该公司的短期偿债指标如表3-2-14所示。

表3-2-14　短期偿债能力计算表

指　　标	2017年	2016年
营运资本(元)	211 600	153 000
流动比率	319.96%	270%
一般速动资产(元)	58 800	53 000
一般速动比率	61.12%	58.89%
保守速动资产(元)	473 00	41 000
保守速动比率	49.17%	45.56%
现金与等值现金(元)	21 000	23 000
现金比率	21.83%	25.56%

以上计算表明,公司2017年营运资本为211 600元,即流动资产偿还流动负债之后还结余211 600元,即从绝对数上看该公司偿还短期债务是没问题的,从相对数上来看其流动比率为319.96%,用流动资产偿还流动负债不成问题,一般速动比率为61.12%,意味着每百元负债有61.12元资产可以偿还,如果再保守一些,每百元负债有49.17元流动资产可以偿还,如

果再从现金占流动负债比重的角度分析，该公司立即偿还流动负债，每百元负债只有21.83元现金得以偿还。综合五个指标，该公司2016年的短期偿债能力是很弱的，因为流动资产总额中存货占了80.90%(249 000÷307 800)，而现金类资产只占6.82%(21 000÷307 800)，该公司应对存货及现金类资产作进一步分析。而公司在2016年的营运资本为153 000元，从绝对数上看其短期偿债能力是没问题的，再从相对数上分析，一般速动比率为58.89%，即每百元负债有58.89元资产可以偿还，如果再保守一些，每百元负债可有45.56元的资产可以偿付，如果再从现金比率上进行分析，该公司在2016年可以在财务上立即用现金来偿还的流动负债为25.56%，公司的短期偿债能力是较差的，2017年与2016年相比，其短期偿债能力有所上长升，两年的指标说明该公司的短期偿债能力还是较弱的，公司应进一步对其进行分析。

(三)企业长期偿债能力分析

长期偿债能力是指企业偿还长期负债的能力。长期债务是指偿还期在1年或超过1年的一个营业周期以上的债务，一般包括：长期借款、应付债券、长期应付款以及其他长期负债。

1. 资产负债率

(1)资产负债率的计算。

资产负债率是企业的负债总额占资产总额的比率，它表示企业全部资产中，债务资本所占的比重。它是国际公认的反映企业偿债能力和经营风险的重要指标。不同行业的资产负债率有较大差异，一般认为企业的负债比率应保持50%左右。最高不应超过65%，70%以上会出现财务困境，要预警了。其计算公式为：

$$资产负债率=\frac{负债总额}{资产总额}\times 100\%$$

(2)资产负债率分析。

资产负债率是从总体上反映企业偿债能力的指标。负债比率越低，则股东或所有者权益所占的比例就越大，说明企业的实力越强，债权的保证程度越高；反之，负债比率越高，则股东或所有者权益所占比例就越小，说明企业的经济实力较弱，偿债风险越高，债权的保证程度相应越低，债权人的安全性越差，企业的潜在投资人越少。

2. 产权比率

(1)产权比率的计算。

产权比率用以反映负债占所有者权益的比重。产权比率越低，表明企业的长期偿债能力越强，债权人承担的风险越小。但当这一比率过低时，所有者权益比重过大，意味着企业有可能失去充分负债的财务杠杆作用的大好时机；反之，当该指标过高时，表明企业过度运用财务杠杆，增加了企业财务风险。其计算公式为：

$$产权比率=\frac{负债总额}{所有者权益总额}\times 100\%$$

(2)产权比率分析。

产权比率揭示了负债占所有者权益(股东权益)的比例，从而可以在企业清算时，确定对债权人利益的保障程度。所有者权益就是企业的净资产，产权比率所反映的偿债能力是以净资产为物质保障的。但是，净资产中的某些项目，如无形资产、递延资产、待处理财产损溢等，其价值具有极大的不确定性，且不易形成支付能力。因此，在使用产权比率时，必须做进一步分析。

3. 有形净值债务比率

(1)有形净值债务比率的计算。

有形净值债务比率就是将无形资产、长期待摊费用从所有者权益中扣除,从而计算企业负债总额与有形净值之间的比率。该指标是一个更保守、谨慎的产权比率。其计算公式为:

有形净值债务率=负债总额 /(所有者权益－无形资产－长期待摊费用)×100%

(2)有形净值债务比率分析。

所有者权益代表了企业的净资产,而它减去无形资产和长期待摊费用后被称为有形净资产。因为无形资产的价值具有很大的不确定性,而长期待摊费用本身就是企业费用的资本化,它们往往不能用于偿债。有形净值债务比率实际上是产权比率的延伸,是更谨慎、保守地反映债权人利益保障程度的指标。该比率越低,保障程度越高,企业有效偿债能力越强;反之则越低。

4. 长期负债比率

(1)长期负债比率的计算。

长期负债比率是指企业的长期负债与负债总额之间的比例关系,用以反映企业负债中长期负债的份额。其计算公式为:

长期负债比率=长期负债÷负债总额×100%

(2)长期负债比率分析。

长期负债比率和流动负债与总负债的比率是一种互为消长的关系,两者之和应等于100%。在不考虑其他条件的情况下,长期负债与总负债的比率越高,企业短期面临的偿债压力越小;反之,则相反。

【例 3-2-9】 小企业阳光公司 2017 年年末资产负债表如表 3-2-15 所示。

表 3-2-15 资产负债比率计算表 单位:元

项　　目	2017 年	2016 年
资产合计	931 150	864 000
其中:无形资产与长期待摊费用合计	63 300	60 000
负债合计	210 150	432 000
其中:长期负债	70 000	248 000
所有者权益合计	721 000	432 000

根据以上数据,计算出公司长期偿债能力指标见表 3-2-16。

表 3-2-16 长期偿债能力计算表

项　　目	2017 年	2016 年
资产负债率	22.57%	50%
产权比率	29.15%	100%
有形净值债务比率	31.95%	116.13%
长期负债比率	33.31%	57.41%

以上计算结果表明,该公司 2017 年融资渠道较单一,总资产中的 70%以上是由投资人提供的,投资人面临的风险较大。有形净值债务比率为 31.95%,该指标与产权比率 29.15%相比,差距不大,表明公司具有长期偿债能力。长期负债比率为 33.31%,表明该公司对流动负债的依赖性较强,增加了短期偿债的压力。而该公司 2016 年的资产负债率为 50%,表明其融资渠道是合理的,产权比率与有形净值债务比率分别为 100%、116.13%,表明其长期偿债能力是很弱的,长期负债比率为 57.41%,表明该公司对流动负债的依赖性较弱,但增加了长期偿债的成本。从 2 年来看,该公司的长期偿债能力在减弱,应进一步对其进行分析。

【例 3-2-10】 大中型企业长城公司 2017 年年末资产负债表如表 3-2-17 所示。

表 3-2-17 资产负债比率计算表 单位:元

项　　目	2017 年	2016 年
资产合计	412 800	343 000
其中:无形资产与长期待摊费用合计	0	0
负债合计	186 200	140 000
其中:长期负债	90 000	50 000
所有者权益合计	226 600	203 000

根据以上数据,计算出公司长期偿债能力指标见表 3-2-18。

表 3-2-18 长期偿债能力计算表

项　　目	2017 年	2016 年
资产负债率	45.11%	40.82%
产权比率	82.17%	68.97%
有形净值债务比率	82.17%	68.97%
长期负债比率	48.34%	35.71%

以上计算结果表明,该公司 2017 年融资渠道较合理,总资产中有 45%以上是由债权人提供的,投资人面临的风险相对较小。有形净值债务比率与产权比率均为 82.17%,表明公司具有较强的长期偿债能力。长期负债比率为 48.34%,表明该公司对流动负债的依赖性较弱,从而减轻了其短期偿债的压力,但同时增加了其长期偿还成本。而该公司 2016 年的资产负债率为 40.82%,表明其融资渠道稍欠合理,产权比率与有形净值债务比率均为 68.97%,表明其长期偿债能力是较强的,长期负债比率为 35.71%,表明该公司对流动负债的依赖性较强,增加了其短期偿债的压力。从这两年来看,该公司的长期偿债能力在增强,应进一步对其进行分析。

四、企业营运能力分析

(一)企业营运能力的概念

企业的营运能力是指企业充分利用现有资源创造社会财富的能力,表现为企业资产所占用资金的周转速度,反映企业资金利用的效率,表明企业管理人员经营管理、运用资金的能力。

(二)企业营运能力与偿债能力和盈利能力的关系

资产周转的快慢直接影响着企业的流动性,周转越快的资产,流动性越强。

例如,A 企业的存货在 2 个月内就完成一次周转,B 企业的存货则需要 6 个月才完成一次周转。显然,A 企业的存货流动性大大地强于 B 企业的存货,而流动性强企业的支付能力就会强,短期偿债能力会因此而提高。

资产只有在周转运用中才能带来收益,资产周转越快,同样的时间内就能为企业带来更多的收益。因此,企业营运能力越强,其盈利能力就越强,则其偿债能力也就更强。

(三)影响企业营运能力的因素

1. 内部因素

内部因素主要是指企业的资产管理政策与方法。首先,企业资产结构的安排会影响到企业的营运能力。如流动资产的周转速度要快于非流动资产,那么流动资产比重大的企业资产周转的速度会较快,营运能力可能会更强。其次,对单个资产项目的管理政策也影响到企业的营运能力。如应收账款的周转速度与企业制定的信用政策之间就有非常密切的联系,一般情况下,企业制定的信用政策越严格,收款的速度会越快,应收账款的周转速度越快,企业营运能力越强。

2. 外部因素

外部因素主要是指企业的行业特性与经营背景。例如制造业与商品零售业两个行业进行比较,商品零售业的经营周期明显要短于制造业,当然也会使得商品零售企业的资产周转能力要强于制造业企业,因此在分析企业营运能力时,必须考虑到行业之间所存在的差异。

(四)企业营运能力分析指标

企业营运能力分析指标一般有周转率和周转期两种形式。

周转率(周转次数),代表一定时期内资产完成的循环次数。

$$资产周转率(次数)=计算期资产周转额\div 计算期资产平均占用额$$

周转期(周转天数),代表资产完成一次循环所需要的天数。

$$资产周转期(天数)=计算期天数\div 资产周转率(次数)$$

(五)营运能力分析指标体系

1. 流动资产营运能力分析

分析流动资产的周转情况可以了解企业流动资金利用的效率,把握企业管理者在企业经营管理活动中运用流动资金的能力。

反映流动资产周转情况的指标主要包括现金周转率、应收账款周转率、存货周转率、流动资产周转率等。

1)现金周转率

现金周转率是指企业营业收入与现金平均余额的比率。其计算公式为:

$$现金周转率=\frac{营业收入}{现金平均余额}$$

其中:现金包括库存现金和可随时支取的银行存款。

$$现金平均值=(期初现金+期末现金)/2$$

$$现金周转天数=计算期天数/现金周转率$$

现金周转率高意味着企业对现金的利用效率较好,但是也表明企业日常所持有的现金过少,这可能是出现潜在财务困难的先导信号。相反,过低的现金周转率一方面可以反映企业现金充裕,另一方面也说明了企业持有现金过多,现金闲置,说明管理者没有充分利用机会将现金投入企业运行或投资产生效益。因此,一个企业的现金周转率是否恰当,现金持有量是否合理,应充分考虑企业的行业性质和业务性质,最基本的权衡是流动性与盈利性之间的权衡。

2)应收账款周转率

应收账款周转率是指企业商品或产品赊销净额与应收账款平均余额的比率,即企业的应收账款在一定时期内(通常为一年)周转的次数。应收账款周转率是反映企业的应收账款变现速度和管理效率的指标。其计算公式为:

$$应收账款周转率(次数)=\frac{赊销收入净额}{应收账款平均余额}$$

其中:赊销收入净额=营业收入-现金销售收入-销售折扣-销售折让-销售退回等

$$应收账款平均余额=(期初应收账款+期末应收账款)/2$$

$$应收账款周转天数=\frac{计算期天数}{应收账款周转率}$$

其中:计算期天数通常为1年,即360天。

赊销收入净额适用于企业内部分析,外部分析者可以用销售收入净额来代替,但要注意一贯性和可比性。

企业的应收账款周转率越高,周转次数越多,表明企业应收账款回收速度越快,企业经营管理的效率越高,资产流动性越强,短期偿债能力也越强,同时可以有效地减少收款费用和坏账损失,从而相对增加企业流动资产。反之,较低的应收账款周转率,则表明企业的流动资金过多地滞留在应收账款上,影响正常的资金周转,企业需加强应收账款的管理和催收工作。当然,如果应收账款周转率过高,也可能是因为企业执行了比较严格的信用政策、信用标准和付款条件的结果,这样会限制企业销售量的扩大,从而影响盈利水平。

影响应收账款周转率的特殊因素:季节性经营、分期付款结算、年内销售额变动较大、计提坏账准备的方法和比例等。

3)存货周转率

存货周转率是指企业一定时期销货成本与存货平均余额的比率,即企业的存货在一定时期内(通常为1年)周转的次数。其计算公式为:

$$存货周转率(次数)=\frac{营业成本}{存货平均余额}$$

其中:

$$存货平均余额=(期初存货+期末存货)/2$$

$$存货周转天数=\frac{计算期天数}{存货周转率}$$

其中:计算期天数通常为1年,即360天。

企业的存货周转率越高,存货资金占用越低,表明企业存货转化为现金或应收账款的速度快,经营管理效率高。但是,存货周转率过高,可能说明企业在管理方面存在存货资金投入过少、存货储备不足、存货采购困难,或是采购次数过于频繁、批量太小等问题。反之,如果存货周转率过低,则表明企业存货周转较慢,存货占用资金较多,存货的管理效率较低。

4)流动资产周转率

流动资产周转率是指企业营业收入净额与流动资产平均占用额的比率,即企业的流动资产在一定时期内（通常为 1 年）周转的次数。其计算公式为：

$$流动资产周转率（次数）=\frac{营业收入净额}{平均流动资产总额}$$

其中：平均流动资产总额＝（期初流动资产＋期末流动资产）/2

营业收入净额＝销售收入－销售折扣－销售折让－销售退回等

$$流动资产周转天数=\frac{计算期天数}{流动资产周转率}$$

其中：计算期天数通常为 1 年，即 360 天。

企业的流动资产周转率越高，流动资产周转速度越快，周转次数越多，表明企业以一定的流动资产完成的周转额越高，企业流动资产的经营利用效果越好，企业的经营效率越高，进而使企业的偿债能力和盈利能力得到增强。反之，则表明企业利用流动资产进行经营活动的能力差，效率低。

【例 3-2-11】 小企业阳光公司的现金周转率计算如表 3-2-19 所示。

表 3-2-19　现金周转率

项　目	2017 年	2016 年
营业收入（元）	2 160 405	562 456
现金年末数（元）	200 000	50 000
现金年初数（元）	50 000	70 000
平均现金（元）	125 000	60 000
现金周转率（%）	17.28	9.37
现金周转天数（天）	20.83	38.42

分析：从上表数据及计算结果得知，2017 年现金周转率为 17.28，为两年中最高，现金周转天数为 20.83，为两年最短，主要是因为该年营业收入较 2016 年高得多而导致的，说明该年公司对现金的利用效率比 2016 年好一些。

【例 3-2-12】 小企业阳光公司的应收账款周转次数和周转天数计算如表 3-2-20 所示。

表 3-2-20　应收账款周转率

项　目	2017 年	2016 年
营业收入（元）	2 160 405	562 456
应收账款期末数（元）	110 000	16 000
应收账款期初数（元）	16 000	17 800
平均应收账款（元）	63 000	16 900
应收账款周转率（%）	34.29	33.28
应收账款周转天数（天）	10.50	10.82

分析：纵观阳光公司两年的报表数据，可以发现 2017 年的应收账款周转率比 2016 年稍高一点，与之对应的应收账款回收速度 2017 年较 2016 年稍高一些，即 2017 年比 2016 年管理效率稍好一些。再进一步分析原因是 2017 年营业收入比 2016 年营业收入高出许多导致的。

【例 3-2-13】 小企业阳光公司的存货周转次数和周转天数计算如表 3-2-21 所示。

表 3-2-21 存货周转率

项　　目	2017 年	2016 年
营业成本(元)	1 200 354	287 568
存货期末数(元)	296 250	120 000
存货期初数(元)	120 000	165 468
平均存货(元)	208 125	142 734
存货周转率(%)	5.78	2.01
存货周转天数(天)	62.28	179.10

分析:从上表数据可以看出,长城公司 2017 年的营业成本增长率远远高于平均存货的增长率,导致其 2017 年存货周转率比 2016 年高,即其 2017 年存货周转天数 62.28 比 2016 年存货周转天数 179.10 少得多,纵观两年,说明该公司 2017 年销售情况比 2016 年好些。

【例 3-2-14】 小企业阳光公司的流动资产周转次数和周转天数计算如表 3-2-22 所示。

表 3-2-22 流动资产周转率

项　　目	2017 年	2016 年
营业收入(元)	2 160 405	562 456
流动资产年末数(元)	717 850	256 000
流动资产年初数(元)	256 000	287 000
平均流动资产(元)	486 925	271 500
流动资产周转率(%)	4.44	2.07
流动资产周转天数(天)	81.08	173.91

分析:从上表计算结果来看,2017 年阳光公司流动资产周转率为 4.44 次,周转天数为 81.08 天,较上年好得多,得益于营业收入的增多。可见,要提高流动资产周转率就需要采取措施增加营业收入。

【例 3-2-15】 大中型企业长城公司的现金周转次数计算如表 3-2-23 所示。

表 3-2-23 现金周转率

项　　目	2017 年	2016 年
营业收入(万元)	245 789	216 800
现金年末数(万元)	21 000	23 000
现金年初数(万元)	23 000	30 800
平均现金(万元)	22 000	26 900
现金周转率(%)	11.17	8.06
现金周转天数(天)	32.23	44.67

分析:从上表数据及计算结果得知,2017 年现金周转率 11.17,比 2016 年 8.06 要高,现金周转天数 32.23 比 2016 年现金周转天数 44.67 要少些,主要是由于 2017 年营业收入增加和平均现金减少共同作用的结果,表明 2017 年现金利用效率比 2016 年好些。

【例 3-2-16】　大中型企业长城公司的应收账款周转次数和周转天数计算如表 3-2-24 所示。

表 3-2-24　应收账款周转率

项　　目	2017 年	2016 年
营业收入(万元)	245 789	216 800
应收账款期末数(万元)	25 700	18 000
应收账款期初数(万元)	18 000	24 500
平均应收账款(万元)	21 850	21 250
应收账款周转率(%)	11.25	10.20
应收账款周转天数(天)	32	35.29

分析：从上表计算结果可以发现，2017 年应收账款周转天数为 32，而 2016 年应收账款周转天数为 35.29，表明长城公司 2017 年应收账款回收速度比 2016 年要快些，应收账款经营管理的效率好些。其原因是 2017 年营业收入增长额为 28 989×(245 789－216 800)万元，2017 年平均应收账款增长额为 600×(21 850－21 250)万元，表明长城公司应收账款平均余额两年中未有较大起伏，主要是营业收入的变动较大。

【例 3-2-17】　大中型企业长城公司的存货款周转次数和周转天数计算如表 3-2-25 所示。

表 3-2-25　存货周转率

项　　目	2017 年	2016 年
营业成本(万元)	120 800	110 500
存货期末数(万元)	249 000	190 000
存货期初数(万元)	190 000	200 465
平均存货(万元)	219 500	195 232.5
存货周转率(%)	0.55	0.57
存货周转天数(天)	654.55	631.58

分析：从上表数据可以看出，长城公司 2017 年营业成本的增长率 9.32%[(120 800－110 500)/110 500]低于平均存货的增长率 12.43%[(219 500—195 232.5)/195 232.5]，这直接导致了 2017 年存货周转率比 2016 年存货周转率下降了，存货周转天数上升。营业成本的增长速度慢可能是销售情况不好造成的，而平均存货的升高也说明了企业产品积压滞销，所以公司需要拓展销售渠道或开发新产品。

【例 3-2-18】　大中型企业长城公司的流动资产周转次数和周转天数计算如表 3-2-26 所示。

表 3-2-26 流动资产周转率

项目	2017 年	2016 年
营业收入(万元)	245 789	216 800
流动资产年末数(万元)	307 800	243 000
流动资产年初数(万元)	243 000	213 450
平均流动资产(万元)	275 400	228 225
流动资产周转率(%)	0.89	0.95
流动资产周转天数(天)	404.49	378.95

分析:从上表计算结果来看,2017 年长城公司流动资产周转率为 0.89 次,周转天数为 404.49 天,与 2016 相比其流动资产运用效率差些,主要是由于 2017 年营业收入的增长速度低于平均流动资产的增长速度。可见,要提高流动资产周转率就需要采取措施增加营业收入。

2. 非流动资产营运能力分析

1)固定资产周转率

固定资产周转率反映了企业固定资产周转状况和运用效率,是企业营业收入净额与固定资产平均净值的比率。其计算公式为:

$$固定资产周转率(次数)=\frac{营业收入净额}{全部固定资产平均总额}$$

其中: 全部固定资平均总额=(期初固定资产总额+期末固定资产总额)/2

固定资产总额是指固定资产净额,即固定资产原值减去累计折旧。

固定资产周转率也可用周转天数表示。其计算公式为:

$$固定资产周转天数=\frac{计算期天数}{固定资产周转率}$$

其中:计算期天数通常为 1 年,即 360 天。

一般情况下,固定资产周转率越高,表明企业固定资产利用越充分,说明企业固定资产投资得当,能够充分地发挥固定资产的使用效率,投资回收期短;反之,则表明固定资产使用效率不高,企业的营运能力较差。

2)非流动资产周转率

非流动资产是指除流动资产以外的所有资产,主要包括固定资产、长期股权投资、无形资产、长期待摊费用及其他资产等。其计算公式为:

$$非流动资产周转率(次数)=\frac{营业收入净额}{非流动资产平均总额}$$

$$非流动资产周转天数=\frac{计算期天数}{非流动资产周转率(次数)}$$

其中:计算期天数通常为 1 年,即 360 天。

分析时主要针对投资预算和项目管理,分析投资与其竞争战略是否一致,收购和剥离政策是否合理等。

【例 3-2-19】 小企业阳光公司的固定资产周转次数和周转天数计算如表 3-2-27 所示。

表 3-2-27　固定资产周转率

项　　目	2017 年	2016 年
营业收入(元)	2 160 405	562 456
固定资产年末数(元)	150 000	548 000
固定资产年初数(元)	548 000	515 000
平均固定资产(元)	349 000	531 500
固定资产周转率(%)	6.19	1.06
固定资产周转天数(天)	58.16	339.62

分析：从上表数据我们看到，与 2016 年相比，阳光公司 2017 年固定资产周转率上升了，其周转天数由 2016 年的 339.62 天减少到了 58.16 天，说明公司固定资产运用效率较上年好得多，主要是营业收入的增加和平均固定资产减少共同作用的结果。

【例 3-2-20】 小企业阳光公司的非流动资产周转率计算如表 3-2-28 所示。

表 3-2-28　非流动资产周转率

项　　目	2017 年	2016 年
营业收入(元)	2 160 405	562 456
非流动资产年末数(元)	213 300	608 000
非流动资产年初数(元)	608 000	656 486
平均非流动资产(元)	410 650	632 243
非流动资产周转率(%)	5.26	0.89
非流动资产周转天数(天)	68.44	404.49

分析：与 2016 年相比，2017 年非流动资产周转率为 5.26，比 2016 年非流动资产周转率 0.89 高得多，即 2017 年非流动资产周转天数比 68.44 比 2016 年非流动资产周转天数 404.49 少得多，说明该公司 2017 年非流动资产周转快，运用效率高，其主要原因是营业收入增加和平均非流动资产减少共同作用的结果。

【例 3-2-21】 大中型企业长城公司的固定资产周转次数和周转天数计算如表 3-2-29 所示。

表 3-2-29　固定资产周转率

项　　目	2017 年	2016 年
营业收入(万元)	245 789	216 800
固定资产年末数(万元)	105 000	100 000
固定资产年初数(万元)	100 000	110 800
平均固定资产(万元)	102 500	105 400
固定资产周转率(%)	2.40	2.06
固定资产周转天数(天)	150	174.76

分析：从上表数据我们看到，与 2016 年相比，长城公司 2017 年固定资产周转率上升了，其周转天数由 2016 年的 174.76 减少到了 150 天，说明公司固定资产运用效率较上年好些，主要是营业收入的增加和平均固定资产减少共同作用的结果。

【例 3-2-22】 大中型企业长城公司的非流动资产周转率计算如表 3-2-30 所示。

表 3-2-30　非流动资产周转率

项　　目	2017 年	2016 年
营业收入(万元)	245 789	216 800
非流动资产年末数(万元)	105 000	100 000
非流动资产年初数(万元)	100 000	110 200
平均非流动资产(万元)	102 500	105 100
非流动资产周转率(%)	2.40	2.06
非流动资产周转天数(天)	150	174.76

分析：与 2016 年相比，2017 年非流动资产周转率为 2.40 比 2016 年非流动资产周转率 2.06 高些，即 2017 年非流动资产周转天数比 150 比 2016 年非流动资产周转天数 174.76 低些，说明该公司 2017 年非流动资产周转最快，运用效率高，其主要原因是营业收入增加和平均非流动资产减少共同作用的结果。

3. 总资产营运能力分析

总资产周转率是指企业营业收入净额与资产总额的比率，即企业的总资产在一定时期内周转的次数。其计算公式为：

$$总资产周转率(次数)=\frac{营业收入净额}{平均资产总额}$$

其中：

$$平均资产总额=(期初资产总额+期末资产总额)/2$$

$$总资产周转天数=\frac{计算期天数}{总资产周转率(次数)}$$

其中：计算期天数通常为 1 年，即 360 天。

总资产周转率越高，表明总资产周转速度越快，企业的销售能力越强，企业利用全部资产进行经营的效率越高，进而使企业的偿债能力和盈利能力得到增强。反之，则表明企业利用全部资产进行经营活动的能力差，效率低，最终还将影响企业的盈利能力。研究该指标时也应注意特殊情况带来的影响，例如当期大量固定资产报废、异常的供应问题等，会使该指标发生异常变动。

【例 3-2-23】 小企业阳光公司的总资产周转次数和周转天数计算如表 3-2-31 所示。

表 3-2-31　总资产周转率

项　　目	2017 年	2016 年
营业收入(元)	2 160 405	562 456
总资产年末数(元)	931 150	864 000

续表

项　　目	2017 年	2016 年
总资产年初数(元)	864 000	943 486
平均总资产(元)	897 575	903 743
总资产周转率(%)	2.41	0.62
总资产周转天数(天)	149	580.65

分析：与 2016 年相比，2017 年阳光公司总资产周转率上升，主要是由于营业收入的增长和平均总资产减少共同作用的结果，说明长城公司 2017 年度总资产运用的效率高于 2016 年，公司营运能力高于 2016 年。

【例 3-2-24】 大中型企业长城公司的总资产周转次数和周转天数计算如表 3-2-32 所示。

表 3-2-32　总资产周转率

项　　目	2017 年	2016 年
营业收入(万元)	245 789	216 800
总资产年末数(万元)	412 800	343 000
总资产年初数(万元)	343 000	323 650
平均总资产(万元)	377 900	333 325
总资产周转率(%)	0.65	0.65
总资产周转天数(天)	553.85	553.85

分析：从上表计算可知，2017 年总资产周转率与 2016 年总资产周转率是相同的，主要是由于营业收入的增长速度 13.37%【(245 789－216 800)/216 800】与平均总资产的增长速度 13.37%【(377 900－333 325)/333 325】是相同的，可见长城公司 2017 年与 2016 年总资产的运用效率是一样的，要提高总资产周转率主要靠营业收入的增长。

基本技能训练

一、项目名称

利用资产负债表相关项目分析计算反映企业短期偿债能力的指标；计算反映企业长期偿债能力的指标；计算反映企业营运能力的指标。

二、训练目的

通过模拟操作，在理解资产负债表编制原理的基础上，熟悉利用资产负债表相关数据进行分析得出企业的偿债能力和营运能力，为利益相关者和企业进行相关决策提供支持。

三、训练要求

(1)根据业务资料对资产负债表重要项目进行简单分析。

(2)计算偿债能力指标和营运能力指标。

(3)结合指标得出结论。

四、经济业务资料

星河公司是一家经营文化用品的商业企业,2018 年的主要报表数据整理如下:

(1)资产总额:年初数 627 680 元,年末数 876 700 元;

(2)流动资产:年初数 117 600 元,年末数 140 150 元;

(3)长期负债:年初数 40 000 元,年末数 280 000 元;

(4)流动负债:年初数 56 600 元,年末数 59 000 元;

(5)存货:年初数 88 000 元,年末数 96 000 元,2012 年年初数 72 000 元;

(6)应收账款:年初数 24 000 元,年末数 38 000 元,2012 年年初数 16 000 元;

(7)赊销收入净额:2012 年 60 000 元,2013 年 108 500 元;

(8)营业成本:2012 年 96 000 元,2013 年 138 000 元。

要求:

(1)计算反映企业短期偿债能力的指标。

(2)计算反映企业长期偿债能力的指标。

(3)计算反映企业营运能力的指标。

任务三　利润表简析

任务目标

毋庸置疑,利润已经是现代企业经营与发展的直接目标,通过学习企业利润表的分析方法,使学习者初步具备对收入、费用和利润项目的阅读能力,能够正确理解利润表所包含的经营信息,并且能通过利润表进行企业盈利能力分析。

导入信息

无中生有:虚增利润包装上市

在 A 股诸多财务陷阱之中,虚增利润是最常见的手法。通过虚构交易业务、虚增资产、虚增收入,精心打造了一个骗局。比如某公司的具体操作手法为:①将公司的名称加入生物科技的字样,以迎合市场和投资人的喜好;②注册了一批由该公司实际控制的公司,利用其掌控的银行账户,操纵资金运作;③伪造合同、发票和工商登记资料,虚构交易量。通过造假,该公司上市前后虚增资产 3.37 亿元,虚增收入 5.47 亿元,个别的资产竟然被虚增了 18 倍之多。这些无中生有的数据最终是通过对利润表相关数据进行仔细分析被发现了。

(资料来源:悠悠的博客-上市公司财务造假揭秘-马靖昊说会计. http://blog.sina.com.cn/s/blog_66726b130101gsia.html)

内容阐释

前面我们学过利润表的编制,利润表是把公司在一定期间的营业收入与同一会计期间的营业成本、费用进行配比,以得到该期间的净利润(或净亏损)的情况。许多投资者往往只关心净利润情况,认为净利润为正就代表公司盈利,于是高枕无忧。实际上,企业的长期发展动力来自于对自身主营业务的开拓与经营。严格意义上而言,主营亏损但净利润有盈余的企业比主营业务盈利但净利润亏损的企业更危险。企业可以通过投资收益、营业外收入将当期利润总额和净利润作成盈利,可谁又敢保证下一年度还有投资收益和营业外收入呢?

因此,通过对企业利润表的分析,能够认清楚企业真金白银的利润,并通过对企业利润表的分析来判断企业未来的盈利能力,为投资者决策提供依据。

一、利润表分析的目的

利润表是企业生存和发展的关键,是会计信息使用者关注的重要会计信息。利润表分析的目的如下:

(一)评价和预测企业的经营成果和获利能力,为投资决策提供依据

经营成果是一个绝对值指标,可以反映企业财富增长的规模。获利能力是一个相对值指标,它指企业运用一定经济资源获取经营成果的能力,经济资源可以是资产总额、净资产,可以是资产的耗费,还可以是投入的人力。因而衡量获利能力的指标包括资产收益率、净资产(税后)收益率、成本收益率以及人均实现收益等指标。经营成果的信息直接由利润表反映,而获利能力的信息除利润表外,还要借助于其他会计报表和注释附表才能得到。根据利润表所提供的经营成果信息,股东和管理部门可评价和预测企业的获利能力,对是否投资或追加投资、投向何处、投资多少等做出决策。

(二)评价和预测企业的偿债能力,为筹资决策提供依据

偿债能力指企业以资产清偿债务的能力。企业的偿债能力不仅取决于资产的流动性和资产结构,也取决于获利能力。获利能力不强甚至亏损的企业,通常其偿债能力不会很强。

债权人通过分析和比较利润表的有关信息,可以评价和预测企业的偿债能力,尤其是长期偿债能力,对是否继续向企业提供信贷做出决策。

财务部门通过分析和比较利润表的有关信息和偿债能力可以对筹资的方案和资本结构以及财务杠杆的运用做出决策。

(三)企业管理人员可根据利润表披露的经营成果做出经营决策

企业管理人员比较和分析利润表中各种构成因素,可知悉各项收入、成本费用与收益之间的消长趋势,发现各方面工作中存在的问题,做出合理的经营决策。

(四)评价和考核管理人员的绩效

董事会和股东从利润表所反映的收入、成本费用与收益的信息可以评价管理层的业绩,为考核和奖励管理人员做出合理的决策。

二、利润表项目阅读与分析

利润表项目的阅读,需要重点关注到以下几个数据,它们分别是:“营业收入”“营业利润”“利润总额”“净利润”。在这些数据中应重点关注主营业务收入、净利润,尤其应关注主营业务利润与净利润的盈亏情况。利润表结构分析主要采用垂直分析法,即根据利润表中的资料,通过计算各利润构成因素占营业收入的比重,分析说明企业净利润的结构及增减变动的合理程度。

(一)营业收入的阅读与分析

"营业收入"项目反映的是企业的主营业务收入和其他业务收入的总和,阅读时应结合利润表附表进行,从而了解营业收入中主营业务收入和其他业务收入各自的金额,帮助投资者分析企业主营业务发展趋势,进而做出合理的决策。通过对比不同期间本项目的变化,可以掌握企业经营前景和未来发展态势。若与基期比较该项目增加,说明企业经营状况良好,经营前景乐观,投资者可以考虑投资计划。但具体决策还需通过进一步分析做出。同时要考虑收入的质量。

收益质量是会计收益所表达的与企业经济价值有关信息的可靠程度。高质量的收益是指报表收益对企业过去、现在的经济成果和未来经济前景的描述是可靠和可信任的。反之,如果报表收益对企业过去、现在经济成果和未来经济前景的描述具有误导性,那么该收益就被认为是低质量的。

应收账款是一项经常会出现问题的账户,商业竞争是发生应收账款的主要原因。在现实的社会中,存在着激烈的商业竞争。竞争机制的作用迫使企业以各种手段扩大销售。除了依靠产品质量、价格、售后服务、广告等外,赊销也是扩大销售的手段。对于同等的产品价格、类似的质量水平、一样的售后服务,实行赊销的产品的销售额将大于现金销售产品的销售额。出于扩大销售的竞争需要,企业不得不以赊销的方式来招揽顾客,于是就产生了应收账款 。坏账准备,在资产负债表中是应收账款的减项,它反映以信用销售量的大小,反映公司对客户的实际经验,包括客户的实力基础、公司的信用政策、公司的经济条件等。销售额、应收账款、坏账准备三者的变化应该是一致的,如果其数量的变化比率或变化方向不一致,例如销售额和应收账款增加,但是坏账准备却减少或增加的比例很小,那么分析人员就应当留心出现假账的可能性。由于坏账准备的减少对公司税前利润有直接的影响,那么公司有可能通过做假来增加收益,这样报告的收益质量就下降了。

(二)营业成本项目阅读与分析

"营业成本"项目与营业收入相对应,反映的是企业的主营业务成本和其他业务成本的和。阅读时应结合利润表附表进行,以了解营业成本中主营业务成本和其他业务成本各自的数额,看是否与营业收入相互配比。同时,还应比较报告期与基期的成本变化,分析成本变化的趋势则需通过进一步借助财务分析方法才能进行。

(三)税金及附加项目的阅读与分析

"税金及附加"项目反映的是企业主营业务和其他业务应交的消费税、城市维护建设税、教育费附加等税费,一般与营业收入成比例。通过阅读此项目的增加或减少即可知晓营业收入的增加或减少。

(四)销售费用项目的阅读与分析

"销售费用"项目反映的是企业销售商品和材料、提供劳务的过程中发生的各种费用,包括包装费、保险费、展览费、广告费、商品维修费、预计产品质量保证损失、运输费、装卸费等,以及为销售本企业商品而专设的销售机构的职工薪酬、业务费、折旧费等经营费用,此外企业发生的与专设销售机构相关的固定资产修理等后续支出也在此项列示。阅读时应关注其变化情况,是否与营业收入成比例变动,至于导致变化的因素,还需结合利润表附表进行收入的研读。

（五）管理费用项目的阅读与分析

“管理费用”项目反映的是企业为组织和管理企业生产经营发生的管理费用，包括企业在筹建期间内发生的开办费、董事会和行政管理部门在企业的经营管理中发生的或者应由企业统一负担的公司经费、工会经费、董事会费、诉讼费、业务招待费、房产税、车船使用税、土地使用税、印花税、技术转让费、矿产资源补偿费、研究费用、排污费等支出。阅读时一般通过比较掌握其变动情况，分析其变化是否合理，有无可降低的空间。

（六）财务费用项目的阅读与分析

“财务费用”项目反映的是企业为筹集生产经营所需资金而发生的筹资费用，包括利息支出、汇兑损益以及相关的手续费、企业发生的现金折扣或收到的现金折扣等。为构建或生产资本化条件的资产而发生的借款费用中不能资本化的部分也应在此列示。阅读时主要关注其变化情况，进而分析节约开支的可能性。

（七）资产减值损失项目的阅读与分析

“资产减值损失”项目反映的是企业计提各项资产减值准备所形成的损失。企业应提供减值损失的相关证明材料。对于其变化，必须结合相关证明材料进行相应的分析，才能解读其变化的具体原因，从而采取相应的对策。

（八）公允价值变动损益项目的阅读与分析

“公允价值变动损益”反映的是企业交易性金融资产、交易性金融负债，以及采用公允价值模式计量的投资性房地产、衍生工具、套期保值业务等公允价值变动形成的应计入当期损益的利得或损失。该项目阅读时应结合利润表附表相关具体项目的明细资料具体分析，帮助企业做出合理的投资决策。

（九）投资收益项目的阅读与分析

“投资收益”项目反映的是企业进行对外投资发生的投资损失或投资收益。本项目应结合企业的具体投资项目进行阅读和分析，以便企业做出合理的投资决策。

（十）营业利润项目的阅读与分析

“营业利润”项目等于营业收入减去各项营业成本和营业支出加投资收益等综合计算的结果。阅读时应通过对比不同期间的变化，找出节约增效的途径和措施。

（十一）营业外收入项目的阅读与分析

“营业外收入”项目反映的是企业发生的营业外的收入，主要包括非流动资产处置利得、非货币性资产交换利得、债务重组利得、政府补助、盘盈利得、捐赠利得等。阅读时应结合利润表附表进行。

（十二）营业外支出项目的阅读

“营业外支出”项目反映的是企业发生的各项营业外支出，包括非流动资产处置损失、非货币性资产交易损失、债务重组损失、公益性捐赠支出、非常损失、盘亏损失等。阅读时应结合利润表附表进行。

（十三）利润总额项目阅读与分析

利润总额是以营业利润为前提，加营业外收入，减营业外支出。它反映了利润总额与营业外收支的关系，是营业利润与营业外收支净额的和，让报表信息使用者知晓报告企业的经济实力和经营前景。分析利润总额中营业外收支净额占比情况，如果利润总额中营业外收支净额颇高，说明企业经营情况不理想，经营形式不乐观，经营前景不看好。反之，则企业的经营形势乐观，经营前景光明。

【例 3-3-1】 利润表相关项目变动分析(见表 3-3-1)

表 3-3-1 利润表相关项目变动情况表

2018 年度

项　　目	本期数(元)	上年同期数(元)	占比(本期数)	占比(上年同期数)
一、营业收入	783 027 675.40	618 087 466.27	100%	100%
减:营业成本	633 224 765.34	500 938 948.94	80.87%	81.05%
税金及附加	2 550 720.65	1 735 126.38	0.33%	0.28%
销售费用	46 719 056.36	28 541 170.02	5.97%	4.62%
管理费用	28 325 883.65	28 921 141.19	3.62%	4.68%
研发费用	(略)	(略)	(略)	(略)
财务费用	7 389 036.46	5 641 656.50	0.94%	0.91%
资产减值损失	3 203 113.79	1 484 899.07	0.41%	0.24%
加:其他收益	(略)	(略)	(略)	(略)
投资收益(损失以"—"号填列)	−4 117 708.61	180 787.23	−0.53%	0.03%
其中:对联营企业和合营企业的投资收益				
公允价值变动收益(损失以"—"号填列)				
资产处置收益(损失以"—"号填列)				
二、营业利润(亏损以"—"号填列)	57 497 390.54	50 987 312.40	7.34%	8.25%
加:营业外收入	5 741 289.19	1 395 776.51	0.73%	0.23%
减:营业外支出	1 988 396.40	1 210 782.10	0.25%	0.20%
三、利润总额(亏损以"—"号填列)	61 250 283.33	51 172 306.81	7.82%	8.28%
减:所得税费用	13 392 465.19	14 009 085.25	1.71%	2.27%
四、净利润(净亏损以"—"号填列)	47 857 818.14	37 163 221.56	6.11%	6.01%
五、其他综合收益的税后净额				
六、综合收益总额	47 857 818.14	37 163 221.56	6.11%	6.01%
七、每股收益				
(一)基本每股收益	0.69	0.66		
(二)稀释每股收益	0.69	0.66		

从表 3-3-1 中可以看出企业本年度各项利润因素的构成情况。其中营业成本占比为 80.87%,比上年 81.05%有所下降;税金及附加、销售费用、财务费用、资产减值损失在营业收入的比重都有不同程度的提高,这些项目的提高会对企业营业利润的提高产生抑制作用,若持续下去,可能导致营业利润持续走低;管理费用的占比与 2017 年相比下降 1.06%,下降的幅度较大,对于提高企业的营业利润率是有利的影响,企业应积极探讨继续降低相关支出的策略;投资收益项目的占比为负数,说明企业的对外投资发生了损失,应分析投资失利的原因,将有限的资金投入到比较有发展空间和实力的企业;营业利润占比为 7.34%,比 2017 年度下降了近 1%,呈现下降的趋势,这对企业的成长不利;利润总额占比为 7.82%,比 2017 年的 8.28%依然是下降趋势,这主要是由于营业利润的下降所导致;净利润占比有所提高,但存在不足,作为企业的经营管理者投资者来说,必须正视企业面临的问题,从中找到解决的措施。

三、企业盈利能力分析

盈利能力是指企业在一定时期获取利润、实现自己增值的能力。企业获取利润的盈利能力越强，则其给予股东的回报越高，企业价值越大。盈利能力越强，带来的现金流量越多，企业的偿债能力得到加强。获取利润是企业经营的最终目标，也是企业能否生存与发展的前提。获利能力的大小直接关系到企业财务管理目标的实现与否，直接关系到投资者的利益，也关系到债权人以及企业经营者的切身利益。盈利能力分析主要包括投资收益能力分析和经营获利能力分析。

(一)投资收益能力分析

1. 净资产收益率

企业资产包括了两部分：一部分是股东的投资，即所有者权益；另一部分是企业借入和暂时占用的资金。净资产收益率是衡量股东资金使用效率的重要财务指标。

净资产收益率又称股东权益报酬率/净值报酬率/权益报酬率/权益利润率/净资产利润率，是指利润额与平均股东权益的比值，该指标越高，说明投资带来的收益越高；净资产收益率越低，说明企业所有者权益的获利能力越弱。该指标体现了自有资本获得净收益的能力。一般来说，负债增加会导致净资产收益率的上升。

净资产收益率＝净利润/平均净资产×100％

其中：　平均净资产＝(年初净资产＋年末净资产)/2

2. 总资产报酬率

总资产报酬率是指企业一定时期内获得的报酬总额与资产平均总额的比率。它表示企业包括净资产和负债在内的全部资产的总体获利能力，用以评价企业运用全部资产的总体获利能力，是评价企业资产运营效益的重要指标。其计算公式如下：

总资产报酬率＝(利润总额＋利息支出)/平均资产总额×100％

利息支出是指企业在生产经营过程中实际支出的借款利息、债权利息等。

利润总额与利息支出之和为息税前利润，是指企业当年实现的全部利润与利息支出的合计数。

平均资产总额是指企业资产总额年初数与年末数的平均值。

平均资产总额＝(资产总额年初数＋资产总额年末数)/2

总资产报酬率表示企业全部资产获取收益的水平，全面反映了企业的获利能力和投入产出状况。该指标越高，表明企业投入产出的水平越高，企业的资产运营越有效。通过对该指标的深入分析，可以增强各方面对企业资产经营的关注，促进企业提高单位资产的收益水平。

一般情况下，企业可据此指标与市场利率进行比较，如果该指标大于市场利率，则表明企业可以充分利用财务杠杆，进行负债经营，获取尽可能多的收益。如果总资产报酬率较低，说明过多利用负债是不利的。

3. 总资产净利率

总资产净利率是指企业一定时期净利润与平均资产总额的比率，用来衡量企业利用资产获得利润的能力。

总资产净利率＝净利润/平均资产总额×100％

总资产净利率是一个综合性较强的财务指标，通过分析影响指标的因素，并层层分解，研究彼此间的依存关系，可以揭示公司的获利能力和资产周转速度。总资产净利率与营业净利率和总资产周转率的关系为：

总资产净利率＝净利润/平均资产总额

＝(净利润/营业收入）×(营业收入/资产总额)

＝营业净利率×总资产周转率

【例 3-3-2】 孙行者实业有限公司 2018 年有关投资收益率指标计算所需资料如表 3-3-2 所示，要求计算总资产报酬率、净资产收益率和总资产净利率，并对该公司进行盈利能力分析。

表 3-3-2　孙行者实业有限公司 2018 年投资收益率指标计算资料　　单位:元

项　　目	2018 年	2017 年
净利润	760	640
所得税	253	213
财务费用	480	550

另外，2017 年年初资产总额 7 500 万元，所有者权益为 4 000 万元；2018 年年初所有者权益为 4 400 万元，资产总额 8 400 万元；2018 年年末所有者权益为 4 700 万元，资产总额 10 0000 万元。

孙行者实业有限公司总资产报酬率为：

2017 年总资产报酬率＝(760＋253＋480)/(7 500＋8 400） ÷2 ×100％＝18.78％

2018 年总资产报酬率＝(640＋213＋55)/(8 400＋100 000） ÷2 ×100％＝15.25％

孙行者实业有限公司净资产收益率为：

2017 年净资产收益率＝760/(4 000＋4 400） ÷2 ×100％＝18.18％

2018 年净资产收益率＝640/(4 400＋4 700） ÷2 ×100％＝14.07％

2017 年总资产净利率＝760/(7 500＋8 400） ÷2 ×100％＝9.56％

2018 年总资产净利率＝640/(8 400＋10 000） ÷2 ×100％＝6.96％

由此计算结果可知，孙行者实业有限公司 2018 年总资产报酬率、净资产收益率和总资产净利润均低于上年，盈利能力明显降低。需要对公司资产的使用情况、成本开支情况，结合成本效益指标一起分析，以改善管理，提高资产利用效率和企业经营管理水平，增强盈利能力。

(二)经营获利能力分析

1. 营业毛利率

营业毛利率是指企业一定时期营业毛利额与营业收入之间的比率，也称毛利率。其计算公式为：

营业毛利率＝营业毛利/营业务收入× 100％

其中：　营业毛利＝营业收入—营业成本

营业毛利率主要受产品销售价格、单位产品成本的影响，而产品销售价格又受市场竞争的情况与基本企业市场竞争能力的影响，单位成本的高低受企业成本管理水平的影响。所以，销售毛利越大,说明企业营业成本越低,竞争能力越强,经营业务获利能力越强;反之,则说明企业成本过高,产品质量不高,竞争能力不强。另外,营业毛利率的高低还受到行业特点的影响。一般来说,营业周期短、固定成本低的行业,营业毛利率一般都较低,如零售业;而营业周期长、固定成本大的行业营业毛利率通常要高一些。因此,营业毛利的高低,一般应同行业平均水平相比较。

2. 营业利润率

营业利润率是指企业一定时期的营业利润与营业收入的比率。它是衡量企业经营效率的指标,反映了在考虑营业成本的情况下,企业管理者通过经营获取利润的能力。

营业利润率=(营业利润/营业收入)×100%

其中：　营业利润=营业收入(主营业务收入+其他业务收入)-营业成本(主营业务成本+其他业务成本)-税金及附加-管理费用-销售费用-财务费用-资产减值损失+公允价值变动收益(损失为负)+投资收益(损失为负)

3. 营业净利润率

营业净利率是指净利润与营业收入的比率,它反映企业营业收入创造净利润的能力。计算公式如下:

营业净利率 = 净利润/营业收入 ×100%

4. 成本费用利润率

成本费用利润率是企业一定期间的利润总额与成本费用总额的比率。反映了企业经营过程中发生的耗费与获得的收益之间的关系。其计算公式为:

成本费用利润率=利润总额/成本费用总额×100%

成本费用一般指营业成本、销售费用、管理费用、财务费用。

【例 3-3-3】 孙行者实业有限公司 2018 年有关经营能力指标所需资料如表 3-3-3 所示,要求计算营业毛利率,营业利润率、营业净利润率、成本费用率,并对该公司进行经营获利能力分析。

表 3-3-3　2018 年经营获利能力指标计算资料　　单位:万元

项　目	2017 年	2018 年
营业收入	14 250	15 000
营业成本	12 515	13 220
营业毛利	1 735	1 780
营业税费	140	140
销售费用	100	110
管理费用	200	230
财务费用	480	550
成本费用总额	13 295	14 110
营业利润	815	750
利润总额	1 013	853
净利润	760	640

该公司营业毛利率为:

2017 年营业毛利率=1 735/14 250×100%=12.18%

2018 年营业毛利率＝1 780/15 000×100%＝11.87%

营业利润率为：

2017 年营业利润率＝815/14 250×100%＝5.72%

2018 年营业利润率＝750/15 000×100%＝5%

营业净利润率为：

2017 年营业净利润率＝760/14 250×100%＝5.33%

2018 年营业净利润率＝640/15 000×100%＝4.72%

成本费用利润率为：

2017 年成本费用利润率＝1 013/13 295×100%＝7.62%

2018 年成本费用利润率＝853/14 110×100%＝6.05%

从上述计算分析可以看出，2018 年各项营业利润率指标均比上年有所下降。说明企业盈利能力有所下降，公司应进一步分析利润下降、成本上升的原因，采取有效措施，降低成本，提高盈利能力。

(三)上市公司盈利能力分析

1. 每股收益

每股收益反映普通股股东每持有一股所能享有的企业净利润或需承担的企业净亏损。每股收益通常被用来反映企业的经营成果，衡量普通股的获利水平及投资风险，是投资者等信息使用者据以评价企业盈利能力、预测企业成长潜力、做出相关经济决策的重要的财务指标之一。

每股收益＝归属于普通股股东的当期净利润÷当期发行在外普通股的加权平均数

每股收益越高，说明每股获利能力越强，投资者的回报越多；每股收益越低，说明每股获利能力越弱。该指标是衡量上市公司盈利能力时最常用的财务分析指标。

【例 3-3-4】 根据表 3-3-4 资料，假设朱又能信息公司 2017 年至 2018 年发行在外的普通股加权平均数均为 12 000 万股，利润表中的净利润全部归属于普通股股东。

表 3-3-4 利润表

编制单位：朱又能信息公司　　　　2018 年　　　　单位：万元

项　　目	本期金额	上期金额
一、营业收入	24 000	20 000
减：营业成本	13 400	11 800
税金及附加	1 350	1 120
销售费用	2 000	1 620
管理费用	1 100	900
研发费用		
财务费用	450	350
资产减值损失		

续表

项　　目	本期金额	上期金额
加:其他收益		
投资收益(损失以"—"号填列)	300	300
其中:对联营企业和合营企业的投资收益		
公允价值变动收益(损失以"—"号填列)		
资产处置收益(损失以"—"号填列)		
二、营业利润(亏损以"—"号填列)	6 000	4 510
加:营业外收入	200	150
减:营业外支出	600	500
三、利润总额(亏损以"—"号填列)	5 600	4 160
减:所得税费用	1 400	1 040
四、净利润(净亏损以"—"号填列)	4 200	3 120
五、其他综合收益的税后净额		
六、综合收益总额		
七、每股收益		
(一)基本每股收益		
(二)稀释每股收益		

2017 年每股收益＝3 120÷12 000＝0.26(元)

2018 年每股收益＝4 200÷12 000＝0.33(元)

计算结果表明,该公司 2018 年普通股每股收益比 2017 年提高了,说明公司的获利能力增强了。

2. 每股股利

每股股利是上市公司发行的普通股股利总额与年末普通股股数总数的比值。这也是衡量股份公司盈利能力的指标,股利越高,说明股本盈利能力越强。

每股股利＝普通股股利总额÷年末普通股股数

根据表 3-3-4 所列资料,假设朱又能信息公司 2017 年和 2018 年分别发放普通股股利 13.2 万元和 15.6 万元,2017 年至 2018 年发行在外的普通股平均股数均为 12 000 万股。

2017 年每股股利＝132 000÷12 000＝11(元)

2018 年每股股利＝156 000÷12 000＝13(元)

每股股利反映的是上市公司每一普通股获取股利的大小。每股股利越大,则公司股本获利能力越强;每股股利越小,则公司股本获利能力越弱。但须注意,上市公司每股股利发放多少,除了受上市公司获利能力大小影响以外,还取决于公司的股利发放政策。如果公司为了增强公司发展的后劲而增加公司的公积金,则当前的每股股利必然会减少;反之,则当前的每股股利会增加。

反映每股股利和每股收益之间关系的一个重要指标是股利发放率,即每股股利分配额与当期的每股收益之比。借助于该指标,投资者可以了解一家上市公司的股利发放政策。

3.市盈率

市盈率是指上市公司普通股票每股市价与每股收益的比率。

市盈率=每股市价÷每股收益

市盈率是反映股份公司获利能力的一个重要财务比率,投资者对这个比率十分重视。这一比率是投资者做出投资决策的重要参考因素之一。一般来说,市盈率越高,说明投资者对该公司的发展前景看好,愿意出较高的价格购买该公司股票,所以一些成长性较好的高科技公司股票的市盈率通常要高一些。但是,也应注意,如果每一种股票的市盈率过高,则也意味着这种股票具有较高的投资风险。

2017 年至 2018 年朱又能信息公司发行在外的普通股平均股数均为 12 000 万股,该公司 2017 年和 2018 年普通股每股市价为 4 元和 6 元,2017 年至 2018 年普通股每股收益分别为 0.26 元和 0.33 元。

2017 年市盈率=4÷0.26=15.38(倍)

2018 年市盈率=6÷0.33=18.18(倍)

计算结果表明,该公司 2018 年的市盈率比 2017 年年末有所提高,表明投资者对该公司的发展前景看好。

4. 每股净资产

每股净资产是指股东权益与发行在外的普通股股数的比率。其计算公式为:

每股净资产= 股东权益总额÷发行在外的普通股股数

假设朱又能信息公司 2017 年至 2018 年发行在外的普通股平均股数均为 12 000 万股,2017 年和 2018 年的股东权益分别为 15 700 万元和 17 600 万元。

2017 年每股净资产=15 700÷12 000=1.31(元)

2018 年每股净资产=17 600÷12 000=1.47(元)

每股净资产显示了发行在外的每一普通股股份所能分配的企业账面净资产的价值。这里所说的账面净资产,是指企业账面上的总资产减去负债后的余额,即股东权益总额。每股净资产指标反映了在会计期末每一股份在企业账面上到底值多少钱,它与股票面值、发行价值、市场价值及清算价值等往往有较大差距。

每股净资产越高,股东拥有的资产现值越多;每股净资产越少,股东拥有的资产现值越少。通常每股净资产越高越好。

5. 市净率

市净率指的是每股市价与每股净资产的比率,是投资者用以衡量、分析个股是否具有投资价值的工具之一。其计算公式为:

市净率=每股市价÷每股净资产

沿用以上资料,假设朱又能信息公司 2017 年和 2018 年普通股每股市价为 4 元和 6 元,每股净资产分别为 1.31 元和 1.47 元

2017 年市净率=4÷1.31=3.05(倍)

2018 年市净率=6÷1.47=4.08(倍)

净资产代表的是全体股东共同享有的权益,是股东拥有公司财产和公司投资价值最基本的体现,它可以用于反映企业的内在价值。一般来说,市净率较低的股票,投资价值较高;相

反，则投资价值较低。但在判断投资价值时还要考虑当时的市场环境以及公司经营情况、盈利能力等因素。

四、利润表趋势分析

利润表的趋势分析，即通过对比多期利润表中的相关数据，找出形成利润的各项的变动趋势，进而探讨节约开支、增加收入以提高投入产出率、销售利润率和不断增加利润的分析活动。

利润趋势分析，一方面可以揭示企业经营活动业绩与特征；另一方面可以为企业利润预测、决策及预算指明方向。

利润表的趋势分析，应综合运用因素分析法、水平分析法、垂直分析法等多种方法实现。

(一)水平分析法

水平分析法就是实际期与基期进行比较并在此基础上编制水平分析表。首先，计算某项目的变动额、变动率，从利润的角度反映利润额的变动情况，然后确定该项目对营业收入的影响程度以便确定重点分析项目，揭示企业在利润形成中的管理业绩及存在的问题。

【例 3-3-5】 宏光公司利润水平变动分析表如表 3-3-5 所示。

表 3-3-5　宏光公司利润水平变动分析表

2018 年　　单位：元

项　　目	本期数	上年同期数	变动情况	变动率
一、营业收入	783 027 675.40	618 087 466.27	164 940 209.13	26.69%
减：营业成本	633 224 765.34	500 938 948.94	132 285 816.40	26.41%
税金及附加	2 550 720.65	1 753 126.38	797 594.27	45.50%
销售费用	46 719 056.36	28 541 170.02	18 177 886.34	63.69%
管理费用	28 325 883.65	28 921 141.19	−595 257.54	−2.06%
财务费用	7 389 036.46	5 641 656.50	1 747 379.96	30.97%
资产减值损失	3 203 113.79	1 484 899.07	1 718 214.72	115.71%
加：公允价值变动收益（损失以“—”号填列）				
投资收益（损失以“—”号填列）	−4 117 708.61	180 787.23	−4 298 495.84	−2377.65%
其中：对联营企业和合营企业的投资收益				
二、营业利润（亏损以“—”号填列）	57 497 390.54	50 987 312.40	6 510 078.14	12.77%
加：营业外收入	5 741 289.19	1 395 776.51	4 345 512.68	311.33%
减：营业外支出	1 988 396.40	1 210 782.10	777 614.30	64.22%
三、利润总额（亏损以“—”号填列）	61 250 283.33	51 172 306.81	10 077 976.52	19.69%
减：所得税费用	13 392 465.19	14 009 085.25	−616 620.06	−4.40%
四、净利润（净亏损以“—”号填列）	47 857 818.14	37 163 221.56	10 694 596.58	28.78%
五、其他综合收益的税后净额				

续表

项　　目	本期数	上年同期数	变动情况	变动率
六、综合收益总额	47 857 818.14	37 163 221.56	10 694 596.58	28.78%
七、每股收益				
(一)基本每股收益	0.69	0.66	0.03	4.55%
(二)稀释每股收益	0.69	0.66	0.03	4.55%

根据分析表,我们按照利润形成的过程进行分析,从表3-3-5中可以看出以下内容:

(1)营业收入与2017年相比,本年度净增164 940 209.13,增幅达到26.69%,它是企业营业利润增加的前提和基础。

(2)营业成本项目与2017年相比,净增132 285 816.40元,增幅达到26.41%,它的增幅基本与营业收入保持一致。若此项目的增幅超过营业收入的增幅,对营业利润的增加将造成不利影响。

(3)税金及附加项目与2017年相比,净增797 594.27元,增幅达到45.5%。超过了营业收入的增幅,对净利润的增加有不利影响。但此项目也应结合当年国家税收政策进行分析。它的增加可能是宏观调控的结构,非企业所能控制。

(4)销售费用项目与2017年相比,净增18 177 886.34元,增幅达到63.69%,远远超过营业收入的增幅,为不利因素,但具体情况还需进一步分析其大幅度增加的原因,进而提高企业营业利润率。

(5)管理费用项目,与2017年相比减少595 257.54元,减幅达到2.06%,为有利变动,有利于提高企业营业利润率。说明企业重视节约开支,只有在增加收入的同时减少开支,才能实现利润的增加。

(6)财务费用项目,与2017年比较,净增1 747 379.96元,增幅达到30.97%,超过当年的营业收入增幅,为不利变化。企业应进一步分析上升的原因。

(7)资产减值损失项目,与2017年相比净增1 718 214.72元,增幅达到115.71%,即翻了一番还多,这可能由于企业采取了更为稳健的会计政策,也可能是企业资产陈旧过时而致,具体情况需要进一步分析。

(8)投资收益项目,与2017年比较减少4 298 495.84元,减幅达到2 377.65%,主要是由投资收益转为投资损失,说明企业对外投资效益较差,外部投资不仅未给企业带来额外的收益,反而降低了收益,因此企业对外投资需谨慎。

(9)营业利润项目,与2017年比较净增6 510 078.14元,增幅达到12.77%。低于营业收入的增幅,这也是通过前面各项的分析得出的结论,是营业收入的大幅度增加与可抵扣项目的小幅度降低(只有管理费用降低了)以及对外投资收益项目大幅度损失等因素综合变化的结果。

(10)营业外收入项目,与2017年比较净增4 345 512.66元,增幅达到311.33%,翻了两番之多。作为偶然项目的营业外收入增加虽然对利润总额的增加有积极作用,但它是不稳定、不经常发生的,因此,它并不能带来企业利润的长期增加。

(11)营业外支出项目,与2017年比较,净增777 614.3元,增幅达到64.22%,远低于营业外收入的增幅,它与营业外收入两者的净额会导致利润总额大幅度增加。但必须清醒地认识此项目对利润总额的不利影响。

(12)利润总额项目，与2017年比较净增10 077 976.52元，增幅达到19.69%，超过了营业利润的增幅，其原因是营业外收支净额增加。

(13)所得税费用项目，与2017年相比，减少了616 620.06元，减幅达到4.4%，这可能是企业享受了税收优惠。

(14)净利润项目，与2017年相比，净增10 694 596.58元，增幅达到28.78%，超过了利润总额的增长幅度，比营业外收入的增幅高2.09%，比营业利润增幅12.77%高1倍还多，原因一是营业外收入增幅过高；一是所得税费用减少。

(二)垂直分析法

利润表的垂直分析是以利润表的营业收入作为共同比，分别计算利润表的每个项目占营业收入的比例，评价影响盈利能力的重大变化项目。

【例3-3-6】 宏光公司利润垂直变动趋势变动分析表如表3-3-6所示。

表3-3-6　宏光公司利润垂直变动趋势分析表

编制单位：宏光公司　　2018年度　　单位：元

项　　目	本　期　数	上年同期数	本年占比	上年占比
一、营业收入	783 027 675.40	618 087 466.27	100%	100%
减：营业成本	633 224 765.34	500 938 948.94	80.87%	81.05%
税金及附加	2 550 720.65	1 735 126.38	0.33%	0.28%
销售费用	46 719 056.36	28 541 170.02	5.97%	4.62%
管理费用	28 325 883.65	28 921 141.19	3.62%	4.68%
财务费用	7 389 036.46	5 641 656.50	0.94%	0.91%
资产减值损失	3 203 113.79	1 484 899.07	0.41%	0.24%
加：公允价值变动收益(损失以“—”号填列)				
投资收益(损失以“—”号填列)	−4 117 708.61	180 787.23	−0.53%	0.03%
其中：对联营企业和合营企业的投资收益				
二、营业利润(亏损以“—”号填列)	57 497 390.54	50 987 312.40	7.34%	8.25%
加：营业外收入	5 741 289.19	1 395 776.51	0.73%	0.23%
减：营业外支出	1 988 396.40	1 210 782.10	0.25%	0.20%
三、利润总额(亏损以“—”号填列)	61 250 283.33	51 172 306.81	7.82%	8.28%
减：所得税费用	13 392 465.19	14 009 085.25	1.71%	2.27%
四、净利润(净亏损以“—”号填列)	47 857 818.14	37 163 221.56	6.11%	6.01%
五、其他综合收益的税后净额				
六、综合收益总额	47 857 818.14	37 163 221.56	6.11%	6.01%
七、每股收益				
(一)基本每股收益	0.69	0.66		
(二)稀释每股收益	0.69	0.66		

根据垂直分析法，我们逐项分析：

(1)营业成本占营业收入的比重为80.87%，比2017年的81.05%降低了0.18%，说明企业营业成本率呈现降低趋势。相比，2018年度营业收入净增164 940 209.13元，增幅达到26.69%，它是企业营业利润增加的前提和基础。

(2)税金及附加项目占营业收入的比重为0.33%，与2017年相比，上升了0.05%，可能是国家税收政策所致。

(3)销售费用项目占营业收入的比重为5.97%，比2017的4.62%增加了1.35%，可能是企业在销售宣传方面投入较多的缘故，是否有继续提高的趋势还应根据具体情况进一步分析才能清楚。

(4)管理费用项目占营业收入的比重为3.62%，与2017年相比下降了1.06%，说明企业重视节约开支，以求提高经济效益。

(5)财务费用项目占营业收入的比重为0.94，与2017年相比提高了0.91%，可能是企业带息负债增加的原因所致。是否呈现上升趋势，还需要进一步分析和了解具体情况，并结合企业的融资策略进行判断。若融资成本过高，对企业的投资者而言则是不利的，同时也会给企业的经营带来巨大的财务风险，进而影响营业利润的持续增长。

(6)资产减值损失项目占营业收入的比重为0.41%，与2017年相比增加了0.17%，可能是企业采取了更为稳健的会计政策，也可能是企业资产陈旧过时而致。但是此项目呈上升趋势对营业利润的增长是不利的，企业应进一步分析原因，研究解决对策，以提高营业利润率。

(7)投资收益项目占营业收入的比重为−0.53%，与2017年0.03%下降了0.56%，可能企业对外投资发生了较大的损失，这可能是企业所在的投资环境发生了不利的变化或其他情况。具体有待进一步探讨和研究。

(8)营业利润项目占营业收入的比重为7.34，与2017年比较降低了0.91%，这是上述各项目增减变化综合影响的结果。其中营业成本、管理费用的下降对营业利润的提高具有正面的促进作用；而税金及附加、销售费用、财务费用、资产减值损失的增加与投资收益的下降对营业利润具有负面的制约作用，最终导致企业营业利润的比重比2017年下降近1%，这种情况延续下去对企业未来发展将产生不利的影响。

(9)营业外收入项目占营业收入的比重为0.73%，与2017年比提高了0.5%。但是我们应注意这一项目非企业正常经营活动所得，为偶然事件，若企业的利润总额的提高依赖于营业外收入的增加，企业的发展形势不容乐观。

(10)营业外支出项目占营业收入的比重为0.25%，与2017年比较提高了0.05%。虽然它的增加最终会导致利润总额的降低，但是因为这个项目为偶发事项的支出，不具有多大的威胁。

(11)利润总额项目占营业收入的比重为7.82%，与2017年降低了0.46%。这主要是营业利润项目占比下降所致。应进一步探讨营业利润率的方法和举措，以求企业利润保持持续增长的态势。

(12)所得税费用项目占营业收入的比重为1.71%，与2017年相比下降了0.56%，这可能是由于企业的经营活动充分享受了国家对税收优惠政策导致所得税费用率下降。

基本技能训练

一、项目名称

对利润表进行相关分析。

二、训练目的

通过分析利润表的相关数据,理解并掌握利润表分析的思路和方法,为利益相关者的相关决策提供相关支持。

三、训练要求

(1)根据利润表对相关项目进行简单分析。

(2)计算各项指标。

(3)综合计算指标进行评价分析,得出结论。

四、经济业务资料

华日公司2018年和2017年利润表资料如表3-3-7所示。华日公司管理层认为,2018年营业收入上升而利润下降不是正常情况,同时管理费用大幅度增加也不正常。

表3-3-7　华日公司利润表

编制单位:华日公司　　　　单位:万元

项　　目	2018年度	2017年度
一、营业收入	48 258	41 248
减:营业成本	32 187	26 801
税金及附加	267	164
销售费用	1 588	1 380
管理费用	4 279	2 867
财务费用	1 855	1 615
资产减值损失		
加:公允价值变动收益		
投资收益	1 250	990
二、营业利润	9 332	9 411
加:营业外收入	315	683
减:营业外支出	33	79
其中:非流动资产处置净损失		
三、利润总额	9 641	10 015
减:所得税	3 172	3 305
四、净利润	6 442	6 710

要求:(1)编制华日公司利润水平分析表(计算结果保留小数点后面两位数)。

(2)对华日公司的利润水平分析表进行分析评价,并给予管理层合理的解释。

任务四　现金流量表简析

任务目标

现金流量表是企业财务报告中非常重要的组成部分，它能弥补资产负债表和利润表的不足，从现金流的角度考察企业。通过现金流量表的分析，掌握现金流量表的内容和结构，理解现金流量表的编表原理和主要项目包含的经营信息，从而了解和评价企业获取现金及现金等价物的能力，并预测企业未来现金流量。

导入信息

2015 年初，具有房屋建筑工程施工总承包特级资质、中国民营企业 500 强的 A 集团，被 B 集团以 5 800 万元拍下。一家曾风光无限的建筑企业经历了 2007 年的巅峰和之后的飞速发展，却在 2014 年宣布破产重整。是什么拖垮了 A 集团？究其原因，是近年以来受经济大环境影响，银行断供，企业资金已无法周转，公司所有银行账户已被查封，无法偿还到期债务，企业经营已十分困难，严重资不抵债。

（资料来源：垫资是工程公司倒闭的罪魁祸首！我们不想垫资！泵阀之家手机搜狐网 http://m.sohu.com/a/243567180_330240）

内容阐释

现金是企业的血液，是企业最基本的流动资产之一。一个盈利丰厚的企业可能会因为现金的不足而陷入困境，甚至破产倒闭。现金流净额是经营活动产生的现金净流量、投资活动产生的现金净流量、筹资活动产生的现金净流量三者之总和。现金流是企业生存和发展的基础。有人甚至指出，在“现金为王”的时代，现金流比利润更重要，因此，需要对公司的现金流进行密切的关注和分析。

一、现金流量表分析的目的

1. 有助于评价企业未来获取现金流量的能力

现金流量表与资产负债表和利润表结合起来，可以分析企业从经营活动中获取现金流量的能力。

2. 有助于评价企业偿还到期借款的能力

在借款到期时，企业需要用现金来偿还债务。分析现金流量表可以了解企业获取现金的能力，从而评价企业是否有足够的资金，特别是从经营活动中获取稳定的现金流量来偿还借款。

3. 有助于评估企业的财务状况、净利润与经营活动现金流量之间的关系，分析报告期内与现金有关和无关的投资及筹资活动

企业的现金流量表如果各部分结构合理，现金流入、流出无重大异常波动，一般说来，企业的财务状况基本良好；从投资活动流出的现金中可以发现企业是否过度扩大经营规模；通过比较当期净利润与当期净现金流量可以看出非现金流动资产吸收利润的情况，评价企业产生净现金流量的能力是否偏低。

4. 有助于对企业运用资产产生有效收益能力进行评价，可以考核企业的综合经济效益

在企业日常经营活动中，企业的销售额和现金流入之间可能存在较大差异，因此，收现能力的强弱成为影响企业收益的主要因素之一。而对于收现能力强弱的评价，有赖于企业的现金流量表内的信息。如果企业经营活动产生现金流量净额占大部分，说明企业有较好的收益能力，运行良好。

二、现金流量表项目阅读与分析

通过现金流量表的分析，一般需要了解企业财务状况的形成、变动及原因等相关情况。

例如，企业有哪些现金流入的渠道，企业要增加现金流入靠什么，各种现金流入所占比例有多大，企业现金流出的渠道有哪些，流出的方向有哪些，流出的渠道分别是哪些，等等。

（一）经营活动现金流量

经营活动是公司的主营业务，因此，经营活动现金流量是分析的重点。这种活动提供的现金流量，可以不断用于投资，再生出新的现金来。经营活动也是企业现金流量的主要来源，来自主营业务的现金流量越多，表明公司发展的稳定性也就越强。经营活动的现金流量对公司真实经营状况的客观反映程度、对公司财务状况与经营成果的改善、对持续经营能力的增强具有推动作用。经营活动现金流量主要分析以下几个方面：

1. 销售商品、提供劳务收到的现金

该项目反映企业本年度销售商品、提供劳务收到的现金，以及以前年度销售商品、提供劳务本年收到的现金（包括应向购买者收取的增值税销项税额）和本年预收的款项，减去本年销售本年退回商品和以前年度销售本年退回商品支付的现金。企业销售材料和代购代销业务收到的现金，也在该项目反映。该项目是企业现金流入的主要来源，其数额不仅取决于当期销售商品、提供劳务取得的收入数额，还取决于企业的信用政策，这两个因素在未来期间都具有很强的持续性。通过与利润表中的营业收入总额相比对，可以判断企业销售收现率的情况。较高的收现率表明企业产品定位正确，适销对路，并已形成卖方市场的良好经营环境，但应注意也有例外情况。

2. 收到的税费返还

该项目反映企业收到的返还的所得税、增值税、消费税、关税和教育费附加等各种税费返还款。例如，所得税在我国是按季预缴，年终汇算清缴，多退少补，所以年终一旦收到退回的多缴的所得税也属于现金流入。

3. 收到其他与经营活动有关的现金

该项目反映企业经营租赁收到的租金等其他与经营活动有关的现金流入，金额较大的应当单独列示。也就是说，在现金流量表中，重要的项目必须有一个名称，不重要的项目一般归纳为收到的其他与经营活动有关的现金。此项目具有不稳定性，数额不应过多且具有一定的偶然性，在分析时不应过多关注。如果该项目金额较大，还应观察剔除该项目后企业经营活动净现金流量的情况。

4. 购买商品、接受劳务支付的现金

该项目反映企业本年度购买商品、接受劳务实际支付的现金（包括增值税进项税额），以及本年支付以前年度购买商品、接受劳务的未付款项和本年预付款项，减去本年发生的购货退回收到的现金。企业购买材料和代购代销业务支付的现金,也在该项目反映。此项目应是企业现金流出的主要方向,通常具有数额大、所占比重大等特点,在未来的持续性较强。将其与利润表中的营业成本相比对,可以判断企业购买商品付现率的情况,借此可以了解企业资金的紧张程度或企业的商业信用情况,从而可以更加清楚地认识到企业目前所面临的财务状况。

5. 支付给职工以及为职工支付的现金

该项目也是企业现金流出的主要方向,金额波动不大。分析时应关注该项目内容,企业是否将不应纳入其中的部分计算在内,同时该项目也可以在一定程度上反映企业生产经营规模的变化。

6. 支付的各项税费

依据国家现行法律和制度规定,企业在经营活动中必须依法缴纳各项税费。该项目反映企业本年发生并支付,以及各年发生本年支付以及预缴的各项税费,包括所得税、增值税、消费税、印花税、房产税、土地增值税、车船使用税、教育费附加等。该项目会随着企业销售规模的变动而变动。通过分析该项目,可以得到企业真实的税负状况。

7. 经营用现金流净额

一般情况下,企业经营活动现金净流量大于零,说明企业生产经营状况比较好。因为这种现金净流量是来自企业内部的成果,它占总现金净流量的比重越大,则企业的现金来源就越稳定,偿债能力越强。但是,企业在日常经营活动中不仅有导致现金流出的付现成本,还会发生一些非付现成本和费用,这些成本费用在生产经营过程中短期内不涉及现金支付,如固定资产折旧、无形资产摊销等。然而,从长期来看,只要企业维持简单再生产,这些项目的现金流出迟早会发生。所以,如果企业当期经营活动现金净流量在大于零的基础上,还能补偿当期发生的这部分非付现成本,则说明剩余的现金在未来期间基本上不再为经营活动所需,企业可以将部分现金用于扩大生产规模,或者选择其他有盈利能力的项目进行投资,从而增加企业的竞争能力;反之,如果企业现金流量大于零的程度很小,只能部分或不能补偿当期发生的非付现金成本,则企业就难以抽出长期资金进行投资,难以得到战略上的发展。因此,每当经营活动现金净流量大于零时,分析人员应注意大于零的程度,能否补偿非现金成本费用,否则就可能得出片面的结论。当经营活动产生现金净流量为零时,说明"收入等于支出",在短期内只能维持简单再生产,不能进行长期的扩大再生产。企业要发展只能靠外部融资来解决问题。

经营活动现金净流量小于零,这是最不好的一种情况,说明"支出大于收入",经营过程中现金流转出现了严重问题,发展下去简单再生产都难以维持,更谈不上扩大再生产了。

(二)投资活动

投资活动企业的重要经济活动。在分析投资活动时,一定要注意分析是对内投资还是对外投资。对内投资的现金流出量增加,意味着固定资产、无形资产等的增加,说明公司正在扩张,这样的公司成长性较好;如果对内投资的现金流量大幅增加,意味着公司正常的经营活动没有充分吸纳现有的资金,资金的利用效率有待提高;对外投资的现金流入量大幅增加,意味着公司现有的资金不能满足经营需要,从外部引入了资金;如果对外投资的现金流出量大幅增加,说明公司正在通过非主营业务活动来获取利润。

投资活动主要关注如下几个方面:

1. 收回投资收到的现金

该项目反映企业出售、转让或到期收回除现金等价物以外的对其他企业长期股权投资而收到的现金，但处置子公司及其他营业单位收到的现金净额除外。该项目不能绝对地追求数额较大。分析时应当注意企业是否将原本划分为持有到期的投资在其未到期之前出售，如果存在此种情况，应注意企业是否存在资金紧张等问题。此外，如果企业处置长期股权投资，应确定处置的意图到底是投资企业的收益下滑，还是企业调整了未来期间的战略。

2.取得投资收益收到的现金

取得投资收益所收到的现金是指企业投资期间每年在投资收益上获得了多少钱，反映企业当年除现金等价物以外的对其他企业的长期股权投资等分回的现金股利和利息等。例如，某一个企业搞联营，联营期限是20年，每年企业从联营中拿回的钱，即取得投资收益所收到的现金。此项目表明企业进入投资回收期，通过分析可以了解回报率的高低。

3.处置固定资产、无形资产和其他长期资产收回的现金净额

该项目反映企业出售、报废固定资产、无形资产和其他长期资产所取得的现金，包括因资产毁损而收到的保险赔偿收入，减去为处置这些资产而支付的有关费用后的净额。现金流量表在披露时要遵循重要性原则，对于重要的业务要披露它的过程；对于相对不太重要的业务，只需告诉结果。固定资产、无形资产和长期投资等业务在企业中不算是主要业务，因此，报表的设计者对于这些项目只需告诉结果而不需要告诉过程。该项目一般是偶发事件，在未来不具有可持续性，其金额一般不大。但如果数额较大，表明企业的产业、产品结构将有所调整，或者表明企业未来的生产能力将受到严重的影响，已经陷于深度的债务危机之中，靠出售设备来维持经营，这应引起企业的高度警惕。

4.处置子公司及其他营业单位收到的现金净额

该项目反映企业处置子公司及其他营业单位所取得的现金，减去相关处置费用以及子公司及其他营业单位持有的现金和现金等价物后的净额。分析时应关注企业处置子公司的目的，并确定这种行为对企业的长远影响。

5.购建固定资产、无形资产和其他长期资产支付的现金

该项目反映企业购买、建造固定资产、取得无形资产和其他长期资产所支付的现金(含增值税款等)，以及用现金支付的应由在建工程和无形资产负担的职工薪酬。该项目是每个公司都很常见的业务。表明企业扩大再生产能力的强弱，可以了解企业未来的经营方向和获利能力，揭示企业未来经营方式和经营战略的变化。再有，不同经营周期的企业在该项目上发生的金额也不同，一般处于初创期和成长期的企业投资较多，该项目发生金额较大；在衰退期的企业很少投资，甚至会卖出长期资产，降低经营规模。

6.投资支付的现金

该项目反映企业取得除现金等价物以外的对其他企业的长期股权投资所支付的现金以及支付的佣金、手续费等附加费用，但取得子公司及其他营业单位支付的现金净额除外。

7.取得子公司及其他营业单位支付的现金净额

该项目反映企业购买子公司及其他营业单位购买出价中以现金支付的部分，减去子公司及其他营业单位持有的现金和现金等价物后的净额。

8.收到其他与投资活动有关的现金和支付其他与投资活动有关的现金

该项目反映企业除上述项目外的其他与投资活动有关的现金，金额较大的应当单独列示。

9.净额

投资活动的现金流入量减去投资活动的现金流出量，所得到的结果就是投资活动给企业

增加的现金量，即净额。

（三）筹资活动

这是企业筹得资金的相应活动，及因筹资而产生的相应支出，比如吸收投资、贷款、偿付债务、支付利息等活动。

1. 吸收投资收到的现金

该项目反映企业以发行股票、债券等方式筹集资金实际收到的款项，减去直接支付的佣金、手续费、宣传费、咨询费、印刷费等发行费用后的净额。该项目表明企业参与资本市场运作、实施股权及债权投资能力的强弱，应分析投资方向与企业的战略目标是否一致。分析时应当关注企业在本部分的支出金额是否来自于闲置资金，是否存在挪用主要业务资金进行投资的行为。

2. 取得借款收到的现金

该项目反映企业举借各种短期、长期借款而收到的现金。该项目数额大小表明企业通过银行筹集资金能力的强弱，在一定程度上代表了企业商业信用的高低。

3. 偿还债务支付的现金

该项目反映企业为偿还债务本金而支付的现金。该项目与“取得借款收到的现金”结合起来，可以观察企业债务使用的方法，例如，是否存在借新债还旧债，并由此将短期资金用于长期投资的行为。同时结合企业经营活动现金流量，可以观察企业日常经营所需流动资金是自己创造，还是一直依靠借款维持，如果是后者，则这样借入的现金质量不高。

4. 分配股利、利润或偿付利息支付的现金

该项目反映企业实际支付的现金股利、支付给其他投资单位的利润或用现金支付的借款利息、债券利息。该项目可以反映企业现金的充裕程度。

5. 收到其他与筹资活动有关的现金、支付其他与筹资活动有关的现金

这两个项目反映企业除上述介绍的各项目外，收到或支付的其他与筹资活动有关的现金流入或流出，包括以发行股票、债券等方式筹集资金而由企业直接支付的审计和咨询费用、为购建固定资产而发生的借款利息资本化部分、融资租入固定资产所支付的租赁费、以分期付款方式购建固定资产以后各期支付的现金等。其数额一般较小，如果数额较大，应注意分析其合理性。

（四）汇率变动对现金及现金等价物的影响阅读

该项目反映外币现金流量以及境外子公司的现金流量折算为人民币时，所采用的现金流量发生日的即期汇率或按照系统合理的方法确定的、与现金流量发生日即期汇率近似的汇率折算的人民币金额，与“现金及现金等价物净增加额”中外币净增加额按期末汇率折算的人民币金额之间的差额。

如果本期现金净流量增加，表明公司短期偿债能力增强，财务状况得到改善；反之，则表明公司财务状况比较困难。当然，并不是现金净流量越大越好，如果公司的现金净流量过大，表明公司未能有效利用这部分资金，其实是一种资源浪费。

目前上市公司在对外披露相关信息时都需要披露现金流量表的相关分析结论。例如，中南出版传媒集团股份有限公司 2014 年第三季度报告指出现金流量表相关项目重大变动情况分析：经营活动产生的现金流量净额 2014 年 1—9 月发生额为 170 596 600. 41 元，较上年同期发生额减少 325 095 125. 10 元，减少 65. 58％，主要系新设立的财务公司报告期末缴存中国人

民银行存款准备金 477 351 450.47 元的影响，上年同期无此项资金流出；投资活动产生的现金流量净额 2014 年 1—9 月发生额为 146 087 572.37 元，上年同期发生额为－241 934 375.98 元，主要系安全收回银行理财产品资金所致；筹资活动产生的现金流量净额 2014 年 1—9 月发生额为－78 737 469.06 元，上年同期发生额为－321 748～213.73 元，主要是由于报告期新设立的财务公司收到少数股东投资款所致。

【例 3-4-1】 沙和生实业有限责任公司 2018 年的现金流量表如表 3-4-1 所示。

表 3-4-1　沙和生实业有限责任公司现金流量表

编制单位：　　　　2018 年　　　　单位：万元

项　　目	本期金额	上期金额
一、经营活动产生的现金流量：		
销售商品、供劳务收到的现金	7 900	6 300
收到的税费返回	6 200	2 300
收到其他与经营活动有关现金	5 300	2 500
经营活动现金流入小计	19 400	11 100
购买商品、接受劳务支付的现金	7 100	5 200
支付给职工及为职工支付的现金	500	300
支付的各项税费	400	100
支付的其他与经营活动有关的现金	800	600
经营活动现金流出小计	8 800	6 200
经营活动产生的现金流量净额	10 600	4 900
二、投资活动产生的现金流量：		
收回投资所收到的现金	2 700	3 000
取得投资收益收到的现金	100	100
处理固定资产、无形资产和其他长期资产收回的现金净额	700	900
处置子公司及其他营业单位收到的现金净额		
收到其他与投资活动有关的现金		
投资活动现金流入小计	3 500	4 000
购建固定资产、无形资产和其他长期资产收回的现金净值	7 200	6 600
投资支付的现金	3 200	500
支付其他与投资活动有关的现金		
投资活动现金流出小计	10 400	7 100
投资活动产生的现金流量净额	－6 900	－3 100
三、筹资活动产生的现金流量：		
吸收投资收到的现金	2 400	
取得借款收到现金	1 800	3 300
收到其他与筹资活动有关的现金		
筹资活动现金流入小计	4 200	3 300

续表

项　　目	本期金额	上期金额
偿还债务支付现金	2 300	3 100
分配股利、利润或偿付利息支付的现金	100	300
支付的其他与筹资活动有关现金	600	
筹资活动现金流出小计	3 000	3 400
筹资活动产生的现金流量净额	1 200	−100
四、汇率变动对现金及现金等价物的影响	−400	−200
五、现金及现金等价物净增加额	1 000	−110
加：期初现金及现金等价物余额	100	120
六、期末现金及现金等价物余额	1 100	11

通过阅读以上数据，可以了解哪些信息呢？

1. 经营活动产生的现金流量表

(1)销售商品和提供劳务收到的现金。

该项目是企业现金流入的主要来源，其数额不仅取决于当期销售商品、提供劳务取得的收入数额，还取决于企业的信用政策，这两个因素在未来期间都具有很强的持续性。表中数据当期为 7 900 万元，上年同期为 6 300 万元，表明比上年有所增长。

(2)收到的税费返还。

该项目反映企业收到的返还的所得税、增值税、消费税、关税和教育费附加等各种税费返还款。表中支付数据当期为 6 200 万元，上年同期为 2 300 万元，表明比上年增长近 2 倍。

(3)收到的其他与经营活动有关的现金。

该项目具有不稳定性，表中该项目数据当期为 5 300 万元，上年同期为 2 500 万元，表明比上年增长 1 倍多。

(4)购买商品和接受劳务所支付的现金。

该项目说明企业在采购环节花了多少钱，包括本期采购付款和本期为上期采购还债，还包括本期为下期采购预付的款项。该项目应是企业现金流出的主要方向，通常具有数额大、所占比重大等特点，在未来的持续性较强。表中该项目数据当期为 7 100 万元，上年同期为 5 200 万元，表明比上年有所增长。

(5)支付给职工以及为职工支付的现金。

该项目反映企业本年实际支付给职工的工资、奖金、各种津贴和补贴等职工薪酬(包括代扣代缴的职工个人所得税)。企业支付给职工的现金，不管是哪个时期的，只要钱在本期支出就算本期的流出。表中该项目数据当期为 500 万元，上年同期为 300 万元，表明比上年有所增长。

(6)支付的各项税费。

依据国家现行法律和制度规定，企业在经营活动中必须依法缴纳各项税费。该项目反映企业本年发生并支付，以及各年发生本年支付以及预缴的各项税费，包括所得税、增值税、消费税、印花税、房产税、土地增值税、车船使用税、教育费附加等。表中该项目数据当期为 400 万元，上年同期为 100 万元，表明比上年增长 3 倍。

(7)支付的其他与经营活动有关的现金。

这项现金支付是反映除了前面提到的项目之外的现金支出，包括企业经营租赁支付的现金，支付的差旅费、业务招待费、保险费、罚款支出等其他与经营活动有关的现金流出，金额较大的应当单独列示。表中该项目数据当期为800万元，上年同期为600万元，表明比上年有所增长。

(8)净额。

经营活动的总流入量减去经营活动的总流出量，就是经营活动给企业带来的最终结果，即净额。表中该项目数据显示当期经营活动带来的现金增加量为10 600万元，上年同期为4 900万元，表明比上年大幅增加。

2. 投资活动产生的现金流量

企业的投资活动有对内投资和对外投资。投资活动中也包括三个指标，即流入量、流出量和净额。同样，每个指标又包含几个项目。

(1)收回投资所收到的现金。

该项目反映企业出售、转让或到期收回除现金等价物以外的对其他企业长期股权投资而收到的现金，但处置子公司及其他营业单位收到的现金净额除外。该项目不能绝对地追求数额较大。表中该项目数据显示当期投资收到的现金为2 700万元，上年同期为3 000万元，表明比上年略有减少。

(2)取得投资收益所收到的现金。

表中该项目数据显示当期投资收益收到的现金为100万元，与上年同期相同。

(3)处置固定资产、无形资产和其他长期资产所收到的现金。

该项目一般是偶发事件，在未来不具有可持续性，其金额一般不大。表中该项目数据当期末为700万元，上年同期为900万元，表明比上年略有减少。

(4)处置子公司及其他营业单位收到的现金净额。

表中该项目没有发生额，表明该公司近两年没有发生处置子公司及其他营业单位的经济活动。

(5)收到其他的投资活动有关的现金。

该项目反映企业在投资活动中收到的除上面四项以外事项所取得的现金。表中该项目没有发生额，表明该公司近两年都没发生其他投资活动的现金流入。

(6)购建固定资产、无形资产和其他长期投资所支付的现金。

该项目反映企业购买、建造固定资产、取得无形资产和其他长期资产所支付的现金(含增值税款等)，以及用现金支付的应由在建工程和无形资产负担的职工薪酬。表中该项目数据当期为7 200万元，上年同期为6 600万元，表明比上年略有增加。

(7)投资所支付的现金。

该项目反映企业取得除现金等价物以外的对其他企业的长期股权投资所支付的现金以及支付的佣金、手续费等附加费用，但取得子公司及其他营业单位支付的现金净额除外。表中该项目数据当期为3 200万元，上年同期为500万元，表明比上年有较大幅度的增加。

(8)取得子公司及其他营业单位支付的现金净额。

该项目反映企业购买子公司及其他营业单位购买出价中以现金支付的部分减去子公司及其他营业单位持有的现金和现金等价物后的净额。

(9)支付其他与投资活动有关的现金。

该项目反映企业除上述三个项目外支付的其他与投资活动有关的现金，金额较大的应当单独列示。表中该项目数据为空，表明当年该企业没有其他与投资活动有关的现金流出事项。

(10)净额。

投资活动的现金流入量减去投资活动的现金流出量，所得的结果就是投资活动给企业增加的现金量，即净额。表中该项目数据当期为－6 900 万元，上年同期为－3 100 万元，两年的数据均为负数，表明投资活动产生的现金流量为净流出。

3. 筹资活动产生的现金流量

(1)吸收投资收到的现金。

该项目反映企业以发行股票、债券等方式筹集资金实际收到的款项，减去直接支付的佣金、手续费、宣传费、咨询费、印刷费等发行费用后的净额。表中该项目数据当期为 2 400 万元，上年同期没有发生吸收投资活动。

(2)借款所收到的现金。

该项目反映企业举借各种短期、长期借款而收到的现金。表中该项目数据当期为 1 800 万元，上年同期为 3 300 万元，表明当期继续有借款行为发生，但借款金额比上期有所减少。

(3)收到的其他与筹资活动有关的现金。

既不属于吸收投资者入资，也不属于借款，但属于筹资活动的，就是收到的其他与投资活动有关的现金。表中该项目数据为空，表明近两年没有其他筹资活动的现金流入。

(4)偿还债务所支付的现金。

该项目反映企业为偿还债务本金而支付的现金。表中该项目数据当期为 2 300 万元，上年同期为 3 100 万元，比上年略有减少。

(5)分配股利或偿付利息所支付的现金。

该项目反映企业实际支付的现金股利、支付给其他投资单位的利润或用现金支付的借款利息、债券利息。表中该项目数据当期为 100 万元，上年同期为 300 万元，比上年有所减少。

(6)支付的其他与筹资活动有关的现金。

该项目反映企业除上述两个项目外支付的其他与筹资活动有关的现金，金额较大的应当单独列示。表中该项目数据当期为600 万元，上年同期没有发生其他与筹资活动有关的现金流出。

(7)净额。

用筹资活动的流入量总和减去流出量总和，就得到了筹资活动产生的现金流量净额。表中该项目数据当期为 1 200 万元，上年同期为－100 万元，当期比上年增加幅度大很多。

三、现金流量表结构分析

(一)分析现金流量结构的用途

现金流量表的结构是指各种现金流入量、现金流出量及现金净流量在企业总的现金流入量、总的现金流出量及总的现金净流量中的比例关系。

(1)根据现金流入的结构，可以了解企业获取现金收入的途径，据以判断企业获取现金能力的大小，评价现金收入的质量。

(2)根据现金流出的结构，可以了解企业现金支出的去向，据以判断企业的理财水平和理财策略。

(二)现金流量的结构分析的内容

1.收入结构分析

现金收入结构是反映企业各项业务活动的现金收入，如经营活动的现金收入、投资活动现金收入、筹资活动现金收入等在全部收入中的比重以及各项业务活动现金收入中具体的构成情况，明确现金究竟来自何方，要增加现金收入主要依靠什么。

2.支出结构分析

现金支出结构是指企业各项现金支占企业当期全部现金支出的百分比，具体反映企业现金支出的百分比，反映企业的现金用在哪些方面。

3.余额结构分析

现金余额结构是指企业各项业务活动，其现金收支净额占全部现金余额的百分比，它反映企业的现金余额如何构成。

(三)计算公式

现金流量结构比率＝单项现金流入(出)量÷现金流入(出)量总额×100%

【例 3-4-2】 唐先森公司 2018 年现金流量统计如表 3-4-2 所示。

表 3-4-2　唐先森公司现金流量统计　　单位：元

现金流入总量	23 217	现金流出总量	20 610
经营活动流入量	22 700	经营活动流出量	19 000
投资活动流入量	17	投资活动流出量	800
筹资活动流入量	500	筹资活动流出量	810

1. 流入结构分析

经营活动所得现金占百分比＝22 700÷23 217×100%＝97.77%

投资活动所得现金占比＝17÷23 217×100%＝0.07%

筹资活动所得现金占比＝500÷23 217×100%＝2.15%

由此可以看出该公司现金流入产生的主要来源为经营活动，其投资活动、筹资活动基本对于企业的现金流入贡献很小。

2. 流出结构分析

经营活动所得现金占比＝19 000÷20 610×100%＝92.19%

投资活动所得现金占比＝800÷20 610×100%＝3.88%

筹资活动所得现金占 3.93%

该公司现金流出主要在经营活动方面，其投资活动、筹资活动占用流出现金很少。

现金是一项盈利性较差的资产，过多持有现金并非明智之举。因此，现金管理的效果好坏并非在于尽量减少现金支出或者保持较高现金余额，而是应该在保证足够的支付能力的前提下，把现金投放在盈利性更高的资产上。故现金支出的合理性是衡量企业理财水平的一个重要因素。通常现金支出首先应满足生产经营正常交易的需要，如支付货款、发放工资、缴纳税金等，然后才能用于支付借款利息、分配股息，最后才能考虑对外投资。当然，要评价现金使用的合理性，仅仅根据结构指标很难判断，因为不同时期，现金支出的需求是不同的，通常只要支付能力正常，各类支出的比重高低并不十分重要。但如果把现金支出的结构与上期比较，则可以反映出企业的理财策略。一般来说，如果经营活动现金支出的比重下降，投资活动现金支出的比重上升，则说明企业在保证生产经营的基础上，用更多的资金进行扩大再生产和对外投资，以求进一步发展。而筹资活动现金支出的比重上升，则说明以前举措的债务到期需要偿还或企业打算发放更多的股利以回报投资者。

【例 3-4-3】 根据表 3-4-3 资料进行现金流量结构分析。

表 3-4-3　孙行者实业有限公司现金流量结构分析表　　单位：万元

项　　目	2018 年	流入结构/%	流出结构/%	内部结构/%
一、经营活动产生的现金流量：				
销售商品、提供劳务收到的现金	671.34	78.49		97.74
收到税费返还	11.20	1.31		1.63
收到其他与经营活动有关的现金	4.29	0.50		0.63
经营活动现金流入小计	686.83	80.30		100.00
购买商品、接受劳务支付的现金	569.89		66.40	85.99
支付给职工以及职工支付的现金	55.63		6.48	8.39
支付各项税费	20.92		2.44	3.16
支付的其他与经营活动有关的现金	16.27		1.90	2.46
经营活动现金流出小计	662.71		77.21	100.00
经营活动产生的现金流量净额	24.12			
二、投资活动产生的现金流量：				
取得投资收益收到的现金	0.02	0.002		1.03
收到的其他与投资活动相关的现金	1.59	0.19		98.97
投资活动现金流入小计	1.61	0.19		100.00
购建固定资产、无形资产和其他长期资产支付现金	32.97		3.84	97.28
支付的其他与投资活动有关的现金	0.92		0.11	2.72
投资活动现金流出小计	33.89		3.95	100.00
投资活动产生的现金流量净额	−32.28			
三、筹资活动产生的现金流量：				
取得借款收到的现金	138.85	16.23		83.21
收到的其他与筹资活动有关的现金	28.02	3.28		16.79
筹资活动现金流入小计	166.87	19.51		100.00
偿还债务支付的现金	97.82		11.40	60.51
分配股利、利润或偿付利息支付的现金	20.69		2.41	12.80

续表

项　　目	2018 年	流入结构/%	流出结构/%	内部结构/%
其中：子公司支付给少数股东的股利、利润	1.11		0.13	0.69
支付的其他与筹资活动有关的现金	43.15		5.03	26.69
筹资活动现金流出小计	161.66		18.84	100.00
筹资活动产生的现金流量净额	5.21			
现金流入总额	855.31	100.00		
现金流出总额	858.26		100.00	
四、汇率变动对现金及现金等价物的影响	0.06			
五、现金及现金等价物净增加额	−2.89			
加：期初现金及现金等价物余额	35.47			
六、期末现金及现金等价物余额	32.58			

1. 现金流入结构分析

现金流入结构分为总流入结构和内部流入结构。总流入结构是反映企业经营活动的现金流入量、投资活动的现金流入量和筹资活动的现金流入量分别占现金总流入量的比重。内部流入结构反映的是经营活动、投资活动和筹资活动等各项业务活动现金流入中具体项目的构成情况。现金流入结构分析可以明确企业的现金究竟来自何方，增加现金流入应在哪些方面采取措施等。

孙行者实业有限公司 2018 年的现金流入总量约为 855.31 万元，其中经营活动现金流入量、投资活动现金流入量和筹资活动现金流入量所占比重分别为 80.30%、0.19%和 19.51%。可见企业的现金流入量主要是由经营活动产生的。经营活动的现金流量中销售商品和提供劳务收到的现金、投资活动的现金流入量中取得投资收益收到的现金和处置长期资产收回的现金、筹资活动的现金流入量中取得借款收到的现金、发行可转换公司债券收到的现金，分别占各类现金流量的绝大部分比重。

2. 现金流出结构分析

现金流出结构分为总流出结构和内部流出结构。现金总流出结构是反映企业经营活动的现金流出量、投资活动的现金流出量和筹资活动的现金流出量分别在全部现金流出量中所占的比重。内部现金流出结构反映的是经营活动、投资活动和筹资活动等各项业务活动现金流出具体项目的构成情况。现金流出结构可以表明企业的现金究竟流向何方，要节约开支应从哪些方面入手。

孙行者实业有限公司 2018 年度的现金流出的总量约为 858.26 万元，其中经营活动现金流出量、投资活动现金流出量和筹资活动现金流出量分别为 77.21%，3.95%，和 18.84%。可见，在现金流出总量中经营活动现金流出量所占的比重最大，筹资活动现金流出量所占比重次之。在经营活动现金流出量当中购买商品、接受劳务支付的现金占 85.99%，比重最大，支付给职工以及为职工支付的现金和支付的各项税费占全部现金流出量的比重分别为 6.48%和 2.44%。投资活动的现金流出量主要用于构建长期资产。筹资活动的现金流出量主要用于偿还债务。当期偿还债务支付的现金占全部现金流出量的比重为 11.40%，占筹资活动现金流出量的比重为 60.51%。

四、现金流量趋势分析

现金流量趋势分析是指对企业的现金收入、支出及结余发生了怎样的变动，其变动趋势如何，这种趋势对企业是有利还是不利，进行分析。通过分析现金流量的趋势，报表使用者可以了解企业财务状况的变动趋势，了解企业财务状况变动的原因，在此基础上预测企业未来财务状况，从而为决策提供依据。

现金流量的趋势分析通常是采用编制历年财务报表的方法，即将连续多年的报表，至少是最近二三年，甚至五年、十年的财务报表并列在一起加以分析，以观察变化趋势。观察连续数期的会计报表，比单看一个报告期的财务报表，能了解到更多的信息和情况，并有利于分析变化的趋势。现金流量表趋势分析主要有以下三种方法：

1.定比分析法

定比分析是将各年现金流量的增减额与某一固定时期的现金流量水平进行对比，反映企业各期现金流量与固定时期对比的增长变化情况。

2.环比分析法

环比分析是将各期现金流量的逐期增加额，与其前一年的现金流量水平进行对比，反映企业各期现金流量与上期相比的增长变化情况。

3.平均增长率法

平均增长率法是为了避免现金流量受短期因素的影响而采用三年平均数进行平均变动率的计算，具有稳健、准确的特点。

【例 3-4-4】 现金流量趋势分析的定比分析方法举例。

朱又能实业有限责任公司 2016—2018 年有关现金流量资料如表 3-4-4 所示。

表 3-4-4　朱又能实业有限责任公司现金流量表 单位：万元

项　　目	2016 年	2017 年	2018 年
经营活动现金净流量	150	289	390
投资活动现金净流量	−127	−248	−280
筹资活动现金净流量	−50	−88	−150
现金及现金等价物净增加	−27	−47	−40

要求：根据上述资料，以 2016 年为基年，进行现金流量的定比趋势分析，并进行简要分析评价。

定比分析法是将各年现金流量的增减额与某一固定时期的现金流量水平进行对比，反映企业各期现金流量与固定时期对比的增长变化情况。

2017 年经营活动现金净流量定比：289÷150×100＝192.67

2017 年投资活动现金净流量定比：−(248÷127)×100＝−195.28

2017 年筹资活动现金净流量定比：−(88÷50)×100＝−176

2017 年现金及现金等价物净增加定比：−(47÷27)×100＝−195.83

2018 年经营活动现金净流量定比：390÷150×100＝260

2018 年投资活动现金净流量定比：−(280÷127)×100＝−220.47

2018年筹资活动现金净流量定比：$-(150\div50)\times100=-300$

2018年现金及现金等价物净增加定比：$-(47\div27)\times100=-174.07$

分析过程如表3-4-5所示。

表3-4-5　定比现金流量表　　单位：万元

项　目	2016年	2017年	2018年
经营活动现金净流量	100	192.67	260
投资活动现金净流量	−100	−195.28	−220.47
筹资活动现金净流量	−100	−176	−300
现金及现金等价物净增加	−100	−195.83	−174.07

通过分析，结论如下：

企业连续三年中，现金流的主要部分集中在经营活动现金流量中，且企业经营活动现金流量的净额从2016年到2018年均呈上升趋势，从定比看，2016年为100，2017年是192.67，2018年是260，说明企业的营业活动比较突出，经营状况良好。

企业连续三年中，投资活动产生的现金流量均为负数，从定比看，这个负数的绝对值呈上升趋势，2016年为−100，2017年为−195.28，2018年为−220.47，具体原因需进一步分析。可能是由于投资效益状况较差，投资没有取得经济效益，并导致现金净流出，也可能是企业当期有较大的对外投资。若是后者，则有利于企业长期发展。

企业连续三年中，筹资活动的现金净流量均为负数，从定比上看，这个负数的绝对值呈上升趋势，2016年为−100，2017年为−176，2018年为−300，说明筹资活动中现金流出的增长快于现金流入，可能原因是企业偿还大量债务、进行利润分配等，具体原因需进一步分析。

该公司现金及现金等价物净增加是负数，从定比看，2016年为−100，2017年为−195.83，2018年为−174.07，说明在经营活动具有较强的产生现金能力的情况下，公司的现金仍然紧张，2018年比2017年稍有改善，但现金支付能力仍然不足。要注意现金和现金等价物不宜长期是负数，长期现金不足是财务状况不良的反映。另外需要关注投资项目的合理性和收益性，重视投资的方向和策略。

基本技能训练

一、项目名称

对现金流量表进行分析。

二、训练目的

通过对现金流量表相关数据进行分析计算，分析企业的现金流量表如果各部分结构是否合理，现金流入、流出无重大异常波动。

三、训练要求

(1)根据资料对现金流量表项目进行简单分析。

(2)计算相关指标。

(3)综合各项数据得出结论。

四、经济业务资料

东南公司2018年现金流量统计如表3-4-6所示,请进行现金流入流出结构分析。

表3-4-6 东南公司现金流量统计表 单位:万元

项 目	2018年	备 注
经营活动现金流入	22 690	
经营活动现金流出	19 816	
经营活动现金净流量	2 874	
投资活动现金流入	16	
投资活动现金流出	810	
投资活动现金净流量	−794	
筹资活动现金流入	568	全部为借款支出 无分配股利或利润
筹资活动现金流出	812	
筹资活动现金净流量	−244	
现金流入总量	23 274	
现金流出总量	21 438	
现金净流量	1 836	

参 考 文 献

[1] 财政部会计资格评价中心.(初级会计资格)经济法基础[M]. 北京:经济科学出版社,2018.

[2] 赵宝芳. 会计基础[M]. 2 版. 北京:中国铁道出版社,2014.

[3] 李杰,宋俊霞,阳玉秀. 税务会计[M]. 沈阳:东北大学出版社,2015.

[4] 全国会计从业资格考试辅导教材编写组. 会计基础[M]. 北京:经济科学出版社,2014.

[5] 陈云梅. 纳税实务[M]. 西安:西北工业大学出版社,2015.

[6] 徐珊,赖新英. 新编企业纳税实务[M]. 南京:南京大学出版社. 2015.

[7] 杜晓光. 会计报表分析[M]. 5 版. 北京:高等教育出版社,2014.

[8] 赵军荣,马维成. 财务报表编制与分析[M]. 北京:北京邮电大学出版社,2013.

[9] 中华人民共和国财政部. 企业会计准则:应用指南[M]. 北京:中国财政经济出版社,2006.

[10] 罗新运. 小企业财务会计[M]. 北京:高等教育出版社,2013.

[11] 财政部. 小企业会计准则[M]. 北京:经济科学出版社,2011.

[12] 尹擎. 财务报表分析理论与实务[M]. 北京:高等教育出版社,2011.

[13] 刘章胜,赵红英. 新编财务报表分析[M]. 4 版. 大连:大连理工大学出版社,2012.

[14] 李莉. 财务报表分析[M]. 北京:人民邮电出版社,2013.

[15] 梁美仪. 财务报表分析从入门到精通[M]. 北京:清华大学出版社,2015.

[16] 财务老李. 一看就懂的财务报表[M]. 北京:清华大学出版社,2015.

[17] 曹军. 财务报表分析[M]. 2 版. 北京:高等教育出版社,2014.

[18] 李昕. 财务报表分析习题与案例[M]. 3 版. 大连:东北财经大学出版社,2008.

[19] 粟卫红,邝雨,肖溢. 会计基础[M]. 北京:北京出版集团公司,北京出版社,2015.

[20] 李莉. 企业财税基础与实务[M]. 2 版. 北京:清华大学出版社,2014.

[21] 肖俊斌,李治,冯之坦. 纳税实务与税收筹划[M]. 北京:中国商业出版社,2015.